KB215354

세계문화전쟁

팍스 아메리카나와 글로벌 미디어

세계문화전쟁

2010년 9월 3일 1쇄 펴냄
2012년 10월 10일 3쇄 펴냄

지은이 | 강준만
펴낸이 | 강준우
기획 · 편집 | 김진원, 문형숙, 심장원, 이동국
디자인 | 이은혜, 최진영
마케팅 | 박상철, 이태준
인쇄 · 제본 | 대정인쇄공사

펴낸곳 | 인물과사상사
출판등록 | 제17-204호 1998년 3월 11일

주소 | (121-839) 서울시 마포구 서교동 392-4 삼양E&R빌딩 2층
전화 | 02-325-6364
팩스 | 02-474-1413

www.inmul.co.kr | insa1998@gmail.com

ISBN 978-89-5906-159-4 03300

값 16,000원

세계문화전쟁

팍스 아메리카나와 글로벌 미디어 | 강준만 지음

WORLD WARS

PAX AMERICANA AND GLOBAL MEDIA

'문화전쟁' 이 없는 세상은 가능한가?

윤재근은 1969년 『문화비평』이란 계간지를 창간하면서 "문화는 인간생존의 부산물이 아니다. 그것은 생존의 원동력이다. 문화는 생존의 기호품이 아니다. 그것은 생존의 필수품이다. 문화는 눈썹 같은 것이 아니다. 그것은 앞을 내다보는 눈과 같다. 문화교류는 겉치레이고 그 실속은 치열한 문화전쟁이다" 라고 말했다. 그는 1996년에 낸 『문화전쟁』이란 책에서도 여전히 문화접촉은 "교류하는 것이 아니라 전쟁하는 것이다. 그러므로 자문화는 강(强)문화가 돼야 한다" 고 주장했다.[1]

그러나 국가 간 '문화전쟁' 이니 '경쟁력' 이니 '문화강국' 이니 하는 말에 대해 극도의 거부감을 드러내는 사람들도 많다. 예컨대 문화평론가 이재현은 2005년 한류에 관한 글에서 "한류를 떠나서 말하건대, 나는 문화 '강국' 이라는 말을 도저히 용납할 수 없다. 마찬가지의 관점에서 나는 문화상품, 문화산업, 아트페어, 아트마켓 따위의 논리로만 예술이나 문화에 접근하는 것에 대해서는 결단코 반대다. 상품이나 산업이나 시장의 관점에서 문화나 예술에 접근할 수는 있겠지만 그것이 전일적이거나 획일적인 것이 돼서는 안 된다. 한류 열풍을 문화강국으로 이어가자는 논리에는 패권주의적 민족주의와 산업과 시장 일변도의 문화적 시각만이 뒤범벅된 채 뒤섞여 있는 것이다"라고 주장했다.[2]

2007년 5월 조희문 인하대 교수도 "인터넷 매체 등의 발달로 실시간 문화교류가 현실인 시대에 '문화전쟁' 이란 말은 시대착오"라며 "문화는 서로 다투는 대상이 아니라 재가공 · 공유가 가능하기 때문에, 지나친 혈통 순수주의는 경계해야 한다" 고 주장했다.[3]

2007년 7월 류웅재 호남대 교수도 "글로컬(glocal)한 문화의 시대에 문화의 순수성을 강조하는 문화민족주의 혹은 문화전쟁 등의 수사는 시대착오적이며, 타문화에 대한 이해와 정서의 공유 등을 가능케 하는 소통행위의 시공간적 요구는 더욱 점증하고 있다" 며 "최근에 몇몇 아시아 국가들에서 급격하게 확산되고 있는 '반한류' 의 정서는 상호 소통과 교감이 부재한 일방적인 경제논리 및 민족주의 의제의 달뜨고 근시안적인 추구에서 연유한 필연적 귀결인 듯 보인다" 고 주장했다.[4]

그 밖에도 많은 지식인들이 '문화전쟁' 이라는 개념을 비판하고 있다. 이런 비판은 얼마든지 수긍할 수 있다. 그렇지만 동시에 '문화전쟁' 을 역설하는 주장도 수긍할 수 있다. 모순인가? 그렇진 않다. 각기 담론의 층위가 다르기 때문이다. '이상' 과 '현실' 의 차이라고나 할까? '문화전쟁' 을 비판하는 목소리는 한결같이 문화를 통한 소통과 공감을 역설한다. 동의할 뿐만 아니라 아름답다고 생각한다. 그러나 소통과 공감은 국내에서도 잘 이루어지지 않고 있으며 심지어 가족 친지 간에도 잘 이루어지지 않는 영원한 이상이다.

진보 신문들이 평소 '문화전쟁'을 비판하고 소통과 공감을 역설하면서도 때때로 호전적인 문화전사의 모습을 보이는 '모순'을 저지르는 것도 그렇게 이해해야 하지 않을까? 예컨대 『한겨레』 2005년 4월 18일자 사설 「닥쳐온 '문화전쟁', 정부 전략이 아쉽다」는 "문제는 코앞에 다가온 전 지구적 문화전쟁을 앞두고 우리 정부는 아무런 전략도 세우지 못하고 있다는 점이다"라고 주장했다. 또 『경향신문』 2005년 6월 6일자 사설 「충무로를 제대로 키우자」는 "21세기가 문화 콘텐츠를 둘러싼 전쟁이라면 충무로는 그 전장이다. 최근 한류가 한류(寒流)로 바뀔지 모른다는 우려가 높다. 한류는 적극적인 투자와 문화역량 성숙의 '결과'라는 사실 인식이 중요하다"고 주장했다.

이 책은 '문화전쟁'을 옹호하지도 않고 비판하지도 않는다. 세계적으로 벌어지는 문화전쟁의 실상을 담담하게 기록하고자 했을 뿐이다. 12개의 질문을 던지고 이에 답하는 형식을 취했다. 왜 미국 대중문화는 세계를 휩쓰나? 왜 'MTV'는 포스트모더니즘의 상징인가? 왜 '미드 열풍'이 부는가? 왜 스티브 잡스는 '교주'가 됐나? '구글리제이션'은 축복인가? 위키피디아의 명암은 무엇인가? 왜 SNS 경쟁이 치열한가? 왜 CNN이 세계뉴스전쟁을 일으키나? 인터넷은 신민족주의의 주범인가? 왜 '국가 브랜드' 경쟁이 치열한가? 문화 다양성은 가능한가? 한류를 어떻게 볼 것인가?

현 단계의 세계문화전쟁은 '미국 대 그 밖의 나라들'의 구도로 이루어지고 있는 게 현실인바, 이를 다루는 글들이 많이 포함됐다. 미국은 이른바 '팍스 아메리카나(Pax Americana)'의 지속을 위해 문화 중심의 '소프트 파워(soft power)'를 이전보다 중시하는 쪽으로 나아가고 있기 때문에 앞으로 세계문화전쟁은 더욱 치열해질 것이다.

'소프트 파워' 개념을 처음 제시한 조지프 나이(Joseph S. Nye)는 파워의 기반이 군사력과 정복 중심에서 계속 벗어나고 있는 이유로 ①역설적인 현상이지만 핵무기는 파괴력이 워낙 커서 엄청난 공포의 대상이 됐던 만큼 무기로서의 유연성을 상실하게 됐다, ②민족주의의 대두로 다른 나라의 민중들을 다스리고 지배하기가 더욱 어려워졌으며 식민지 지배는 광범한 지탄의 대상이 될 뿐만 아니라 그 대가도 혹독하다, ③초강대국의 국민이 국가의 존립이 위태로운 경우를 제외하고는 많은 인명이 손실되는 것을 꺼린다, ④무력을 사용하면 경제상의 여러 가지 목표가 위협을 받게 된다 등 4가지를 들었다.[5]

조지프 나이 등은 한 걸음 더 나아가 2007년 하드 파워(Hard Power)와 소프트 파워를 결합한 총체적 권력인 스마트 파워(Smart Power) 개념을 제시했다. 미국 대통령 선거를 꼭 1년 앞두고 나온 국제전략문제연구소(CSIS)의 「스마트 파워 보고서」는 미국이 21세기 세계 질서를 주도하기 위해서는 전통적인 군사력과 경제력의 하드 파워와 더불어 소프트 파워에 대한 투자를 대폭 늘려 스마트 파워로 새로 태어나야 한다고 주장했다.[6]

미국의 '소프트 파워' 중시 전략은 전 세계적으로 연쇄반응 효과를 가져올 수밖에 없다. 즉, 미국이 주도하거나 촉발시킨 문화전쟁이 전 지구적 차원에서 벌어지게 돼 있다는 것이다. 미국에서의 문화산업 인수·합병 붐이 '미국에 대항하기 위해서'라는 이유로 유럽과 여타 지역에서 문화산업 인수·합병 붐을 불러오고, 미국의 CNN이 세계뉴스 전쟁을 일으키는 것 등이 좋은 예다.

미국의 영화 한 편이 문화전쟁을 자극하는 효과를 내기도 한다. 1993년 〈쥐라기 공원〉이 1년간 세계에서 벌어들인 수입은 8억 5000만 달러로 한국이 자동차 150만 대를 팔아 얻는 수치와 같았다는 말이 한국에 널리 유포되면서 어떤 일이 벌어졌는가? 우리도 세계문화전쟁에 적극 참전해야 한다는 목소리가 높아졌다. 그 선두 주자는 1994년 한 해 동안 「21세기를 여는 포성-문화전쟁」을 연재한 『동아일보』였다. 이 기사들을 모아 출간된 『대중예술과 문화전쟁』이라는 제목의 책은 서문에서 이렇게 주장했다.

"세계문화전쟁은 국제적 프로들이 주도하고 있다. 반짝이는 아이디어와 뛰어난 상업적 전략, 여기에 막강한 경제력이 지구촌 곳곳에서 프로들이 벌이고 있는 전투를 뒷받침하고 있다. 한마디로 총력전이요 문화대전(文化大戰)이다. …… 문화가 고고한 민족적 유산일 수 없는 세상이 된 지 오래다. '장사' 와 '문화' 의 경계마저 모호해져버렸다. 상업논리가 국제 문화시장을 뒤흔들고 있다. 문경유착(文經癒着)인 것이다. 문화의 국경은 무너졌다. 전 세계 젊은이들이 동시에 즐기고 느끼는 새로운 '이데올로기' 가 탄생한 것이다."[7]

과거엔 미국과 관련하여 '제국' 이라거나 '제국주의' 라는 단어를 쓰면 반미(反美)라거나 좌파라는 딱지가 붙곤 했지만 이젠 미국의 네오콘(Neo-Conservative, 신보수주의자) 덕분에 그런 불필요한 오해가 필요 없게 된 것 같다. 2000년대 들어 네오콘들이 당당하게 미국이 '제국' 임을 인정하고 긍정했기 때문이다. 2002년에 나온 몇 가지 용법을 보자.

찰스 크라우트해머(Charles Krauthammer)는 "이제 사람들은 '제국' 이라는 단어에 대해 솔직해지고 있다" 고 했다. 맥스 부트(Max Boot)는 로마가 정복을 위한 제국이었다면 미국은 민주주의와 안보라는 대의를 위한 제국이기 때문에 '선의의 제국' 이라고 주장했다. 디네시 드수자(Dinesh D' Souza)는 "미국은 제국이 됐다" 고 선언하면서, 하지만 다행스럽게도 "그것은 역사상 가장 관대한 제국"이므로 "우리는 더 큰 제국의 힘을 가져야 한다"고 주장했다.[8]

'선의의 제국'이든 '관대한 제국'이든 미국이 제국임은 분명한 사실인바, 이 책에 등장하는 '제국주의'라는 단어에 대해서도 열린 자세를 가져주시기 바란다. 한류에 대해 국내에서조차 '문화제국주의'라는 비판이 나오고 있는 마당에 그러는 게 좋지 않겠는가. 그러나 우리는 여전히 '제국주의'라는 단어에 대해 강한 알레르기 반응을 보이고 있다. 예컨대 이어령의 다음과 같은 주장은 어떤가.

"사실 한국은 물론 수십억이 넘는 중국·일본·동남아시아·중앙아시아 사람들이 같은 드라마, 같은 노래에 함께 울고 웃으며 공감대를 형성하고, 문화적 유대를 맺는다는 것은 놀라운 일이다. 더구나 한류의 전파국인 한국은 작고 남의 나라를 제압할 만큼 강한 나라도 아니다. 동아시아에서 유일하게 남의 나라를 침략하여 약탈의 괴롭힘을 주지 않은 나라다. 그러니 한류는 문화제국주의와는 차원이 다르다."[9]

정서적으론 가슴에 와 닿지만 반박 논리는 '문화제국주의'라는 사회과학적 개념과는 거리가 있다. 반대로 문화제국주의를 무슨 악(惡)처럼 보는 것도 문제다. 홍성욱은 "'문화적 제국주의' 속에서 무엇보다 우리가 놓치면 안 되는 것은 제3세계로 확산되는 서구문화 중에 민주주의, 개인주의, 남녀평등의 사상과 제도 같은 긍정적인 요소가 있다는 것이다"라고 말했다.[10] 옳은 지적이다. 비록 문화제국주의라는 말은 '세계화'라는 말로 대체돼 사라지고 있지만 문화제국주의를 부정하거나 규탄하지도 말고 차분한 균형감각을 갖고 문화제국주의의 두 얼굴을 동시에 보는 게 좋겠다.

이 책엔 나의 독특한 주장과 시각이 담겨 있기도 하지만 전반적으로

'기록' 중심이다. 불과 10여 년의 기간이라도 역사는 역사라고 한다면 이 책은 최근에 벌어지고 있는 '세계문화전쟁의 역사' 라고도 할 수 있다. 역사 공부가 좋은 점은 거리 두기와 더불어 자기 응시가 가능하다는 것이다. 최근 한국 사회를 뜨겁게 달구고 있는 '스마트폰 · SNS 열풍' 에 푹 빠져보는 것도 좋겠지만 이 책을 통해 세계문화전쟁이 우리의 일상적 삶을 어떻게 바꾸고 있는지에 대한 안목을 가져보는 것도 좋으리라 믿는다. 이 책이 의존한 500개가 넘는 미주(尾註)에 담긴 각종 책과 신문기사의 저자들에게 깊은 감사를 드린다. 그들의 노력이 없었다면 어찌 이 책이 가능했겠는가.

2010년 8월

강준만 올림

차례

11장 문화다양성은 가능한가?

유네스코 문화다양성협약의 정치학

12장 한류를 어떻게 볼 것인가?

한류 14년의 전개 과정 일지

왜 미국 대중문화는 세계를 휩쓰나

1장

미국 대중문화 패권의 6대 요인

WORLD CULTURE WARS

마크 트웨인과 미국의 패권

1987년 10월 19일 월요일 미국의 다우주가 평균은 전날에 비해 무려 22.6퍼센트나 폭락했다. 하루 기준으로는 사상 최대의 주가 하락이었으며, 흔히 '암흑의 목요일' 로 불리는 1929년 10월 24일(목요일) 직후의 12.8퍼센트라는 역사적 주가 하락보다도 훨씬 큰 폭이어서 '암흑의 월요일' 이라는 말이 나왔다. 바로 이런 침울한 상황이 한동안 지속되는 가운데 예일대 교수 폴 케네디(Paul Kennedy)가 펴낸 『강대국의 흥망(The Rise and Decline of the Great Powers)』(1988)은 순식간에 베스트셀러가 됐다. 이 책은 미국이 영국과 같은 쇠락의 길을 갈지도 모른다고 주장했기 때문이다. 미국 경제에 대한 의구심이 커져가는 가운데 한동안 '미국 쇠망론' 이 유행했다.[1]

말이야 바른 말이지만 인류 역사 이래로 지금의 미국과 같은 초강대국은 없었다. 어떤 이들은 '초강대국' 이라고 부르는 것으론 모자란다며 '초초강대국' 이라 불러야 한다는데, 미국의 거칠 것 없는 오만을 보면 그럴 법하다는 생각이 든다. 그러나 미국에 대해 비판적인 진보적 지식인들은 자신들의 '희망사항' 을 피력하고 싶은 열망에 사로잡혀 너무 일찍 미국 패권의 몰락을 예언해왔다.

이매뉴얼 월러스틴(Immanuel Wallerstein)은 1980년 초에 쓴 한 논문에서 미국 패권의 쇠퇴를 전제로 하여 패권의 상실에서 오는 사회적 변동(dislocation) 요인이 있다는 점, 미국 사회 안에는 다른 선진국가들에 비해 수적으로 훨씬 많은 제3세계 인민들이 존재한다는 점, 또 미국은 다른 나라들에 비해 역사가 더 오랜 여성운동의 뿌리가 있다는 점 등을 들면서 미국 좌파운동이 다른 선진사회들과 비교하여 더 밝은 전망을 갖고 있다고 주장했다.

애국적 견지에서 나온 미국 쇠망론도 있었다. 경제학자 레스터 서로우(Lester Thurow)는 1985년에 출간한 『제로섬 해결(The Zero Sum Solution)』에서 '유럽 부상론' 을 내세우면서 로마는 공화국과 제국으로 1000년을 존속했는데 미국은 무슨 이유로 불과 반세기 만에 미끄러져 넘어지고 있느냐고 탄식했다.[2]

물론 이들의 예견이나 진단은 빗나갔다. 이런 논의는 산업구조의 개편과 같은 표면적 현상에만 집착하여 미국 패권의 근본적 구조의 존속을 과소평가하거나 미국의 활동 여지를 넓혀보겠다는 역정보의 음모를 간과한 데서 비롯된 것이라는 주장도 제기됐다. 1985년 브루스 러셋(Bruce Russet)은 다음과 같이 주장했다.

"마크 트웨인(Mark Twain, 1835~1910, 죽지도 않았는데 죽은 것으로 신문에 떠들썩하게 보도됐던 미국의 작가)은 결국 죽긴 죽었다. 그와 마찬가지로 미국의 패권도 종언을 고할 날이 있을 것이다. 그러나 한 가지 분명한 것은 마크 트웨인이나 미국의 패권 모두 그 사망에 대한 보도가 지나치게 과장됐다고 하는 것이다."[3]

폴 케네디의 '미국 쇠망론'

무언가를 예측하고 싶은 지식인으로서의 욕구도 미국 쇠망론 전파에 일조했다. 폴 케네디의 『강대국의 흥망』도 그런 경우로 보아야 할까? 케네디는 '제국의 과잉팽창'에 따른 문제점에 주목한다. 역사적으로 제국주의 세력은 경제적으로 더 생산적인 부문보다는 군사적 부문에 지나치게 많은 에너지를 분산시킴으로써 패망을 재촉했다는 것이다. 미국의 경우도 군부를 포함한 행정부와 산업체가 하나로 결탁한 이른바 '군산복합체'의 '낭비, 부정, 남용' 등 비리가 매우 심각하다는 것이다. 이 점을 미국의 딜레마로 보는 케네디는 다음과 같이 말한다.

"미국처럼 전 세계에 과잉팽창한 나라는 군비투자가 적으면 도처에서 불안감을 느끼게 될지도 모른다. 그러나 군비투자를 대폭 늘리면 단기적으로는 안보를 증진시킬 수 있겠지만 장기적으로 보면 미국 경제의 경쟁력을 약화시켜 국가안보를 해치는 결과를 가져올지도 모른다."

좀 더 구체적인 주장을 들어보자. "영국은 지리적 규모, 인구 및 자연자원에 비추어 다른 조건들이 모두 같다면 세계 부와 힘의 약 3~4퍼센트를 소유하는 정도에 그칠 수밖에 없었지만 다른 조건들이 결코 같지 않았고 일련의 특수한 역사적·기술적 환경 덕분에 그 전성기에 세계 부와 힘의 25퍼센트가량을 소유할 정도로 팽창했으며 그 후 이 유리한 환경들이 소멸되자 다시 원래의 '자연스러운' 규모로 환원됐던 것이다. 마찬가지로 미국은 그 지리적 규모, 인구 및 자연자원에 비추어 세계 부와 힘의 16~18퍼센트를 소유하는 것이 마땅하겠지만 유리한 역사적 · 기술적 환경 덕분에 1945년에는 그 40퍼센트 정도까지를 소유했다가 그 후에는 우리가 목격하는 바와 같이 더욱 '자연스러운' 몫으로 쇠퇴 과정을 걷고 있는 것이다."[4]

케네디의 이런 주장은 선풍적인 관심과 주목의 대상이 됐다. 이와 관련, 역사학자 리처드 에반스(Richard Evans)는 "이 책은 근대사에서 부유한 국가들이 제국을 창출하지만 결국에는 그들의 자원을 너무 동원한 나머지 쇠락하는 어떤 패턴이 있다고 주장한다"며 다음과 같이 말한다.

"역사적인 세부 사실들을 풍부하게 곁들여 설명한 이 책이 많은 관심을 끌었던 것은, 16~17세기에 합스부르크 제국이 유럽 지배권을 장악하지 못한 이유를 상세하게 논증한 것 때문이 아니라 미국이 20세기가 지나면서 세계 지배권을 견지할 수 없으리라는 결론 때문이었다. 미국의 로널드 레이건 대통령이 거의 임기를 다할 무렵에 이 음울한 예언은 미국의 일반 대중에게 우려의 분위기를 불러일으켰다. 그 책은 하룻밤 사이에 베스트셀러가 됐다. 1987년에 쓰인 이 책은 또한 소련이 붕괴하지는 않을 것이라는 주장을 내세웠으며, 그에 따라 상황은 미국인 독자들에게 실제로 불길한 것처럼 보였다."[5]

조지프 나이는 그런 불길한 기운이 감돌던 당시를 이렇게 회고한다. "당시 베스트셀러 목록을 훑어보면 미국의 몰락을 그린 책들이 적지 않았다. 대중잡지의 표지는 한 줄기 눈물이 뺨을 적시는 자유의 여신상을 묘사해놓았고, 일본이 미국의 점심을 빼앗아 먹으면서 곧 미국을 밀어내고 수위를 차지할 참이었다."[6]

나이 · 토플러 · 브레진스키의 반론

이래선 안 되겠다고 생각한 조지프 나이는 1989년 케네디의 『강대국의 흥망』에 대한 반론으로 『선도할 운명(Bound to Lead)』이라는 책을 출간해 '소프트 파워' 개념을 소개하며 미국의 패권이 상당 기간 계속될 것으로 예언했다. 소프트 파워는 "국제사회에서 강제력을 사용하지 않고 목적을 달성할 수 있는 능력"이라고 정의했다. 군사력과 경제력 등이 하드 파워라면 소프트 파워는 미국적 가치관, 정보통신, 교육기관, 문화의 수출, 국제기구와 제도를 통한 의제설정 능력 등에서 나온다는 게 나이의 주장이다. 정치체제, 인터넷과 CNN, 하버드, 맥도널드와 IMF 등이 21세기 미국의 힘이라는 것이다. 소프트 파워의 개념은 클린턴 정부에 국방부 차관보로 참여한 나이와 국무부 부장관이었던 스트로브 탤보트(Strobe Talbott)에 의해 현실정치에 적용하는 국가전략의 틀로 편입된다.[7]

미래학자 앨빈 토플러(Alvin Toffler)도 나이의 주장에 동참했다. 토플러는 서로우와 케네디의 주장을 다음과 같이 반박했다. "서로우 교수는 경제학자다. 그는 경제적인 판단의 틀로 세계를 전망하고 있다. 폴 케네디의 준거 역시 군사력과 경제다. 그리고 그는 역사를 수직적인 흐름으로만 보고 있다. 그러나 이들은 사회정치적, 과학 정보적 요소를 간과하고 있다. 미래의 사회가 정보에 의해 좌우된다고 할 때 가장 앞서갈 나라는 최고의 컴퓨터와 소프트웨어, 통신 수단 등을 보유한 나라가 될 것이다. 유럽은 이 같은 중추 기술에서 상당히 뒤져 있다."[8]

미국 쇠망론에 대한 가장 강력한 반론은 토플러가 지적한 '사회정치적, 과학 정보적 요소'다. 이와 관련, 즈비그뉴 브레진스키(Zbigniew

Brzezinski)도 "미국 중심적 세계 체제는 미국에게 패배한 경쟁 국가, 예컨대 독일, 일본 그리고 최근에는 러시아의 경우에서 보이듯이 그 어떤 과거 제국들보다 포섭 전략을 강조하고 있다. 미국은 민주적인 원리와 제도가 지닌 호소력을 십분 활용하여 미국에 의존적인 외국 엘리트에게 간접적인 영향력을 행사하는 방식에 크게 의존하고 있다"며 다음과 같이 주장했다.

"이 모든 것은 세계적 통신망과 대중적 오락, 그리고 대중문화 등에서 미국이 지니는 거대하기는 하지만 형체가 없는 지배력, 그리고 기술적 · 군사적 수준에서 미국이 거둔 유형의 성과 등에 의해 뒷받침된다. 문화적 지배는 미국의 세계 권력에서 과소평가되고 있는 측면이다. 미국의 미적 가치를 어떻게 평가하든지 간에 미국의 대중문화는 특히 세계의 젊은이에게 거대한 자석과 같은 힘을 행사하고 있다.…… 미국의 텔레비전 프로그램과 영화는 세계 시장의 4분의 3을 차지한다. 미국의 대중음악 역시 비슷한 지배력을 지니고 있고 미국의 유행, 식사습관, 의상까지도 점차 전 세계적인 모방의 대상이 되고 있다. 인터넷에서 쓰는 언어는 영어이며 컴퓨터를 통해 대화를 나누는 사람의 압도적 다수가 미국인으로서 전 지구적인 담론의 내용에 영향을 미치고 있다. 끝으로 미국은 더욱 선진적인 교육을 받고자 하는 사람들의 메카가 되고 있다.…… 미국 대학을 졸업한 장관들은 모든 대륙의 거의 모든 내각 안에서 발견된다."[9]

할리우드 제국주의의 기원

나이 · 토플러 · 브레진스키 등이 역설한 미국의 힘을 '소프트 파워'로 총칭하기로 하자. 작명이 그럴듯할 뿐 소프트 파워의 본격적인 역사는 사실상 1910년대로 거슬러 올라간다. 제1차 세계대전(1914~1918) 전까지 미국인들은 유럽의 문화제국주의에 비분강개하곤 했지만 이 전쟁을 전후로 하여 유럽과 미국의 관계는 완전히 뒤바뀌기 시작했다. 영화는 1895년 12월 28일 파리에서 최초로 상영됐지만 1914년에는 이미 세계 영화 관객들의 85퍼센트가 미국 영화를 관람하고 있었으며 1917년 미국 작가 업턴 싱클레어(Upton Sinclair)는 "영화 덕분에 세계가 하나로 된다. 즉, 세계는 미국화된다"고 확언했다.

에밀리 로젠버그(Emily S. Rosenberg)의 『미국의 팽창』에 따르면 "1920년에 이르면 미국의 서적, 영화 그리고 언론보도는 질레트면도기나 하인즈 케첩만큼 세계 도처에서 이제 익숙한 것이 돼 있었다. 그리고 미국의 정보와 오락 문화에 세계를 개방하고 접촉하는 임무는 새롭게 중요한 성격을 띠게 됐다."[10]

1920년대 초반 미국 영화는 1년에 700여 편이 제작된 반면, 독일은 200여 편, 영국은 40여 편, 다른 유럽국가들은 각 10여 편에 불과했다. 1920년대에 할리우드의 영화는 전 세계 모든 상영 영화의 5분의 4를 차지했다.[11] 1925년의 경우 미국 영화는 영국 시장의 95퍼센트, 프랑스 시장의 77퍼센트, 이탈리아 시장의 66퍼센트, 중남미 시장의 80퍼센트를 장악했다.[12] 『새터데이 이브닝 포스트』지는 1925년 11월 7일자에서 기사 제목으로 "무역은 영화를 따라간다(Trade Follows the Film)"는 구호를 내걸었다. 이는 1920년대 미국 경제의 팽창주의 구호이기도 했다.[13]

영국 상원에서 한 의원은 미국 영화 때문에 중동의 소비자들이 옷과 신발을 미국 영화식으로 해달라고 주문을 해 골치 아프다는 불평을 털어놓았다. 또 일본의 양복 재단사들은 고객의 주문 때문에 미국 영화를 봐야만 했다. 브라질에서는 갓 개봉한 영화에 등장한 차의 판매고가 35퍼센트나 급증했으며 캘리포니아 스타일의 건축물이 급증했다.[14] 아직 권력을 장악하기 전인 독일의 히틀러가 열광적으로 즐긴 것도 바로 할리우드 영화였다. 불프 슈바르츠벨러(Wulf C. Schwarzwäller)에 따르면 "당과 신문사 일을 제쳐놓고 영화를 연달아서 세 편 또는 네 편씩 보는 날도 있었다. 그가 제일 좋아했던 영화는 찰리 채플린, 버스터 키턴, 메이 웨스트나 더글러스 페어뱅크스가 나오는 영화였다."[15]

할리우드 영화의 세계 시장 석권은 결코 영화산업만의 힘으로 이루어진 건 아니었다. 1926년 당시 상무장관이던 허버트 후버(Herbert Hoover)는 외교 및 상공국에 영화를 담당하는 부서를 설치했다. 이 영화 담당 부서는 1927년과 1933년 사이에 22개의 보고서를 만들어냈는데 이는 전 세계의 영화 시장에 관한 정보를 총망라한 것이었다.[16]

상무부는 그 이후로도 영화 시장 관련 보고서를 계속 만들어냈는데, 오늘날 세계 영화사를 쓰려고 하는 학자는 반드시 이 보고서를 참고해야 한다. 다른 자료가 없기 때문이다. 이처럼 미국 영화는 정부의 적극적인 마케팅 조사의 지원을 받았던 것이다. 물론 영화산업의 요청에 따라 문을 걸어 잠근 나라에 미국 정부 차원의 시장 개방 압력이 가해진 건 두말할 나위가 없다. 1929년에 대통령이 된 후버는 "미국 영화가 들어가는 나라에서 미국산 자동차, 사진, 모자는 2배나 더 많이 판매된다" 고 말했다.[17]

세계를 강타한 '아바타 신드롬'

그로부터 약 80년이 흐른 2007년 할리우드가 전 세계 극장에서 거둔 수입은 267억 달러(약 25조 3000만 원)로 사상 최고치를 기록했다. 이는 2006년의 255억 달러보다 4.7퍼센트 많은 것으로, 지역별로는 북미에서 2006년(91억 달러)보다 5.4퍼센트 늘어난 96억 달러의 수입을 거뒀다. 미국과 캐나다를 제외한 지역에서의 수입은 2006년(163억 달러)보다 4.9퍼센트 늘어난 171억 달러로, 전 세계 수입의 64퍼센트를 차지했다.

2007년 북미 최고의 흥행작은 3억 3650만 달러를 벌어들인 〈스파이더맨 3〉였으며 〈슈렉 3〉(3억 2270만 달러), 〈트랜스포머〉(3억 1920만 달러), 〈캐리비안의 해적: 세상의 끝에서〉(3억 940만 달러)까지 모두 4편이 3억 달러 이상을 벌어들였다. 또 1억 달러 이상을 벌어들인 영화가 28편으로, 2006년의 19편보다 50퍼센트 가까이 늘어났다. 그러나 극장 수입이 올라간 만큼 영화 제작비도 함께 늘었다.

메이저 영화사의 평균 제작비는 1억 660만 달러로 2006년(1억 30만 달러)보다 6.1퍼센트 늘었으며 2003년의 최고 기록 1억 58만 달러도 넘어섰다. 이 가운데 순제작비가 7070만 달러이며 마케팅비는 3590만 달러였다. 2006년보다 신문 광고비는 줄고 텔레비전 광고비는 비슷한 수준을 유지한 반면 인터넷 광고비가 전체의 4.4퍼센트로 3.7퍼센트보다 늘어났다. 2007년 미국에서 개봉(재개봉 제외)한 영화는 모두 590편으로, 2006년의 599편보다 약간 줄었다. 이 가운데 메이저 영화 외의 독립 영화 비율은 66퍼센트에서 70퍼센트로 늘어났다.[18]

2009년 말 개봉해 최단 기간인 20일 만에 역대 흥행수익 4위인 10억 2000만 달러(약 1조 1000억 원)를 가뿐히 넘어선 제임스 카메론 감독의

3D 영화 〈아바타〉가 전 세계적인 '아바타 신드롬'을 불러일으킨 것은 대중문화를 넘어서 '팍스 아메리카나'가 쉽게 끝날 수 없으리라는 걸 예감케 하기에 족했다. 〈아바타〉는 전 세계 1만 4500여 개의 스크린에서 개봉했는데, 이 중 25퍼센트 정도인 3600여 개 관이 3D 스크린이었다. 이 3D 수익이 전체 수익의 56퍼센트를 차지했다. 관객들이 일반 상영관의 2배에 이르는 3D 티켓 값을 기꺼이, 선뜻 냈다는 뜻이다. 이와 관련, 양성희는 "2010년 〈아바타〉의 충격은 할리우드의 활로 모색 정도가 아니다. 진정한 영상문화혁명이 진행 중이다"라고 했다.[19]

한국에서의 '충격'은 어떠했던가? 『조선일보』 2010년 2월 25일자는 "1000만 관객을 넘어 〈괴물〉의 최고 관객동원 기록(1301만 명)을 깨기 직전인 영화 〈아바타〉가 의외로 조용하다. 한국 영화들이 1000만을 넘으면 관객 사은행사를 비롯해 떠들썩한 잔치를 벌이는 것과는 크게 대조적이다. 한국 영화 사상 최고 흥행매출 기록을 이미 세웠고 최다 관객동원 기록의 경신을 앞두고 영화사가 애써 웃음을 감추는 데는 속사정이 숨어 있다"며 다음과 같이 말했다.

"23일 현재 〈아바타〉의 관객 합계는 1291만 283명. 영화배급사 측은 이 숫자가 늦어도 27일엔 1300만을 넘어설 것으로 보고 있다. 〈괴물〉의 1300만은 '절대 깰 수 없는 숫자'라는 세평을 낳았고, 실제 〈아바타〉가 처음 개봉했을 때 이 숫자를 넘어서리라고 예상한 사람은 찾을 수 없었다. 그러나 〈아바타〉는 개봉 11주 만에 한국 영화사에 그 이름 세 글자를 굵은 활자로 올릴 수 있게 됐다. 그러나 영화배급사인 20세기 폭스코리아는 1000만 관객 돌파 때와 마찬가지로 이번에도 아무런 사은 이벤트나 마케팅을 하지 않고 있다. 이번 주말 1300만을 넘을 것으로 예상한다는 보도자료도 내지 않았다. 이는 한국 영화를 제치고 역대 1위에 오르는 부담감 때문이다.…… '국민 영화' 로 불리는 〈괴물〉을 누르고 1위에 오르는 것이 국내 정서상 떠들썩하게 자축할 일이 아니라는 설명이다."[20]

세계 제1의 '규모의 경제'

미국 대중문화가 세계를 석권했다는 데에 이의를 제기할 사람은 없을 것이다. 먹고사는 것조차 힘겨워하는 제3세계권 국가들도 미국의 대중문화 공세로부터 자유롭지 못하거니와 일반 대중은 그걸 적극 반긴다. 그렇다면 미국의 대중문화가 그토록 우월한 세계적 경쟁력을 자랑할 수 있었던 이유는 무엇일까? ①세계 제1의 국력에서 비롯된 규모의 경제, ②문화제국주의의 정치경제적 효용을 염두에 둔 강력한 국가적 지원, ③각 부문 간 시너지 효과, ④미국의 프런티어 · 이민문화의 장점, ⑤대중문화의 자본화 심화로 인한 철두철미한 상업화, ⑥영어 제국주의 등 6가지를 들 수 있다.

첫째, 세계 제1의 국력에서 비롯된 규모의 경제(economy of scale)다. 규모의 경제란 생산판매 등 경제활동을 할 때 그 규모가 커짐에 따라 전보다도 성과도가 높아지며 평균비용이 저하하는 것, 즉 규모에 따른 성과의 증가를 말한다. 규모의 경제에는 주로 생산설비 등 물리적 · 기술적 요인에 입각한 공장 규모의 경제와 관리나 판매 등 광범한 요인에 따른 기업 규모의 경제가 있다. 경제활동 전반에 걸쳐 규모의 경제가 항상 존재한다는 뜻은 아니지만 현실적으로 불완전경쟁 시장을 떠받드는 참가장벽으로서 규모의 경제가 유력하게 작용하고 있다는 것은 명백하다. 거대한 고정설비를 필요로 하거나 다수 인원으로 된 조직을 형성하는 것도 규모의 경제 작용이라고 해석할 수 있다.[21]

미국의 경쟁자라 할 유럽이 제1·2차 세계대전을 직접 겪은 반면 미국은 자국에서 전화(戰禍)를 전혀 겪지 않았다. 그런 역사적 행운에 힘입은 미국은 무엇보다도 내수 시장 규모가 다른 나라의 수십 배에서 수백 배가 되기 때문에 무한복제가 가능한 문화상품의 경우 매우 유리한 고지를 점령하고 있는 것이다. 어떤 산업이든 그 성장은 시장 규모에 큰 영향을 받기 마련이지만 거의 동일한 제조원가로 거의 무한대의 재생산이 가능한 대중문화상품의 경우에 시장 규모는 절대적인 영향력을 행사하게 된다.

1991년 한 해 동안 제작된 국산 영화의 편당 평균 제작비는 1억 2000만 원인 데 비해 미국의 7대 메이저 영화사들이 1989년에 제작한 모든 영화의 평균 제작비는 164억 원에 이르렀다. 게다가 국내 시장에 진출하는 미국 영화는 700억 원을 들인 〈터미네이터 2〉처럼 보통 500억 원 이상의 제작비를 들인 것들이다. 30분짜리 텔레비전 연예물 같은 미국 텔레비전 프로그램의 평균 제작비도 50만 달러가 넘는다는 것을 감안한다면 그 어느 나라든 자본 규모로 미국 대중문화상품과 경쟁하기는 매우 어렵다는 것을 쉽게 알 수 있다.

어디 그뿐인가. 〈토탈 리콜〉은 제작에 들어가기도 전에 이미 해외배급권과 비디오제작권을 판매함으로써 500억 원 상당의 제작비 예산을 충당했다. 게다가 한국처럼 영화수입 업체들끼리, 방송사들끼리 서로 먼저 미국 영화를 수입하겠다고 이전투구의 싸움을 벌여 수입액을 폭등시켰으니 미국 대중문화산업은 그저 편히 누워서 돈을 벌어온 셈이다.

그런 이점에 힘입어 할리우드는 세계를 제패했다. 제3세계는 말할 것도 없고 대부분의 선진 자본주의 국가들에서도 할리우드 영화가 판을 치고 있다. 1995년의 통계에 따르면 할리우드 영화는 미국 시장의 98퍼센트를 점유해 우선 자국 시장을 튼튼히 지킨 다음 프랑스 시장의 54퍼센트, 일본 시장의 60퍼센트, 이탈리아 시장의 63퍼센트, 독일 시장의 87퍼센트를 차지하고 있다.[22] 이와 같은 현실에 대해 프랑스의 영화감독 베르트랑 타베르니에(Bertrand Tavernier)는 다음과 같이 말한다.

"노 브레인(no brain), 노 소울(no soul)의 거대한 영화들이 산업의 힘을 앞세워 세계 영화계를 정복하려는 게 문제인 것이다. 패스트푸드 영화 일원화에 맞선 다원주의를 회복하는 일이 필요하다. 미국 영화의 세계 지배욕은 독일 나치즘의 발상과 놀랄 만큼 유사하다."[23]

과연 그런가? 그렇게 볼 수도 있겠다. 그런데 할리우드 영화의 산업적 경쟁력은 어디에서 오는 걸까? 여러 이유가 있겠지만 한 가지 빼놓을 수 없는 중요한 이유는 거대한 내수 시장이다. 양적으로 거대할 뿐만 아니라 질적으로도 거대하다. 프랑스, 일본, 이탈리아, 독일의 국민 한 사람이 1년에 영화관 가는 횟수가 평균 1회에서 2회인 반면 미국 국민이 영화관에 가는 횟수는 약 5회다.[24]

영화는 여느 공산품과는 다르다. 무한복제가 가능하기 때문에 전체 산업적 차원에서 보자면 덩치 큰 시장을 갖고 있는 나라가 무조건 유리하다. 그건 그만큼 영화 1편당 쏟아부을 수 있는 자금력이 커진다는 걸 의미한다. 이 점에서 할리우드 영화는 압도적으로 유리하다. 성공이 성공을 낳는 순환이 형성되는 면도 있다. 할리우드 스튜디오 영화당 평균 제작비는 7500만 달러(약 900억 원)요, 스타급 배우들의 출연료도 2000만 달러(약 240억 원) 시대에 돌입했으니[25] 감히 어느 나라의 영화가 할리우드 영화의 패권을 깰 수 있으랴. 물론 개별적인 영화 차원에선 얼마든지 깨는 게 가능하겠지만 지금 여기서 말하는 건 전 산업적인 차원의 패권이다.

'규모의 경제'에 대한 반론

'규모의 경제'를 중요하게 평가하는 시각에 대한 반론도 만만치 않다. 예컨대 영국의 커뮤니케이션 학자이자 수용자의 능동성을 강조하는 문화연구가 데이비드 몰리(David Morley)와 케빈 로빈스(Kevin Robins)는 다음과 같이 주장한다.

"그동안 좌파 학자들이나 반미주의자들은 국제 텔레비전 시장에서 미국의 프로그램들이 지배력을 갖게 된 것은 미국의 내수 시장이 워낙 거대해서 미국의 프로그램 제작자가 상당한 경제적 이점을 누릴 수 있었기 때문이라고 설명해왔다. 물론 이러한 경제적 이점들을 무시할 수는 없지만 다른 나라 노동자 계층의 수용자들에게 호소력을 띠는 프로그램들에 내재적으로 존재하는 것이 있다면 그것은 무엇인가? 워폴은 영국 노동자들 사이에 존재하는 문학적 취향에 대한 연구에서 1930년대 미국의 탐정 소설에 흥미를 느끼고 있는 많은 사람들과 인터뷰를 했다. 그의 입장에서 볼 때 여기에 전통적인 영국 문학가들보다도 미국 문학이 더 큰 호소력을 갖게 되는 이유를 설명할 수 있는 외부요인이 존재한다는 것이다. '나는 웰스나 베네트와 같은 영국 작가들이 쓴 작품들을 읽기는 했지만…… 그런 작가들은 나와 같은 사람들이 아니었다. 사람들은 계급적인 의식을 갖기 마련이다.…… 내가 미국 작가들에 관심을 갖게 된 것은 그들이 우리가 말하는 방식으로 말하고 있기 때문이다.'"[26]

이들의 주장은 일리는 있지만 자신들의 논점을 부각시키기 위해 의도적인 과장을 범하고 있다. 게다가 '좌파 학자들이나 반미주의자들' 운운하는 딱지 붙이기도 아주 고약하다. 누가 미국 내수 시장의 규모가 전부라고 말했는가? 이들도 인정한 바와 같이 "이러한 경제적 이점들을 무시할 수는 없"다는 것으로 족할 것이다. 같은 맥락에서 영화평론가 강한섭의 다음과 같은 주장은 분석 단위 또는 차원의 괴리에서 비롯된 것으로 이해하면 무방할 것이다.

"문화산업 하면 가장 먼저 떠오르는 할리우드 영화산업이 미국의 5대 산업의 하나이며 수출액으로는 항공기산업 다음이라는 신화가 있다. 그러나 이것은 사실이 아니다. 할리우드 영화산업은 전체 미국 경제에 비하면 보잘것없다.…… 대중문화산업에서 '친숙함' 이라는 변수보다 더욱 결정적인 변수는 없다. 제작비의 엄청난 차이도, 동원되는 테크놀로지의 수준 차이도, 그리고 유통구조의 장벽도 중요하지만 결정적인 변수는 아니다. 문화상품의 소비자들은 비슷한 장르의 경우라면, 즉 사용 효과가 비슷한 정서를 자극한다면 규모가 장대하고 세련되되 낯선 외국 소프트웨어보다는 소박하고 투박하지만 친숙한 자국 소프트웨어를 선택하게 된다.…… 영화산업은 국가 간의 경쟁이 아니다. 또 대중문화상품에는 일반 공산품의 경우와 달리 브랜드 파워가 존재하지 않는다. 그러므로 기업 간의 경쟁도 아니다. 그러므로 영화산업에 구태여 경쟁력이라는 개념을 사용하고자 한다면 그것은 국가나 기업 차원이 아니라 고작해야 스타 감독이나 스타 연기자들 사이의 개인적인 경쟁인 것이다. 이렇게 '21세기는 문화전쟁의 시대' 라는 주장은 사실에 기초하기보다는 상징조작을 통해 특정한 정치적 목적을 달성하기 위한 포퓰리스트적인 구호에 가깝다."[27]

어떤 산업인들 전체 미국 경제에 비하면 보잘 것 있겠는가? 이런 수사적인 문제에도 불구하고 강한섭의 주장에 일리가 있는 것도 있고 바람직한 점도 있다. 개별 영화평론가나 제작자는 모쪼록 강한섭과 같은 패기와 자신감을 가져야 할 것이다. 다만 그의 주장은 한국 시장을 중심으로 보는 것이고 내가 여기서 말하는 건 세계 전체 차원의 것임을 유념하면 될 것이다.

강한섭은 "제작비의 엄청난 차이도, 동원되는 테크놀로지의 수준 차이도, 그리고 유통구조의 장벽도 중요하지만 결정적인 변수는 아니다"라고 했다. 그렇다. 내가 강조하고자 하는 건 제작비의 엄청난 차이, 동원되는 테크놀로지의 수준 차이, 유통구조의 장벽이 중요하다는 것이다. 그 점에서 나의 생각이나 강한섭의 생각이나 다를 바가 없다. 그러나 강한섭 역시 "대중문화산업에서 '친숙함' 이라는 변수보다 더욱 결정적인 변수는 없다" 고 주장함으로써 결정론적인 경향을 보이고 있다. '친숙함' 도 중요하다는 정도가 무난할 것이다.

강력한 국가적 지원

둘째, 문화제국주의의 정치경제적 효용을 염두엔 둔 강력한 국가적 지원이다. 미국은 한국의 경우처럼 무슨 '특별법' 따위는 만들지 않았지만 한국의 형식적인 지원보다 훨씬 강력하고 총체적인 지원을 대중문화산업에 집중시켜왔다. 미국의 정책 결정자들이 미국의 대중문화가 그들의 세계 전략에 미치는 영향을 충분히 인식하고 있었다는 뜻이다.

미국 정부의 대중문화산업에 대한 지원은 제2차 세계대전 직후 최고점에 이르렀다. 당시 국무장관으로서 유엔(UN) 창설에 주역을 맡은 존 덜레스(John F. Dulles)는 "만약 나에게 외교정책 가운데 가장 중요한 것 하나만 선택하라면 나는 국가 간 자유 정보유통을 택하겠다"고 선언했다.[28] 물론 그가 말하는 '정보'는 모든 종류의 문화상품을 의미하는 것이었다.

실제로 미국은 유엔과 유네스코(UNESCO)를 그런 목적으로 최대한 이용했다. 특히 유네스코 창설 당시 4대 긴급 목표의 하나로 "국가 간 정보유통 자유의 장애물 제거와 대중매체 이용의 확장"을 넣는 문제를 놓고 국가 간 갈등이 빚어졌을 때 미국은 그것을 채택하지 않으면 유네스코 대신 미국이 주도하는 별도의 독자적인 국제기구를 만들겠다는 위협까지 가했다.[29] 물론 유네스코는 미국의 뜻대로 움직였으며, 그 이후 적어도 30여 년간 유네스코는 미국 대중문화산업의 세계 진출에 크게 기여했다. 미국은 제3세계의 반발로 유네스코가 뜻대로 움직이지 않자 1984년 유네스코를 탈퇴한다.

1944년 미국 대통령 선거 시 양대 정당의 정강도 대중문화산업의 이익을 충실히 반영했다. 당시 집권당인 민주당의 정강은 "전 세계인들 사이에 사상과 상품의 보다 자유로운 유통"이 이루어질 것을 역설하고 그걸 위해 최선을 다하겠노라고 천명했다.[30] 미국 정부는 이런 의지를 1948년 유엔 총회에서 채택된 '세계인권선언'에까지 반영시켰다. 이 선언의 19조는 "모든 사람은 의견과 표현의 자유를 가지며, 이 자유는 외부의 방해 없이 의견을 가질 수 있고 국경을 초월해 그 어떤 매체를 통해서든 정보와 사상을 추구해 수령하고 전파시킬 수 있는 자유를 포함한다"고 돼 있다. 그래서 일부 사람들은 이 '세계인권선언'이 '정보

제국주의' 를 건설하기 위한 미국의 고차원적 포석이라고 주장한다.[31]

물론 오늘날에도 각종 무역협상 등을 통해 미국 대중문화의 세계 시장 진출을 도우려는 미국 정부의 노력은 계속되고 있다. 할리우드 스타들을 비롯하여 대중문화산업 종사자들이 대통령 후보들에게 돈을 몰아주는 등 적극적인 정치 참여를 하는 것도 그런 효과를 높이는 데에 일조하고 있다.

각 부문 간 시너지 효과

셋째, 첫 번째 이유와 두 번째 이유의 당연한 귀결이지만, 미국의 강력한 국력에서 비롯된 여러 시너지 효과를 들 수 있다. 예컨대 미국의 군사, 외교적 영향력은 미국 영화 수출에 유리할 것이고 또 미국이 지배력을 행사하고 있는 국제기구들을 마케팅 도구로 이용할 수도 있을 것이고 미국의 화려한 물질문명 그 자체가 영화의 제작과 경쟁력에 있어서 유리하게 작용한다고 볼 수 있지 않을까.

실제로 미국 정부와 대중문화산업의 결탁은 해외 시장 진출을 돕는 데에서 끝나지 않았다. 미국 정부는 미국 내에서 대중문화산업의 독과점적 지위를 보장해줌으로써 해외 시장 경쟁력을 높여주는 배려까지 아끼지 않았다. 그런 지극한 배려하에 미국의 대중문화산업은 수직적 통합에 수평적 통합까지 이루어 '규모의 경제' 를 실현하고 제작분업과 제작절차의 표준화를 통한 대량생산시스템을 갖출 수 있었다. 거기에 은행자본까지 참여해 미국의 대중문화산업은 제2차 세계대전을 통해 이룩한 미국의 세계적인 정치경제적 패권의 기반 위에서 가히 독보적인 경쟁력을 과시하며 전 세계 시장을 석권하게 됐던 것이다.

게다가 미국의 군사적 패권은 그 자체로서 미국 대중문화를 전 세계에 전파시키는 데 중요한 역할을 담당했다. 이는 한국에서 AFKN-TV가 한국의 텔레비전 문화는 말할 것도 없고 전반적인 한국 대중문화에 미친 영향을 생각해보면 분명해진다. 미국은 국방성 산하에 미군 라디오·텔레비전 서비스(AFRTS, American Forces Radio and Television Services)를 설치해 전 세계에 100여 개의 군사방송국을 운영하고 있다. 미 공보처(USIA)의 활약도 무시할 수 없다. 미 공보처의 연간 예산은 1994년 14억 달러, 산하 선전방송인 VOA(Voice of America) 지국은 13곳에 이르렀다.

'아바타 신드롬'에 사용된 '3D 기술'이 잘 말해주듯이 미국 대중문화의 이런 '결합 효과(synergy effect)'는 거의 모든 영역에 걸친 산업과의 관계에서 실현됐다. 실리콘밸리의 디지털 기술과 할리우드의 오락 콘텐츠를 결합하는 산업 융합 현상을 가리키는 실리우드(Siliwood) 현상이 그 좋은 예이며, 100여 개국 이상에 수출돼 20억 달러의 수입을 올린 우주과학공상 영화 〈스타트렉〉도 세계에서 가장 발달된 미국의 우주산업의 덕택을 본 것이었다.

미 군부와 할리우드의 시너지 또는 유착 관계도 빼놓을 수 없다. 이홍환은 "지난 90여 년 동안 미 군부와 할리우드는 손을 잡고 전쟁 영화를 양산해냈다. 제2차 세계대전 이후 1999년의 〈라이언 일병 구하기(Saving Private Ryan)〉에 이르기까지 할리우드가 만들어낸 전쟁 영화는 총 470여 편에 가깝다. 제2차 세계대전을 주제로 한 영화만 해도 280여 편에 달한다. 한국전쟁을 주제로 한 영화가 약 60여 편이고 베트남전쟁을 주제로 한 영화도 50여 편을 웃돈다. 펜타곤과 할리우드의 만남, 군부와 연예 비즈니스의 만남, 세계 최강의 군과 세계 최대 흥행업의 만남, 이 둘의 만남은 자신의 이익 보호라면 물불을 가리지 않는 가장 미국적인 만남일 수도 있다"며 다음과 같이 말한다.

"군부 쪽에서 보면 할리우드야말로 군부에 대한 좋은 이미지를 심어주는 데 둘도 없는 단짝인 셈이고 할리우드 쪽에서는 전쟁 영화 제작에 군부의 지원이 필수적이다.…… 할리우드의 영화 제작자들이 펜타곤에 제작 지원을 요청하는 건수는 줄잡아 매년 200여 건. 펜타곤은 이 가운데 약 3분의 1인 60~70여 편을 지원한다. 전쟁 영화를 제작하거나 전쟁 영화가 아니더라도 군이 등장하는 영화를 만들려고 할 때 할리우드가 가장 먼저 접촉해야 할 곳이 펜타곤이다. 군 장비나 인원을 값싸게 동원하거나 아예 무료 지원을 요청하기도 한다. 펜타곤으로서는 더없이 좋은 기회. 모병을 위한 군 홍보는 물론이고 비행기나 잠수함 제작 등 군 예산을 확보하기 위해 의회에 압력을 넣을 수 있는 절호의 기회인 셈이다. 펜타곤은 영화 대본을 읽어보고 지원 여부를 결정한다. 물론 영화 대본이 펜타곤의 마음에 안 들 경우도 있다. 그럴 경우 영화 제작자는 즉각 펜타곤의 입맛에 맞추어준다. 펜타곤이 대본을 수정하거나 다시 쓸 수 있도록 허락하는 것이다."[32]

미국 대중문화산업 내부의 시너지 효과도 중요하다. 프랑스의 『르 피가로』지 1999년 4월 14일자는 존 그리셤(John Grisham), 스티븐 킹(Stephen E. King), 마이클 크라이튼(Michael Crichton), 톰 클랜시(Tom Clancy) 등과 같은 베스트셀러 작가들의 성공 배후에는 할리우드 영화산업이 있다는 점을 강조하는 분석 기사를 실었다. 이 기사의 주요 내용은 이렇다.

영화사는 기획 단계부터 유명작가 혹은 출판사를 지원한다. 물론 영화화를 염두에 두고서다. 마이클 크라이튼의 『쥐라기 공원』은 1000만

부가, 존 그리셤의 처녀작 『더 펌(The Firm)』은 700만 부가 팔렸다. 이 정도 책이 나가면 걱정 없이 영화화를 할 수 있다. 영화화되면 책이 안 팔릴까. 더 많이 나간다. 베스트셀러와 영화가 서로 상승작용을 일으키기 때문이다. 존 그리셤의 『펠리컨 브리프』와 『의뢰인』, 『타임 투 킬』, 스티븐 킹의 『캐리』, 『쇼생크탈출』, 『미저리』, 『돌로레스 클레이븐』, 톰 클랜시의 『붉은 10월』 등은 영화화된 뒤로 더 인기를 끌었다. 영어의 힘이 발휘되면서 미국 베스트셀러는 지구촌 베스트셀러가 된다. 프랑스에서는 10만 부 이상 나가면 베스트셀러로 치지만 미국에서는 100만 부는 보통이고 이들 유명작가 작품은 300만 부도 어렵지 않다.

『르 피가로』지는 미국의 출판 시장 규모가 프랑스의 5배인데 베스트셀러 판매부수는 이처럼 10배 이상 차이가 나는 원인을 영어권과 프랑스어권의 차이에서 찾는다. 이 신문은 또 미국에서는 유력한 신문의 서평보다 영화, 혹은 책과 저자를 소개하는 텔레비전 토크쇼가 베스트셀러를 만들고 있다고 분석했다. 『뉴욕타임스』의 호평보다 1500만 명 이상이 시청하는 미국의 토크쇼 〈오프라 윈프리 쇼〉에 출연하고 싶어 작가들이 안달한다는 것이다.[33]

프런티어 · 이민문화의 장점

넷째, 미국의 프런티어 · 이민문화다. 미국의 대중문화산업이 세계를 석권할 수 있었던 이면엔 정치경제적 배경 이외의 또 다른 배경이 있었다는 것을 간과할 수 없는데, 그건 바로 미국의 독특한 역사다. 이 점에 있어선 미국의 역사학자 프레더릭 터너(Frederick J. Turner)의 이른바 '프런티어사관' 을 참고할 만하다. 1893년 터너는 미국의 문화와 국민성을 형성한 원동력이 '프런티어' 라고 주장했다. 그의 주장은 많은 문제점을 안고 있긴 하지만 적어도 대중문화와 관련해서는 큰 설득력을 갖고 있다.

터너는 문제의 논문을 발표한 지 3년 후에 쓴 「서부의 문제」라는 글에서 "지난 300년 동안 미국인의 삶에 있어서 지배적인 양상은 바로 팽창이라는 것이다" 라며 "이러한 측면에서 강력한 외교정책을 요구하는 것이다" 라고 주장했다.[34] 터너의 주문대로 이후 팽창은 세계를 향하기 시작했다. 권용립은 19세기 말 미국 팽창 이데올로기의 양대 기반은 사회진화론 사상과 프런티어의 소멸이었으며 영토의 팽창만이 미국 정신의 타락을 막을 수 있다는 역사적 비전이 생성됐다고 했다.[35] 물론 그런 팽창의 전위대는 바로 대중문화였다.

프런티어 생활이 낳은 라이프스타일도 미국 대중문화 발전에 일조했다. 미국의 역사는 서부개척의 역사다. 서부개척은 적어도 19세기 말까지 계속됐다. 미국의 서부개척 영화에 다소 과장스럽게 표현되고 있다시피 서부개척 생활의 특성은 한마디로 이야기해서 물질적인 것과 새로운 것에 대한 욕구가 강하다는 것이다. 물건도 한 번 쓰고 내버리는 일회용품에 익숙하고 이는 나중에 서부개척이 끝난 이후에도 세계에서 으뜸가는 소비지향적 문화로 정착이 됐으며 대중문화의 발달에도 기여했다.

미국은 프런티어 국가인 동시에 이민의 국가다. 할리우드가 갖고 있는 강점 중의 하나는 바로 미국의 '이민사회적' 특성에서 비롯됐다. 할리우드는 배우들뿐만 아니라 지식인들까지 외국으로부터 공급받는 '특혜' 를 누렸던 것이다. 1930년대의 할리우드엔 방랑자형 지식인에서 정치적 망명자에 이르기까지 온갖 종류의 재능 있는 외국인들이 흘러넘쳤다. 독일 극작가 베르톨트 브레히트(Bertolt Brecht)만 하더라도 그는 스타시스템과 할리우드 영화를 경멸했지만 늘 영화계에서 일거리를 찾느라 두리번거렸고, 이고르 스트라빈스키(Igor Stravinsky)도 열심히 영화음악에 손을 댔다. 비록 그는 그 분야에서 결코 성공하진 못했지만 말이다.[36] 이와 관련, 프랑스 지식인 기 소르망(Guy Sorman)은 다음과 같이 말한다.

"미국산 문화상품 또는 여가상품이 시장을 지배하는 것은 제국주의적 전략이 아니라 시장의 법칙에 의거한 것이다. 미국이 수출하는 모든 것은 사전에 미국에서 시험된 것이고, 방대한 시장을 가진 미국은 물질적 또는 정신적 실험을 원하는 만큼 할 수 있다. 혁신을 실험할 수 있는 이 거대한 장으로 인해 미국은 창조력을 가지게 된다. 이는 특별한 국가적 천재성이라기보다는 세계의 크리에이터들이 이곳에서 개방과 성공의 보상을 얻게 된다는 확신을 가지고 몰려들기 때문이다."[37]

또한 이민사회에서 가장 큰 재산은 젊음이며 나이를 먹었다는 것은 미덕이 아니라 오히려 악덕이기까지 하다. 그러한 이민사회의 특성을 반영하고 있는 미국 대중문화의 한 가지 분명한 특성은 청춘에 대한 예찬이요 신앙이다. 미국 대중문화가 전 세계 시장에서 늘 10대를 그 '판매 촉진'의 전위대로 이용하고 있는 것도 결코 우연이 아니다. 게다가 이민사회는 미국 대중문화가 인종과 언어를 초월해 먹혀들어갈 수 있는 일종의 '시장성 테스트'의 기회를 제공했다.

미국의 이민문화는 시장성 테스트의 기회와 더불어 미국문화가 가장 만국공용적인 문화의 특성을 갖게끔 하는 데에 기여했다. 이는 단지 자본만으론 넘볼 수 없는 미국 대중문화 특유의 강점이 있다는 걸 말해주는 게 아닐까.

일본의 소니사는 1988년 20억 달러에 CBS 레코드 회사를 매입한 데 이어 1989년에는 34억 달러에 컬럼비아 영화사를 매입했고, 1990년엔 마쓰시타사가 MCA/유니버설사를 60억 달러에 매입했다. 이와 관련, 디즈니 회장 제프리 카젠버그(Jeffrey Katzenberg)의 주장은 오만할망정 일리가 있다. 그는 1991년 "영화 제작의 본질은 감정의 전달에 있다"면서 일본인들에겐 그런 감정이 결여돼 있다고 지적했다. 또 저돌성이나 무모한 도전정신, 흥미의 감각은 일본과 같은 보수적인 문화에서는 불가능한 것들이라는 주장도 제기됐다. 경제학자 로버트 라이시(Robert Reich)는 "브루스 스프링스틴이 래리 티시 CBS 회장 대신에 아키오 모리타 소니 회장을 위해서 일한다고 해서 그의 가치를 상실하는 것은 아니다"라고 했는데, 라이시에 따르면 방어적인 문화적 쇼비니즘과 기술민족주의는 국경과 경계선이 무너지고 있는 시대에는 더 이상 적합하지 않다는 것이다.[38]

철두철미한 상업화

다섯째, 대중문화의 자본화 심화로 인한 철두철미한 상업화다. 이는 단적으로 자본을 위해 봉사하는 미국의 사회과학이 대중문화의 '시장성 테스트'를 위한 도구로 최대한 활용됐다는 점에서 가장 드라마틱하게 나타나고 있는 게 아닐까.

미국의 대중문화상품 가운데 우연히 만들어지는 건 거의 없다. 미국의 국방부와 광고주들의 전쟁 프로파간다 및 상품 프로파간다를 수행하는 과정에서 번성한 미국의 대중매체 연구는 한마디로 '효과 연구'라고 해도 지나치지 않다. 어떤 메시지를 어떻게 전달해 그 수신자에게 어떻게 얼마만큼 영향을 미칠 수 있는가? 이 질문에만 집착해온 미국 대중매체 연구의 성과는 대중문화상품 전반의 마케팅에 직접적으로 활용됐다. 여기에 심리학과 인간공학 등까지 가세해 의식의 세계만을 다루는 것이 아니라 잠재의식에까지 파고드는 극성스러움을 보여 대중문화의 소비자들은 자신도 모르게 대중문화상품에 빠져들게끔 유인됐던 것이다.

예컨대 뉴로마케팅(neuromarketing)을 보자. 이는 신경을 뜻하는 '뉴로(neuro)'와 '마케팅'을 합친 말로, 소비자의 뇌에서 일어나는 무의식 세계를 분석해 활용하는 마케팅을 뜻한다. 2005년 미국의 『포천』지는 뉴로마케팅을 10대 기술 트렌드로 선정했다. 뉴로마케팅이 부상한 것은 기능성자기공명영상(fMRI)이란 뇌 영상장치 덕분이다. fMRI 영상은 뇌의 특정 부위가 활동할 때 혈액이 모이는 현상을 마치 불이 켜지는 것처럼 보여준다. 때문에 제품이나 광고 사진을 모니터로 보여주면서 동시에 fMRI로 뇌를 촬영하면 소비자의 무의식적 반응을 금방 파악할 수 있다.

이 덕분에 다임러크라이슬러는 소비자들이 스포츠카를 볼 때 사회적 지위와 보상을 연상한다는 사실을 알아냈고, 켈로그는 식품 광고를 보면서 배고픔을 해소하면서도 날씬해지고 싶어 하는 여성들의 상반된 감정을 파악했다. 스포츠카 광고가 힘, 섹스, 생존과 같은 원초적 욕망을 자극하는 것도, 켈로그의 도넛 광고가 저지방을 직설적으로 강조하지 않고 날씬한 다리를 보여주는 것도 바로 소비자의 뇌를 읽었기 때문이다. 고려대 성영신 교수는 "20세기엔 제품의 정보를 전달하는 이성적 광고였다면 21세기 광고는 대부분 소비자의 감성을 자극한다"며 "찰나에 일어나는 감성적 영역을 알아내는 뉴로마케팅이 기업의 새로운 무기가 될 것"이라고 말했다.[39]

이런 원리에 따라 미국의 내로라하는 대중음악 스타들의 뒤엔 대학에서 행동공학과 인간공학을 전공한 연구자들이 여러 명 버티고 있다. 그들은 가수의 제스처에서 분장에 이르기까지 어떻게 하는 것이 대중을 열광케 할 것인가에 관한 연구를 한다. 예컨대 1992년 3월, 사망 1명 부상 40여 명이라는 상처를 남길 정도로 국내 10대들을 열광케 했던 '뉴키즈온더블록'의 경우를 살펴보자.

노련한 팝 프로듀서인 모리스 스타(Maurice Starr)가 10대의 남자 아이들 5명을 뽑아 처음부터 끝까지 모든 걸 가르쳤다. 그들의 매력은 한마디로 말해 팝 시장의 주요 고객인 소녀들을 대상으로 한 '섹스어필'이었다. 매니저인 딕 스코트(Dick Scott)는 소녀들이 그들의 공연을 보고 최초로 '리비도'를 경험하게 될 것이라고 호언장담했으며, 그래서인지 한동안 정말 그들이 공연을 한 세계 각국에서 많은 소녀들이 까무러치곤 했다.

실제로 '뉴키즈온더블록'은 섹스를 파는 그룹이었다. 미국 매사추세츠대의 그레고리 맥퍼슨(Gregory McPherson) 교수는 이 그룹이 앨범 녹음은 물론 실황공연에서도 직접 노래를 부르는 경우는 20퍼센트밖에 안되며 나머지는 다른 가수들의 목소리를 사용해 입만 벙긋거리는 연기를 하고 있다고 지적했다. 굳이 노래가 아니라 하더라도 최첨단 전자악기와 조명, 그리고 섹스를 강조하는 율동만으로도 10대 소녀들에게 성적 자극을 주기에 충분하다. 일단 그런 종류의 쾌감에 맛을 들인 소녀들은 조건반사적으로 반응해 그들을 보기만 해도 까무러치며

'오빠' 를 연발하게끔 돼 있다.

섹스는 물론 마케팅의 일환이었다. '뉴키즈온더블록' 은 과거의 대중가수들과는 달리 대기업의 선전원 노릇을 하는 걸 전혀 부끄럽게 여기지 않았다. 오히려 자랑스럽게 여겼다. 그들은 어디에서 공연을 하든 다국적 대기업을 스폰서로 내세웠다. 이 그룹의 공연은 처음부터 끝까지 모든 것이 상업적이었다. 공연장에선 '뉴키즈' 티셔츠를 20달러에 팔고 '뉴키즈' 단추를 3개에 8달러를 받고 팔았다. 미국에선 '뉴키즈' 가 파는 그런 물건들의 시장 규모가 연간 4억 달러에 이르기도 했다. 똑같은 '상업주의' 를 한다고 하더라도 이러한 악착과 주도면밀을 어느 제3세계 국가의 상업주의와 비교할 수 있겠는가?

은행 자본의 적극적인 참여는 '시너지 효과' 차원에서 볼 수도 있지만 그만큼 미국 영화가 자본 논리의 지배를 더 철저하게 받게 됐음을 의미하는 것으로도 볼 수 있다. 미국의 보수적인 칼럼니스트 조지 윌(George Will)조차 혀를 내두르는 디즈니의 판촉 능력과 마인드는 세계에서 가장 발달돼 있다고 보아도 무방하지 않을까?

윌은 "디즈니의 천재성은 다름 아닌 판촉 능력, 즉 디즈니 회사가 만들어낼 수 있는 창안물을 가지고 뽑아낼 수 있는 마지막 한 푼까지 돈을 벌어들이는 능력에 있다. 그 열쇠는 상승 효과에 있다. 영화, 도서, 텔레비전물, 호텔, 상품판매가 서로를 보완 강화하도록 짜여 있다. 예컨대 디즈니-MGM테마유원지에서 흥행되는 〈미녀와 야수〉 쇼는 새로운 디즈니 영화를 판촉하고, 쇼를 본 어린이들로 하여금 미녀인형 따위를 즉석에서 사도록 부추긴다. 우연에 맡겨두는 건 아무것도 없다" 며 다음과 같이 말한다.

"디즈니월드 호텔 객실에 비치된 텔레비전 수상기는 통상적인 텔레비전 수상기와는 달리 스위치를 누르면 앞서 맞춰놓은 채널의 프로그램이 나오지 않는다. 그 대신 텔레비전을 틀기만 하면 처음엔 구내의 모든 오락시설을 소개하고 다음엔 〈미녀와 야수〉 예고편을 보여주는 구내 특별 판촉장면이 나온다. 심지어 욕실 천장에도 텔레비전의 스피커가 내장돼 있어서 고객들은 디즈니월드가 던져주는 메시지의 영역에서 완전히 포로가 된다. 디즈니의 효율성을 나타내는 다른 특성은 그 서비스정신이다. 모든 벨보이, 웨이터, 놀이기구 조종자들은 이름이 적힌 명찰을 단 제복을 입고 미스아메리카선발대회에서나 볼 수 있는 친절과 미소를 보여준다. 구석진 방이나 언덕이나 어디를 가도 차분한 배경음악이 흘러나와서 마음을 포근하게 해주고 재미있는 하루를 보내라는 말을 들을 수 있다. 분위기가 너무 즐겁다. 그러나 강요된 즐거움이 너무 지나쳐서 짜증스러워지기도 한다. 둘째 날 나는 순간적으로 옛날 중국 공산주의자들의 사상재교육 수용소에 들어온 것이 아닌가 하는 느낌에 빠지기도 했다." [40]

"영어가 미국의 몰락을 막는다"

여섯째, '팍스 아메리카나' 를 지속시키는 강력한 힘으로 등장한 '영어 제국주의' 다. 로버트 필립슨(Robert Phillipson)은 이미 1992년에 출간한 『언어 제국주의』라는 책에서 '영어 제국주의(English Linguistic Imperialism)' 를 "영어와 다른 언어들 사이의 구조적 · 문화적 불평등을 확립하고 계속 재형성함으로써 영어 지배가 주장되고 유지되는 것" 이라고 정의했다. 필립슨은 영어 지배가 정치경제 영역에서의 불평등과

연계돼 있을 뿐만 아니라 세계의 다양한 언어들 중에서 영어를 규범으로 삼도록 조장함으로써 일종의 인종주의인 앵글로중심주의(anglo-centrism)를 확산시킨다고 주장했다.[41]

김영명은 영어 제국주의는 역사적으로 ①직접적인 식민통치, ②개발 원조, ③영어의 상품화 등의 방식으로 전개됐다고 지적하면서 "영어 제국주의는 정치적 · 문화적 · 경제적 제국주의 모두와 밀접히 연결되고, 어떻게 보면 제국 지배의 구체적인 방식에 관계없이 가장 보편적이며 항구적이고 뿌리 깊게 스며드는 패권 유지의 방편이라고 할 수 있다"고 주장했다.[42]

영국문화원은 2004년 12월 9일에 발표한 「영어의 미래」 보고서에서 2015년까지 세계 인구의 거의 절반에 가까운 30억 명이 영어를 말하게 될 것이며 "영어가 교과과정에 빠르게 너무 깊이 통합되고 있어 세계 시민 다수에게, 어쩌면 대부분에게 더 이상 외국어가 아닐 것"이라고 전망했다.[43]

2008년 1월 스위스 제네바대 언어경제학자 프랑수아 그랭(François Grin)은 "영어 때문에 EU 회원국들에서 영국으로 빠져나가는 돈이 연간 10억 유로에 이르고, 영어 사용국과 비사용국의 경제 격차는 점점 더 벌어질 것"이라고 했다. 영어 실력 차이로 인해 사회 · 경제적 격차가 커지는 현상을 '잉글리시 디바이드(English Divide)'라고 한다. 세계 100대 대학 중 영어권 대학이 75개이고 인터넷 정보의 70퍼센트가 영어로 돼 있는 현실에서 영어는 지식과 경제력의 원천이다.[44]

2009년 전 세계에서 4억 명이 영어를 모국어로 사용하며, 3억~5억 명이 제2외국어로서 유창하게 구사하고, 7억 5000만 명은 영어를 배우는 중이었다. 또한 전 세계의 영향력 있는 신문들은 대부분 '영어판'

을 만들며 세계 주요 과학 잡지의 90퍼센트 이상이 영어로 발간됐다. 이와 관련, 미 카네기평화연구소의 알리 웨인(Ali Wyne) 연구원은 "2015년에는 전 세계 인구의 절반 이상이 영어를 사용할 것"이라면서 "영어가 지구촌 비공식 공용어로 사용되는 한, 미국의 파워는 유지될 것"이라고 미 외교전문지 『포린폴리시』에 기고했다.

웨인은 영어의 영향력이 커지는 원인으로 '신분 상승(upward mobility)' 욕구를 들었다. '수퍼 파워' 미국을 대체할 국가로 꼽히는 중국에서조차 영어는 중산층으로 진입하기 위한 수단이라는 것이다. 그는 중국에 3억 명, 인도에 3억 5000만 명 정도가 영어로 의사소통을 할 수 있으며 "앞으로 중국, 일본, 한국, 아프리카, 라틴아메리카에서 영어는 제2외국어가 될 것"이라고 전망했다. 웨인은 "라틴어 · 프랑스어 시대에 이어 지금은 영어의 시대다. 영어의 영향력이 증가하는 한, 미국도 석양 속으로 사라지는 일은 없을 것"이라고 주장했다.[45]

그간 유럽은 '영어를 쓰기에 불편한' 나라들이었지만 이젠 그것도 옛날이야기가 되고 말았다. 2009년 여름 유럽을 방문한 이택광은 "학회 참석차 들렀던 독일 쾰른의 풍경은 나를 다소 놀라게 만들었다. 미국식 카페로 단장해 있는 하이스트리트에서 뉴욕이나 서울과 유사한 분위기를 느낄 수 있었고, 무엇보다도 독일어를 사용하지 않아도 전혀 불편하지 않았다"며 다음과 같이 말했다.

"유럽 통합을 기념하기 위해 매년 개최하는 유럽가요제에서 노랫말이나 사회자 진행의 공식어는 바로 영어다. 동유럽의 가수들이 서툰 영어로 노래를 부르고 어색한 악센트로 인터뷰를 하는 광경은 흔한 일이다. 영어라는 공통 언어와 미국문화라는 공통 감각을 매개로 유럽은 '통합' 중인 셈이다.…… 지난 10여 년간 유럽 젊은이들의 꿈은 미국

월가로 진출하는 것이었고 이를 위한 필수 항목이 바로 영어였다. 유럽 통합의 조건은 공식 언어를 영어로 채택하는 순간 이정표를 확실히 한 것이라고 볼 수 있다.…… 이제 유럽을 지배하는 것은 거대한 미국식 쇼핑몰과 카페들 그리고 멀티플렉스 영화관과 미국 드라마들이다. 아메리칸드림은 이렇게 유럽에서 거부할 수 없는 현실로 다시 태어나고 있다."[46]

'영어 제국주의'는 미국의 교육·대중문화 수출과 상호 상승작용 관계를 유지했으며 따라서 영국식 영어가 아니라 미국식 영어의 패권을 전제로 한 개념이다. 맥도널드를 상징으로 하여 초국적기업들이 지배하는 세상을 가리켜 '맥월드(McWorld)'라는 표현을 쓴 미국의 정치학자 벤저민 바버(Benjamin R. Barber)는 "맥월드의 기준에서 볼 때 영국식 영어는 미국의 상류층 소비자들을 겨냥하여 광고 회사에서 사용하는 거만한 사투리에 불과하다. 미국식 영어는 과학, 기술, 상업, 수송, 금융에서뿐만 아니라 문화, 예술에서도 세계의 주요 언어로 자리 잡고 있다"며 다음과 같이 주장했다.

"프랑스의 영화 광고는 영어로 제작되는 경우가 비일비재하다. 프랑스인들에게 미국식 영어는 전혀 낯설지 않고 단지 하나의 사투리에 지나지 않는다는 인상을 줄 정도다.…… 소말리아의 부족 지도자나 아이티 대사관 직원들이 미국을 비방할 때도 영어를 쓴다. 그 이유는 영어로 이야기해야 언론에 보도돼 홍보 효과를 볼 수 있기 때문이다. 미국식 식민주의와 정치권력 그리고 경제력으로 이루어진 미국의 패권에 반발하여 벌이는 투쟁도 그 방법상 미국 대중문화와 영어라는 문화적 패권을 강화해주는 방향으로 전개되고 있는 실정이다."[47]

이상 지적한 6가지 이유로 미국은 세계 대중문화 시장을 휩쓸고 있다. 이런 현실에 대한 비판이 많이 쏟아져나옴에도 불구하고 미국 대중문화의 세계적 영향력은 날이 갈수록 커지고 있다. 그런데 미국 대중문화가 무작정 나쁘기만 한 걸까? 세계 각국의 대중이 미국 대중문화에 홀리는 이유도 무작정 나쁘게만 볼 수 있는 걸까? 우리도 '한류 수출'에 열광했던 것을 감안해야 하지 않을까? 아무래도 미국 대중문화를 무작정 비판하는 게 능사는 아닐 것 같다는 생각이 든다. 미국 대중문화의 긍정적인 면은 열심히 배우고 부정적인 면은 반면교사의 교훈으로 삼는 지혜가 우리에게 절실히 요청된다 아니할 수 없겠다.

왜 MTV는 포스트모더니즘의 상징인가

2장

전 세계적인 MTV 세대의 등장

‘포스트모던 TV’

1981년 8월 1일에 탄생한 미국 MTV(Music Television)는 오늘날 42개의 서로 다른 채널을 통해 166개국의 4억 가구에 방송되는 세계 최대 · 최고의 글로벌 음악텔레비전 브랜드다.[1] MTV는 포스트모더니즘의 상징으로 곧잘 거론되며, MTV 스스로도 자사의 프로그램에 ‘포스트모던 TV’ 라는 제목을 붙였다.

포스트모더니즘(postmodernism)이란 무엇인가? 포스트모더니즘은 원래 모더니즘 건축 양식 이후에 생긴 양식이라 하여 새로운 건축미술에 붙였던 이름이지만 지금은 문학, 연극, 그림, 조각, 음악, 무용, 영화 등 예술뿐만 아니라 철학, 역사학, 신학 등 모든 문화 · 학술 분야에 걸쳐 나타나는 여러 가지 새로운 경향을 일컫는 말이 됐다. 20세기 전반의 경향을 모더니즘이라 부른다면 그 뒤를 이은 20세기 후반의 경향이 바로 포스트모더니즘인 셈이다. 포스트모더니즘은 워낙 다양한 분야에서 다양한 형식으로 나타나고 있는데다 나라마다 그 의미를 다르게 쓰고 있기 때문에 정의를 내리기가 사실상 불가능하지만 보편성 거부, 존재의 탈중심성, 경계의 함몰, 의미의 불확실성, 전통적 가치 거부, 깊이 없음, 주체의 죽음, 원본이 없는 복제, 역사성의 상실 등의 특성을 갖고 있는 것으로 여겨왔다.[2]

MTV 개국 시 나간 첫 번째 비디오의 제목이 상징적이다. 'Video Killed the Radio Star' (영국 2인조 그룹 버글스). 일부 비평가들은 MTV가 청소년들의 관심의 폭을 죽인다고 아우성쳤다. 미친 듯이 빠른 속도와 장면 전환이 지나치다는 지적이었다. 그러나 세상은 곧 MTV 스타일에 익숙해지게 된다.[3]

MTV의 신조는 "지나치게 진지한 태도를 버리고 스스로 즐겨라. 아이들이 요구하는 것에 초점을 맞추어라" 다.[4] MTV 탄생 배경은 1970년대부터 나타난 '열쇠 어린이' 다. 초등학생들이 방과 후부터 부모가 직장에서 돌아올 때까지 집에 혼자 있는 현상을 가리키는 말이다. '열쇠 어린이' 들과 그들의 부모를 겨냥한 『키즈마트(Kidsmart)』라는 잡지까지 나왔다. '열쇠 어린이' 들은 주로 텔레비전을 시청했는데, 이 시장을 겨냥한 것이 바로 MTV다.[5]

'연예오락과 광고의 경계 소멸'

MTV는 최면을 거는 듯한 시각적 현란함으로 무장한 '보는 사탕(eye candy)' 과 같았다. 앤 카플란(E. Ann Kaplan)은 "MTV 채널은 우리를 흥분된 기대 상태로 유지시키는 매우 짧은 텍스트들로 구성돼 있어 무엇보다도 최면에 빠지게 한다"며 "우리는 다음 순간에 나올 비디오에서 최종적으로 만족할 것이라는 불변의 희망에 의해, 그리고 즉각적인 충족의 유혹에 이끌려 함정에 빠진다"고 말한다.[6]

더글러스 러시코프(Douglas Rushkoff)는 "MTV 스타일에 익숙하지 못한 시청자에게는 관련 없는 이미지들이 마구 뒤섞여 있는 것처럼 보이지만, 불연속적인 형태의 미디어를 접하며 자라난 사람들에게는 아주 이해하기 쉬운 것이다"라며 다음과 같이 말한다.

"MTV가 등장하기 전에는 영화 제작자들이 허용할 수 있다고 생각한 최단 편집 시간은 2초였다. 그보다 짧으면 너무 짧아서 시청자가 느낄 수 없다고 생각됐다. 그러나 오늘날의 비디오는 3분의 1초 정도의 짧은 편집 또는 심지어 10분의 1초 이하로만 지속되는 '플래시 프레임'을 일상적으로 사용한다. 초당 이미지 수가 증가하는 것은 어린 시청자들이 모니터에서 시각적인 정보를 주워 모으는 능력이 증가하는 것과 그대로 일치한다."[7]

스티브 레비(Steve Levy)는 "MTV의 가장 큰 업적은 로큰롤을 비디오 영역으로 꾀어내 보는 이로 하여금 이것이 연예물인지 판촉물인지 헷갈리게 만들었다는 사실"이라고 말한다. 존 시브룩(John Seabrook)은 MTV가 미디어 역사에서 중요한 위치를 차지하는 이유 중 하나는 MTV로 인해 연예오락과 광고 사이의 경계가 완전히 사라졌다는 점이라고 말한다.[8]

그러한 경계의 소멸은 전방위적이다. 그래서 텔레비전은 재조합(recombination)으로 흘러넘친다. 텔레비전 방송사들은 시청자들을 끌어들이기 위한 치열한 경쟁 속에서 문화상품 특유의 창의성 발휘와 대량생산이라는 상호 상충되는 목표를 달성하기 위해 이미 성공한 것들 중에서 주요 요소들을 뽑아내 그걸 새롭게 구성하는 재조합 기법에 크게 의존하고 있다.

이와 관련, 토드 기틀린(Todd Gitlin)은 "문화로서의 자본주의는 늘 새로운 것, 유행하는 것 그리고 진기한 것을 추구한다.…… 소비사회의 탁월성은 변화의 욕구를 새로운 상품에 대한 욕구로 전환시키는 능력에 있다.…… 대중문화는 늘 순간적인데, 이것은 문화산업의 회전율과 고객의 유행추구욕의 충족을 보장해준다. 그러나 흥미롭게도 새로운 것에 대한 경제적 및 문화적 압력은 항상성을 향한 압력과 공존해야만 한다.…… 그래서 옛것을 새로운 패키지에 담아내 마력적인 결합을 추구하는 재조합 스타일이 나오는 것이다"라고 말했다.[9]

기틀린은 포스트모더니즘의 속성이라 할 미국적 절충주의의 특징을 지적한 것이다. 병치나 재조합은 언제나 다민족문화의 요체이기 때문에 포스트모더니즘은 미국에서 태어날 수밖에 없었다는 결론이 가능해진다.[10]

MTV의 판촉전략

MTV의 등장으로 음악은 '듣는 것'이 아니라 '보는 것'으로 바뀌었다. 이에 따라 음악산업은 2가지 큰 변화를 겪게 됐다. 사운드만을 제작하던 전통적인 방식에서 벗어나 사운드와 영상을 결합하는 멀티미디어 시대로 진입한 것과, 스타마케팅 시스템이 비주얼을 중시하는 글로벌주의를 지향한 것이다. MTV의 등장은 필연적으로 뮤직비디오를 제작하게 만들었고, MTV의 영웅 마이클 잭슨(Michael Jackson)은 3개의 히트곡을 모두 뮤직비디오로 제작해 빅히트를 기록한다. 마돈나(Madonna), 신디 로퍼(Cyndi Lauper), 데이비드 보위(David Bowie) 등도 모두 MTV가 배출한 스타들이다.[11]

MTV를 탄생시킨 주역 중 한 명인 로버트 피트먼(Robert Pittman)은 "시청자는 텔레비전과 로큰롤을 들으며 자란 텔레비전 베이비들이다. 그들에게 가장 효과적인 것은 논리보다 감각에 호소하는 것이다"라고 말했다. 물론 시청자들의 구매력도 주요 고려 대상이었다. MTV가 가장 눈독을 들인 주요 시청자는 백인 거주 도시의 10대들이었다. 그래서 초기엔 흑인 아티스트들의 음악을 방영하지 않았는데, 그건 바로 백인 10대들의 취향에 따른 것이었다. 그러나 얼마 후 백인 10대들이 흑인 랩 음악을 수용하자 그들을 집중적으로 겨냥한 마케팅을 구사했다. 랩 음악 판매량의 절반 이상을 구매한 소비자가 바로 백인 10대 소년들이었다는 건 결코 우연이 아니다.[12]

MTV는 초기에 케이블 업자들이 MTV를 방영하지 않으면 안 되게 하는 방법을 사용했다. 그 방법의 기본 개념은 "MTV를 그것을 보는 사람만의 것으로 인식시키는 것"이었다. 부모나 선생님들은 잘 이해하지 못하는 '바로 자신들만의 MTV'로 자리매김하는 것이었다. 그래서 록 스타들(믹 재거, 데이비드 보위)이 나와서 "나는 나의 MTV를 원해요!(I Want My MTV!)"라고 외치는 시리즈 광고를 MTV가 방영되지 않는 지역의 주류 채널을 통해 집중적으로 내보냈다. 200만 달러의 광고 공세를 그렇게 퍼부은 결과 미국 전역의 케이블 업체에 MTV를 볼 수 있게 해달라는 아이들의 전화가 쇄도했다. 대성공이었다. MTV를 시청하는 가구는 1989년에 4480만 가구, 2001년엔 7500만 가구로 늘었다. MTV는 1987년 유럽 진출, 1990년 아시아와 호주 진출, 1994년 라틴아메리카

진출 등으로 세계화를 실현했다.[13]

1980년대 초 · 중반의 MTV 캠페인이 성공적이었다는 건 MTV 스타일을 흉내 낸 정치인들까지 나타났다는 걸로도 입증된다. 1984년 인디애나 주지사 로버트 오(Robert Orr)는 주지사 선거에서 젊은 층 유권자를 겨냥해 MTV 뮤직비디오 스타일의 정치 광고를 내보내 큰 재미를 보았다. 그는 53퍼센트 득표율로 경쟁자를 누르고 당선됐다.[14] 로버트 피트먼은 MTV를 '무드를 고양시키는 것(mood enhancer)' 이라고 했는데,[15] 바로 그 '무드' 의 덕을 본 것인지도 모르겠다. 피트먼의 설명에 따르면 "MTV를 통해 우리가 소개하는 것은 비서사적 형식(nonnarrative form)이다. 플롯과 연속성에 의존할 수 있던 전통적 텔레비전에 반해서 우리는 무드와 감정에 의존한다. 우리는 시청자들이 뭔가 특별한 지식을 얻고 가는 것보다 어떤 감정을 느끼도록 만들어준다."[16]

MTV가 맹활약한 1992년 미국 대선

1992년 미국 대선은 과거 그 어느 선거 때보다 더 텔레비전의 역할이 컸다. 그래서 1992년은 '전자 포퓰리즘의 해(the year of electronic populism)' 라는 말까지 나왔다.[17] 후보들은 언론인들을 제치고 텔레비전을 통해 유권자들을 직접 상대하고자 했다. 그래서 3대 네트워크 텔레비전은 물론 CNN에다 MTV까지 가세해 후보들을 위한 '열린 마당' 을 열심히 제공했다. 또 C-SPAN은 주요 선거전 내용을 하루 종일 전달했다. 후보들은 텔레비전의 대담 프로에 기록적으로 많이 출연했는데, 각 후보는 30분 또는 1시간짜리 대담 프로에 적어도 20회 이상 출연했다.[18]

미국의 투표율 하락에 책임이 있는 것으로 비판받아온 텔레비전은 적어도 1992년 선거에선 다소 다른 면모를 보여주었다. 일부 방송사들은 투표 참여 캠페인까지 열심히 전개했는데, 그 결과인지는 알 수 없으나 1992년의 투표율은 1988년 선거에 비해 약 5퍼센트포인트 상승했다.

투표 참여 캠페인에서는 특히 100만 달러를 들여 "투표냐 기권이냐(Choose or Lose)" 캠페인을 전개한 MTV의 활약이 돋보였다. MTV는 당시 세계 72개국에 2억 1000만 명의 시청자를 확보한 가운데 미국 내 시청자는 약 2000만 명에 이르렀는데, 그중 3분의 2가 투표권을 가진 18세에서 34세까지의 젊은 층이었다. 흥미롭게도 180여 명에 이르는 스태프의 평균 나이도 27세로 젊었다.

그렇게 '젊은' MTV는 가을 내내 록그룹 에어로스미스의 고막을 찢는 듯한 시끄러운 노래 '우리들의 자유를 지키자. 투표를 통해!'를 내보냈다. 이 노래는 "투표냐 기권이냐" 정치캠페인의 일부였다. MTV 사장 주디 맥그레스(Judy McGrath)는 "우리는 시청자에게 뭔가에 대해 무엇을 해야 하는지 말하지 않습니다. 설교조로 그들에게 할 일—어떻게 투표해야 하는지 등—을 말하려 하면 1분 이내에 채널이 돌아가버립니다"라고 말했다.[19]

이런 원리에 따라 마돈나는 미국 국기만 하나 달랑 입은 채 출연했고, 에어로스미스는 건방지고 불손한 태도로 "필요하다면 온종일 콘돔을 사용할 자유, 당신의 자유를 지키세요, 투표하세요"라고 말했다. MTV는 또 '록 더 보트(Rock the Vote)'라는 뮤직비디오를 만들어 선거 참여를 강조하는가 하면, 뉴스 시간의 25퍼센트를 대통령선거 보도에 할애하는 등 지금까지 연예정보 같은 대중문화 위주의 편성에서 탈피하는 파격을 보여주었다. MTV를 가장 적극적으로 활용한 이는 MTV

에 직접 출연한 민주당 후보 빌 클린턴(Bill Clinton)이었다.[20]

더글러스 러시코프는 "클린턴은 그가 활자문화 이후의 세대를 다루고 있다는 것을 알고 있었다. 세계가 어떻게 돌아가고 있는지 알기 위해 더 이상 인쇄된 미디어를 보지 않고 네트워크 뉴스조차 보지 않는 많은 투표자들이 있었다. 클린턴은 젊은 유권자들이 관심을 갖는 미디어에 등장함으로써 그들의 관심을 끌었다. MTV와 그 시청자들의 정치적인 생각을 진지하게 받아들임으로써 클린턴은 다른 후보자들이 무시하던 문제를 기꺼이 처리한다는 것을 보여주었다" 며 이렇게 말한다.

"또한 그는 자신이 우리와 같은 인간이란 걸 말하고 싶어 했다. 그는 엘비스 프레슬리의 팬이라고 말했고 언론사들이 그에게 '엘비스' (그는 엘비스처럼 웃었다)라는 별명을 붙이자 CNN 인터뷰에서 '잔인해지지 말아요(Don' t Be Cruel)' 의 한 구절을 노래하기도 했다. 부시(George H. W. Bush)는 클린턴을 깎아내리기 위해 이것을 이용하려고 했다. "미국은 '하트브레이크 호텔' (엘비스 프레슬리의 1956년 히트곡)에 투숙하게 될 것이다. 이제 나는 왜 그가 엘비스를 좋아한다고 말하는지 안다. 그는 무대에 오르면 몸을 흔들기 시작한다." 그러나 부시의 이러한 발언은 스스로에게 해가 될 뿐이었다. 어느 누구도 엘비스를 나쁘게 말하면 남부 백인의 표를 얻어낼 수 없었다. 부시는 이러한 발언 때문에 또다시 경쟁자의 남성다움을 공격하는 방법밖에 남은 것이 없는, 신경질적이고 무기력한 후보자가 돼버렸다."[21]

브리트니 스피어스와 재닛 잭슨

MTV의 포스트모더니즘 스타일은 텔레비전 전반으로 확산됐다. 방송저널리즘이 드라마화하는 경향이 심화되는 가운데 오락프로그램들은 점차 의미가 연결되지 않는 영상과 동작, 그리고 순간순간 뒤바뀌는 화면들로 특징지어지는 이른바 'MTV 스타일'을 모방하기 시작했다.

줄거리는 배제하고 이미지만 중시하는 MTV식 포스트모더니즘이 네트워크 텔레비전에까지 침투한 가운데 ABC는 1990년 12월 팝스타 마돈나의 뮤직비디오를 방영하여 폭발적 인기를 얻는 동시에 거센 비판에 직면하게 됐다. 이 뮤직비디오는 변태적인 성애를 노골적으로 그려 MTV에서조차 "시청자를 보호하기 위해 방영을 거부한다"고 했던 것이기에 충격이 더했다. ABC는 여기서 한 걸음 더 나아가 1991년 초에는 MTV가 베이비붐 세대의 특성이나 취향에 민감하다는 점을 높이 평가하여 토요일 밤 시청률을 높일 프로그램을 만들기 위해 MTV에게 도움을 요청해 큰 반향을 불러일으켰다.[22]

MTV는 2003년 8월 인기 여가수 브리트니 스피어스(Britney Spears)와 마돈나의 키스 장면을 내보내 논란을 빚더니, 2004년엔 이른바 '니플게이트(Nipplegate)' 사건이 터졌다. 2004년 2월 1일 미국 프로풋볼(NFL) 슈퍼볼 하프타임 공연 시 팝가수 재닛 잭슨(Janet Jackson)이 노래를 부르는 동안 함께 무대에 오른 저스틴 팀버레이크(Justin Timberlake)가 잭슨의 상의를 잡아당겨 유두(젖꼭지)가 2초간 노출되는 사건이 벌어진 것이다. 원래는 다른 천으로 가려져 있어야 했는데 그것마저 같이 벗겨져버리면서 생긴 일이었다.

미국 방송규제를 담당하는 미디어 최고 감독기관인 연방통신위원회

(FCC)엔 50만 건의 항의가 폭주했다. 시청자 중에는 FCC의 마이클 파월(Michael K. Powell) 의장도 있었는데, 그는 2월 2일 "우리 가족들도 텔레비전을 봤다"며 당장 이 공연이 정부가 정한 외설 기준을 어겼는지 여부에 대한 조사를 지시했다. 이례적으로 백악관도 논평을 낼 정도로 사태가 확산되자 슈퍼볼 중계방송사인 CBS와 공연기획사인 MTV는 재차 사과 방송을 했고, 당사자인 남녀 가수는 "리허설에서도 없었던 우발적 실수"라며 진화에 나섰다. 그러나 시청자 단체, 시민 단체 등은 "MTV는 경기 전 이미 '놀라운 장면'을 예고했었다. 포르노 같은 쇼를 의도적으로 안방에 전했다"며 비난을 멈추지 않았다.

결국 쇼의 제작과 중계를 전담한 MTV와 CBS(둘 다 비아콤 그룹 소속)는 55만 달러(약 5억 5000만 원)의 벌금을 물어야 했다.[23] 이 노출 사건이 미리 치밀하게 준비된 이벤트였다는 증거는 나중에 나왔다. 이 사고 이후 CBS는 그래미 시상식을 중계하면서 실제 시간보다 방영을 5분 늦춰 돌발화면을 걸러낼 수 있는 '방송시간 지연제'를 실시했다.[24]

수전 린(Susan Linn)은 뮤직비디오에는 1시간당 약 93개, 1분마다 1.5개꼴의 성적인 상황이 등장한다며 MTV의 한 장면을 이렇게 묘사한다. "성적인 가사와 장면들이 충격적이었다. 첫 번째 비디오에서는 여자들이 입을 벌리고 신음을 하며 남자 가수 주위에서 몸부림을 쳤다. 두 번째 비디오에서는 텅 빈 시선의 여자 네 명이 목선이 깊게 파인 옷에 긴 검은색 장화를 신고 빙글빙글 돌았다. 화면에는 그들의 얼굴보다 가슴과 엉덩이가 더 많이 비쳤다."

또 린은 MTV 스타 중의 한 명인 브리트니 스피어스에 대해선 다음과 같이 말한다. "브리트니는 최신 뮤직비디오에서 허리선이 낮은 꼭 끼는 바지에 손바닥만 한 셔츠를 입고 혼자 나와 성적인 황홀경에 빠져 몸부림치는 장면을 연출한다. 그리고 카메라의 움직임이 그 장면의 효과를 더욱 강화시킨다. 카메라는 브리트니가 빙빙 돌리고 있는 사타구니와 흩날리는 금발 머리, 갈망과 욕망이 담긴 얼굴을 시청자들에게 클로즈업으로 보여준다. 이 비디오가 브리트니를 팔기 위한 광고라고 생각해보면, 그녀가 부위별로 팔리는 살아 있는 고깃덩어리 같다는 생각이 어렵지 않게 떠오른다. 저 엉덩이를 사세요! 사타구니를 사세요! 저 육감적인 입술을 보세요! 브리트니와 자신을 동일시하는 어린 소녀들에게 카메라는 바로 이런 것들이 중요하다고 강조한다."[25]

세계의 'MTV 세대'

2005년 MTV가 내건 캐치프레이즈는 '360도 MTV 경험!' 이었다. 이는 MTV가 텔레비전뿐만 아니라 온라인, 광역통신망, 모바일전화 등 가능한 많은 매체를 넘나들며 음악과 생활오락을 젊은이들에게 제공하겠다는 의미를 담고 있는 캐치프레이즈였다.[26]

이 캐치프레이즈는 국경을 넘나드는 것도 의미했으며 한국도 MTV의 큰 영향을 받았다. 2009년 이명석은 "단순히 원색의 화면뿐 아니라 팍팍 찌르며 바뀌는 장면 전환, 짧게 끊어 치는 대사, 강렬하게 깔리는 음악에서 미국 MTV 영향이 확연히 드러난다"며 "이런 때깔이 엠넷(Mnet)을 비롯한 세련된 케이블 채널의 어법이 됐다"고 지적했다.[27]

끊임없이 경계와 의미를 파괴하는 MTV는 국경마저 파괴해 전 세계의 젊은이들을 미국식으로 동질화하는 데에 크게 기여했다. 그러나 동질화되는 쪽의 나라에선 우려와 비판이 쏟아지곤 했다. 뉴욕주립대 교수 리처드 쿠이젤(Richard F. Kuisel)은 『프랑스인 유혹하기: 미국화의 딜레마』라는 책에서 이렇게 말했다.

"중요한 것은 유럽의 식습관이 맥도널드의 패스트푸드에 의해 변하고 있다는 점이다. 수많았던 파리의 카페와 오래 앉아 먹던 가족 점심이 사라진 것이 커다란 사회적 변화를 잘 설명해준다. 어떻게 광고되든지 간에 운동화를 신는 것은 유럽식 옷 입기 그리고 심지어는 행동에 있어서 새로운 비공식성을 보여준다. 유럽의 소비에 맞춰져 있기는 하지만 MTV 시청은 유럽 젊은이들이 미국 젊은이들과 같은 사회적·문화적 메시지를 받는다는 것을 의미한다. 그리고 아이들의 상상력은 미국 텔레비전과 할리우드 영화를 봄으로써 변화하고 있다."[28]

이런 변화는 유럽에만 국한되지 않았다. 미국 대중문화를 배경으로 자라난 환경이 비슷한데 유럽 젊은이들과 중국 젊은이들 사이에 얼마나 큰 차이가 있겠는가. 2005년 3월 박현숙은 "지난 1989년 후야오방이 사망했을 당시 그를 추모하는 물결이 곧바로 천안문 사건의 도화선이 됐듯이, 자오쯔양 사망을 계기로 혹시나 이와 비슷한 사태가 재연되지 않을까 하는 외신들의 '기대(?)'가 있었다. 그러나 이러한 외신들의 '기대'와 달리 중국 내에서는 실제로 소요 움직임이나 학원가의 동요 같은 건 전혀 일어나지 않았다"고 지적하면서 다음과 같이 말했다.

"중국 대학생들이 자오쯔양의 사망 소식에 대해 별다른 느낌이나 반응을 보이지 않는 것은 주요하게는 1989년과 비교해서 변화한 중국의 정치경제적 환경과 '세대 차'에 있다고 본다. 지금의 대학생 세대들은 자오쯔양이 총서기를 할 1989년 당시 불과 서너 살밖에 안된 어린아이들이었고 또한 이들은 1980년대 이후에 출생한 이른바 '독생자녀'(1979년 한 자녀 낳기 정책 이후 태어난 세대를 지칭) 세대들이다. 이들 세대들은 흔히 'MTV 세대' 라고도 불리고 있다. 이전 세대들이 이념과 정치 구호 속에 살았다면 이들은 어릴 때부터 홍콩이나 한국, 일본 가수들의 노래를 흥얼거리며 일찌감치 이데올로기 시대와는 '고별' 을 한 세대들이다. 이들의 최대 관심사는 대학 졸업 후 베이징이나 상하이 같은 대도시에서 성공한 '중산층' 이 되는 것이다. 때문에 자오쯔양 사망 후 이들 세대들이 '제3의 천안문 사건' 과 같은 정치적 소요 사건을 일으키리라고 생각하는 것은 빗나가도 한참은 빗나간 억측이다."[29]

유럽과 중국뿐만이 아니었다. 2009년 6월 25일 MTV의 대스타 마이클 잭슨의 사망은 미국 대중문화의 힘을 유감없이 입증해주었다. 전 세계인이 그의 죽음을 애도했기 때문이다. 그는 전 세계에서 음반이 팔리고 공연이 매진되는 등 진정한 의미에서 최초의 '글로벌 스타' 였다. "어젯밤 멕시코시티에 마이클 잭슨으로 분장한 사람들이 모였다. 오늘 밤 런던에선 군중이 모여 '문 워크' 를 춘다"고 전한 『포린폴리시』는 잭슨을 일컬어 "상냥한 손님이자 친절한 대사였다"고 했다. "1980년대 그의 음악은 개방 시대를 처음 맞은 중국인들에게 서양문화를 상징하는 주제곡이었다."(45세 중국인 사업가)[30]

"좌파는 MTV를 배우라!"

미국의 좌파 문화이론가인 제시 레미시(Jesse Lemisch)는 좌파문화가 MTV가 구현하는 미국적 특성을 외면함으로써 미국 생활의 주류와 대다수의 미국인들에게 별 흥미를 주지 못한다고 주장했다. 좌파는 교묘하고 인상적인 이미지들과 순수한 테크닉에 대해 회의적인 입장을 보이면서 '고립주의문화'를 향해 나아가고 있다는 것이다. 그는 "그렇게 많은 아방가르드문화가 주류 관객들을 향해 경계를 넘어가고 있는 시기에, 좌파는 전달할 더 많은 메시지를 갖고 있으면서도 어째서 의도적으로 그렇게 고립돼 있을까?"라는 질문을 던졌다.

"텔레비전 광고와 MTV의 가치에 관해 우리가 원하는 것을 말해보자. 그러면 우리는 그것들의 형식이 뚜렷하게 현대적이라는 사실을 알게 될 것이며 미국의 많은 사람들도 그럴 것이다. 그것들은 신속한 움직임, 유동적인 카메라, 빠른 커팅, 홍분, 압축된 표현, 위트, 코미디 그리고 매혹적인 색을 우리에게 보여준다. 내가 내용에 관한 한 많은 유보 조건들을 갖고 있긴 하지만, 미국 사람들하고 이야기하고 싶다면—좌파 또한 예외일 수 없다— 필히 이 언어를 이해해야 할 것이다."[31]

레미시는 좌파에게 좌파적 내용을 유포하는 데 있어 MTV와 같은 최첨단 커뮤니케이션 형식과 기법을 받아들이라고 촉구했다. 어디 그것뿐이겠는가. MTV의 홍보 전략도 벤치마킹의 대상이 돼야 할 것이다. 셧 잘리(Sut Jhally)는 "MTV를 설립하는 데 기본 전제가 된 것은 중요한 시장 요소인 14세부터 34세까지의 음악 열광자들이 광고주가 도달하기 매우 어려운 대상이었다는 점"이었다고 지적하면서 이렇게 말했다.

"월터톰슨 광고 회사의 미디어 감독인 론 카츠는 '사람들이 사는 음반에 광고를 수록할 수도 없고, 이들은 정규 텔레비전 프로그램도 많이 보지 않는다'라고까지 말했다. MTV의 목표는 이런 독특한 시장을 광고주를 위해 포착하고자 했던 것이다. 이런 목적을 위해서 모든 수준에서 광범위하고 방대한 시장 조사를 행했다. 14세부터 34세까지의 인구 가운데 600명을 대상으로 록 비디오만을 방영하는 채널에 홍미를 가질 것인지의 여부에 관한 인터뷰를 했다. 놀랍게도 85퍼센트가 긍정적인 대답을 했다. 또한 어떤 아티스트가 나와야 하는지, 잠재적 MTV 시청자들의 라이프스타일, 태도 등을 조사하여 어떤 배경과 복장과 인물이 이를 잘 반영할지 결정하고자 했다."[32]

레미시의 충고는 유익한 것이었지만 문제는 MTV가 밀어붙이는 '속도 혁명' 엔 끝이 없다는 점이다. 레미시의 충고는 1980년대에 나온 것인데 MTV는 2000년대엔 더욱 빨라졌다. 토드 기틀린은 "그 어떤 비디오 자료라도 훑어보라. MTV가 나오기 전에 록 콘서트의 장면들은 몽유병을 앓는 것처럼 느릿느릿해 보인다. 점프 컷(짧은 컷을 연속하여 배열하는 것)은 아방가르드 영화의 부산물이었지, 30세 미만 관중을 대상으로 한 상업 광고 형식은 아니었다" 며 다음과 같이 말한다.

"50년 전으로 거슬러 올라가보면 영화는 지금보다 훨씬 느리다. 뉴스와 잡지의 기사는 더 길고, 문장은 더 장황하고 복잡하며, 광고 문구도 더 늘어져 있다는 느낌을 지울 수가 없다. 텔레비전의 이미지들은 한 순간에 하나씩만 나오고 화면의 다중 분할은 없다. 초기의 연속 드라마는 촬영 크레딧이 천천히 올라가는 것으로 끝났다. 그에 비해 오늘날 크레딧은 스크린 속 공간이 장난과 뒤이어 나오는 농담, 삭제된 장면, 광고 등으로 채워지면서 리모컨에 올린 손가락을 고정시키기 위해 빠른 속도로 올라간다."[33]

이념의 좌우가 문제가 아니라 속도 자체가 이데올로기가 되는 그런 세상이 펼쳐진 셈이다. 최근의 스마트폰 열풍에서부터 모든 SNS(Social Networking Service, 사회관계망서비스) 열풍은 바로 이런 속도의 축제가 아닌가. 그런 속도의 쾌락 하나로 통합된 전 세계적인 'MTV 세대' 가 등장한 상황에서 좌파가 특별히 유념하고 배워야 할 'MTV 가치' 라는 것은 과연 무엇일까? 속도는 그 본질상 '친(親)우익' 은 아닐까?

왜 미드 열풍이 부는가

3장

뉴욕 라이프스타일 배우기 강좌가 개설되는 나라

WORLD CULTURE WARS

'미드에 푹 빠진 사회'

'미드'는 한국 사회의 일부 시청자층에서 폭발적인 인기를 누리고 있는 미국 드라마의 줄임말이다. 미드 열풍은 1990년대 말 시트콤 〈프렌즈〉에서 시작됐다. 미국식 유머의 생경함과 동성애 소재의 등장 등 정서적 차이에도 불구하고 실용영어 학습 교재로 활용되면서 큰 인기를 끌었다.[1] 미드 열풍은 곧 영어 열풍이기도 했다. 2001년 '미국 드라마를 사랑하는 사람들(cafe.daum.net/dramainusa)'의 운영자는 "케이블티브이가 보급되고 영어교육열이 높아지면서 외국문화, 좀 더 정확히 말하면 미국문화에 대한 관심이 커져 미국 드라마 마니아도 점점 늘어나는 것 같아요"라고 말했다.[2]

미드 열풍은 2006년 〈프리즌 브레이크〉의 주인공 웬트워스 밀러(Wentworth Miller)가 '석호필'이라는 애칭을 얻고 국내 대기업의 광고모델로 등장하면서 정점에 이른 것처럼 보였다. 이 열풍은 회원 수 12만 명의 대형 미드 인터넷 클럽 '드라마 24'와 20만 명의 〈프리즌 브레이크〉 팬클럽의 결성으로까지 이어졌다. 이런 바람을 타고 케이블티브이를 거쳐 KBS, MBC, SBS 등 지상파 텔레비전 3사도 '미드 특수'를 즐겼다. 이로 인해 해외 드라마 수입이 크게 늘었다. 한국방송영상산업진흥원(KBI)에 따르면 2007년 상반기 방송영상물 수입액 중 드라마가 차지한 비중은 55.3퍼센트로 2006년(연간 24.1%)보다 2배 이상 커졌다.[3]

2007년 6월 송혜진은 한국인이 편애하는 '미드의 법칙'으로 ①전문직이 나와야 뜬다, ②열풍은 장마철에 시작된다, ③소품보단 대작이 잘나간다, ④30대 중년 여성을 잡아라 등 4가지를 들었다.[4] 여기서 가장 중요한 것은 "전문직이 나와야 뜬다"인 것 같다. 미국 소비대중문화의 매력을 전해주기엔 아무래도 빈곤층이나 평범한 사람들보다는 전문직이 가장 유리하지 않겠는가.

2007년 10월 CJ미디어 관계자는 "지금의 미드는 시청자들에게 거의 미국 방송 시점과 비슷한 시기에 전달되고 있다. 드라마가 담고 있는 의미와, 예를 들어 출연자들이 입는 옷 스타일을 비롯해 각종 미국 트렌드 등 여러 '정보'가 과거와는 비교도 할 수 없는 속도로 대중 속으로 파고든다"고 말했다.

이에 대해 김영찬 한국외국어대 교수는 "세대별로 선택하는 미디어 플랫폼이 다르기 때문에 홀드백(Hold back, 사전적 의미는 지상파 방송 이후 케이블방송까지 걸리는 시간. 미국 방송 이후 국내 방송 혹은 인터넷 파일로 시청하는 데 걸리는 시간을 뜻하기도 함)을 지금의 보편적인 미드 열풍을 설명하는 일반적인 요인으로 규정하기 힘들다"며 "무엇보다 미드 열풍은 고품격 드라마에 대한 우리 시청자들의 욕구로 바라봐야 한다"고 설명했다.[5]

미드가 패션 · 식사에 미친 영향

설사 미드 열풍이 '고품격 드라마에 대한 우리 시청자들의 욕구' 에서 비롯된 것일지라도 미드의 사회문화적 영향은 그런 욕구와 무관하게 전방위적으로 퍼져나갔다. 미드는 우선 패션계에 큰 영향을 끼쳤다. 드라마 속 주인공들이 입고 나오는 의류나 액세서리와 같은 아이템에 대한 관심도 증가했기 때문이다.

김진에 따르면, "(〈프렌즈〉 이후) 특히 〈섹스 앤드 더 시티〉, 〈가십걸〉 등 인기 드라마가 다양해지면서 드라마에 나온 아이템과 브랜드도 많아지고 이에 대한 수요도 높아지고 있다. 이에 따라 백화점들은 국내에 잘 소개되지 않는 해외 유명 브랜드들을 들여와 한 매장에 배치해 팔아 소비자들의 욕구에 부응하고 있다. 이른바 '편집 매장'(특정 제품군의 여러 브랜드 상품을 집중적으로 모아 꾸민 매장)이 발달하고 있는 것이다. 특히 백화점들은 자신들만이 확보할 수 있는 브랜드를 들여와 개성 있는 스타일의 편집 매장을 꾸며 승부를 보고 있다."[6]

패션뿐인가. 미드는 한국인의 식사 라이프스타일에도 영향을 미쳤다. 이른바 '브런치 열풍' 이다. 브런치는 브렉퍼스트(breakfast)와 런치(lunch)의 합성어로 우리식으로 따지면 바로 '아점' 이다. 『경향신문』 2006년 11월 30일자는 "점심을 겸해 먹는 브런치는 해외에선 커피, 빵 등과 함께 으깬 감자, 베이컨, 과일 등을 곁들여 먹는, 아침보다 가볍지 않되 일반 식사보다는 간소하게 먹는 음식. 브런치가 일상화된 미국 등에서는 문 앞만 나가도 브런치 가게가 즐비하고 가격 역시 매우 싸다. 그러나 이 같은 소박한 브런치가 국내에선 호화 식사로 둔갑한 지 오래다"라며 다음과 같이 말했다.

"이태원 청담동 방배동 일대에 늘어선 브런치 식당들은 웬만한 저녁 식사 한 끼 가격인 2만~3만 원에 브런치를 팔고 있다. 빵과 샐러드에 국한되던 메뉴는 프랑스식, 이탈리아식, 뷔페식 등 다양한 형태로 발전하고 있다. 브런치 식당을 찾는 사람들은 토요일 저녁 와인클럽을 찾는 분위기로 최대한 차려입고 나온다. 이에 따라 국내 브런치 바람이 본래의 의미는 퇴색된 채 왜곡·발전됐다는 비판이 거세다. 주5일 근무가 보편화된 '번듯한 직장' 을 다니고 경제적으로 여유가 있는 '가진 자들만의 문화' 또는 '강남 스타일' 이라는 인식이 강해질 수밖에 없기 때문이다. 특히 젊은 여성들의 사치와 허영 심리를 기반으로 브런치 바람이 급속도로 퍼졌다는 지적도 나온다. 미국 드라마 〈섹스 앤드 더 시티〉에서 주인공 캐리가 친구들과 먹는 브런치를 막연하게 흉내 내고 있다는 것이다."[7]

아파트 광고는 "브런치의 여유를 즐기는 그녀에겐 어느 집이 어울릴까?"라고 물었고, 김치냉장고 광고는 "그들을 불러다가 딤채에서 꺼낸 야채로 브런치를 만든다. 수다를 떨면서 맛있게 먹으면 뉴요커의 휴일이 따로 없다"고 했다. 이에 대해 김홍탁은 "김치와 같은 토속적인 음식을 보관하는 제품에 브런치라는 외국의 식문화가 접합되는 순간의 이상한 이질감은 그러나 브런치로 대변되는 상류문화라는 절대권위에 눌려 무화되는 느낌이다"라며 다음과 같이 말한다.

"초호화 뮤지컬 공연장이 불야성을 이루고 빌딩마다 세계 유명 브랜드의 입간판을 내밀고 있는 뉴욕의 브로드웨이는 여전히 여성들의 허영심을 자극하는 대표 키워드로 존재한다. 근래의 우리네 광고 속에 브런치와 뉴욕이란 단어가 빈번히 등장하는 것을 보니 좀 살아본 부류의 목록에 오르려면 뉴욕에서 브런치 한번쯤 먹어줘야 될 것 같은 생각이 들기도 한다. 그러나 솔직히 우리는 베르사체 없이도, 타워팰리스가 아니더라도, 브런치를 먹지 않고도 살 수 있다. 폼만 잡지 않는다면 말이다. 그러나 물신이 주도하는 사회에서 폼생폼사는 사회의 미덕이다. 개개인의 가치관이 아니라 사는 곳과 아파트 평수와 자동차의 종류가 한 사람의 정체성을 규정하는 시대에 살고 있다.…… '아점을 먹는다' 고 하면 시골스럽지만 '브런치를 즐긴다' 고 얘기할 때는 마치 뉴요커가 된 듯한 인상을 받는다. 정말이지 우리는 폼 나게 살고 싶은 동물이다."[8]

'칙릿 열풍'

미드 열풍은 '브런치 열풍' 을 넘어서 '칙릿(chick-lit) 열풍' 을 몰고 오는 데에도 일조했다. 오죽하면 국립국어원까지 나서서 칙릿을 '꽃띠문학' 으로 부르자고 제안했겠는가. '칙릿 열풍' 을 이해해야 '미드 열풍' 도 이해할 수 있는 면이 있는바, '칙릿 열풍' 을 자세히 살펴보기로 하자.

'chick' 은 젊은 여성을 일컫는 미국의 속어로, 칙릿(lit는 'literature' 의 줄임말)은 20대 싱글 직장(주로 광고, 잡지, 패션 등의 업종) 여성의 성공과 사랑을 다루는 소설을 말한다. 2006년 8월에 출간된 『이것은 칙릿이 아니다(This is not a chick lit)』는 칙릿이 "대도시에 사는 여성이 짝을 애타게 찾아 헤매며 다이어트를 하고 신발 쇼핑을 하며 자주 절망하지만 결국 훌륭한 왕자를 찾는 줄거리"라고 말했다. 이에 상대되는 남자 소설은 '래드릿(lad-lit)' , '딕릿(dick-lit)' 으로 불린다. 칙릿은 1995년 『칙릿: 포스트페미니즘 소설』에 처음 등장했지만 1996년 제임스 월콧(James Wolcott)이 『뉴요커』에서 당시 여성 칼럼니스트의 '소녀스러운(girlishness)' 경향을 일컬으며 대중에 회자되는 단어로 다듬어졌다(위키피디아).[9]

이후 칙릿의 고전 『브리짓 존스의 일기』가 나오고, 월콧이 칙릿이라는 단어를 이끌어낸 칼럼니스트로 주인공이 설정된 텔레비전 시리즈 〈섹스 앤드 더 시티〉가 등장했다. 소설 『악마는 프라다를 입는다』, 『쇼퍼홀릭』 등이 이 장르에 속했다. 한국에서도 정이현의 소설 『달콤한 나의 도시』, 드라마 〈내 이름은 김삼순〉, 〈여우야 뭐하니〉, 〈결혼하고 싶은 여자〉, 영화 〈싱글즈〉 등이 영국·미국산 칙릿과 비슷한 구도를 보였다.[10]

강원대 김민정 교수는 "트렌디하고 소비지향적인 칙릿은 현실의 암울한 문제를 건드리지 않는다"며 "돈에 대해 압박을 느끼면서도 쿨해 보이고, 문화적인 지위를 유지해야 하는 현대 여성의 삶을 암암리에 강요하는 측면이 있다"고 지적했다.[11]

바로 이런 이유 때문에 칙릿에 대해 강한 거부감을 보이는 이들도 많았다. 예컨대 이정호 공공연맹 정책국장은 2006년 11월 "언론은 이런 유의 소설을 선전하기에 급급하다. 칙릿 소설을 마치 '성장 소설'의 반열에까지 올려놓는 무수히 많은 기사들을 쏟아내고 있다. '칙릿'을 사용한 첫 일간지는 역시 조선일보다. 조선은 지난 8월 5일자 10면(사회) 톱기사에서 '칙릿'을 20대 여성을 타깃으로 한 '아가씨 소설'이라고 이름 붙였다. 물론 섹스와 욕망 등의 자극적인 제목과 함께"라면서 다음과 같이 주장했다.

"조선일보는 이들 칙릿 소설이 상반기 대박을 터뜨린 이유에 대해 있어 보이기 위해 비싼 몽블랑 만년필을 쓰고 취업과 결혼에서 우위를 차지하기 위해 성형수술도 당당하게 권장하고 경제적 독립, 섹스, 욕망을 무엇보다 중시하고 당당하게 드러내는 20대 여성들의 감성을 잘 자극했다고 한다. 섹스를 많이 언급하면 여권(女權)이 신장되나. 이런 쓰레기 같은 문장을 기사랍시고 휘갈기고 있다."[12]

된장녀 신드롬

그러나 '칙릿 열풍' 그 자체는 사실인 걸 어이하랴. 진보적 시각에선 마땅치 않겠지만 조선일보가 장사를 잘하는 이유 중의 하나도 대중의 욕망에 충실하기 때문은 아닐까? 문제는 계급 차이로 인한 상대적 박탈감이었다. 칙릿에서 비롯된 이런 박탈감이 바로 '된장녀 신드롬'을 낳았다.

된장녀는 2005년부터 일부 인터넷 카페에서 20대 여성을 비하하는 표현으로 사용돼오다 2006년 7월 한 네티즌이 인터넷에 올린 '된장녀의 하루' 라는 글이 확산되면서 널리 알려졌는데 '된장녀의 하루' 는 능력도 없으면서 소비지향적이고 유행에 휩쓸리는 젊은 여성을 조롱하는 글이었다.[13]

그런데 왜 하필 '된장녀' 라는 이름이 붙었을까? 인터넷에서 떠도는 말들이 그렇듯이 그 이유는 확실치 않았다. 백승찬은 " '똥인지 된장인지 가리지 못한다' 에서 따왔다는 얘기도 있고, 속은 된장처럼 토종이면서 외국의 유행만을 좇기 때문이라는 지적도 있다" 고 했다.[14]

박현동은 "남성들이 외국인과의 성적 관계를 즐기는 여성을 비하한데서 비롯됐다는 설" 과 "부정적 의미의 감탄사 '젠장' 이 그 어원이라

는 주장" 도 있다고 했다.[15]

구둘래는 "기의와 기표의 격차는 네티즌 언어의 중요한 특질이다. 이 격차를 따지기 위해서는 유래를 되짚어 가봐야 한다. 유래는 크게 세 가지"라며 "첫 번째는 '젠장녀' 에 역구개음화를 적용해 '덴장녀' 가 됐다가 '된장녀' 로 정착했다는 설. 두 번째는 외국인과 사귀고 싶어 하는 여자를 "그래 봤자 된장"이라고 부른 데서 시작됐다는 설. 세 번째는 일본인들이 한국인을 비하할 때 '김치', '된장' 운운했던 것에서 나왔다는 설이다. 그리하여 만들어진 '된장녀' 는 '똥인지 된장인지 모르는 여자' 로 의미 해석이 따랐다" 고 했다.[16]

여성들에게 점차 '된장녀 공포증' 이 확산됐다. 회사원 이 모 씨는 "사진 찍는 걸 좋아할 뿐인데 이젠 커피전문점이나 패밀리레스토랑에서 사진 찍으면 된장녀로 오해받을까 봐 걱정되네요"라고 했고, 회사원 고 모 씨는 "나도 된장녀의 하루에 나오는 B원피스, L가방, I MP3 플레이어를 쓰고 있다" 며 "남들이 된장녀라고 부를까 봐 겁이 난다" 고 하소연했다. 이와 관련, 숭실대 배영 교수는 "취업 등으로 불만에 싸인 젊은이들, 특히 남성들이 이를 표출할 수 있는 통로를 찾지 못해 된장녀와 같은 대상을 만들어낸 것"이라며 "자칫 우리 사회에 만연된 편 가르기 현상으로 이어질까 우려된다" 고 말했다.[17]

2006년 8월 21일, 취업포털 '사람인' 이 여성 직장인 511명을 대상으로 된장녀 논란에 대한 생각을 물어본 결과 47.8퍼센트의 여성 응답자들이 자신이 '흔히 말하는 된장녀 기준에 일부 또는 전부 속한다' 고 답했다고 밝혔다. 된장녀가 '형편은 어려운데도 유명 외국 브랜드만을 선호하는 여성을 비하해 가리키는 말' 이라고 했을 때, 이 같은 의미 규정에 대해 여성의 33.9퍼센트가 '부당하다' 고 답했다. '정당하다' 는 응답은 16.6퍼센트에 그쳤으며 나머지 응답자들은 '관심 없다' 고 답했다. 하지만 여성의 거의 전부(96.5%)는 '자신이 된장녀라고 생각하느냐' 는 질문에는 '아니다' 라고 밝혔다. 반면 750명의 남성 직장인을 대상으로 한 조사에서는 44.8퍼센트의 응답자가 '정당하다' 고 답해 여성 직장인 응답자와 큰 차이를 보였다. 전체 남녀 직장인들은 된장녀 비난이 정당하다고 보는 이유(복수 응답)로 '허영에 사로잡혀 보여서(56.8%)' 를, 부당하다고 생각하는 이유로 '일부를 가지고 전체를 판단하므로(48.1%)' 를 각각 가장 많이 꼽았다.[18]

된장녀 논란에는 인터넷의 문제를 제외하더라도 성(性), 취향, 계급이라는 3대 문제가 얽혀 있었다. 그래서 차분한 논쟁이 가능할 리 없었다. 특히 그간 성과 계급이 충돌한 논쟁이 차분하게 이루어진 적이 거의 없었다는 점에서 더욱 그랬다.

'소비주의 시대 여성 노동자를 위한 판타지'

2007년 2월 성균관대 천정환 교수는 "25~35세의 비물질 노동 종사 여성들은 문화적 소비에서 일종의 전위 부대"라며 "지난해 출판계 전체의 화두였던 칙릿은 향후에도 한국 소설의 유력한 독자층으로 남을 것" 이라고 내다봤다.[19]

천정환의 전망은 백영옥의 『스타일』로 입증됐다. 『한국일보』 2008년 5월 30일자에 따르면 "파죽지세다. 1억 원 고료의 세계문학상 수상으로 화려하게 이름을 알리더니 곧이어 소설 부문 베스트셀러 1위에 올랐다. 무려 6주째. 벌써 10만 부가 팔렸다. 수많은 영화사와 드라마 제작사에서 눈독을 들인다는 소문이 돌기가 무섭게 드라마 제작까지 결정됐다. 책이 나온 지 두 달도 안되는 기간에 벌어진 순식간의 일들이다."[20]

『중앙일보』 2008년 10월 28일자는 "대중음악 공연계에서 '칙릿 파워'가 거세다. 이들 여성 관객은 불황으로 꽁꽁 얼어붙은 공연계에서 막강한 티켓 파워를 과시하며 공연계의 구세주 역할을 하고 있다. 공연장의 체감 지수만 그런 게 아니다. 인터파크가 올 초부터 최근까지 대중음악 공연 티켓 예매자의 성별을 분석한 결과 여성 비율이 지난해 62퍼센트에서 65퍼센트로 늘었다. 주요 공연이 몰려 있는 연말이 제외됐다는 점에서 볼 때 올해 여성 비율은 70퍼센트에 육박할 수 있다는 분석이다"라고 말했다. 이에 대해 백암 아트홀의 조설화 공연기획 담당은 "감수성이 예민한 10대 때 서태지, 신승훈, 김건모 등과 함께 대중음악 향유의 정점을 맛봤던 여성들이 지금은 경제력을 갖춘 '골드 미스'가 돼 공연계의 칙릿 파워를 이끄는 것"이라고 설명했다. 대중음악 평론가 임진모는 "경제력을 갖춘 젊은 여성층이 공연과 음반 시장에서 적극적인 소비와 표현을 하며 자아실현을 꾀하는 경향이 강하다"고 분석했다.[21]

2008년 10월 경희대 이택광 교수는 "칙릿은 정신적 성장이 지체된 후기 자본주의 사회 여성 노동자의 모습을 상징적으로 드러내는 것이라고 볼 수 있다"고 했다. 그는 "후기 자본주의 시대로 접어들면서 사회의 노동구조는 상업의 재편과 함께 급격한 변화를 맞이한다. 제조업에서 금융업으로 자본이 이동하면서 더 이상 남성 노동자의 근육을 필요로 하는 산업이 사회의 중심에 놓일 수 없게 됐다. 공장들이 도심에 위치했던 19세기형 도시구조도 필연적으로 변화했다. 공장이 떠난 자리에 들어선 것은 유리벽으로 덮인 고층빌딩이었다. 이런 빌딩에서 지난 30년간 복잡한 수학과 물리학 공식들로 무장한 '금융공학전문가' 들이 밤낮없이 일하면서 괴상한 논리로 투자자들의 지갑을 열게 만들었다" 며 다음과 같이 말했다.

"이 과정에서 기업들은 노동유연성에 적합하고 고용효율성이 높은 여성 노동력을 선호하기 시작했다. 이런 현상을 '여성화(womanization)' 라고 부르기도 하는데, 말이 좋아서 노동유연성이고 고용효율성이지 결국은 쉽게 해고할 수 있고 적은 임금으로 많은 노동을 강요할 수 있는 여성 노동력을 기업들이 활용했다는 걸 의미한다. 칙릿에 그려놓은 세계는 흥청망청 놀고먹는 유토피아처럼 보이지만 실상은 그렇지 않은 것이다. 이런 현실은 영미의 칙릿보다 한국의 칙릿이라고 할 수 있는 『달콤한 나의 도시』나 『스타일』에 더 짙게 배어 있다. 20대 후반을 지나면서 한국의 도시 여성 노동자들은 아무리 일을 해도 자립할 수 없는 자신의 처지를 돌아볼 수밖에 없다. 이런 불안을 위무해주는 것이 바로 칙릿의 목적이다."[22]

여성문학이 어찌 '위무' 에만 머무를 수 있으랴. 여성문학이 나아가야 할 방향을 제시한 김미현의 『젠더 프리즘』(민음사, 2008, 15~16쪽)에 따르면 "여성들이 '가지지 못한 것' 에 초점을 맞출 것이 아니라 '가진 것' 을 강조할 수 있다면 페미니즘 문학도 유쾌할 수 있다. 페미니즘 문학에도 '상처뿐인 영광' 이 아니라 '영광의 상처' 가 필요하다. 그래야 '피해자 페미니즘(victim feminism)' 에서 벗어나 '파워 페미니즘(power feminism)' 을 실현할 수 있다."[23]

그런데 여기서 제기될 수 있는 문제는 여성 내부의 '계급 격차' 다. 파워 페미니즘은 1993년 나오미 울프(Naomi Wolf)가 불평등의 사회적 원인과 여성이 고통을 받는 해악에 초점을 맞추는 것은 자멸적이라고 주장하면서 내세운 새로운 페미니즘이다. 울프는 여성에게 스스로를 희생자라고 생각하는 것을 멈추고 나름대로 갖고 있는 권력을 이용할 것을 촉구했다. 울프는 흑인 목사 제시 잭슨(Jesse Jackson)의 다음과 같은 말을 운동의 슬로건으로 삼았다. "여러분이 누군가에 의해 쓰러진 것에는 책임이 없습니다. 일어서야 하는 것에 책임이 있을 뿐입니다." 그러나 파워 페미니즘은 교육을 잘 받고 성공한 백인 상류층 여성에겐 매력적이지만 그렇지 못한 여성에겐 냉소와 비판의 대상이 되고 있다.[24]

바로 이 지점에 칙릿이 자리 잡고 있는 건 아닐까? 스스로를 희생자라고 생각하는 여성일지라도 외양상 '방어적 구별 짓기' 를 통해 주류를 따라가고자 한다면 '피해자 페미니즘' 과 '파워 페미니즘' 의 경계는 애매해진다. 물론 그런 구별 짓기엔 바람직한 점도 많지만 문제는 그것이 오래 지속되기 어려우며 상당한 희생을 수반한다는 데에 있다고 보아야 할 것이다.

문학평론가 정여울은 『문학동네』 2008년 겨울호에 쓴 「칙릿형 글쓰기에 나타난 젊은이들의 소비 풍속도」에서 정이현의 『달콤한 나의 도시』, 백영옥의 『스타일』, 서유미의 『판타스틱 개미지옥』 등 세 편의 한국판 칙릿을 통해 자본주의 소비문화 속에서 스스로 소외되고 있는 현대 여성들의 모습을 읽어냈다. 정여울은 "젊은이들은 쇼핑을 하면서도 인생을 탕진하고 있다는 불안감에 시달리며, 이 불안을 극복하기 위해 연애라는 환상에 집착한다" 며 "소비를 향한 무한욕구와 로맨틱한 연애에 대한 갈망의 교집합이 칙릿 문화의 현주소" 라고 분석했다.[25]

인간, 특히 젊은 여성이 각박한 현실에 처해 있으면서 꿈과 위로 없이 어떻게 살아갈 수 있겠는가? 우리는 병 주고 약 주는 게 예외가 아니라 표준이 되고 '위로' 가 산업화되는 시대에 살고 있는 게 아닐까? 이런 점에서 보자면 젊은 여성들의 칙릿 사랑은 당연해 보인다. 그러나 그 어떤 문화적 현상이든 그 자체만으로 끝나는 법은 없다. 연쇄 효과를 낳기 마련이다.

'뉴욕 라이프스타일 배우기'와 '와인 열풍'

구둘래는 "'칙릿' 트렌드의 진정한 한국형은 여성을 위한 '뉴욕' 여행서나 『여자생활백서』 같은 여성 처세서, 전문가가 '칙'이 되는 길을 코치하는 『스타일 북』 등이다"라고 했다.[26] 그랬다. 갑자기 '뉴욕'이 이상향이 되고 '뉴요커'가 선망의 대상이 되는 일이 벌어졌다. 그래서 출판 시장도 달라졌다. "한국에서 미국 드라마 〈섹스 앤드 더 시티〉가 큰 인기를 얻은 뒤 서점의 뉴욕 여행안내서가 완전히 달라졌다. 패션모델, 화가, 사진가 등이 현지서 '살아본' 경험을 바탕으로 뉴욕 여행책자를 앞다퉈 내고 이 중엔 베스트셀러도 나왔다. 〈섹스 앤드 더 시티〉에 매혹된 한국 여성들이 드라마에 나온 미술관과 카페를 찾아 뉴욕 여행을 하기 때문이다. 미국 드라마 한 편이 한국의 출판 지형까지 바꾼 것이다."[27]

'뉴요커 흉내 내기'가 유행하면서 뉴욕과 서울(특히 강남)의 차이는 점점 사라져갔다. 정수현은 칙릿 소설 『압구정 다이어리』(소담출판사, 2008)의 서문에서 이렇게 말한다. "'꼭 맨해튼에 가서 오른손엔 잇백, 왼손엔 아이스 아메리카노를 든 채 스타일리시하게 그 거리를 활보하겠어! 그리고 멋진 글도 쓰는 거야!'라는 당찬 꿈을 가진 채 뉴욕행을 결심했다. 하지만 멀지 않은 곳, 그러니까 우리나라에도 그런 거리, 그런 장소가 존재한다는 것을 깨닫는 순간 뉴욕행 비행기 표 끊는 것을 잠시 미뤄두었다.…… 이름은 직접 거론할 수 없지만 유명 연예인들과 정치인들이 살고 있는 곳, 과연 이곳이 뉴욕의 맨해튼과 다를 바가 무엇이겠냐 말이다. 그래서 난 이곳에서 일어나는 일을 칙릿이란 장르의 소설로 묘사해보고자 마음먹었다."[28]

여성만 그런가? 어느 휴대전화 광고는 "그 남자가 입으면 뉴욕이 되고 그 남자가 입으면 동남아가 된다—Must Have 감각"이라고 했다. 탁선호는 "백화점 문화센터에 '뉴욕 라이프스타일 배우기'라는 강좌가 개설되는 곳은 아마 대한민국밖에 없을 것이다"라고 했다.[29]

왜 그럴까? 이를 잘 설명해줄 수 있는 것이 '브런치 열풍' 이후에 밀어닥친 '와인 열풍'의 실체다. 2007년 11월 와인 전문가인 박찬일은 와인과 관련된 한국의 「숨 막히는 교양, 불편한 오버」에 쓴소리를 했다.

"와인을 마시는 데 에티켓이 필요합니까?" / "와인잔의 몸통(보울)을 잡으면 안 됩니다. 다리를 잡으시고, 먼저 잔을 돌려서 향을 음미하세요. 그리고 아주 조금씩 입안에 흘려 넣고 'ㅎ!' 하고 공기를 들이마셔 입안에서 함께 굴려보세요." 이런 문답에 대해 박찬일은 "틀린 설명은 아니다. 그러나 서양에서는 순전히 와인 전문가들이나 하는 시음법일 뿐이다. 와인 인구의 0.001퍼센트 될까 말까 한 소믈리에, 와인감정사에게나 필요한 테크닉이지 필수 교양은 아니다"라며 다음과 같이 말했다.

"그런데 이런 기술이 한국에서 마치 누구나 알아야 할 교양으로 둔갑했다. 과잉이 흔한 한국에서 볼 수 있는 해프닝이다. 뒷산 오르는 데 히말라야용 장비를 갖추고, 막 노출을 배운 이가 라이카 수동카메라 풀세트를 사는 것과 비슷한 현상이다. 그런데 유독 '과잉'이 흔한 곳이 일본과 한국인 걸 보면 아마도 지금 우리 와인 문화를 지배하는 에티켓이라는 것도 서양 아닌 일본에서 건너왔을 가능성이 크다. 과거 와인 문화가 없던 시절, 소믈리에들이 주로 일본에서 연수를 받은 것과 관련이 있지 않나 싶다."

이어 박찬일은 "뭔가 우리는 외래문화에 주눅이 들어 있는 것 같다. 그렇지 않고서야 외국 대통령도 안 지키는 예절을 우리가 수수한 대중식당에서조차 지키고 있을 까닭이 없지 않은가"라면서 다음과 같이 말했다.

"식당에서 와인을 종종 서비스하는 필자는 좀 당혹스러워진다. 주문한 와인이 도착하면 도란도란 나누던 대화가 뚝 끊기고 필자를 주목한다. 종갓집 기제사 같다. 침 넘어가는 소리도 들릴 지경이다. 그리고 와인을 분배하면 또 하나의 숨 막히는 '교양'이 남아 있다. 앞서 말한 복잡한 와인 테이스팅을 대부분의 손님들이 '실천'하고 있는 광경이다. 그뿐 아니다. 마지막 한 방울까지 쉼 없이 와인잔을 돌리면서 음미한다. 이건 좀 심하지 않은가."[30]

국내 드라마의 표준이 된 '미드'

이런 배경과 맞물려 불어닥친 미드 열풍 덕분에 한국 드라마 프로듀서들의 처지가 난감해졌다. 2007년 11월 한 드라마 프로듀서는 "미드를 보며 시청자의 눈높이는 높아졌지만 현재 우리 제작여건에서 미드와 같은 완성도를 요구하는 것은 무리입니다. 자본도 능력도 시장도 없기 때문입니다. 미드가 제작에 있어서 자극은 되지만 솔직한 마음으로는 막아야 할 대상이라고 봅니다"라고 불만을 터뜨렸다.

한미자유무역협정(FTA)으로 인해 외국의 투자가 급증하면 국내 드라마 시장은 완전히 미드에 장악당하고 결국 미국 방송국의 '동남아 진출 거점' 으로 떨어질 것이란 분석도 나왔다. 공중파 방송국의 한 드라마 프로듀서는 "공중파 방송국이 미드를 사는 가격은 편당 100~200만 원 정도"라며 "싼 가격에 구입해서 어느 정도 시청률을 유지하면 굳이 편당 몇 천만 원, 몇 억 원을 투자해야 하는 드라마를 만들 필요성을 못 느낀다"고 말했다.

SBS 김영섭 프로듀서는 "미드의 영향으로 외연이 확장되면서 드라마 제작단계부터 해외 시장을 노리고 만들다 보니 상업적으로 잘 팔리는 소재를 택한다"며 "그렇기 때문에 우리의 전통적 가치관과 소재가 사라지고 있는 것이 사실이며 이런 현상은 더욱 심해질 것"이라고 말했다.[31]

2008년 2월 김고은은 "'미드' 열풍은 한국문화의 현주소를 진단하는 중요한 현상이다. 국내 드라마를 논하는 데 있어서도 미드는 빠지지 않고 비교대상이 된다. 수사물을 만들면 〈CSI〉와, 의학물을 만들면 〈그레이 아나토미〉나 〈ER〉과 비교되는 것을 감수해야 한다. 미드가 국내에서 제작되는 드라마들의 '표준' 이 된 것이다"라고 했다.[32]

이를 보여주는 국내 드라마의 리뷰 하나를 감상해보자. "살인 사건의 진범을 찾기 위한 공방, 검사·변호사들의 생사를 건 치열한 전쟁, 두 번째 시즌을 예감케 하는 열린 결말까지. 아련한 연애의 추억을 버린 대신 긴박감과 전문성을 택한 드라마 SBS 〈신의 저울〉은 한국 드라마의 오래된 습관을 깬 것만으로도 신선했던 작품. 미드의 양식을 적극적으로 차용한 흔적이 도드라진다. 물론 사건을 풀어나가는 과정의 디테일은 미국 수사·법정 드라마에 한참 미치지 못하지만 정의와 가족애 사이에서 갈팡질팡하는 검사 아버지의 고뇌 등 인간적 향취가 이를 상쇄했다. (2008년 10월) 24일 막을 내린 이 드라마의 시청률은 10~15퍼센트. 완성도에 비해 아쉬운 수치지만 시청자 게시판에는 아직도 '명품 드라마의 종영이 안타깝다' 는 글이 빼곡하다."[33]

백은하는 "2007~2008년에 의학 드라마 등 장르 드라마가 나온 것은 미드의 영향"이라고 말했다. 〈파리의 연인〉 등을 쓴 강은정 작가는 "미드는 '여러분 진지하게 보세요' 라고 강요하지 않고 철학도 달콤한 사탕으로 포장해 보여준다" 며 "빠른 장면 전환 기술이나 추측이 불가능한 전개 등에서 배울 점이 적잖다" 고 말했다. 그래서 최지은 텐아시아 기자는 "미드에 익숙한 사람은 〈아이리스〉 같은 드라마를 보면서 '기시감' 을 느낀다" 고 전했다. 한국예술종합학교 이동연 교수는 "일본 대중문화가 무국적이라고 하지만 한국은 더욱 무국적" 이라며 "아시아에서 가장 미국화된 나라가 한국" 이라고 지적했다. 나아가 미국 시트콤 〈프렌즈〉 등은 학원 등에서 영어 교재로 쓰인다. 이택광 교수는 "과거에 영문학이 했던 역할을 이제는 미드가 한다" 고 지적했다.[34]

〈섹스 앤드 더 시티〉 신드롬

미드 열풍 덕분에 미국 대선마저 2030세대를 중심으로 큰 관심을 끌었다. 퇴근 후 미국 드라마 한 편을 꼭 보고 잔다는 자칭 '미드족' 최용원은 "미국 대선은 마치 또 하나의 미드 같다" 며 "멋진 흑인 대통령이 등장했던 미드 〈24〉처럼 이번에는 실제로 최초의 흑인 대통령이 나왔으면 좋겠다" 고 말했다. 정치 컨설턴트 박성민은 "최초의 여성 대통령,

최초의 흑인 대통령, 최초의 부부 대통령 등 상징성을 가진 인물들이 등장한 게 미국 대선의 주된 흥행 요인"이라며 "이들이 스포츠처럼 극적인 승부를 벌이는 것에 사람들이 반응하고 있다"고 설명했다.[35]

"〈섹스 앤드 더 시티〉는 단순히 영화가 아니다. 거대한 문화 현상이며 산업이다." 미국의 경제전문지 『포브스』가 인기 텔레비전 드라마를 영화화한 〈섹스 앤드 더 시티: 더 무비〉의 미국 개봉(2008년 5월 30일, 국내는 6월 5일)에 맞춰 이 드라마가 갖는 경제적 효과에 대해 내놓은 논평이다. 1998년 6월 미국 케이블방송 HBO를 통해 첫 방송된 이후 6년에 걸쳐 전 세계 200개국, 3900만 명이 시청한 것으로 집계된 이 메가 히트작은 시리즈 완결 4년 만에 다시 영화로 만들어지면서 화제를 모았다.

한국에선 2008년 5월 26일 배급사 맥스무비에서 펼친 특별 사전 예약이벤트가 사상 최단시간인 6시간 만에 매진됐으며 옥션 등 온라인쇼핑몰은 29일부터 〈섹스 앤드 더 시티〉 마케팅에 돌입했다. 제일기획 브랜드마케팅연구소 박재항 수석연구원은 "지금 국내서 가장 각광받는 마케팅 키워드 '골드 미스' 조차 이 드라마의 후광을 입었다고 볼 수 있다"면서 "박스오피스 효과를 생각하면 영화 개봉 이후 뉴요커 스타일의 소비문화에 대한 관심은 더욱 증폭될 것"이라고 내다봤다. 그러나 박 연구원은 "수많은 해외 브랜드들이 드라마와 함께 국내에 수입되고 극중 인물들이 좋아한다는 이유만으로 명품화하는 등 부작용이 만만치 않다"면서 "영화는 드라마보다 더욱 상업적인 전략이 강조되기 때문에 노골적인 PPL(Product Placement, 콘텐츠 내 상품 간접광고) 등으로 논란이 격화할 수도 있다"고 말했다.[36]

한국에서의 〈섹스 앤드 더 시티〉 신드롬과 관련해 우리가 성찰해볼 점은 없을까? 너무 근엄한 도덕주의 · 민족주의적 관찰과 평가가 많았고 이게 '여성 때리기'로 비화된 건 아니었을까? 홍정은과 윤태진은 언론보도가 전반적으로 "이 드라마 텍스트 내에서 교차하고 있는 복잡다단한 요소들과 섬세한 결들을 무시하고 오로지 두 개의 요소, 발칙한 성적 묘사와 지나치리만큼 화려한 패션으로만 텍스트를 기술하고 있"으며 그 결과 "수용자들은 주관과 상관없이 유행을 좇고 현실 상황을 계산할 줄 모르는 무지한 여성들로 재현되고 있다"고 말한다. 그러나 여성 시청자들은 주관적·능동적 자세로 이 드라마가 보여준 '페미니스트 유토피아'를 한국적인 상황에 맞게 교섭·전유·수용하여 일상적인 실천을 행했다는 게 이들이 내린 결론이다.[37]

2008년 11월 SBS의 경우 〈넘버스〉를 포함해 〈프리즌 브레이크〉, 〈히어로즈〉, 〈하우스〉 등 모두 4개의 미드를 방영하고 있었는데 금요일 심야시간대지만 평균 4퍼센트의 꾸준한 시청률을 올림으로써 "요즘 같은 광고 불황에도 흑자를 내는 효자" 노릇을 했다.[38] 2009년부터는 인터넷에 '영드 폐인(영국 드라마에 빠져 사는 사람)'이란 말이 생길 만큼 영드 마니아도 늘어났다.[39]

미드 열풍엔 호의적인 언론보도도 한몫했다. 2009년 4월에 나온 다음과 같은 기사도 결코 예외적인 것이 아니었다. "4월은 새 미드가 잇따라 선을 보이는 달이다. 미국에서 대개 가을에 시작하는 대형 미드는 4월 전후로 한 시즌을 마치게 되고 한국에는 바로 이 무렵 정식으로 수입된다. 올해도 마찬가지. 이번 새 시즌 미드의 두드러진 변화는 긴 세월 왕좌를 지키던 기존 수사·첩보 시리즈의 관습을 뒤틀어버린 '변종' 장르의 약진. 여기에는 침체된 경기 속에 최소 비용으로 최대 효과를 얻으려는 제작·배급사들의 계산이 숨어 있다는 분석이 나온다. 1980년대 드라마가 연상된다는 반응이 이어지는 것도 그 때문. 그러나 대중들은 오래된 틀을 깬, 신선한 볼거리에 박수를 보내고 있다. 미국 방영 시청률과 대중적 반응을 중심으로 한국 팬들 앞에 새로 선보이는 미드를 진단해본다."[40]

'미드 열풍'의 이면

미국 드라마를 '미드'라고 줄여 부른 용법은 다른 유사 용법들을 만들어냈다. 막장 드라마를 줄여서 '막드', 욕하면서 본다고 '욕드', 또는 작가가 아무 생각 없이 발로 대본을 쓴 것 같다고 해서 '발드', 또 상식 밖의 전개나 개연성 없는 줄거리, 혹은 몇몇 연기자들의 어설픈 연기를 보는 시청자들이 오히려 민망해서 손발이 절로 오그라든다는 의미로 '오글 드라마'란 신조어까지 탄생했다.[41]

2010년 8월 현재 케이블 영화 채널에서 방영 중인 〈스파르타쿠스〉는 대작 미드의 계보를 이으며 5퍼센트에 가까운 시청률을 기록 중이다. 케이블 업계에선 보통 시청률 1퍼센트만 넘어도 '대박'으로 여긴다. 지상파 텔레비전 시청률로 비교하면 30퍼센트를 웃도는 수준이다. 고재학은 "인기의 비결은 지나친 선정성과 폭력성이다"라며 다음과 같이 말한다.

"〈롬〉, 〈튜더스〉 등 기존 미드도 선정성 논란이 있었지만 고대 로마 시대 검투사 노예들의 반란을 그린 이 드라마의 성애 묘사는 포르노에 가깝다. 남녀 간의 변태적이고 노골적인 성 행각이 공공연히 등장하고 피가 튀고 살을 도려내는 잔인한 액션이 쉼 없이 이어진다. 밤 12시에 본방송이 편성된 '19세 시청가' 프로그램이지만 재방송은 밤 10시대다. 케이블티브이의 밤 10~12시대 청소년 시청률은 3.9퍼센트나 된다. 더욱이 인터넷 포털에서는 성인 인증 없이도 얼마든지 다운을 받을 수 있다."[42]

미드의 인기 비결이 지나친 선정성과 폭력성 때문만은 아닐 것이다. 보수적 가족주의로 무장한 한국 드라마에 비해 미드는 동성애, 비혼자 등 다양한 개인의 삶을 포용하는 미덕이 있다는 주장도 있다. 〈파리의 연인〉 강은정 작가는 "〈섹스 앤드 더 시티〉 같은 미드는 시청자의 안방에 들어온 것으로 끝난 게 아니라 라이프 트렌드와 사랑 방식도 바꿨다"고 말했다. 그녀는 유독 한국 사회에서 젊은 여성을 겨냥한 장르인 칙릿이 된장녀 논란을 불러일으키는 것에 대해 "명품 소비나 자유로운 섹스 라이프 같은 껍데기만 보고 한국적인 정서에 없는 인간적인 태도나 포용 같은 알맹이를 보지 못해 벌어진 일"이라고 지적했다. 이동연은 "미드에 담긴 쿨한 관계는 봉건적 가부장제로 귀결되기 십상인 한국 드라마가 주지 못하는 위안을 비혼 여성들에게 준다"고 말했다.[43]

미국 지향성, 문화적 보수주의 너머의 비전과 더불어 빠른 속도감도 미드가 누리는 인기의 중요한 이유다. 빠른 속도감엔 자본주의의 논리가 살아 있다. 미국 펜실베이니아주립대 박사과정(언론학) 조영신은 미국 드라마가 중간광고를 염두에 두고 기승전결의 호흡을 짧게 제작한다면서 다음과 같이 주장한다. "한국에서 열풍적인 인기를 얻고 있다는 〈프리즌 브레이크〉나 〈로스트〉의 이면에는 바로 이러한 시장경제가 숨어 있다. 호흡이 짧기에 긴박하고 역동적인 장면으로 사람들의 눈길을 놓치지 않으려는, 그래서 결국 광고를 판매하겠다는 잇속이 숨어 있다는 말이다. 넋 놓고 소위 '미드'를 좋아하기만 할 일은 아니라는 말이다."[44]

그러나 오락적 욕구가 강한 시청자에게 그런 '잇속' 까지 헤아려달라고 요청하는 건 무리일 것이다. 뉴요커 스타일의 소비문화는 진보파에게도 영향을 미치고 있기에 더욱 그렇다. 사회학자 박치현은 뉴요커나 파리지앵 같은 본격적인 '취향 좌파' 가 우리 사회에 등장하고 있다고 말한다.[45] 다양성을 존중하는 고품질도 고품질이지만 어떤 점에선 미국보다 더 미국적인 한국의 '세련된' 시청자들에게 미드가 인기를 누리는 건 당연한 일인지도 모르겠다. 한국인의 미국, 특히 뉴욕에 대한 선망과 동경을 부정적으로 볼 필요는 없을 것 같다. 바로 그 힘이 오늘의 한국을 만든 원동력이기도 했으니까 말이다. 미드를 즐기기 어려운 시청자들은 막드를 즐기면 된다. 그런 점에서 보자면 '막드' 는 '미드' 에 대한 민족주의적 저항일까?

왜 스티브 잡스는 교주가 됐나

4 장

디지털 테크놀로지의 종교적 성격

'잡스 교도'와 '아이폰빠'

스타급 미래학자나 IT 경영자들은 '유사 종교인'이라는 게 나의 평소 지론이다. 그래서 나는 종교연구 차원에서 관련 책들을 읽는다. 하야시 노부유키(林信行)의 『스티브 잡스의 위대한 선택』을 집어 들었을 때에도 그런 기대감을 갖고 있었지만 곧 "앗, 낚였다!"라고 외치지 않을 수 없었다.[1] 이 책의 원제는 '아이폰 쇼크'였으며 책의 내용도 스티브 잡스(Steve Jobs)에 관한 건 별로 없었기 때문이다. 그러나 이 또한 나의 지론을 뒷받침해주는 사례로 손색이 없다. 유사 종교행위로서의 '스티브 잡스 열풍'이 대단하다는 걸 입증하는 데에 기여했으니 말이다.

'잡스 교주'에 대해 이야기해보자. 어느 칼럼에서 스티브 잡스를 '난봉꾼'에 비유했다가 엄청난 비난에 시달렸다는 명지대 교수 김정운의 분석에서부터 시작해보자. 그는 "정말 열화와 같은 반응이었다. 도대체 국내 어느 정치 지도자, 혹은 종교 집단을 공격한들 이런 극심한 비난을 받게 될까? 스티브 잡스는 우리의 구체적 삶과 정말 아무 상관없다. 더구나 어떻게든 자사 제품을 많이 팔아 돈을 벌고 싶어 하는 미국의 한 기업가일 뿐이다"라며 다음과 같이 말했다.

"한때 그와 경쟁자였던 마이크로소프트의 빌 게이츠는 자선사업에 열중한다. 그러나 스티브 잡스의 애플이 자사의 이익을 환원한다는 이야기는 별로 들어본 적 없다. 그렇다고 스티브 잡스가 한국인에 어떤 특별한 애정이 있는 것도 아니다. 그저 세계에 널린 수많은 소비자의 일부일 뿐이다. 그럼에도 불구하고 그렇게 많은 한국인이 스스로 '잡스 교도'를 자처하며 교주를 모욕했다고 이토록 거세게 항의해온다. 20년이 넘도록 애플 로고가 찍힌 컴퓨터를 사용하는 나조차 도무지 이해가 안 된다. 도대체 왜일까?"[2]

한국의 잡스교 신도들은 잡스는 말할 것도 없고 잡스의 체취가 깃든 아이폰(iPhone)에 대해 비판을 해도 '악플' 공세를 퍼붓는다. 『한겨레21』 기자 최성진은 "수많은 아이폰 마니아를 낳고 아이폰을 일반 스마트폰과 구분 짓게 만든 1등 공신이 앱스토어(App Store, 네티즌의 참여로 운영되는 휴대전화용 프로그램 장터)라지만 알면 알수록 '뭐 별거 없구만' 이라는 생각이 든다"고 썼다가 "우주 최악의 얼간이 기자"라는 욕을 먹어야 했다.[3] 이메일로 도착한 독자의 반응 중엔 "이렇게 쉬운 걸 못 따라 하는 당신이 바보"라거나 "아이폰 탓하려면 국산 제품이나 써라", "한겨레가 삼성 광고 받으려고 아이폰을 깎아내린다" 등도 있었다.

최성진은 "나중에 알았다. 아이폰 마니아 집단의 존재 말이다. 아이폰을 사용하면서 느낀 것 가운데 하나가 이 물건이 그냥 휴대전화가 아니라는 사실이다. 디자인이 훌륭하고 기능이 다양하며 심지어 사용자의 의지에 따라 무한한 확장이 가능한 신기한 물건인 동시에 아이폰 사용자를 중심으로 '마니아 집단' 이 형성돼 있다는 점에서도 특이하다. 휴대전화를 비롯해 각 부문 히트 상품이 끊임없이 쏟아지지만 아이폰처럼 마니아 집단을 통해 독특한 문화를 만들어갈 수 있는 제품은 흔치 않다" 며 다음과 같이 말한다.

"아이폰 마니아 집단은 둘로 나뉜다. 먼저 아이폰이 가져올 모바일 세계의 혁명적 변화에 일찌감치 눈뜬 사람들이다. 이들은 국내에 아이폰을 적극적으로 소개했고 아이폰 도입을 가로막고 있던 국내 이동통신사의 폐쇄적 무선인터넷 시장을 개방하도록 압력을 행사했다. 가히 선구자적 역할을 했던 사람들이라 할 수 있다. 다른 한 그룹은 아이폰의 매력에 지나치게 열광한 나머지 자신과 생각이 다른 사람들을 인정하기 싫어하는 부류다. 이른바 '아이폰빠' 다. 아이폰빠에 대한 정확한 정의는 없지만 흔히 아이폰이나 애플에 대한 정당한 비판을 수용하지 못하고 맹목적으로 아이폰을 추종하는 이들을 가리킬 때 '아이폰빠' 라는 용어를 쓴다."

이어 최성진은 "한 달째 아이폰을 쓰고 있는 나는 어느 쪽도 아니다. 굳이 이름 붙이자면 '단순 사용자' 다. 아이폰이 무선인터넷 시장 개방에 큰 역할을 했다는 사실은 인정하지만 아이폰의 가능성은 과장된 것 아닐까 의심하고 있다. 아이폰의 강점인 앱스토어는 오락성이 아닌 유용성의 관점에서 봤을 때 '먹을 것 없이 화려한 밥상' 이라고 결론 내렸고, 아이폰이 제공하는 트위터 등 SNS 기능은 아직 '타자 속도' 가 느려 본격적으로 합류하지 못했다. 아이폰의 조그만 자판에 언젠가는 익숙해진다 해도 트위터에 그렇게 매달릴 여유가 있을지는 모르겠다" 며 다음과 같이 말한다.

"이는 '온라인을 통한 실시간 소통' 의 필요성에 대한 근본적 회의와도 맞닿아 있다. 스마트폰 사용자를 '스마트 피플' 이라 부르며 이들이 사회개혁 세력이 될 수도 있다고 전망하는 이들도 있던데 아직까지는 지나친 호들갑으로 들린다. 아무래도 스마트 피플은 나에게 너무 먼 이야기다. '아이폰빠' 가 될 생각은 더더욱 없다. 아이폰이 매력적이라는 사실에는 동의하면서도 만만치 않은 월 기본료 등을 고려하면 다른 사람에게 함부로 권할 마음이 생기지 않는다. 나는 단지 내가 '아이폰빠' 가 아닌 것처럼 '삼성빠' 도 아니라는 사실을 말하고 싶었을 뿐이다."[4]

'감정 자본주의' 와 '치료 내러티브'

프랑스의 사회학자 에바 일루즈(Eva Illouz)는 『감정 자본주의』에서 "현대 자본주의에서 거래되는 것은 단순한 상품이 아니라 상품에 숨겨진 감정" 이라고 주장했다. 약 100년 전 생겨난 심리학이라는 학문으로 주목받게 된 인간 내면의 정서적 과정이 경제 활동과 결합돼 20세기 후반부터 자본주의는 전혀 다른 방식으로 발전하기 시작했으며, 상품의 기능적 특징이 아니라 상품의 디자인, 이미지 등의 정서적 특징이 더 주목받기 시작한 것도 그 결과라는 것이다.

이런 주장을 소개한 김정운은 " '잡스교' 의 본질은 '감정 자본주의' 에 있다" 고 단언한다. "그의 스토리텔링은 감정 자본주의의 핵심인 '치료 내러티브' 의 정수를 보여준다. 감정 자본주의의 시대에 사람들은 내면의 상처와 고통, 좌절이 희망으로 극복되는 이야기, 즉 치료 내러티브에 열광한다. 2005년 스탠퍼드대 졸업식에서 행한 그의 연설은 바로 이 치료 내러티브의 전형을 보여준다. 차고에서 시작한 컴퓨터

사업의 성공, 사업 실패, 췌장암 그리고 화려한 복귀. 그럼에도 불구하고 잡스는 외친다. 늘 배고프라고, 늘 우직하라고. 와우, 정말 감동적이지 않은가?"

이어 김정운은 "치료 내러티브와 대비되는 것은 '성공 내러티브' 다. 본격적 감정 자본주의가 나타나기 이전, 사람들은 '가난뱅이가 열심히 노력해서 부자가 됐다' 와 같은 성공 내러티브에 열광했다. 빌 게이츠의 스토리텔링은 이런 성공 내러티브의 전형이다. 열심히 노력해서 성공하고 성공을 자선사업으로 전환하여 사회적 의미를 얻어가는 방식이다" 라며 다음과 같이 말한다.

"논리적으로 자세히 따져보면 빌 게이츠가 스티브 잡스보다 훨씬 더 사랑받고 존경받아야 마땅하다. 스티브 잡스의 스탠퍼드대 졸업식 연설과 빌 게이츠의 2007년 하버드대 졸업식 연설을 비교해보라. 잡스의 연설은 고통, 열등감, 공격성으로 일관된 개인의 삶에 대한 이야기다. 반면 게이츠의 연설은 기업의 사회적 책임, 빈곤 퇴치, 환경문제에 집중돼 있다. 도덕적으로 빌 게이츠의 연설이 훨씬 우아하고 폼 난다. 그러나 감정 자본주의에서는 다르다. 빌 게이츠의 스토리텔링은 오래된 록펠러 방식에서 그리 크게 벗어나 있지 않다. 내면의 고통에 관한 이야기가 빠져 있다는 것이다. 아무리 재산이 많아도, 아무리 사회적 지위가 높아도 우리와 똑같은 문제로 좌절하고, 고민하고, 때에 따라서는 그 성공으로 인해 보통 사람들보다 더 큰 고통을 당한다는 내러티브에 사람들은 감동한다." [5]

탁월한 분석이다. 다만 꼭 '치료 내러티브' 와 '성공 내러티브' 를 대비시킬 필요가 있을까 하는 생각이 든다. 둘은 동전의 양면처럼 다른 것 같으면서도 동일한 것일 수도 있는 게 아닐까? 나는 오히려 종교의 다원성에 주목하고 싶다. 열광의 성격과 종류가 다를 뿐 빌 게이츠 역시 많은 열성 신도들을 거느리고 있는 교주라는 게 나의 생각이다. IT 분야는 미래학의 성격이 농후한데, 꼭 치료 내러티브를 제시하지 않더라도 미래학 자체가 종교적 성격을 갖고 있다는 점에 주목할 필요가 있다는 뜻이다. 물론 다른 그 어떤 유사 종교보다 잡스교 신도들의 신앙이 유별나다는 점에선 위와 같은 분석도 그 의미를 갖는다 하겠다. 특히 잡스라는 인물 자체의 종교성이 농후하다는 점도 간과할 수 없겠다.

잡스의 농후한 종교성

1955년 2월 미혼모의 아들로 태어나 고아가 된 잡스는 태어난 지 얼마 되지 않아서 기술자인 폴 잡스와 회계사인 클라라 부부에게 입양됐다. 손재주가 많았던 폴의 영향인지 잡스는 어렸을 적부터 전자 기계에 많은 관심을 보였다. 그런데 잡스는 고등학교 졸업을 1년 앞둔 시점에서 돌연 학교를 그만두겠다는 결심을 했다. 그곳에서는 더 이상 배울 것이 없다는 이유에서였다. 그의 부모는 그의 주장을 받아들여 학교를 다른 곳으로 옮겨주었다. 그 시절에 그는 언제나 혼자 있기를 좋아하고 모든 사물을 남과는 다른 방식으로 보는 아이로 자라났다. 고등학교 졸업 후 오리건 주 리드대에 입학한 잡스는 단지 한 학기만을 마치고 대학 밖으로 뛰쳐나왔다. 그 후 그는 캠퍼스 주변에서 환각제와 히피 문화에 빠져들었고 한때는 철학에 심취했으며 『역경(易經)』을 공부하기도 했다.

1974년 초 잡스는 아타리(Atari)라는 게임 회사에 취직, 그곳에서 비디오게임 디자이너로 일했다. 그리고 몇 달 뒤 적당한 돈이 모이자 머리카락을 밀고 배낭 하나 달랑 멘 채 인도로 떠났다. 그해 여름 다시 캘리포니아로 돌아오기 전까지 그는 영적 구원을 얻기 위해 인도 곳곳을 여행했다. 이미 이때부터 종교인으로서의 남다른 자질을 보인 셈이다.

1976년 21세 나이에 1300달러를 들고 스티브 워즈니악(Steve Wozniak)과 함께 애플을 창업한 잡스는 1976년 3월에 내놓은 엉성한 애플I에 이어 1977년 세계 최초의 개인용 컴퓨터인 애플II를 개발하여 정보화 시대의 개막을 알렸다. 애플II는 1978년부터 1980년 사이에 1억 1700만 달러어치나 팔려나가면서 이른바 '애플 신화'를 탄생시켰다. 이를 통해 애플은 "컴퓨터는 수수께끼처럼 복잡한 진공관으로 이루어진 거대한 기계로 정부나 대기업에서만 쓰인다"는 고정관념을 완전히 바꿔놓았다.[6]

이에 자극을 받은 거인 IBM은 1981년 소형 컴퓨터를 선보였다. IBM은 PC(Personal Computer)의 표준규격을 정하고 부품 공급 등에서는 독점을 고집하지 않고 여러 회사에 이를 개방함으로써 이른바 '제2의 PC 혁명'을 촉발시켰다. 이에 질세라 스티브 잡스의 애플은 1984년 1월 24일 오늘날 PC의 원형이 된, 최초로 그래픽 인터페이스(Graphic Interface)를 채용하고 마우스를 사용하여 조작하는 매킨토시(Macintosh)를 내놓았다. '맥(Mac)'이란 애칭으로 불린 매킨토시는 생산 첫해에만 40만 대 이상 판매되며 큰 선풍을 일으켰다.

매킨토시가 출시되기 직전 잡스는 사원들이 모인 자리에서 "내가 너에게 세례명으로 매킨토시를 주노라"라고 말하면서 페리에 광천수를 컴퓨터 위에 붓는 의식을 연출했다. 모두가 일어서서 환호성을 질렀으며 잡스의 그런 연기는 사원들의 사기를 진작시키는 마술 같은 효과를

발휘했다나.[7]

"1월 24일은 애플 컴퓨터가 매킨토시를 소개하는 날입니다. 그때 당신은 왜 우리의 '1984년'이 조지 오웰의 『1984년』과 다른지 알게 됩니다." 미국 전역을 사로잡았던 이 스펙터클한 광고의 내용은 이랬다. "머리카락을 박박 민 죄수복 차림의 남자들이 강당에 앉아 빅 브라더가 연설하는 거대한 스크린을 멍하니 바라보고 있다. 이때 금발의 매력적인 여자가 억압자들로부터 도망쳐 나와 강당으로 뛰어 들어온다. 스크린에 다가선 그녀는 커다란 망치를 휙휙 돌리더니 스크린 한가운데로 던진다. 그러자 거대한 스크린은 눈부신 섬광을 일으키며 폭발하여 산산조각이 난다. 바로 이 순간 저 간단한 멘트가 흘러나온다. 화면에도 똑같은 문구가 떠오른다."[8]

광고의 분위기도 종교적이지만 그런 영광의 다음에 찾아온 사건은 더욱 종교적이다. 예수 그리스도도 유다에게 당했는데 배신과 시련을 겪지 않는 교주가 어디에 있겠는가? 잡스는 IBM PC에 대항하기 위해 1983년, 펩시콜라의 시장점유율을 코카콜라 이상으로 확대시켰던 존 스컬리(John Sculley)를 사장으로 영입했다. 그러나 잡스는 1985년 스컬리에 의해 자신이 창업한 애플에서 쫓겨나고 말았다.

잡스는 '얼음 교주'

이런 배신과 시련에 굴할 교주가 아니었다. 잡스는 애플에서 쫓겨난 뒤 넥스트(NeXT)라는 소프트웨어 회사를 설립해 재기에 성공했으며 1986년 컴퓨터애니메이션 영화를 만들어보겠다는 포부를 갖고 영화제작자 조지 루카스(George Lucas)로부터 픽사 애니메이션(Pixar Animation)을 인수했다. 그리고 1995년 컴퓨터애니메이션 『토이 스토리』를 출시해 대성공을 거두었다.

교주를 쫓아낸 애플은 무엇을 하고 있었던가? 애플은 마이크로소프트 윈도와 IBM 호환 기종에 밀려 만성적인 적자에 허덕이고 있었다. 1997년 애플 회장 길버트 아멜리오(Gilbert Amelio)는 초대 교주의 영성이 필요하다는 용단을 내리고 잡스를 모셔온다. "애플 컴퓨터는 부활할 것인가." 잡스가 '임시' 회장으로 애플에 복귀하자 세계 컴퓨터 업계와 언론의 관심이 애플의 부활 여부에 쏠렸다.

애플에 돌아옴으로써 부활한 잡스 교주는 기가 막혔다. "직원들의 눈에서 예전의 뜨거운 열정도 명확한 기업 전략도 찾아볼 수 없었다."[9] 종교 용어로 바꾸자면 신앙심도 없고 신앙의 목표도 없이 헤매고 있었다는 말이겠다. 잡스는 곧장 불량 신도 색출 작업에 들어갔다. 1만 7000명의 직원을 절반 수준인 9600명으로 줄였으며 거액의 보너스 지급도 중단했다. 대신 그는 직원들 전원에게 스톡옵션을 주었다. 스톡옵션은 기업이 자사의 특정 임직원에게 자사 주식을 일정 기간 내에 일정 가격으로 살 수 있는 권리를 주어 주가가 오르면 시가와 주식매입가격의 차액을 향유할 수 있게 하는 보상제도다. 15종류에 달했던 제품 수도 4개로 줄이고 첨단 재고관리 시스템을 도입해 재고도 2분의 1로 줄여나가는 등 이른바 '선택과 집중' 전략을 썼다.

잡스가 교도들의 뜨거운 신앙심 경쟁을 불러일으키는 방향으로 나아가면서 교세는 곧 되살아나기 시작했다. 애플 컴퓨터는 1997년 말부터 5분기 연속 흑자를 기록하며 1998년엔 3억 달러의 순이익을 냈다. 또한 가정용 PC의 시장점유율도 1997년 5퍼센트에서 12퍼센트(1999년

2분기)로 높아졌다. 잡스가 새로 개발한 속이 들여다보이는 반투명의 신개념 컴퓨터 아이맥(iMAC)은 1998년 8월 시판 이후 200만 대 이상 팔리며 애플의 회생에 결정적인 역할을 했다. 또한 아이맥에 이어 1999년 9월에 출시한 노트북판 아이북(iBOOK)도 아이맥에 못지않은 성과를 올렸다.

잡스는 결코 온화한 교주는 아니었다. 열성 신도에겐 최대의 보상을, 불량 신도에겐 가혹한 처벌을 내리는 '얼음 교주'였다. 그는 직원들이 애써 만들어낸 작품을 한 번 훑어본 후 "낙제점이군" 하고 비웃는 일도 잦을 정도로 자신의 생각을 거침없이 밝히는 걸로 악명이 높았다. 그러나 열성 신도들은 교주가 그렇게 함으로써 교도들의 내재된 재능을 이끌어내는 재주가 있다고 옹호했다.[10]

하나님은 장로교와 감리교의 차이를 어떻게 볼까? 차이점보다는 공통점에 주목하지 않을까? 잡스는 자신의 두 제국인 애플과 픽사에 대해 이렇게 말했다. "애플과 픽사는 공통점이 있습니다. 테크놀로지와 예술이라는 각기 다른 분야를 다루고 있지만 독창성이 핵심이라는 점에서는 똑같지요."[11] 시사 주간지 『타임』은 1999년 10월 18일자 표지 인물로 잡스를 선정하면서 "애플은 기술을 창조하기 위해서 예술을 사용한다. 픽사는 예술을 창조하기 위해서 기술을 사용한다"고 했다.[12]

'스티브! 스티브! 스티브!'

2000년 잡스는 '임시'라는 직함을 떼어내고 애플의 정식 회장으로 취임했다. 실질적으론 12년, 공식 직함으로 보자면 15년 만의 복귀였다. 평신도들은 '돌아온 탕아' 가 아니라 '돌아온 교주' 를 맞이하면서 열광했다. 2000년 1월 샌프란시스코 모스콘 센터에서 열린 맥월드 엑스포에서 잡스가 연설을 했을 때 어떤 일이 벌어졌던가? 진짜 종교집회를 방불케 하는 한 장면을 감상해보자.

"청중은 벌떡 일어나 '스티브! 스티브! 스티브!' 를 외치기 시작했다. 처음에 환호를 시작한 것은 애플의 소수 핵심 신도들이었다. 그들의 환호성은 강당 중앙에서 사방으로 퍼져나갔다. 박수 소리가 점점 빨라지더니 어느 순간 청중은 발로 박자를 맞추기 시작했고 마침내 스티브 잡스에게 기립박수를 보냈다. '스티브! 스티브! 스티브!' 강당을 가득 메운 소음에 다른 소리는 모두 묻혔다. 무대에 있던 왕자 자신도 처음에는 무슨 일인지 몰라 어리둥절했다. 소리를 더 잘 듣기 위해 귀를 손으로 감싼 후에야 그는 무슨 일이 벌어지고 있는지 깨달았다. 수천 명의 애플 애호가들, 주주들, 개발자들, 신도들이 그가 듣고 싶어 하는 말을 하고 있었다. 청중 전부가 그에게 애정을 쏟아붓고 있었다."[13]

잡스는 용의주도한 교주다. 그의 연설문 또는 프레젠테이션 원고는 전문 스태프 라이터에 의해 쓰이지만 그는 그걸 대충 읽는 걸로 때우지 않는다. 애플의 한 임원에 따르면 "원고가 나오면 그 원고를 꼼꼼히 확인하고 자신이 다시 쓰는 경우가 많다. 강연 전에 열심히 리허설을 하는 것은 잡스 자신이다."[14]

앞서 김정운이 '치료 내러티브' 의 전형을 보여주었다고 평가한 2005년 스탠퍼드대 졸업식 연설에서 잡스는 자신의 암 투병 경험을 소개했다. "내가 (암으로) 죽음에 직면했던 경험은 이후 인생의 중대한 결정을 할 수 있는 가장 중요한 힘이 됐다. 왜냐면 죽음 앞에선 모든 것들, 실패의 두려움이나 부담감 같은 것들이 의미가 없어지고 진실로 중요한 것만 남기 때문이다."[15]

언론은 잡스가 금욕적이고 은둔적인 삶을 사는 채식주의자라는 사실에 주목하면서 그의 불교적 정신세계를 강조하지만 실은 이런 치료 내러티브는 성공 내러티브와 동전의 양면 관계를 형성하고 있다. 실패의 두려움이나 부담감에서 해방되는 것은 성공을 열망하는 사람이나 성공에 무관심한 사람 모두가 원하는 것이거니와 잡스의 영광은 성공을 전제로 해서 치료 효과를 갖는 게 아닌가 말이다. 잡스가 성공하지 못한다면 누가 그의 치료 내러티브에 관심을 갖겠는가?

잡스의 포교방식

잡스의 포교방식은 세속적 차원에선 '루머마케팅', '신비주의마케팅', '서프라이즈 전략' 등으로 불린다. "우리 신제품을 보러 오세요(Come and see our latest creation)." 2010년 1월 샌프란시스코에서 열린 '애플 이벤트' 초청장에 쓰인 문구다. 그러면서 2009년 내내 은둔했던 잡스가 직접 무대에 나서 신제품을 소개할 것이라는 루머를 흘리고, 그러면 애플 루머만을 다루는 수많은 웹사이트들이 이를 받아 확대재생산하고, 그와 동시에 언론이 '드라마'를 연출해내는 식이다. '유명인사 저널리즘'의 속성이 그렇듯이 잡스 관련 기사는 "잡스는 췌장암 수술과 작년 간 이식 수술 등 병마에 시달리면서도 '이번 제품이 내 생애 최고의 제품이 될 것'이라며 의욕을 불태우고 있다"는 식으로 드라마 구조를 세워나가는 것이다.[16]

이런 '드라마 내러티브'는 잡스가 2010년 1월 27일 신개념 휴대용

PC 아이패드(iPad)를 공개한 이후 절정에 이르렀다. 매킨토시(1984), 아이팟(2001), 아이폰(2007)의 성공신화에 이은 4번째 신앙부흥회였다. 잡스가 발표회에 검은 터틀넥 셔츠에 리바이스 청바지, 운동화 차림으로 나타난 것도 큰 화제가 됐다.

"외신은 청바지 5만 원, 티셔츠 1만 5000원, 운동화 12만 원이라고 보도했다. 그의 재산은 26억 달러, 3조 1200억 원쯤이다. 잡스는 불교를 믿는 금욕주의자로 알려져 있다. 그의 집엔 지금도 별다른 가구가 없다. 20대 때 인도 여행에서 영향을 받았다고 한다.…… 뉴욕 패션 명문 FIT의 루스 루빈스타인 교수는 '잡스의 철학은 민주주의와 공유(sharing)다. 그는 옷으로 다른 팀원과 구분되는 걸 원치 않는다. 티셔츠, 청바지는 신념을 구현하려는 성직자의 옷차림(clerical outfit)이지 쇼가 아니다' 라고 했다."[17]

심지어 소파까지 주목의 대상이 된다.

"무대 뒤 거대한 대형 스크린에는 첫선을 보이는 제품이 비춰진다. 잡스는 아주 단순하고 깔끔한 검정 소파에 다리를 꼰 채로 앉아 있다. 이제 그의 분신처럼 된 검정 터틀넥 셔츠에 허리띠 없는 청바지, 그리고 캐주얼 뉴발란스 운동화. 다른 소품이나 장치는 없다. 아니 눈에 들어오지 않는다. 보는 사람마저 더 이상 편안할 수 없다. 누구라도 새 제품을 아무 불편함과 부담 없이 사용할 수 있다고 말하는 듯하다. 동시에 모든 시선을 뒤편의 신제품으로 집중시킨다. 동작들도 매우 절제돼 있으며 계획돼 있지만 자연스럽다. 적절한 타이밍에 등장하는 인물과 소품, 조명은 어떤 각도로 어떻게 비춰져야 하는지까지. 물을 마시며 호흡을 조절하는 것과 미묘한 정적이 주는 효과를 본능적으로 사용할 줄 안다.…… 이날 프레젠테이션 현장에서 아이패드 이상으로 잡스를 잘 설명해주는 소품은 소파다. 스위스 출신 아티스트 르 코르비제의 작품이다. 매우 절제된 단순함으로 잘 드러나지 않는다. 르 코르비제는 '창의적인 사람은 수도자다' 라는 말을 남긴 금욕적 인물이다." [18]

성공과 치료

2010년 5월 9일 버락 오바마(Barack Obama) 미국 대통령은 노예해방 전쟁 당시 설립된 흑인계 대학 버지니아 주 햄프턴대 졸업식 연설에서 "아이패드 · 아이팟 · X박스 · 플레이스테이션의 시대 도래 후 정보는 능력 배양이나 해방의 수단이 되기보다 혼란과 유희 혹은 오락으로 전락했다" 며 정보화 시대의 위기를 경고했다. 그는 "(아이패드와 같은 정보 전달 매체의 대중화로) 우리는 일주일 24시간 내내 온갖 정보와 논란에 노출된 '24 · 7시대' 에 살게 됐다" 며 "그러나 이 중 일부는 진실이라는 잣대로 볼 때 높이 평가할 수 없는 것들" 이라고 지적했다. [19] 오바마는 더할 나위 없이 똑똑하고 야무지지만 이번엔 아무래도 실수한 것 같다. 과거엔 '유희 혹은 오락' 으로 불리던 것이 이젠 신앙이 됐다는 것을 모른단 말인가?

2010년 6월 7일 애플 주최 세계개발자회의(WWDC)가 열린 샌프란시스코 모스콘 센터에 잡스교 신도들이 모여든 풍경을 감상해보자. 『중앙일보』 2010년 6월 9일자는 "새벽 5시 30분(현지시간), 태평양 해안 수평선에서 시작된 일출은 미국 샌프란시스코 도심의 어둠을 서서히 걷어냈다. 뿌연 아침 안개 사이로 커다란 커피잔을 손에 든 사람들이 삼삼오오 모습을 드러냈다" 며 다음과 같이 말한다.

"오전 10시에 시작할 스티브 잡스 최고경영자의 기조연설을 좀 더 좋은 자리에서 보기 위해 노숙을 택한 '잡스교'의 열혈 교도들이었다. 그중엔 아이폰용 애플리케이션 '서울버스'로 화제를 모은 고교생 개발자 유주완(경기고 3년) 군도 끼어 있었다. 그는 '함께 온 한국 개발자들과 전날 밤 10시 30분부터 줄을 섰다. 잡스의 연설이 기대된다'며 즐거워했다. 오전 9시가 지나면서 행렬은 300미터를 넘어섰다. 비슷한 시각, 바다 건너 서울. 우리들병원 생명과학기술연구소의 정지훈 소장은 새벽 2시를 향해 달려가는 시침을 사뭇 말짱한 눈으로 바라봤다. PC 앞에 앉아 곧 시작될 잡스의 세계개발자회의 기조연설을 기다렸다. 드디어 행사 시작. 트위터에 접속하자 우리나라는 물론 일본과 유럽, 아시아, 아프리카 여러 나라의 '얼리어답터'들이 실시간 정보를 마구 쏟아내기 시작했다. 잡스의 한마디 한마디를 영어로, 중국어로 혹은 일본어와 러시아어로 생중계했다.…… 괴팍한 완벽주의자에서 창조적 경영인으로, 이제 '미래 라이프스타일의 설계자'로 평가받는 스티브 잡스. 내일은 알 수 없으되 오늘만큼은 분명 '세상의 왕(King of the world)'이었다."[20]

그러나 모든 이들이 다 잡스 교주를 추종하는 건 아니다. 그를 비판하는 이들도 적지 않다. 정보통신 전문 잡지 『와이어드(WIRED)』 인터넷판 2010년 2월 16일자는 "잡스는 종종 사실과 전혀 다른 말로 애플의 기술에 대한 거짓 정보를 흘려 시장을 혼란스럽게 한다"며 '잡스의 6가지 교활한 발언'을 소개하기도 했다.[21]

2010년 6월 8일(한국시각) 샌프란시스코에서 잡스의 '아이폰4' 프레젠테이션 쇼가 끝난 직후 IT 업계에서는 '역시 애플'이란 찬사가 쏟아졌다. 잡스가 소개한 아이폰4의 화질, 기능, 크기 등이 모두 최강의 대항마로 꼽히던 삼성전자의 갤럭시S보다 나아 보였기 때문이다. 하지만 하루가 지난 9일부터 국내외 전문가들 사이에서는 다른 의견이 나오기 시작했다.

장상진은 "첫 타깃은 디스플레이(액정화면)였다. 잡스는 전날 아이폰4의 LCD 디스플레이를 설명하면서 '망막 디스플레이' 라는 새로운 단어를 만들어내며 '능동형 유기발광다이오드(AMOLED)보다 더 선명하다' 고 말했다. 슈퍼 아몰레드(AMOLED)를 사용한 갤럭시S를 겨냥한 발언.…… 미국의 유명 IT 블로그 '가젯리뷰' 는 '잡스가 망막 디스플레이로 사람들을 속였다' 고까지 적었다. 또 다른 IT 전문 블로거는 '위조과학 용어(pseudo scientific term)' 라는 말로 잡스를 비꼬았다" 며 다음과 같이 말했다.

"잡스는 국내에서는 2006년에 상용화된 영상통화 기능도 새로운 기능인 것처럼 묘사했다. 그가 '페이스타임(FaceTime)' 이라는 이름을 붙인 아이폰4의 영상통화 기능은 어디서나 영상통화를 할 수 있는 경쟁제품과 달리 무선랜이 설치된 곳에서만 가능하다. 하지만 그는 '어렸을 적 만화에서 보던 일이 현실이 됐다' 고 말했다. 잡스는 또 그동안 아이폰에서만 안 되던 멀티태스킹(동시에 여러 작업을 수행하는 것) 기능을 추가한 것에 대해서도 '멀티태스킹이 올바른 방식(right way)으로 된다' 고 말했다. 해외의 한 노키아 관련 블로거는 '다른 회사 휴대전화는 그른(wrong) 방법으로 한다는 말이냐' 고 적었다. 잡스가 무대에 올라가자마자 '앱스토어에 22만 5000개의 응용프로그램이 올라왔다' 고 선언한 것도 뒷말이 많다. 경쟁 관계인 안드로이드마켓에는 6만여 개의 응용프로그램이 있다.…… 2009년 하반기 이후에는 개발자들이 똑같은 제품을 양쪽 모두에 올리기 시작했기 때문에 이전부터 누적된 구식 응용

프로그램의 숫자는 사실상 허수라는 것. 업계 관계자는 '아이폰 자체보다는 헌것도 새것으로 만들어 소비자들에게 팔 수 있는 스티브 잡스의 카리스마가 훨씬 더 두렵다' 고 말했다."[22]

안테나게이트

그러나 잡스의 카리스마도 2010년 7월에 터진 이른바 '안테나게이트(Antennagate)' 를 넘어서진 못했다. 7월 13일 미국 소비자연맹이 발간하는 『컨슈머 리포트』가 수신 기능 문제를 거론하며 "아이폰4를 추천하지 않겠다" 고 밝힌 것이 결정타였다. 게다가 잡스가 '아이폰4' 의 수신불량 문제를 진작 알고 있었으면서도 그걸 무시하고 디자인 위주로 밀어붙였다는 의혹이 제기됐다.[23]

잡스는 이 문제가 불거진 지 22일 만인 7월 16일 캘리포니아 쿠퍼티노 애플 본사에서 아이폰4 수신문제와 관련해 기자회견을 가졌다. 안테나가 달린 아이폰4 밑부분을 잡으면 수신이 잘 안된다는 고객의 불만에 "그렇게 쥐지 마라" 며 애써 무시했던 잡스는 "우리는 완벽하지 않다. 폰 역시 완벽하지 않다" 고 말한 뒤 "안테나게이트, 아이폰4에만 국한되지 않는다(Antennagate, Not unique to iPhone4)" 란 큼지막한 자막을 대형 스크린 위에 띄웠다. 잡스는 아이폰4 구매자들에게 29달러짜리 범퍼 케이스를 무료로 제공하고 이미 구입한 사람에게는 해당 금액을 물어주며 이 조치에 만족하지 못하는 고객들에겐 아이폰4를 환불해주겠다는 보상계획을 발표했다.

그러나 잡스는 아이폰4 하드웨어에 문제가 있다는 것을 인정하지 않았다. 오히려 "휴대전화를 쥘 때 발생하는 수신문제는 스마트폰의 공통적인 현상" 이라고 주장했다. 잡스는 블랙베리(RIM), 드로이드(HTC), 옴니아2(삼성전자) 등을 직접 거명하며 영상으로 이를 보여줬다. 초기 원인 파악과 대응에 문제가 있었던 게 아니냐는 질문이 나오자 잡스는 "사람들은 잘나가면 무너뜨리려 한다. 구글을 보라" 고 말했다. 그러면서 "우리가 미국 회사가 아니라 한국 회사였으면 좋겠느냐" 고 반문하기도 했다. 애플에 쏠린 관심과 일부의 시기심이 문제를 부풀렸다고 주장하면서 미국인들의 애국심을 자극하는 수법이었다.[24]

잡스는 신제품 출시 때 사용하던 '영웅 대 악당' 의 구조를 '같은 악동' 부류로 만들어 물타기를 시도한 셈이지만 다른 업체들이 반발하고 나섰다. 당장 RIM의 공동 최고경영자인 마이크 라자리디스(Mike Lazaridis)는 "블랙베리 사용자들은 적절한 통화를 위해 케이스를 사용할 필요가 없다" 며 "대중의 이해를 고의적으로 비틀려는 시도" 라고 반박했고, 노키아도 대변인을 통해 "노키아는 어떤 상황에서도 수신될 수 있도록 디자인한다" 고 반발했다.

삼성전자는 조금 늦게 익명의 관계자 이름으로 "삼성전자는 수년간 고품질의 휴대전화를 만든 경험으로 안테나를 옴니아2 내부에 집어넣었다" 며 "어떤 방식으로 휴대전화를 잡든 수신 성능에는 문제가 없다" 고 말했다. 로이터통신은 삼성전자가 애플과 스마트폰 시장에서 경쟁하고 있지만 한편으로는 애플이 삼성전자로부터 메모리 반도체를 대량 구입하는 중요한 고객이기에 우회적으로 반박한 것으로 분석했다.[25]

기자회견 시 청바지에 검은색 터틀넥 셔츠, 간명한 헤드라인, 머리에 남는 숫자 등 잡스 특유의 프레젠테이션 기법은 여전했으나 반응은 차가웠다. 잡스는 아이폰4가 출시 이후 3주간 300만 대 팔렸다고 말했지만 같은 기간 애플의 주가는 7.8퍼센트 떨어졌다. 『뉴욕타임스』는 "많은 사람들이 잡스로부터 '내 탓이오(Mea culpa)'란 말을 들을 줄 알았지만 그는 안테나 문제를 마케팅 이벤트로 변질시켜버렸다"고 지적했다.[26] 영국 경제전문지 『이코노미스트』는 "애플의 서투른 대응은 세계에서 가장 존경받는 기업조차 상황을 얼마나 나쁘게 몰고 갈 수 있는지 보여준 사례"라고 꼬집었다.[27] 박종세는 "안테나게이트는 잡스의 응급조치로 일단락될지 모르지만 잡스와 애플의 명성에 깊은 흠집을 내며 사람들을 환상에서 깨어나게 하고 있다"고 평가했다.[28]

카마인 갈로(Carmine Gallo)는 『스티브 잡스 프레젠테이션의 비밀』에서 "스티브 잡스는 악당을 만들어내는 데 매우 뛰어나다. 잡스는 적대자(기존 제품의 한계)를 내세운 다음 삶을 보다 나은 것으로 만들어줄 해결책을 영웅으로 등장시킨다. 애플의 제품은 세상을 구하는 영웅이다"라고 했다. 고대훈은 이 말을 소개하면서 "잡스는 제품 하자를 게이트로 만드는 역발상을 통해 위기탈출을 시도하고 있다. 그의 전략이 성공할지, 제2의 도요타 사태로 비화할지 관심거리다"라고 말했다.[29]

조형래는 "잡스는 애플이 모든 이해관계자로부터 집중공격을 받을 수 있는 제국이 됐다는 것을 제대로 인식하지 못하는 것 같다. 잡스의 자신감이 오만으로, 완벽주의가 남을 배려할 줄 모르는 이기주의로 비친다는 걸 잡스만 모르는 것 같다. 잡스의 안테나게이트 기자회견에 대해 세계 IT 업계의 여론이 유달리 싸늘한 것도 이런 이유 때문일 것이다"라고 말했다.[30] 설사 세계 IT 업계의 여론이 잡스에 대해 계속 싸늘해진다 해도 미국으로선 걱정할 것이 전혀 없다. 미국엔 수많은 잡스들이 있기 때문이다. 사회학자로 『위대한 재설정: 새로운 삶과 근로 방식이 금융 붕괴 후의 번영을 이끈다(The Great Reset: How New Ways of

Living and Working Drive Post-Crash Prosperity)』의 저자인 리처드 플로리다(Richard Florida)는 "미국은 적응력과 창의력이 세계에서 가장 뛰어난 국가로 복원력을 확실히 입증했다"고 말했다. 이 주장을 소개한 『뉴스위크』(2010년 4월 21일)는 "이런 잠재력이 좀 더 체계적이고 전폭적으로 활용된다면 미국은 현 세기 내내 경제 초강대국으로 남을 가능성이 크다"며 대표적 사례로 구글과 애플을 지목했다.

"미국은 역사적인 열등의식에도 불구하고 새로운 아이디어를 세계적으로 급속히 발전시키는 능력을 입증했다. 세계가 경제 강대국 미국의 종언을 축하한 듯한 다보스 포럼에서도 구글이 주최한 파티는 인기 최고였다. 엘리트들은 그 파티에서 한자리 차지하려고 아우성을 쳤고 춤도 형편없이 추면서 아이폰에다 문자메시지를 날리느라 분주했다. 그 아이폰을 누가 만들었나? 바로 애플이다. 구글과 애플은 시가총액으론 미국의 3위, 9위 기업이다. 현재 두 기업의 시가총액을 합치면 3980억 달러다. 닷컴 거품이 꺼졌고 엔론의 부정회계 위기가 미국의 신용을 최악으로 떨어뜨린 직후인 2002년 초를 생각해보라. 당시엔 그 두 회사의 시가총액을 합쳐봤자 기십억 달러에 불과했다. 애플이 그 대부분을 차지했다. 하지만 당시 애플의 주가는 수익률에도 못 미쳤다. 구글은 직원 약 600명을 둔 개인 기업에 불과했다. 그러나 지금은 그 두 회사가 세계적인 브랜드로 부상해 미국의 수출을 주도하면서 혁신과 성장을 촉진하는 기업으로 군림한다. 시보레와 맥도널드가 한때 그랬듯이 지금은 구글과 애플이 미국을 대표한다. 미국에서 최근래 두 차례 활황은 각각 120개월, 92개월씩 지속됐다. 그처럼 미국 경제가 새로운 상황에 적응한다면, 그리고 구글과 애플처럼 시장의 판을 바꾸는 몇몇 기업을 창출한다면 모든 악조건과 비관적인 예측에서도 2009년 7

월 시작된 호황이 그만큼 오래 못 갈 이유가 없지 않을까?"[31]

잡스는 미 제국의 '매력적인 얼굴' 이다. 그 어떤 문제에도 불구하고 잡스가 정녕 자신의 인생을 통틀어 '위대한 선택' 을 했다면 그 실체는 과연 무엇일까? 그의 2010년 1월 프레젠테이션 발언 중에 그 답이 있는 것 같다. 그건 애플이 "기술과 인문학(liberal arts)의 교차점을 찾기 위해 노력했다"는 말이다. 잡스가 자신의 발견에 대해 허풍을 치고 때론 기만마저 저지를망정 그 어느 한쪽의 대가들은 많아도 잡스처럼 2가지를 다 섭렵했거나 섭렵하려고 애쓰는 대가는 드물다. 잡스교의 번영 비밀도 바로 여기에 있는 게 아닐까? 성공과 치료의 동시 섭렵. 성공 없는 치료가 무슨 소용이며 치료 없는 성공에 어찌 열광할 수 있겠는가. 물론 늘 열광의 수명은 짧지만 말이다.

스마트폰족의 43퍼센트가 스마트폰을 일반 휴대전화로 사용하고 있다는 건 무엇을 말하는가?[32] '아이폰빠' 의 자긍심과 '스마트폰 포비아' 는 정반대인 것 같지만 실은 같은 종류의 것이다. 종교는 공포에서 비롯된다. 현대인은 늘 남에게 뒤처질지 모른다는 공포감을 안고 살아간다. 남보다 앞서겠다는 열망조차도 그런 공포감과 연결돼 있다. 미래학과 더불어 디지털 테크놀로지가 종교적 성격을 갖는 이유도 바로 여기에 있다. 변화가 속도전쟁의 부산물이 된 세상에서 성공과 치료는 사실상 종교적 개념이다. 잡스교의 수명은 짧을망정 앞으로 수많은 잡스들이 계속 등장하게 돼 있다.

구글리제이션은 축복인가

5장

구글이 선도하는 인터넷 정보제국

"나는 검색한다. 고로 나는 존재한다."

"이제 온 세상이 검색으로 모여들고 있다. 지구상 어딘가에서 큰 사건이 터지면 수백 수천만의 사람들이 엄지손가락 크기밖에 안되는 검색창 앞에 모여 정보에 대한 갈증을 해소한다.…… 하늘에서는 인공위성이 연결되고 땅에서는 책과 도서관이 검색과 손을 잡는다. 정말 편리하고 놀랍다. 하지만 역시 두렵다. 검색되지 않는 세계는 이제 존재하지 않는 세계로 전락하고 있는 것이다." (2005년 전병국)[1]

"나는 검색한다. 고로 나는 존재한다.…… 현대생활에서 인터넷 검색은 오감, 육감에 이어 '제7의 감각' 이다. 윈도가 PC와 사람의 상호작용을 매개하듯 검색은 인터넷과 사람의 상호작용을 매개한다." (『동아일보』 2006년 12월 16일자)[2]

"10년 뒤 검색엔진은 인공지능과 비슷해진다. 사용자의 위치와 검색어의 사회적 맥락까지 파악해 인류의 삶과 일을 바꿀 것이다." (2008년

10월 미국 구글의 에릭 슈미트 회장)[3]

언제 한 말인지는 모르겠지만 작가 파울로 코엘료(Paulo Coelho)는 "검색엔진이 지구를 장악할 것이다"라고 선언했다.[4]

이처럼 검색의 위대함에 대한 증언과 전망은 무수히 많지만 그 그늘도 만만치 않다. 무엇보다도 인터넷 검색은 이른바 '순위 권력'을 강화시키고 있다. 존 바텔(John Battelle)은 『검색으로 세상을 바꾼 구글 스토리』에서 "앞으로 모든 마케팅은 검색순위 상단을 차지하려는 경쟁으로 변할지도 모른다"고 전망했다.[5]

그래서 한국에선 소위 '알바(아르바이트 직원)'를 동원한 클릭 수 조작, 일정 시간대에 포털 사이트 검색창에 계획적으로 특정 단어를 집중 검색함으로써 이를 인기 검색어 순위 1위에 올리는 '광클'이 성행하고 있다.[6] 하기야 포털 업체들마저 검색 시장에서 점유율을 늘리기 위해 첫 화면에 '인기 검색어', '유용한 정보검색' 등의 코너를 만들어 이용자가 이를 클릭하면 검색을 한 것으로 통계가 잡히도록 하는 편법을 쓰고 있으니 더 말해 무엇하랴.[7]

"'인기 검색어'가 여론?"

한국의 '검색 권력'은 세계에서 가장 강한 것으로 정평이 나 있다. '검색 신드롬'이라 부를 만하다. 왜 한국 네티즌들은 검색 순위에 환장하는 걸까? 워낙 서열주의 문화가 강하기 때문일까? 백재현은 "한국의 네티즌은 다른 나라 사람들에 비해 유독 '이슈'에 관심을 갖는다"며 다음과 같이 말한다.

"나의 관심사를 인터넷에서 찾기보다는 다른 사람들이 무엇에 관심을 갖는지에 더 주목한다는 얘기다. 포털에 오른 질문들 중에는 '○○○가 왜 검색어 순위 1위죠?' 라는 질문이 많이 올라 있다. 다른 사람들이 왜 관심을 갖는지에 대해 궁금해하는 것이다. 이 같은 한국 네티즌들의 성향은 검색 위주의 구글이 한국에서 위력을 발휘하기 힘들게 만드는 요소로 지적된다. 그러나 '실시간' 과 '추천' 으로 네티즌들의 정보 수요 패턴을 이끄는 것은 숙고하기보다는 즉각적인 대응을 낳게 만들며 정보의 편식을 부른다. 무엇보다 인터넷의 장점인 개인의 창의성과 자율성 확대보다는 획일로 몰아갈 가능성이 높다는 점에서 반성해봐야 한다. 인기 있는 콘텐트가 좋은 콘텐트라는 보장은 없다. 사이트 운영자들은 인기 위주로만 네티즌들의 입맛을 길들여가고 있지는 않은지, 그것이 먼 미래를 위해 바람직한지 반성해볼 때다."[8]

양성희는 "인기 검색어는 눈에 잘 띄는 위치에 배치되며 즉각 여론을 반영하는 듯 실시간 순위를 바꾼다. 부정확하고 편향된 정보이거나 말초적 이슈들도 많지만 인기 검색어라는 이름 아래 묶이는 즉시 강력한 사회적 증거 효과를 낸다" 며 다음과 같이 말한다.

"이런 식이다. 낯선 이름이나 단어가 인기 검색어에 올라 있다. 사람들은 이게 왜 인기 검색어인지 궁금해하면서 클릭한다. 비록 내 관심은 아니지만 타인들의, 혹은 사회적인 관심사라는 전제다. 다시 검색 순위가 올라간다. 과연 정보로서 가치 있는지는 중요치 않다. 심지어 애초부터 많은 사람들이 진짜 궁금해한 사안인지도 중요치 않아진다. '명사(名士)란 그 사람이 널리 알려져 있다는 점이 널리 알려져 있는 사람' 이라는 말이 있다(대니얼 부어스틴). 이 문구를 빌려오면 인기 검색어란 단지 '많이 검색됐다는 이유로 많이 검색되는 것' 일 뿐이다. 문제는 이런 사회적 증거 효과를 통해 인기 검색어가 어느새 사회적으로 주요한 주제로 '공인' 된다는 것이다. 포털이 여론조작 혐의에서 자유로울 수 없는 이유다."[9]

프라이버시의 실종

검색 신드롬의 더욱 큰 문제는 프라이버시의 침해를 넘어선 프라이버시의 실종이다. 존 바텔은 "미국 사회는 대중의 알 권리라는 다소 소름 끼치는 개념 위에 세워진 곳이다. 그래서 미국 정부는 공개적으로 운영되도록 돼 있다. 법원도 마찬가지다. 재판관이 공개불가 판결을 내리지 않는 한 이혼, 살인, 중죄, 경범죄, 주차위반 딱지 등 모든 것이 대중에게 공개된다" 며 다음과 같이 말한다.

"하지만 누군가에 대한 정보를 알아내는 것이 구글에 그의 이름을 입력하는 것과 같이 간단하다면 과연 어떤 일이 일어날까?…… 이제는 온라인으로 볼 수 있는 초등학교 2학년 때 통신문에 적혀 있던 이야기에서부터 당신이 차버린 옛 애인의 분노에 이르기까지 당신에 대한 모든 것들이 공개적으로 당신의 이름을 영원히 따라다닌다면 과연 어떻게 될까? 사회적 차원에서 우리가 디지털 검색을 금지하는 법안이라도 만들어서 어떤 것은 공개해도 되고 어떤 정보는 종이에 쓰여 곰팡내 나는 서류창고에 보관돼야 하는지 분명한 경계를 그어야 하는 것은 아닐까?…… 검색으로 인해 우리는 민주주의가 맞닥뜨릴 수 있는 가장 중요하고 어려운 문제 가운데 하나와 맞서게 됐다. 그 문제란 바로 개인의 프라이버시 보호 권리와 기업이나 정부 혹은 다른 개인이 될 수도 있는 누군가의 알 권리 사이에 균형을 잡는 일이다."[10]

그러나 그런 걱정조차 하지 않고 오히려 그런 세상을 긍정하거나 담담하게 보는 이들도 있다. 토머스 프리드먼(Thomas L. Friedman)은 "정직하게 살아야 한다. 왜냐하면 당신이 무엇을 하는지, 무슨 잘못을 저지르는지 모든 것이 검색되는 날이 언젠가 올 것이기 때문이다"라고 했다.[11] 좋은 뜻으로 한 말이지만 너무 가혹한 건 아닌가?

"검색했다고 용의자냐"

한국에선 검색의 주체도 프라이버시 위협으로부터 자유롭지 못하게 됐다. 2009년 1월 경기 군포 여대생 실종사건을 수사 중인 경기지방경찰청 수사본부가 압수수색영장을 발부받아 네이버와 다음 등 9개 인터넷 포털 사이트를 통해 사건 관련 뉴스 등 게시물을 집중 검색한 누리꾼을 찾아 논란을 빚었기 때문이다. 경기지방경찰청 고기철 홍보계장은 "2008년 일어난 안양 초등생 유괴·살해범이 범행 뒤 날마다 '머리카락은 썩는다' 등의 사건 관련 내용과 경찰 수사 보도 내용을 수시로 검색했다"며 "여대생 실종 사건 용의자도 그럴 가능성이 커 이런 수사를 하고 있다"고 설명했다.[12]

이에 다산인권센터는 성명을 통해 "국민 전체를 예비 범죄자로 낙인찍은 포털 압수수색영장 집행을 규탄한다"며 "압수수색영장 집행으로 경찰이 얻을 수 있는 수사 결과가 불명확함에도 불특정 다수의 사생활이 공개되는 피해를 낳고 있다"고 우려했다. 경기대 법대 박영규 학장은 "형사소송법상 압수수색 근거 규정에는 압수수색 이유와 대상이 구체적으로 적시돼야 하는데 검색 네티즌 전체를 압수수색 대상으로 삼은 것은 무차별적이고 포괄적으로 위법의 소지가 있다"고 말했다. 아주대 한영수 교수도 "압수수색영장을 청구할 때는 범죄 혐의의 단서가 있어야 하는데 단순히 검색했다는 사실만으로는 범죄를 입증할 충분한 자료가 안 된다"고 말했다. 그는 이어 "검색 네티즌에 대해 압수수색을 하는 것은 저인망식 정보 수집으로 국가권력기관의 과잉 대응"이라며 "검색 네티즌들의 '자기정보 지배권'이 과잉 침해됐다"고 말했다.[13]

이 사건을 계기로 역지사지를 해보는 것도 좋으리라. '알 권리'에 한이 맺힌 한국인들은 아직 검색 프라이버시 문제를 심각하게 생각하고 있지 않거니와 무조건 미국 따라가는 걸 선진화로 여기는 버릇마저 갖고 있기에 문제가 심각하다. 또한 이미 한국이 자랑하는 '쏠림' 현상이 검색 신드롬으로 인해 더욱 극단화되는 양상을 보이고 있어 한국에서 검색의 축복은 저주의 그늘에 가릴 가능성이 점점 더 높아지고 있다.

전 세계 검색 시장의 약 60~70퍼센트 점유

이런 검색 문화의 선두 주자인 미국의 구글에 의해 주도되는 디지털 커뮤니케이션 혁명을 가리켜 구글리제이션(googlization)이라고 한다. 1998년 설립된 구글은 2008년 전 세계 검색 시장의 약 60퍼센트(2009년 72%)를 차지했으며 미국 『포천』지 선정 '미국에서 가장 일하기 좋은 100대 기업'에서 2007~2008년 연속 1위를 차지했다.[14]

구글의 본질은 '속도'다. "빠른 것이 늦은 것보다 낫다"는 구글의 선언은 당연한 듯 보이지만 실은 그 이상이다. "1000분의 1초가 모두 중요하다.…… 속도는 사용자들에게 중요하다. 속도는 또한 구글이 좋은 명분이 없이는 희생하지 않는 경쟁우위다.” 제프 자비스(Jeff Jarvis)의 말마따나 “속도는 구글 종교의 교리인 셈이다.”[15]

성민규는 “인터넷 검색을 넘어서 이미 이메일, 이미지, 비디오, 번역, 블로그, 전자책 등 인터넷산업의 전반적 영역으로 사업을 확장하여 그 중심에 서 있는 구글은 인터넷 세계의 제국을 꿈꾼다. 속도, 효율성 그리고 인터넷 활동의 통합성 등을 통해 구글은 인터넷의 새로운 비즈니스 모델을 끊임없이 창출해오고 있다”며 다음과 같이 말한다.

“하지만 한편으로 세계화가 다수의 지역성이 다양한 교차의 영역들을 구성함으로써 만들어지는 이질적인 틈새들도 담아내는 물질적인 사회구성 과정인 것처럼, 이상적인 인터넷 비즈니스 모델 구축의 표현으로서 구글리제이션 역시 다른 한편으로는 다양한 사회적 도전을 통해서 끊임없이 재구성되는 사회문화적 영역들을 만들어내기도 한다. 요컨대 디지털 문화의 구글리제이션은 인터넷의 문화와 경제에서 단순히 전체주의적 획일성을 그려내는 것이라기보다는 다양한 참여적 형태가 발굴되고 비즈니스 모델화되면서 궁극적으로는 사회적 도전을 통해 재구성되는 인터넷의 정치경제를 위한 표현이라고 할 수 있다.”[16]

구글리제이션은 기존의 승자독식주의가 극단적 형태로 나타나는 것을 의미하기도 한다. 2005년 8월 미국 『뉴욕타임스』는 구글이 거대한 자본과 기술력을 앞세워 경쟁 업체를 고사시키는 전략을 구사해 과거 마이크로소프트가 독차지해온 ‘악의 제국(Evil Empire)’이라는 악명을 넘겨받았다고 보도했다. 구글은 막강한 현금 동원력을 무기로 인재들을 싹쓸이해가는 바람에 기술직 임금을 25~50퍼센트 뛰게 만드는가 하면 2004년 하반기 실리콘밸리에 들어온 벤처자금의 25퍼센트를 차지했다는 것이다.

네트워크 업체인 '링키드인'의 창업자 리드 호프만(Reid Hoffman)은 "구글은 마이크로소프트사가 실리콘밸리의 혁신 정신에 악영향을 끼쳤던 것보다도 더 큰 폐해를 끼치고 있다"며 "신규사업자들이 흥미 있는 새 사업에 도전하는 것이 더 어려워졌다"고 구글을 비난했다. 인터넷 검색엔진 '익사이트' 설립자 조 크라우스(Joe Kraus)는 "과거 IBM이 '부드러운 거인'이고 마이크로소프트가 '무자비한 거인'이었다면 지금은 마이크로소프트가 '부드러운 거인'이 된 반면 구글이 '무자비한 거인'으로 부상했다"고 말했다.[17]

구글의 창업자인 세르게이 브린(Sergey Brin)은 구글이 "세계의 모든 정보를 우리의 뇌, 혹은 그보다 더 영리한 인공두뇌에 직접 연결시키는 차원"을 꿈꾼다고 했다. 그러나 미국의 기술문명 평론가인 니컬러스 카(Nicholas Carr)는 미국 시사잡지 『애틀랜틱 먼슬리』 2008년 7~8월호에 게재한 「구글이 우리를 바보로 만드는가?」라는 제목의 글에서 구글로 대표되는 인터넷의 위험성은 인간의 뇌를 계량해서 최적화할 수 있는 일련의 기계적 과정의 산출로 본다는 데 있다고 비판했다.

카는 "구글이 이끄는 세계에는 깊은 사색 과정에서 나오는 '경계의 모호함' 따위는 들어설 여지가 없다"고 주장했다. 컴퓨터 연산에서 모호성은 통찰로 들어가는 입구가 아니라 메워야 할 결함일 뿐이다. 카는 구글을 비롯한 인터넷 업체들이 "제일 꺼리는 것은 한가롭게 한곳에 머물러 천천히 읽어내려 가거나 골똘히 사색에 잠기는 것"이라고 지적하면서 그렇게 되면 인간은 '팬케이크 인간', 즉 한 번의 손끝 터치로 방대한 정보망과 연결될 수는 있지만 응축된 사유의 공간은 사라진 얇고 납작한 인간으로 전락하고 말 것이라고 경고했다.[18] 이에 대해 구글의 에릭 슈미트(Eric Schmidt)는 "나는 우리가 예전보다 더 똑똑해졌다고 생각한다"며 반박했다.[19]

'애드센스'를 어떻게 볼 것인가?

애드센스(ADSense)는 구글에서 운영하는 광고 프로그램으로, 웹사이트를 소유한 사람이 애드센스에 가입하면 구글에서 광고비를 지불하고 광고를 자동으로 그 사람의 웹사이트에 올려준다. 해당 웹사이트를 찾은 방문자가 그 광고를 클릭하면 구글이 광고주로부터 돈을 받아 그 일부를 웹사이트 소유자에게 나눠주는 방식이다. 애드센스는 어느 사이트의 내용에 흥미를 느낀 사용자는 같은 주제를 가진 광고도 동시에 보려 한다는 가정에 근거해 만든 것으로, 블로그 운영자가 애드센스에 접속하면 구글은 그 사이트의 내용을 분석해 그에 알맞은 광고를 내보낸다. 이 원리를 콘텍스트 광고(context advertisement)라고 한다. 스스로 적당한 환경을 찾아가 그 속에 등장하는 광고라는 뜻이다.[20]

야후의 콘텐트매치, 퀴고(Quigo)의 애드소나(AdSonar), 다음의 애드클릭스 등도 대표적인 콘텍스트 광고다. 콘텍스트 광고는 웹 2.0이라는 진화 방향을 보여주는 대표적인 지표로 거론됐으며 다른 직업이 없이 블로그 활동만으로 생활하는 전업 블로거가 현실화할 가능성을 높여주었다. 2007년 9월 한국에서 구글 애드센스를 단 블로거들은 수천 명 수준이었다.

블로거 정광현은 "3~4년 전부터 애드센스를 달아 몇 개월에 100달러 정도 받아본 적은 있다. 마음만 먹는다면 돈을 벌 수 있겠지만 트래픽을 높이려면 아무래도 자꾸 자극적인 것을 터뜨리는 식이 돼야 하는데, 그런 것은 원하지 않는다"고 말했다. 구글 측은 일부러 클릭을 유도하는 '부정클릭' 보다 '무효클릭' 을 더 문제로 보고 있어 광고 계정 차단 등의 조치를 취하는 경우가 종종 있었는데, 무효클릭이란 블로그에 올라온 광고를 클릭하기는 했는데 클릭한 뒤 바로 꺼버린다거나 아무런 움직임이 없는 등 광고 효과가 발생하지 않은 경우다.[21]

그러나 구글의 정책 변화는 전업 블로거의 전망을 어둡게 만들었다. 2008년 5월 이승훈은 "블로그에 광고를 달아 돈을 버는 일에 대해 블로거들은 의견이 분분합니다. 글을 쓰고 순수하게 블로거들과 교류하는 일에 의미를 두는 이들은 아무래도 광고가 끼어드는 것에 거부감이 있습니다. 그러나 권장할 만한 일이라는 의견도 많습니다"라면서 다음과 같이 말했다.

"블로그 광고에 호의적인 블로거 중 한 명인 정광현 씨는 '자기가 들인 노력에 대해 정당한 대가를 받으며 광고주의 기업 활동을 돕고 경제 활성화에 기여하는 것은 바람직한 일' 이라고 말합니다. 하루 1만 명에서 10만 명 정도가 방문하는 블로그 '한글로' 의 운영자인 정 씨는 애드센스를 통해 한 달 평균 30만 원 정도가 들어온다고 합니다. '2007년엔 월 평균 300만 원 이상을, 많을 때는 1000만 원을 벌어 그 참에 직장을 버리고 전업 블로거로 전환했다' 고 합니다. 그런데 갑자기 수입이 10분의 1로 줄어들었답니다. 광고박스 전체를 클릭하면 유효한 클릭으로 인정했었으나 광고 문구를 정확히 클릭해야 광고로 인정되도록 구글이 정책을 바꿨기 때문이라고 합니다. 아무리 해도 블로그만으로는 먹고살 수가 없게 된 것입니다."

이어 이승훈은 "블로그 같은 UCC 플랫폼을 운영하면서 광고 수입을 회사와 UCC 운영자가 나눠 갖는 시스템은 웹 2.0 시대의 떠오르는 수익 모델로 한때 각광받았습니다. 그러나 이 같은 수익 모델을 추진했던 중소 인터넷 기업들의 요즘 성적은 신통치 않습니다. 수익의 공유를 통한 보상이 각 개인들에게 먹고살 만큼의 보상이 못 된다는 점에서 이런 모델이 그다지 매력적일 수 없기 때문에 거대 인터넷 기업을 당해낼 수 없습니다"라고 말했다.[22]

구글은 "거대한 광고대리점"

그래서 남의 콘텐츠를 '무단 펌질' 해 돈을 버는 '온라인 봉이 김선달' 들이 등장했다. 『한겨레』 2009년 1월 3일자는 "이들은 유명 블로그의 글이나 연예 뉴스 같은 인기 있는 글과 사진을 마음대로 가져다 자기 블로그의 곳간에 차곡차곡 쌓는다. 보통의 '펌 블로그' 와 다른 점은 '수익 창출' 을 목표로 한다는 점이다. 구글 애드센스나 다음 애드클릭스처럼 블로그를 찾는 사람이 많을수록 늘어나는 광고 수익의 일부를 블로그 주인한테 주는 프로그램을 이용한다" 며 다음과 같이 말했다.

"그러니 광고의 밑천이 되는 방문자 수를 더 늘리려고 관심을 끌 만한 내용이면 마구잡이로 복사해 올린다. 일일이 글을 퍼올 필요도 없이 자동으로 복사해주는 프로그램까지 등장해 하루에 수천 건씩이나 글을 올려 수익을 내는 전문꾼도 생겨났다. 최근에는 검색 사이트의 검색 결과만 복사해 올리는 얌체 블로그도 생겼다. 예를 들어 포털에서 '문근영 기부' 로 검색된 사이트 목록을 눌러 어떤 블로그에 들어가면 내용은 아예 없고 검색어만 나열돼 있다. 이들은 실시간 인기 검색어에 따라 하루 수백 건의 글을 올려 누리꾼의 클릭을 '낚는' 수법을 주로 쓴다. 블로그와 포털 업체는 스팸 블로그 대책을 마련하느라 골머리를 앓고 있다. 스팸 블로그들이 불필요한 인터넷 트래픽을 지나치게 일으킬 뿐 아니라 블로그 공간과 검색엔진의 신뢰성마저 추락시키고 있기 때문이다."[23]

구글의 수익원은 애드센스와 애드워즈다. 애드워즈란 사용자가 구글로 검색하여 키워드가 일치했을 때 표시되는 광고다. 2006년 구글의 수입 중 58퍼센트를 애드워즈가, 41퍼센트를 애드센스가 차지했다. 일본 저널리스트 사사키 토시나오(佐佐木俊尙)는 저서 『구글』에서 구글 수익의 99퍼센트가 광고에서 비롯되는 걸 지적하면서 구글은 검색엔진 기업이 아니라 "거대한 광고대리점"이라고 주장했다.[24]

날카로운 지적이다. 그런데 흥미로운 건 구글을 비롯한 인터넷 업체들에 관한 논의에서 '광고'는 좀처럼 거론되지 않고 새로운 문명 차원의 거대담론만 호들갑에 가까울 정도로 무성하다는 사실이다. 모든 게임이 다 '광고의, 광고에 의한, 광고를 위한' 것임에도 불구하고 광고를 외면하거나 거론하지 않은 채 논의되는 이유는 무엇일까? 한번쯤 깊이 생각해볼 문제다.

지메일, 무엇이 문제인가?

마이크로소프트와 야후의 웹 기반 이메일 프로그램은 고작해야 최대 10MB의 용량만을 제공했고 그보다 더 큰 용량을 원하는 사람들은 돈을 내고 사야만 했다. 반면 지메일(Gmail)은 구글의 핵심자산인 기술

인프라 구조를 이용해서 2004년 중반 2GB 용량의 새로운 이메일 서비스인 지메일의 베타버전을 출시함으로써 이메일계의 판도를 완전히 뒤바꿔놓았다.

그러나 곧 프라이버시 침해 문제가 심각하게 대두됐다. 지메일은 구글의 애드워즈 기술을 이용해 사용자의 이메일 메시지 옆에 광고를 배치했는데 광고는 무료 이메일을 얻는 데 대한 대가였다. 다른 업체들도 그렇게 하고 있었지만 지메일의 광고는 지나치게 관련성이 높았다. 예컨대 엄마가 아들에게 애플파이에 관한 메일을 보내면 아들은 엄마가 보낸 메일 옆에서 애플파이 요리법에 대한 광고를 보게 됐다. 물론 구글의 컴퓨터들이 이메일을 실제로 읽은 건 아니었고 대신 애드워즈 네트워크와 맞는 광고를 골라내기 위해 단순히 텍스트를 분석하고 있었던 것이지만 그런 차이는 이용자들에겐 무의미한 것이었다.

구글의 내부 작업에 대한 정보 공개에 주력하고 있는 비영리단체 구글워치의 대니얼 브랜트(Daniel Brandt)와 같은 프라이버시 옹호론자들은 "구글은 당신의 이메일 주소를 알기 때문에 컴퓨터를 식별하기 위해 브라우저가 사용하는 고유 넘버인 당신의 IP 주소를 잠재적으로 당신의 신분과 연결할 수 있다. 이것은 온갖 종류의 프라이버시 악용 가능성을 일으켰다" 고 지적했다. 캘리포니아 주 상원의원 리즈 피게로아(Liz Figueroa)는 지메일을 철저하게 금지하는 법안을 제출하기까지 했다.[25]

모리 켄(Mori Ken)은 "이러한 시스템이 나쁘다고 지적하려는 것은 아니다. 기업인 이상 어떠한 형식으로든 이윤을 내야 한다. 무료로 서비스를 사용하면서 그 대가가 아무것도 없다는 것은 말이 안 된다" 면서도 다음과 같이 말했다.

"하지만 여기서 분명히 짚고 넘어가야 할 게 있다. 구글을 이용하는 이상 모든 정보는 구글에 수납된다는 사실이다. 검색의 대상이 되는 한 인터넷에 글을 쓰는 행위 자체가 구글의 데이터베이스를 한층 강화시키는 행위가 된다. 결국 구글의 웹 데이터는 더욱 증식할 것이고 키워드에 의한 인덱스도 늘어난다. 인덱스 항목과 웹 데이터가 늘어나면 의뢰인의 광고 표시도 더욱 정밀해지고 일목요연하게 제공될 수 있다. 그 결과 구글의 광고 사업은 더욱 인기를 얻을 것이고 매출은 신장될 것이다. 다시 말해 구글이 구축한 시스템은 인터넷상에서 누가 무슨 행위를 하면 모두 구글의 이익으로 이어지는 시스템—아키텍처로 돼 있는 것이다. 기가 막힌 시스템이 아닐 수 없다."[26]

김평호는 "지메일이 품고 있는 문제의 핵심은 이처럼 온라인에서 수집된 각종 개인정보가 구글의 메인서버에 저장되면서 '상시적으로 검색될 수 있는 상황(discoverability)', 즉 공개적 개인정보, 프라이버시 침해 환경이 사용자에게 편익을 제공한다는 명분으로 조성되고 있다는 것"이라고 했다.[27]

지메일의 한국 상륙

이런 문제에도 불구하고 구글의 지메일 홍보는 이른바 '입소문마케팅'의 대표 사례로 꼽힐 만큼 성공을 거두었다. 구글은 확대된 2.8GB의 용량을 지원하는 지메일 서비스를 시작하면서 직접적인 홍보를 하지 않았다. 대신 일부 파워 유저들에게 지메일 계정을 나눠주고 계정을 갖고자 하는 사람은 이미 지메일을 사용하는 사람의 초대에 의해서만 개설할 수 있도록 했다. 한정된 공급이 수요를 창출했다. 누리꾼들

은 서로를 추천하면서 지메일을 세상에 알렸다.[28]

구글코리아(google.co.kr)는 2007년 2월 20일부터 국내에 무료 이메일인 지메일 서비스를 개시했다. 그때까지 국내에서는 다음과 엠파스가 제공하는 2GB가 최대였는데 지메일은 국내 최대인 2.8GB에 달하는 메일 용량 서비스를 제공했다. 구글은 또 국내 이용자의 경우 기존 계정 보유자가 초대장을 보내줘야만 지메일 계정을 만들 수 있었던 것을 한글 서비스 개시에 맞춰 완전 개방했다. 이에 대해 최연진은 다음과 같이 말했다.

"지메일 계정은 구글이 제공하는 20여 종의 서비스를 이용할 수 있는 열쇠 역할을 하기 때문에 사실상 국내 시장 잠식을 위한 신호탄으로 볼 수 있다.…… 구글코리아는 웹사이트에서 무료로 이용할 수 있는 문서작성 프로그램과 수치계산 프로그램도 한글화해서 공개했다. 사진편집 및 검색 소프트웨어인 피카사, 컴퓨터에 보관된 자료를 검색하는 데스크톱 툴바, 인터넷 일정관리 프로그램도 한글화됐다. 또 지메일에 포함된 메신저 기능도 함께 개설해 지메일 계정을 갖고 있으면 메일함에서 바로 메신저를 사용할 수 있다.…… 이에 대해 국내 포털 선두인 네이버 측은 '구글의 국내 진출이 위협적인 것은 사실'이라며 '하지만 한국 인터넷 환경이 미국과 달리 특이하게 움직이기 때문에 구글이 생각만큼 쉽게 국내 시장 점유율을 높이기는 힘들 것'이라고 분석했다."[29]

2007년 5월 최연진은 "인터넷 포털 사이트들의 '충성 없는 이메일 전쟁'이 치열하다. 보다 많은 가입자를 끌어모으기 위해 이메일 용량 늘리기 경쟁을 펴왔던 포털들은 급기야 야후코리아가 핵폭탄급인 '무제한 용량'의 이메일을 선보임으로써 무한경쟁으로 치닫는 양상이다.

구글코리아, MSN 등 주로 외국계 포털들이 공세를 펼치고 네이버, 다음, 싸이월드 등 토종 포털들이 수성에 나선 형국이다"라며 다음과 같이 말했다.

"포털들이 이처럼 이메일 용량 확대에 집중하는 이유는 이메일 서비스가 이용자 유입창구 역할을 하기 때문. 이메일 주소는 이용자들의 충성도를 나타내는 바로미터다. 한 번 정하면 다른 곳으로 쉽게 옮겨가기 힘들기 때문에 계속 해당 서비스를 이용할 수밖에 없다. 야후코리아 관계자는 '앞으로 이메일 서비스는 메신저 및 검색기능이 연동되면서 개인의 다목적 통신수단으로 발전할 것' 이라며 '용량 경쟁은 이를 위한 전초전' 이라고 강조했다."[30]

그러나 용량만 커지면 뭘 하나? 스팸 차단 소프트웨어인 '스팸스나이퍼' 를 제공하는 지란지교소프트는 자사 고객들의 2008년 1분기(1~3월) 이메일을 표본 조사한 결과 스팸메일 비중이 94.5퍼센트나 됐다고 밝혔다. 이 회사가 첫 조사를 실시한 2005년에는 스팸메일 비중이 84.9퍼센트였으나 2006년 90.6퍼센트, 2007년 93.4퍼센트(이상 연간 기준) 등으로 증가 추세다. 특히 스팸메일의 대부분은 음란물 광고여서 더욱 문제다. 지란지교소프트가 2007년 고객 30만 명이 받은 총 7억 6000만 건의 스팸메일을 분석한 결과 성인게임 등 성인사이트 광고가 절반을 넘는 53.0퍼센트를 차지했다.[31]

그 어떤 문제에도 불구하고 구글의 뛰어난 마케팅 능력만큼은 인정하지 않을 수 없다. 이메일을 보내놓고 후회하는 사람들이 많아지자 구글은 2008년 10월 다음 날 후회할 이메일의 전송을 방지하는 기능을 추가할 계획이라고 밝혔다. 2009년 봄부터 늦은 밤과 주말에 적용된 이 기능은 정해진 시간 안에 더하기와 곱하기 등 간단한 수학 문제를 풀어야 이메일을 보낼 수 있도록 하는 것이다. 구글의 엔지니어 존 펄로우(Jon Perlow)는 "너무 피곤하거나 감정적이어서 자신이 어떤 일을 할지 예측하지 못하는 사람을 위해 이 프로그램을 개발했다"며 자신도 늦은 밤에 가끔 옛날 여자친구에게 다시 만나자고 이메일을 보냈다가 다음 날 후회한 적이 있다고 고백했다.[32]

지메일은 그 무엇 하나 우연에 맡겨두는 법이 없이 이윤과 연계시키는 시스템의 진화를 웅변해주는 사례라 할 수 있다. 구글 측의 주장대로 사막 한가운데도 위성으로 조망할 수 있는 현대에 완전한 사생활이란 없는 걸까?

"구글, 인터넷 정보제국 '전 지구 확장'"

2008년 9월 9일 창립 10주년을 맞은 구글이 인터넷에서 소외된 세계 30억 인구에게 무선인터넷 접속 서비스를 제공함으로써 지구촌의 디지털 격차를 획기적으로 개선하겠다는 야심 찬 구상을 발표했다. 적도 주변 상공에 16기의 저궤도 인공위성을 띄워 아프리카, 동남아, 중동, 중남미 등 상업적으로 초고속 유선 인터넷망이 보급되기 어려운 지역을 무선인터넷이 터지는 핫스팟(hot spot)으로 바꾼다는 것이 이 프로젝트의 골자였다. 구글은 유럽 최대 케이블티브이 그룹인 리버티글로벌 등과 함께 7억 5000만 달러를 투자, 2010년까지 위성 네트워크를 구축하기로 하고 장비 발주까지 마쳤다.

이에 『중앙일보』 사설은 "세계 인구의 절반에 가까운 인터넷 소외 계층을 네티즌으로 끌어들이는 혁명적 구상은 세계 정부가 존재한다면 마땅히 세계 정부가 해야 할 일이다. 유엔도 못하고 미국도 못하는 일을 구글이 하겠다는 것이다. 구글의 구상이 실현되면 고립과 빈곤에 시달리고 있는 수많은 개도국 주민이 지식·정보의 유통과 의사표현의 장인 웹 공간에 참여하게 됨으로써 이들의 경제적·문화적 기회가 획기적으로 증대될 전망이다"라며 다음과 같이 말했다.

"2인 벤처 기업으로 출발한 구글이 10년 만에 시가총액 1500억 달러에 이르는 세계적 기업으로 성장한 것은 모든 참여자에게 기여한 만큼 골고루 혜택이 돌아가게 한다는 나눔과 공유의 기업정신을 실천한 결과라고 할 수 있다. 개도국의 30억 인구에게 접속의 혜택을 제공한다는 구글의 새로운 도전은 베풂을 통해 소비자와 기업 모두에게 이익이 되는 21세기형 기업문화의 모범을 제시하고 있다."[33]

구글은 과거 신문을 데이터베이스화하는 작업도 진행했다. 마이크로필름 등을 옮겨 당시 신문기사는 물론 광고까지 인터넷상에서 신문 형태 그대로 검색할 수 있게 한다는 구상이었다. 구글은 "우리의 최종 목표는 작은 주간지에서부터 거대 일간지까지 지금까지 나온 모든 신문을 독자가 검색할 수 있게 돕는 것"이라고 밝혔다. 또 북미에서 가장 오랜 244년의 역사를 가진 『퀘벡 크로니클 텔레그래프』를 비롯해 『뉴욕타임스』, 『워싱턴포스트』 등 일간지와 제휴를 맺고 2006년부터 작업을 진행했다.[34]

그러나 영국 BBC는 '모든 정보를 모두가 이용할 수 있도록 한다'는 구글의 이상은 많은 이들의 환영을 받고 있지만 개인정보 보호 위협의 우려도 함께 낳고 있다고 지적했다. 미국 펜실베이니아 주의 한 부부는 구글이 자신의 개인정보를 함부로 사용하고 있다며 고소했다. 이 부부는 거리 정보를 모아 인터넷상에서 재현하는 구글맵스에서 자신의 집과 주위 정보가 그대로 드러나자 고소한 것이다. 이에 대한 구글의 첫 답은 "사막 한가운데도 위성으로 조망할 수 있는 현대에 완전한 사생활이란 없다"는 것이었다. 미국 법 · 정책센터의 켄 봄(Ken Boehm) 대표는 "구글의 세계에선 사생활은 존재하지도 않는 것 같다"고 비난했다.[35]

"'사악한 손'과 손잡은 구글"

이런 비난은 그럴 만한 근거가 있는 것이었는데 이는 한국에서도 문제가 됐다. 『조선일보』 2008년 9월 22일자는 "인터넷 검색 사이트 구글에 주민등록번호와 휴대전화번호 등 개인정보가 떠다니고 있다. 노출된 주민등록번호는 휴대전화나 신용카드 불법 개통에 악용될 수 있지만 구글 측에서 주민등록번호가 검색되는 것을 사전에 막을 수 없다며 팔짱만 끼고 있어 선량한 피해자들이 양산될 것으로 우려된다"며 다음과 같이 말했다.

"본지가 입수한 한국정보보호진흥원의 '구글 주민등록번호 점검 통계'에 따르면 2008년 상반기에만 총 16만 4536명의 개인 주민등록번호가 구글 검색을 통해 노출된 것으로 드러났다. 하루 평균 1462명의 주민등록번호가 구글에서 노출됐다는 이야기다. 주민등록번호를 노출한 인터넷 홈페이지의 숫자도 6만 558개에 달했다. 한국정보보호진흥원이 모든 노출 사례를 찾아내지는 못한다는 점을 감안하면 실제 노출 규모는 몇 배로 커질 수 있다.…… 네이버와 야후코리아 같은 다른 인터넷 포털들은 주민등록번호 노출을 막기 위한 예방조치를 취하고 있다. 예를 들어 'XXXXXX-XXXXXXX' 처럼 주민등록번호 형태의 숫자조합이 발견되면 이를 검색 결과에서 처음부터 배제한다. 하지만 구글 코리아는 '자유로운 정보유통을 제한하지 않는다' 는 본사의 원칙을 내세우며 적극적인 조치를 취하지 않고 있다." [36]

또 『조선일보』 2008년 12월 30일자는 "세계 최대 인터넷 기업인 구글의 경영철학은 '사악하지 말자(Don't be evil)' 입니다. 사회와 고객의 신뢰를 저버리지 않는 범위에서 사업을 전개한다는 원칙입니다. 연 매출이 160억 달러가 넘는 최고 기업의 여유로움이 엿보입니다. 단기간의 이익을 얻기 위해 무리하다 보면 결국 회사의 이미지가 깎일 수 있으므로 조심하자는 의미도 있다고 합니다. 그런 구글도 글로벌 경기침체의 여파로 달라지고 있습니다"라면서 다음과 같이 말했다.

"구글은 최근 자사의 최대 수익원인 검색광고 정책에 큰 변화를 줬습니다. 우선 지금까지 금지해온 독주(毒酒, liquor) 광고를 미국 내에서 허용했습니다. 이제는 구글 검색창에 '보드카' 라는 단어를 넣으면 검색 결과와 함께 보드카 광고가 등장하게 됩니다. 10월에 맥주 같은 저알코올 주류의 광고를 허용한 데 이은 추가 조치입니다. 구글은 같은 달 영국에서 도박 광고도 허용했습니다. 술과 도박처럼 사회적 악영향을 끼칠 수 있는 광고를 막는 것은 '사악하지 말자' 는 경영철학의 상징 사례로 인용돼왔습니다. 구글은 또 최근 아무 내용도 없는 인터넷 홈페이지에 광고를 붙여주는 '도메인 광고(AdSence for Domain)' 를 전면 허용했습니다. 앞으로는 누구나 'www.○○○.com' 과 같은 인터넷 주소만 구입하면 실제 운영 여부와 관계없이 광고를 붙일 수 있습니다. 전문가들은 구글의 이번 조치가 쓰레기 같은 텅 빈 인터넷 홈페이지를 양산할 것이라고 우려합니다. 광고주 입장에서도 구매력 없는 허수의 네티즌들에게 광고비를 쓰게 될 가능성이 높아졌습니다. 구글은 4분기 들어 비디오 검색과 이미지 검색, 뉴스, 금융, 지도 등 대부분의 서비스에 광고를 붙이기 시작했습니다. '이용자의 편의가 가장 중요하다' 던 구글의 철학도 돈 앞에서는 무기력해지나 봅니다." [37]

구글이 사악하게 굴지 말자는 신조 아래 무료 사용 원칙을 지켜온 것에 대해 긍정적인 평가를 해온 토머스 글로서(Thomas Glocer) 로이터 회장은 이런 경고를 했다. "(그 신조가) 구글의 진정한 신조이자 실제 가치관인지 아니면 단지 '걱정 말라' 고 안심시키고 나중에 엄청난 개인 행동 데이터를 구축하고 나면 '근데 말이지, 이제부턴 돈을 내셔야겠어' 하고 등을 치려는 건지 모릅니다.…… 구글은 소프트웨어를 응용해서 좁은 해협을 만들고는 우리가 웹에서 뭔가를 할 때마다 그곳을 지나가야 하게 만들었죠.…… 사용자들의 눈길을 끌려면 구글에 의존해야 한다는 것이 두려운 거죠. 어떤 시점이 되면 구글은 공익사업가가 아니라 입장료를 받는 문지기로 바뀔 수도 있어요." [38]

"구글은 신문의 피 빨아먹는 흡혈귀"

2009년 6월 23일 경제일간지 『월스트리트 저널』을 소유한 미국의 출판 · 경제정보 회사 다우존스의 레스 힌턴(Les Hinton) 최고경영자는 미국 뉴욕에서 한 다국적 금융 · 컨설팅 기업의 주최로 열린 연예 · 언론산업 전망 회의 기조연설에서 "구글은 신문산업의 피를 빨아먹는 흡혈귀(vampire)다" 라고 주장했다. 『월스트리트 저널』의 발행인이기도 한 그는 "구글은 원래 동굴 속에서 뱀파이어로 생명을 시작한 것이 아니라 뉴스 업계 스스로가 구글의 입맛에 맞는 피를 먹여준 것으로 봐야 한다"고 주장했다. 애초에 신문산업이 인터넷에 콘텐츠를 무료로 제공하면서 "구글이 송곳니로 물어뜯을 수 있도록 먹잇감을 갖다 바친 꼴이 됐다"는 것이다.[39]

검색의 기술 진화엔 끝이 없으니 신문들의 통곡 소리가 더 깊어지게 됐다. 최근 검색 업계의 흐름은 사용자의 '의도'를 파악하는 것이다. 구글의 검색 전문가 아밋 싱할(Amit Singhal)은 "사용자의 의도를 미리 파악해 검색 결과를 내놓는 게 우리의 꿈"이라며 "그 단계를 '검색 없는 검색(searching without searching · SWS)'이라 부른다"고 말했다. 이른바 '시맨틱(semantic) 검색'이라고도 한다.[40]

2009년 『구글드(Googled)』란 책을 쓴 켄 올레타(Ken Auletta)는 "구글은 더 이상 단순한 검색엔진의 이름이 아니다"라고 하면서 "구글은 21세기 지구상에서 가장 강력한 영향력을 가진 기업을 일컫는 말"이라고 말했다.[41] 『경영학 콘서트』의 저자 장영재는 구글을 '신의 영역에 도전하는 기업'이라고 칭했다.[42]

그래서 문제는 자꾸 더 심각해졌다. 2010년 초 구글은 트위터의 콘텐츠를 구글 검색 결과에서 보여주는 서비스를 선보였으며 SNS 전문 서비스인 페이스북(Face Book)과 마이스페이스(My Space)도 검색 결과에 포함시키기로 했다. 이와 관련, BBC는 'SNS는 범죄 대상의 정보를 알려주는, 절도범을 위한 인터넷 쇼핑몰과 같다'고 보도했다. 트위터에서 친구들에게 무심히 말한 얘기가 누군가에 의해 범죄와 스토킹에 활용될 수 있다는 것이다. 범죄는 아니었을망정 한국에서 일어난 2가지 사례를 보자.

1. 인기 댄스그룹 2PM의 박재범이 5년 전 마이스페이스에 영어로 미국

친구들에게 "한국이 싫다"며 당시 고국에서 힘든 연습생 시절의 심경을 밝힌 한마디가 2009년 9월 인터넷에서 알려졌다. 그는 10대 시절 인터넷에 올린 짧은 글 하나 때문에 쏟아지는 비난을 못 이겨 결국 2PM을 탈퇴하고 한국을 떠났다.

2. 2010년 1월 한 여성포털 게시판에선 '사생활주의보'가 발령됐다. 어떤 회원과 사귀던 남자가 상대의 과거 이성교제 사실을 검색으로 알아내 과거 남자친구와 어떤 관계였는지를 추궁한 일이 알려진 탓이다. 이 남자는 여러 사이트에서 같은 아이디를 쓰는 경우가 많은 점을 알고 연인의 과거를 캐내기 위해 검색 '프로파일링'을 한 것이다.

이에 대해 구본권은 "'검색되지 않으면 존재하지 않는 것'이라는 시대에 단문 블로그, 인맥 사이트가 '검색'되기 시작한다는 것은 인터넷 사용자들이 영화 〈트루먼쇼〉와 같이 노출된 삶을 살게 될 우려로 이어진다"며 "실시간 검색 시대에 자신의 어디까지를 공개하고 살지 스스로 결정해야 한다. 인터넷에 올리는 모든 것은 기록으로 남아 있고 검색된다는 걸 잊지 말아야 한다"고 말했다.[43]

구글의 지도 서비스인 '구글맵스'에 2007년부터 더해진 '스트리트 뷰(Street View)' 기능도 문제였다. '스트리트 뷰'는 지도 안의 길거리 주변을 3차원 영상으로 볼 수 있는 서비스인데, 구글이 거리 사진을 찍을 때 지역별 무선네트워크 정보도 함께 수집하면서 보안이 설정되지 않은 와이파이(Wi-Fi)를 통해 이메일, 문자메시지, 서핑 중인 인터넷 화면 등 사생활 정보를 모은다는 의혹이 제기되었다. 2010년 5월 독일 정부가 의혹을 제기한 뒤 30여 개 국가에서 이 같은 사실이 확인되면서 구글에 대한 비난이 쏟아졌다. 구글은 사실을 인정하고 "중대한 실수를 저질렀다" 고 사과했지만, 그게 과연 뭘 모르고 저지른 '실수' 였을까?

이는 한국에서도 문제가 되었고, 결국 2010년 8월 10일 경찰청 사이버테러대응센터가 서울 강남구 역삼동 구글코리아 본사를 압수수색하는 사건이 벌어졌다. 구글코리아는 2009년 10월부터 특수차량 3대를 이용해 국내에서 위치정보를 수집해왔는데, 그 과정에서 개인정보를 무단으로 수집해 통신비밀보호법을 위반한 혐의 때문이었다.[44] 이에 대해 박종권은 다음과 같이 말한다.

"하지만 이는 어쩌면 약과다. 조지 오웰이 『1984년』에서 그린 '빅 브라더' 가 이미 눈앞에 있다. 스마트폰을 쥐고 있으면 어디서 무엇을 하는지, 무슨 생각을 하는지까지 알 수 있다. '손안의 내비게이션' 덕분에 길을 잃지 않게 됐단다. 하지만 현대인은 '구글맵스' 의 길 위에서 길을 잃은 것은 아닐까. 첨단문명과 인간성의 갈림길에서 말이다. 과연 우리는 어디로 가야 하나."[45]

그 어떤 문제에도 불구하고 구글의 위력에 대한 긍정적인 평가에 일리가 있다면 미국에서 구축된 이런 '인터넷 정보제국' 이 '팍스 아메리카나' 의 수명을 연장해줄 것이라고 볼 수 있겠다. '구글리제이션' 은 축복이되 이윤 추구를 전제로 한 축복이다. 그런데 우리 시대의 비전을 위한 혁신과 창의력은 바로 이윤을 추구하겠다는 욕망에서 나온다는 데에 근본 문제가 있다. 빛은 과대평가되고 그림자는 과소평가된다. 이건 우리 시대의 피할 수 없는 숙명인가? 미국이 주도하는 '인터넷 정보제국' 의 또 다른 얼굴이라 할 위키피디아는 달리 볼 수 있는 것일까?

위키피디아의 명암은 무엇인가

6장

위키피디아의 미국중심주의와 대중지성 논쟁

WORLD CULTURE WARS

브리태니커의 비극

위키피디아(wikipedia.org)는 미국의 무료 온라인 백과사전으로 새로운 문화적 현상으로 부각됐다. 2001년 1월 출범한 위키피디아는 '빨리' 라는 뜻의 하와이 원주민 말인 'wiki' 와 백과사전을 뜻하는 'encyclopedia' 의 합성어로, 네티즌들이 공동으로 백과사전 제작에 참여하는 독특한 방식을 채택하면서 화제를 모았다. 위키피디아에선 아무나 새 주제어를 올릴 수 있고 이미 오른 글도 고치거나 지울 수 있다. 비회원도 글을 남기는 데 제한이 없으며 운영은 비영리 방식이다.

그로 인한 문제가 없을 리 없었다. 『뉴욕타임스』 2005년 12월 5일자는 위키피디아가 부정확한 정보를 무책임하게 제공하고 있다는 비판이 제기되고 있다고 보도했다. 그런 비판이 계속됐음에도 불구하고 2007년 9월 이 사이트는 253가지 언어로 모두 820만 건의 주제어가 올라 있는 거대 지식창고로 성장했다. 200년 역사를 자랑하는 브리태니커의 정보량을 5년 만에 뛰어넘고 다시 2년 만에 15배까지 차이를 벌렸다. 언어별로 구분돼 있는 위키백과의 한국어판 '한국어 위키백과(http://ko.wikipedia.org)'는 한국뿐만 아니라 세계 어디서든 접속할 수 있고 한국어만 알면 누구나 편집도 가능했다. 2007년 8월 1일 253개 언어의 위키백과가 존재했다.[1]

브리태니커의 문제는 무엇이었을까? 어느 평론가는 "브리태니커의 경영진들은 고객이 진정 구매하고 싶어 하는 것이 무엇인지 이해하지 못했다. 부모들은 정보 제공보다는 아이들에게 어울리는 것을 해주고 싶다는 욕구 때문에 브리태니커를 구매하고 있었다. 오늘날에는 '어울리는 것을 해주어야 할 때' 부모들은 아이들에게 컴퓨터를 사준다"고 했다.[2]

위키노믹스의 등장

위키피디아의 인기가 치솟으면서 '위키노믹스(wikinomics)'라는 말도 생겨났다. 이는 인터넷 이용자들이 만든 백과사전 '위키피디아'와 경제를 뜻하는 '이코노믹스'를 합성한 말로, 집단지성(collective intelligence)과 협업(collaboration)에 의해 창출되는 경제를 가리킨다. 2006년 12월 돈 탭스코트(Don Tapscott)와 앤서니 윌리엄스(Anthony D. Williams)에 의해 출간됐고 국내엔 2007년 4월에 번역·출간된 책의 제목이기도 하다.[3] 2007년 10월 탭스코트는 '위키노믹스'라는 용어를 만든 배경에 대해 이렇게 말했다.

"『타임』지가 '당신(You)'을 올해의 인물로 선정한 것은 이미 2006년의 일입니다. 이제 단순히 온라인으로 사람을 만나는 게 아닙니다. 유튜브는 완전히 새로운 커뮤니티를 만들었죠. 새로운 생산방식입니다. 근본적인 변화가 일어나기 시작했습니다. 굴뚝산업을 포함해서 기업들이 생산능력을 지휘하는 방법이 변했습니다. 과거에는 가장 가치 있는 자산과 인재가 회사 내부에 있어야 했습니다. 이게 도전을 받고 있습니다. 가치 있는 것을 생산할 수 있는 특별한 능력이 회사 경계 밖에 있다는 거죠. 나는 지금 인터넷 기업만 얘기하는 게 아닙니다. 광산 채굴, 소비재 생산, 항공기 제조 등의 굴뚝 업체들도 여기에 해당됩니다. 이것은 금세기 들어 가장 큰 근본적인 변화입니다. 이것은 글로벌한 변화입니다. 단지 미국에 국한된 얘기가 아닙니다."[4]

실제로 2006년 IT 업계엔 이용자가 직접 프로그래밍할 수 있는 웹이 그렇지 못한 웹을 따돌리는 대역전극이 일어났다. 위키피디아는 브리태니커를, 블로거가 CNN을, 이피니온이 『컨슈머 리포트』를 각각 압도했는데 패배한 쪽은 웹사이트를 운영했고 승리한 쪽은 활기찬 커뮤니티를 운영했다. 이게 바로 위키노믹스의 파워였다. 탭스코트는 웹을 통해 뭉쳐진 개인 지성의 합을 '집단지성' 이라고 불렀다. 수백만 또는 수십억 사용자의 지식을 조직화해 활용할 수 있는 능력, 바로 대규모 협업을 통해 새로운 웹은 지구 전체의 거대한 두뇌로 변모 중이며 이런 협업은 과거 어떤 생산양식보다 훨씬 더 큰 가치를 만들어낼 수 있다는 것이 위키노믹스의 핵심 메시지였다.

탭스코트는 "협업하라. 그러지 않으면 망할 것이다(collaborate or perish)"라고 단언하면서 "인터넷은 중요하지 않고 비즈니스 모델이란 본래 없는 것이며 기업 내 수직적 통합이 중요하다"고 역설한 마이클 포터(Michael Porter) 하버드대 교수를 가차 없이 비판했다. 탭스코트는

"포터 교수가 닷컴 붕괴 이후 만연한 '반(反)인터넷 정서'에 굴복했다"며 "인터넷이 일으키는 경이적인 변화, 비즈니스 모델의 중요성, 수평적 네트워크의 필요성을 간과하고 있다"고 비판했다. 그는 "(포터 교수가) 기업들을 오도하고 있는 것"이라며 "최근에는 그 스스로 마음을 바꿨는지 더 이상 과거의 주장을 펴지 않고 있다"고 말했다.[5]

김주현은 탭스코트의 책에 대해 "그러나 우리는 이런 변화에서 한발 떨어졌다는 느낌이다. 네이버 지식인으로 대변되는 우리의 집단지성은 오락과 놀이에 치중돼 있다. 반면 나라 밖에서는 성장과 혁신의 도구로 활용된다. 인프라만 앞서고 그에 걸맞은 내용의 부재가 불러온 결과다. 그래서 이 책을 읽으면 씁쓸함이 앞선다"고 했다.[6]

'크라우드소싱의 한계'인가?

2009년 4월 신문의 입장에선 정말 씁쓸한 일이 벌어졌다. 아일랜드의 한 대학생이 온라인 무료 백과사전 위키피디아에 올린 가짜 정보를 영국 유력 언론이 인용해 기사화하는 소동이 빚어진 것이다. 더블린대 재학생인 셰인 피츠제럴드(Shane Fitzgerald)는 4월 28일 프랑스 작곡가 모리스 자르(Maurice Jarre)가 사망했다는 소식을 접한 뒤 위키피디아에 자르가 생전에 한 발언이라며 "사람들은 내 인생 자체가 한 곡의 긴 사운드트랙이라고 말하게 될 것", "음악은 내 삶이자 활력소" 등을 게재했다. 그러나 그것은 그가 15분 만에 지어낸 거짓 정보였다.

그가 올린 정보들은 영국 일간지 『가디언』 등을 비롯한 영국 주요 언론은 물론이고 호주, 인도의 언론이나 블로그 등에 기사로 인용되면서 순식간에 자르가 생전에 했던 명언으로 둔갑해 전 세계로 확산됐다. 사회학과 학생인 피츠제럴드는 '정보가 얼마나 빨리 퍼질 수 있는가' 란 자신의 연구과제를 위해 각국 기자, 블로거들이 인터넷 정보를 얼마나 이용하는지를 알고 싶어서 이 같은 실험을 했다고 밝혔다.

『가디언』은 독자란 편집자 칼럼에서 위키피디아 허위정보를 인용해 기사로 낸 것을 인정하며 유감을 표명했다. 그러나 피츠제럴드는 "인터넷 정보를 검증하지 않은 실수를 사과하기는커녕 오히려 나를 오보의 근원으로 지목하며 비난하기에만 급급하다" 며 블로거와 언론을 비난했다. 그의 정보가 거짓으로 밝혀졌음에도 인터넷에는 아직도 그가 지어낸 발언이 자르의 명언으로 돌아다니고 있는 것으로 알려졌다.[7]

그런데 위키피디아와 위키노믹스는 무한성장할 수 있을까? 시사주간지 『타임』(2009년 9월 28일자)은 위키피디아가 사실상 2007년부터 성장이 정체됐다고 보도했다. 2007년에 한 달 평균 기고자 수 최고를 기록한 위키피디아가 이후 그 기록을 넘어서지 못했다는 것이다. 『타임』은 "위키피디아의 사례는 크라우드소싱(crowdsourcing)의 한계를 보여주는 것일 수도 있다" 고 분석했다.

크라우드소싱은 상품 생산과 서비스의 과정에 대중을 참여시켜 효율을 높이는 방식이다. 위키피디아는 형식적으로는 남녀노소 모든 사람의 참여를 권장하지만 실상은 위키피디아 편집자 1000여 명과 일부 열성 참여자들이 분위기를 주도한다. 예컨대 위키피디아의 '기여자(contributor, 기고자)' 중 여성은 13퍼센트밖에 안된다. 또 사용자들은 위키피디아에서 인물(특히 생존 인물)에 대한 음해성 거짓 정보를 접하면서 위키피디아에 수록된 지식을 점점 더 불신하고 있다. 이를 해결하려면 사용자의 참여를 제한할 수밖에 없는데 이는 '개방성' 이라는 위키피디아의 본질과 모순된다.

미국 팔로알토 연구소의 에드 치(Ed H. Chi) 박사는 "위키피디아라는 거대한 '인터넷 생태계'가 붕괴하고 있다"고 말했다. 위키피디아 사용자를 초원에 사는 토끼에 비유하면, 처음 개체 수가 적을 때 토끼들은 풍족한 풀을 뜯어 먹으며 왕성하게 번식하지만 개체 수가 늘어나면 초원이 황폐해지고 토끼는 번식을 멈춘다는 것이다.[8] 물론 과연 그런 것인지는 좀 더 두고 봐야 할 것이다.

위키피디아의 '미국중심주의'

2008년 11월 3일 서울 쉐라톤 워커힐 호텔에서 열린 '제1회 기업가정신 국제 콘퍼런스'에서 기조연설을 한 위키피디아 창업자이자 재단이사인 지미 웨일스(Jimmy Wales)는 신뢰성을 위키피디아의 첫 번째 성공비결로 꼽았다. 그는 인터넷 신뢰성을 유지하려면 사이버 테러리스트를 사이트 안에서 참여자들이 막아내는 시스템이 중요하다고 지적하면서 방법은 정부 규제보다는 커뮤니티 자체적으로 걸러내는 방안이 효과적이라고 주장했다.

"파티를 열었는데 누군가 술을 먹고 소란을 피우면 파티 참석자들은 그를 끌어내고 다시는 파티에 초대하지 않습니다. 그것과 마찬가지로 온라인에서도 그런 사이트 규칙을 만들어야 합니다." 그는 "위키피디아도 신뢰성을 유지하기 위해 '오바마', '클린턴', '부시' 처럼 정치적으로 민감한 항목에 대해선 그 누구도 편집할 수 없도록 잠금장치를 걸어놨다"고 밝혔다. 또 지속적으로 장난글이나 부정확한 글을 올린 참여자에 대해선 IP를 추적하는 소프트웨어도 가동하고 있으며 사이버 테러리스트나 장난꾼에 대해서는 글쓰기 권한을 박탈하고 출입을 금지시켰다고 말했다.[9]

그러나 웨일스는 이런 '신뢰를 위한 검열' 로 인해 2010년 5월 내부 쿠데타를 당해 위키피디아에 글을 쓰거나 편집 · 삭제할 수 있는 권한을 상실했다. 이 내분은 2010년 4월 폭스뉴스가 "위키피디아에 아동포르노 사진이 범람하고 있다" 고 보도하면서 시작됐다. '아동 성도착증', '롤리타콤플렉스' 등 일부 게시물에 불법 포르노 사진이 실려 있다는 비판이 제기되자 웨일스는 재빨리 이 사진들과 포르노 논란 가능성이 있는 사진들을 위키피디아에서 삭제했다. 그러자 관리자들이 "위키피디아는 웨일스 개인의 소유가 아니다" 라며 집단적으로 반발한 것이다.[10]

위키피디아의 '내부 쿠데타' 는 미국 켄트주립대 교수 데니스 하트(Dennis Hart)가 2007년에 편 주장의 설득력을 높여준다. 하트는 "위키백과는 스스로를 공동으로 생산하는 지식의 가치를 알리는 모범이며 '누구나 편집할 수 있는 공짜 백과사전' 이라고 자화자찬하기를 즐겨 한다" 며 다음과 같이 말했다. "의도야 좋았지만 불행히도 위키백과는 지식의 민주주의가 반드시 좋은 게 아니라는 것을 보여주는 산 증거가 됐으며 발전한 기술을 매개로 과거의 동네 바보들을 세계 바보들로 바꾸고 있다. 지식을 늘리고 편협한 신념을 깨뜨리는 대신 오히려 편견과 오해를 더욱 고착시키고 서구중심적이고 수구적이며 인종차별적인 집단의 자기중심주의를 더욱 부채질하고 있는 것이다."

또 그는 "개인적 관점의 배제(NPOV, Non Point Of View)는 위키피디아 최대의 구호이며 개인적 관점(POV)은 최악의 죄로 여긴다" 며 다음과 같이 말했다. "위키 신봉자들은 NPOV가 '객관적' 이란 말과 동일하다고 믿으며 한 가지 측면만을 부각시키지 않고 '사실' 을 그대로 전한다는 뜻이라고 본다. 그러나 NPOV란 다수 지배 집단이 원래부터 공유하고 있는 편견을 객관적인 사실로 포장하는 것에 지나지 않는다. 정말로 '모든' 시각과 측면을 고려하는 것이 가능하기나 한가? 설혹 가능하다 해도 특정 논의에 모든 입장과 시각이 완전히 고려됐는지를 어떻게 판단할 수 있겠는가? 게다가 위키백과 영어판 편집자는 대부분 18세에서 30세 사이의 백인 남자들인데 이들이 다수결로 생산해내는 지식이 어떻게 '모든 의견과 시각' 을 고려한 것이라고 볼 수 있다는 말인가?…… 결론적으로 위키백과의 허접스러움은 단순히 공부를 덜한 대중이 다수결로 만든 지식이어서인 뿐만이 아니다. 질 높은 지식은 지식의 주체와 객체 간의 권력관계에 대한 성찰이 있는 지식이며 끊임없는 비판적 사고와 해체적 시각에 열려 있는 지식인데 위키백과의 운영철학으로는 이것이 불가능하기 때문이다."[11]

2009년 이희은은 위키피디아의 구조적 개방성이 편집 원칙과 더불어 영어가 누리는 세계어로서의 권력으로 인해 내용과 형식의 평등성이나 다원성으로 이어지지 못하고 있다고 진단했다. 그는 "결국 이러한 편집 원칙이 의미하는 것은 기존 지식체계의 재생산이다. 사실이거나 검증 가능한 논리는 기존의 믿을 만한 정보원에 근거해야 하고 믿을 만한 정보원이라는 판단 역시 해당 언어권에서 이미 입증된 권력을 누리고 있는가의 여부에 따르는 경우가 많기 때문이다"라며 다음과 같이 말한다.

"영어 사용자와 영어 항목이 다수를 차지하고 있는 위키피디아에서 영어로 된 문서와 지식체계가 더 많이 인용될 것임은 자명한 사실이다. 게다가 사진이나 동영상 음성파일 등이 함께 기재될 수 있는 위키피디아의 기술적인 시스템을 고려하면 이미 세계를 장악하고 있는 영어(권)의 시각이 더 많이 반영될 것이라 유추할 수 있다. 문제는 그렇게 한쪽으로 시각이 경도된다는 것 자체가 아니라 그렇게 구축되고 재생산된 지식과 정보가 다수의 협업과 경쟁에 의해 생산된 집단지성이라는 이름을 갖는다는 사실이다."[12]

대중지성 논쟁

위키피디아가 상징하는 집단지성도 검증해볼 필요가 있겠다. 특히 한국에선 촛불집회를 계기로 부각된 참여민주주의가 집단지성을 화두로 떠오르게 만들었기 때문이다. 비슷한 의미로 대중지성(mass intelligence), 무리지성(swarm intelligence)이라는 표현도 쓰이고 있다. 대중 대신에 다중(多衆, multitude)이라는 용어도 쓰였다. 다중은 안토니오 네그리(Antonio Negri)와 마이클 하트(Michael Hardt)가 2000년에 출간한 『제국』에서 인간의 새로운 주체성을 표현하기 위해 정식화한 개념으로, 다양하고 이질적이며 혼종적인 사람들의 집합체를 의미한다.[13] 대중지성에 관한 5가지 견해를 소개한다.

"오늘 우리는 대중과 지성의 결합, 곧 대중지성의 등장을 본다.…… 대중지성은 말하자면 촛불의 네트워크다. 청계천에서 3만 개의 촛불이 타오르기 전에 인터넷에서 수십만, 수백만 개의 촛불이 타올랐다.…… 제도민주주의의 결함을 메우고 극복하는 것은 촛불민주주의다. 국가지성이 구멍 숭숭 뚫려 멋대로 날뛰고 고꾸라지는 걸 막으려면 대중지

성이 더 많은 촛불을 들어야 한다." (고명섭 한겨레 책 · 지성팀장)[14]

"촛불시위에서 우리가 봤던 것은 전통적 형태의 고체화된 벽을 세우며 막아서는 권력과 더욱 빠른 속도로 변환되고 흘러가며 벽을 우회하거나 넘어서는 대중의 능력 사이의 대결이다.…… 거기서 벽 · 분할 · 선점에 의해 작동하는 '전문가' 지성과 접속 · 소통 · 공유에 의해 작동하는 대중적 지성의 대결을 본다. 그것은 오래된 과거와 다가올 미래의 대결이다. 과거는 확고해 보이고 미래는 눈에 보이지 않기에 언제나 과거가 승리하는 것처럼 보이지만 사실은 그렇지 않다는 것을 우리는 잘 알고 있다." (이진경 서울산업대 교수)[15]

"우리나라 인터넷에서 집단지성을 찾으려는 노력이나 이것을 언급하는 전문가들의 생각은 실제 일어나는 현상을 간과한 것이다. 외국의 현상을 나타내는 전문 용어를 우리의 상황과 조금 유사하다고 해서 무작정 적용한 것으로 보인다. 한국 인터넷의 움직임은 '대세 추종현상'으로 요약된다. 미국의 위키피디아가 집단지성의 예라면 한국의 네이버 인기 검색어나 지식인은 대세 추종의 대표적인 예다. 아고라 등 인터넷 토론장은 일방적으로 자기주장을 표현하는 공간이지 토론은 없었다. 이런 행동이 일어나는 것은 사이버 공간에서 만들어지는 자기정체성 때문이다." (황상민 연세대 교수)[16]

"촛불은 지성의 표출이 아니라 지성과 감성의 어울림이다. 아고라에서의 만남과 소통, 그리고 연대의 과정에서 지성을 찾아 찬양하는 것은 지성인의 무책임을 정당화하는 것일 수 있다. 가상공간에서의 아고라도 가상이 아니라 현실이다. 아고라에는 지성도 있고 감성도 있으며 문명도 있고 야만도 있다. 아고라는 야만의 강물을 헤치고 지성의 바다로 나아갈 수도 있지만 언제나 평화를 폭력으로 비틀 수도 있다. 아고라와 촛불을 집단지성이나 다중지성과 동일시하는 해석은 이명박 정부가 바로 이 집단과 다중, 곧 우리 자신이 만든 괴물이라는 것을 쉽게 망각한다." (박구용 전남대 교수)[17]

"대중이 지식인이 되고 지식인이 대중이 되는 '대중지성' 의 가능성을 어떻게 더 생산적으로 분출시킬 것인지에 대한 구체 전략이 없다면 오히려 시장주의 동원 체제에 포섭될 가능성이 높다." (여건종 숙명여대 교수)[18]

여건종의 지적처럼 대중지성을 아무리 긍정 평가한다 해도 그것이 시장주의 동원 체제에 포섭될 가능성이 높다는 건 부인하기 어렵다. 그 가능성을 더욱 키워가면서 그 한계를 넘어서기 위한 노력이 필요하다 하겠다. 기존 민주주의 운영 원리는 대중지성의 꽃을 피우게 만든 인터넷 이전에 구축된 것인바, 민주주의에 관한 논의도 활발해져야 한다는 건 두말할 나위가 없다.

또 하나의 문제는 이슈에 따라 대중지성을 달리 평가하는 이념 · 당파적 자의성이다. 대중지성엔 이념 · 당파성이 없다. 그간 사회적 이슈로 등장한 '대중지성 사건' 들은 모두 민족주의 · 국가주의와 관련된 것이었다. 물론 민족주의 · 국가주의는 그 자체로 특정 이념지향성을 갖고 있는 것이긴 하지만 대중지성의 구성원들은 이념의 좌우를 막론하고 민족주의 · 국가주의적 성향을 보여왔다는 뜻이다.

대전대 교수 권혁범은 "악성 댓글 수백 개가 달릴 각오를 하고 말한다면 이것(촛불집회)은 '검역 주권' , '굴욕적 외교' 라는 말에서 보듯이 한국인들의 대미 민족주의적 자존심을 은밀히 건드리고 있다. '미국=쇠고기=광우병' , '한국=한우=건강' 이라는 도식이 성립한다. 그 덕택에 시위는 민족적 문제에 민감한 많은 시민들의 지지를 이끌어내고 있

다"고 했다.[19]

악성 댓글 수백 개가 달리든 말든 이건 분명한 사실이다. 다만 민족주의·국가주의가 전부는 아니고 그런 요소가 크게 작용하고 있다고 선을 그을 필요는 있겠다. 이전의 대중지성은 이념·정치적 맥락 없이 민족주의·국가주의를 전면에 드러낸 반면 촛불집회는 그 반대로 이념·정치적 맥락이 전면에 나서고 민족주의·국가주의가 바탕에 깔렸다는 차이밖엔 없다.

그런데 촛불집회를 평가하는 언론이나 지식인은 강한 이념과 당파성을 갖고 있다. 그래서 대중지성의 발현에 대해 어떤 경우엔 독설을 퍼붓고 또 어떤 경우엔 극찬을 하는 이중성이 많이 나타나고 있다. 대중지성마저 이념·당파 싸움에 이용하려는 시도를 어떻게 보아야 할까?

'대중의 지혜' 논쟁

'대중지성'과 비슷한 개념으로 '대중의 지혜'도 민주주의의 운용과 관련하여 활발하게 거론되고 있다. 굳이 '지성'이나 '지혜'를 역설해야 하는 건 과거에 대중에겐 그게 없는 것으로 여겨졌기 때문이다. 대중에 대해 무수히 쏟아져나온 비판 가운데 몇 가지만 살펴보기로 하자.

스코틀랜드 출신 저널리스트 찰스 맥케이(Charles Mackay)는 "예로부터 사람들은 무리를 지어 생각한다고 했다. 군중은 집단적으로 미쳤다가 나중에야 천천히 지각을 되찾게 된다"고 했다. 철학자 버나드 바루크(Bernard Baruch)는 "개인은 누구든 현명하고 합리적이다. 그러나 집단의 일원이 되면 바로 바보가 된다"고 했다. 철학자 프리드리히 니체

(Friedrich Nietzsche)는 "광기 어린 개인은 드물지만 집단에는 그런 분위기가 항상 존재한다"고 했다. 영국 역사학자 로버트 칼라일(Robert Carlyle)은 "나는 개인이 모르는 것을 집단이 알 것이라고는 믿지 않는다"고 했다. 구스타브 르봉(Gustave Le Bon)은 1895년에 쓴 『대중』에서 "집단 내에 쌓여가는 것은 재치가 아니라 어리석음이다. 집단은 높은 지능이 필요한 행동을 할 수 없으며 소수 엘리트보다 언제나 지적으로 열등하다"고 했다.[20]

미국 저널리스트 제임스 서로위키(James Surowiecki)는 『대중의 지혜』라는 책에서 위와 같은 주장들에 도전했다. 그는 대중의 지혜를 입증하는 많은 사례들을 열거했다. 그러나 그 역시 대중을 폄하하는 사람들이 대중의 어느 한쪽만을 보려는 것처럼 다른 한쪽만을 보려고 애쓴 기색이 역력하다.

『대중의 지혜』에선 무엇보다도 대중의 지혜에 반하는 전쟁과 분쟁이 분석 대상에서 제외됐다. 서로위키는 개인주의, 이해관계(탐욕), 시장 등을 예찬한다. 그가 『뉴요커』 논설위원이면서 『월스트리트 저널』의 경영 칼럼니스트이기도 하다는 사실에 주목하면 그 맥락을 이해할 수도 있겠다.

대중민주주의 체제하에 살면서 대중을 폄하하는 것보다는 대중을 예찬하는 게 더 쉬운 일이다. 그게 당위와 명분에 더 충실할 수 있거니와 안전하다. 그래서 정치인치고 대중을 예찬하지 않는 사람이 없다. 노무현 정권은 이른바 '표피 여론'과 '심층 여론'을 구분해 대중을 예찬과 동시에 계몽의 대상으로 삼고자 했지만 여론의 몰매를 맞고 말았다. 그래서 '국민이 두렵다'는 말도 자주 나오곤 했다. 예컨대 다음과 같은 식으로 말이다.

"국민이란 바다의 해류는 어디로 쏠려가는지 아무도 모른다. 이헌재 전 부총리의 사표를 수리한 대통령이 '해일처럼 밀려온 여론에 장수를 떠내려 보낸 심정'을 직접 토로했듯이 결국 대통령도 국민이란 바다 위에 떠 있는 작은 배일 뿐이다. 그래서 국민이 두려운 것이다."[21]

그렇지만 적어도 선거에선 '대중의 지혜'는 사실 하나 마나 한 말이다. 확률적으로 대중은 늘 지혜롭게 돼 있기 때문이다. 서로위키도 지적했듯이 "상황이 애매모호하고 불투명할 때는 주변 사람과 똑같은 행동을 취하면 된다는 것이 인간 사회에서의 지배적 사고방식이다. 이는 매우 합리적인 사고방식이기도 하다."[22]

대중은 그 자체의 힘(머릿수 파워) 때문에 대중의 선택은 정당화되고 지혜가 되게끔 돼 있다. 대중은 이미 '지혜'라는 답을 내장하고 있는 개념인 것이다. 예컨대 대중이 선거에서 아주 어리석은 선택을 했을망정 그걸 무슨 수로 꾸짖을 것이며 바로잡을 수 있겠는가? 게다가 그런 선거에서 과실을 챙긴 사람들이 앞다투어 '대중의 지혜'를 역설할 게 뻔한데 말이다.

대중의 지혜가 지도자보다 안전하다

개인과 중·소 집단은 이해관계에 휘둘리는 반면 대중은 다수의 이해관계를 반영하게 돼 있다. 그래서 대중은 당파성 평준화 효과를 갖는다. 바로 이 점도 '대중의 지혜'를 돋보이게 만든다. 마키아벨리(Niccolò Machiavelli)는 이 점을 간파했다.

마키아벨리 이전의 많은 역사가들은 민중만큼 경박하고 일관성이 없는 것도 드물다고 말했다. 그러나 마키아벨리는 "감히 변호하지만 역사가들이 민중의 결점이라고 규탄하는 그 성격은 실은 인간 전체, 그중에서도 특히 지도자들의 성격이라고 말하고 싶다. 왜냐하면 법에 어긋나는 행위를 하는 자는 누구나 질서 없는 민중과 다름없는 과오를 범하기 때문이다"라며 다음과 같이 주장했다.

"백성의 소리는 신의 소리라지만 그다지 이유 없는 말은 아니다. 원래 여론이라는 것은 불가사의한 힘을 발휘하여 미래의 예측까지 하는 수가 있다. 또 판단력에서도 민중의 그것은 의외로 정확하다. 2가지 대립되는 의견을 나란히 제공해주면 여론은 거의 대부분의 경우 올바른 쪽의 편을 든다. 물론 여론에도 결함은 있다. 진실로 유익한 것보다 겉이 번드르르한 쪽으로 시선을 빼앗기는 경우가 많기 때문이다. 그러나 지도자들도 자기들의 욕망에 사로잡혀 같은 결함에 빠지는 경우가 많지 않은가. 더욱이 지도자들의 욕망으로 말하면 민중의 그것보다 훨씬 더 크기 마련이다. 그래서 민중이니 지도자니 하고 구별할 것이 아니라 양자에 공통되는 결함으로서 논하는 것이 이치에 맞는 방법이라고 나는 믿는 것이다."[23]

'대중의 지혜'라는 건 바로 이런 수준에서 타당하다. 즉, 대중은 진실로 유익한 것보다 겉이 번드르르한 쪽으로 시선을 빼앗기는 경우가 많지만 지도자들도 자기들의 욕망에 사로잡혀 같은 결함에 빠지는 경우가 많다는 점에서 비교적 지혜로울 수 있다는 것이다.

이런 비교의 관점을 떠나 대중의 지혜를 무조건 예찬하는 건 무모하거나 이데올로기 편향적이라는 혐의를 면키 어렵다. 『대중의 지혜』라는 책은 이 점에서 문제가 있다고 말할 수 있겠다. 그렇다고 해서 『대중의 지혜』라고 하는 책이 가치가 없는 건 아니다. 서로위키는 조직이론가 제임스 마치(James G. March)의 주장에 기대어 다양성의 장점을 역설했는데 이 점은 깊이 경청할 만하다.

"너무 유사한 집단은 새로운 정보를 논의하지 않기 때문에 새로운 것을 배우기 어렵다. 동질적인 집단은 구성원들이 잘하는 일에는 뛰어나지만 대안을 탐색하는 능력은 점차 떨어지게 된다. 그런 그룹은 구성원들이 갖고 있는 것을 활용하는 데 시간을 너무 많이 쓰는 반면 다른 것을 탐색하는 데는 충분히 시간을 쏟지 않는다. 비록 경험이 부족하고 덜 유능한 사람이라 하더라도 새 구성원을 조직에 포함시키면 조직이 더 현명해질 수 있다."[24]

이어 서로위키는 개인의 독립성이 집단의 현명한 의사결정에 중요한 이유는 2가지라고 했다. "첫째, 독립성은 사람들이 저지른 실수가 서로 연관되는 것을 막아준다. 개인의 판단에서 생긴 오류가 집단 전체의 판단을 손상시키지는 않는다. 여러 오류가 구조적으로 같은 방향을 향하고 있지 않다면 그런 일은 생기지 않는다. 정보로 인해 서로 의지하게 되면 사람들의 판단은 구조적으로 편향되게 돼 있다. 둘째, 독립성이 존재할 경우 구성원들이 이미 익숙한 과거 자료 외에 새로운 정보를 갖고 있을 가능성이 높다. 그렇다면 가장 현명한 집단은 다양한 관점을 갖고 서로 독립적 상태를 유지할 수 있는 사람들로 구성된 집단일 것이다."[25]

사실 이 2가지 이유만으로도 '대중의 지혜' 를 긍정 평가하기에 충분하다. 앞서 소개한 마키아벨리의 '대중옹호론' 도 얼마든지 수용할 수 있다. 다만 우리가 늘 경계해야 할 것은 '대중의 신성화' 다. 그건 '다수의 독재(tyranny of majority)' 를 경계해야 하는 이유와 같다.

포지티브 캠페인도 필요하다

대중지성과 대중의 지혜가 민주주의 발전을 위해 가장 기여할 수 있는 분야는 '관료주의(bureaucracy)'의 한계를 극복하는 일이다. 최고 지도자조차 관료주의의 장벽 앞에선 무력하기 때문이다. 1952년 미국 대통령 해리 트루먼(Harry Truman)은 당시 대선에서 대통령 당선이 유력한 군인 출신 공화당 후보 드와이트 아이젠하워(Dwight D. Eisenhower)와 관련, 정부 관료제는 대통령 권력조차 보잘것없게 만들 정도로 막강하다면서 다음과 같이 말한 바 있다.

"그는 이 자리에 앉으면 '이거 해! 저거 해!' 라고 말하겠지만 아무 일도 일어나지 않을 것이다. 불쌍한 아이젠하워는 여기가 군대와는 다르다는 걸 알게 될 것이다."[26]

미국의 정치 컨설턴트 딕 모리스(Dick Morris)는 "관료제하에서 정년이 보장된 공무원들은 대개 투표로 선출된 그들의 우두머리를 무시하는 태도를 보인다. 자주 이혼하는 사람의 자녀와 같이 그들은 유권자들의 지지를 받아 당선된 사람도 은퇴하기 한참 이전부터 그 지지를 잃게 되리라는 것을 알고 있기 때문이다. 실제로 많은 관료들은 변화에 대한 압력을 견뎌내고 시류에 민감한 의욕적인 정치인들의 간섭에 맞서 자기가 축적해온 방식을 지켜내는 데 거의 사명감까지 느끼는 것처럼 보인다"고 했다.[27]

모리스는 한 걸음 더 나아가 정부에서도 이른바 스톡홀름 신드롬(Stockholm syndrome)이 나타난다고 주장했다. 난공불락의 관료주의를 극복할 수 있는 유일한 방법은 의사결정 과정을 민간에 넘기는 것이지만, 장관 등 여러 요직에 임명된 사람들이 관료들의 포로로 전락하고 만다는 것이다.[28](1973년 스웨덴의 스톡홀름에서 발생한 은행 인질강도 사건에서 인질들은 인질로 잡히기까지의 폭력적인 상황을 잊어버리고 강자의 논리에 동화돼 인질범의 편을 들거나 심지어 사랑하는 행태를 보였는데, 심리학자들은 이를 가리켜 '스톡홀름 신드롬' 이라 불렀다. '인질' 의 경계가 늘 명확한 건 아니다. 여러 분야에서 활용되고 있는 '스톡홀름 신드롬' 이라는 개념의 용법 타당성을 놓고 논란이 자주 빚어지는 것도 바로 이런 이유 때문이다.)

관료주의가 무조건 나쁜 건 아니다. 적어도 한국과 일본은 관료제에 의해 눈부신 경제발전을 이룬 대표적인 나라다. 문제는 세상은 달라졌는데 관료조직은 과거의 성장 신화에서 자신들이 이룩한 업적의 환상에 빠져 있다는 점이다.

정부의 관료주의만 문제되는 것도 아니다. 김필동과 김병조는 관료주의와 관련하여 우리가 주목해야 할 것은 '관료' 의 문제는 모든 민간영역에서 움직이는 조직의 문제이기도 하다는 점이라고 말한다. 전체 15세 이상 인구 가운데 조직 생활자의 비율은 1960년대 초엔 20퍼센트 미만이었지만 1990년경부터는 거의 절반 정도에 이르렀다는 점을 감안할 때에 조직의 문제는 공무원 사회에만 국한된 것이 아님을 알 수 있다는 것이다.[29]

바로 이런 이유 때문에 대중지성과 대중의 지혜가 관료주의 문제에 적극 개입할 필요가 있다. 꼭 비판의 필요성만을 말하는 게 아니다. 대중지성과 대중의 지혜는 정치혐오가 극심한 한국의 현실상 주로 정치에 대한 네거티브 캠페인의 형식으로 발휘될 수밖에 없다는 점에 유념할 필요가 있다. 포지티브 캠페인도 동시 병행할 필요가 있다는 뜻이다. 예컨대 모든 국민이 정치개혁과 민주주의 발전을 위한 아이디어를 내보는 건 어떨까? 정부와 국회가 스스로 나서서 그런 아이디어를 모집하고 '우수작'을 뽑아 시상하면 어떨까?

아이디어가 없어서 한국 정치가 이 지경이냐고 비아냥댈 일이 아니다. 초당파적인 참여의 제도화에 의미가 있다. 그런 국민 아이디어 공모제는 본격적인 '정치교육'의 제도화로 나아가는 초석이 될 수 있다. 가장 중요한 것은 이 모든 게 과거처럼 정치권에 대한 반감과 증오를 앞세우는 게 아니라 정치권과 국민이 '윈윈 게임'을 할 수 있다는 전제에 근거해야 한다는 점이다. 아직 느껴보질 못해서 그렇지 정치인들도 유권자들로부터 존경을 누리는 것 이상 더 큰 보람이 있을 수 있을까?

한국의 정치 문화가 바뀌어야 한다는 데엔 모든 이들이 공감하면서도 변화가 일어나지 않는 건 아마도 "세상이 다 그런 거지 뭐" 하는 체념과 냉소 때문일 것이다. 이러한 체념과 냉소마저 정치교육의 장으로 끌어들여 활발한 논의의 대상으로 삼는 게 필요하다. '정치교육'으로 '정치혁명'을 일으키는 것은 꼭 필요하거니와 얼마든지 가능한 일이다.

다시 위키피디아의 명암으로 돌아가보자. 위키피디아는 오락과 놀이 중심으로 발달돼온 한국의 인터넷문화가 성장과 혁신의 도구로 활용될 수 있는 길을 모색하는 하나의 시금석이 될 수도 있다. 사이버 세계에선 오락과 지식을 구분하는 것 자체가 무의미하겠지만 아직 둘의 융합조차 제대로 실현되지 않은 한국에선 '오락의 내실화'가 필요하다 하겠다. 그러나 국제적 차원에선 '미국중심주의'에 주목할 필요가 있다. 위키피디아의 '미국중심주의'가 '대중지성'이라는 권위를 획득해 그 어떤 '글로벌 스탠더드'가 되는 건 경계해야 할 일이다. 그러나 그런 경계가 쉽지는 않은 일인 만큼 위키피디아 역시 '팍스 아메리카나'에 일조하는 미국 '디지털 정보제국'의 일원으로 보아야 하지 않을까?

왜 SNS 경쟁이 치열한가

7 장

인맥사회의 사회자본 축적 열풍

'SNS를 이용한 비즈니스 혁신의 가능성'

SNS(Social Networking Service)는 온라인상에서 이용자들이 인맥을 새롭게 쌓거나 기존 인맥과의 관계를 강화할 수 있게 하는 서비스다. 한국에서 SNS의 시작은 1990년대 말 아이러브스쿨이었으며 동창 찾기 유행을 일으킨 한국 SNS는 '일촌', '도토리'로 상징되는 인맥 기반 커뮤니티 서비스 싸이월드를 통해 폭발적으로 성장했다.[1]

미국에서 최초의 SNS 사이트는 1990년대 중반에 등장했으며 2007년엔 200개를 넘어섰다.[2] 미국에서 마이스페이스, 페이스북 같은 SNS 사이트는 마케팅 활동의 새로운 총아로 떠올랐다. 이 점에 눈독을 들인 '미디어 황제' 루퍼트 머독(Rupert Murdoch)이 소유한 뉴스코퍼레이션은 2005년 마이스페이스를 5억 8000만 달러에 인수했으며 마이스페이스 사용자는 2006년 8월 1억 명을 돌파했다. 2006년 11월부터는 일본어판 서비스를 개시하면서 일본에서의 사업 파트너로 재일교포 손정

의의 소프트뱅크를 선택했다.[3]

미국 해병대는 마이스페이스 방문객 중 약 600만 명이 15~24세의 젊은이라는 점에 주목해 2007년 4월부터 마이스페이스에서 입대자를 모으기 위한 마케팅 활동을 시작했다.[4] 2007년 10월 마이스페이스 사용자는 1억 5000만 명을 돌파했으며 2008년 6월 전 세계적으로 2억 명 이상의 회원을 보유했다.

LG경제연구원은 2007년 10월에 낸 「SNS를 이용한 비즈니스 혁신의 가능성」이란 보고서에서 "2005년 마이스페이스를 인수한 루퍼트 머독의 뉴스코퍼레이션 같은 미디어 업체, 이동통신사업자 등이 SNS 시장에 뛰어들고 있다"며 "기업들의 광고 매체로 자리 잡을 것"이라고 예상했다. 보고서는 또 "SNS는 언제 어디서나 이용할 수 있어 휴대전화에 잘 어울리는 서비스"라며 유무선을 하나로 통합한 유비쿼터스 SNS의 등장을 예고했다.[5]

2007년 말 마이스페이스는 국내에 동영상, 사진 등을 특화한 한글 서비스를 개시하겠다고 발표했다. 이보다 앞서 국내 진출이 결정된 세컨드라이프는 이용자들이 가상공간에 아바타(분신)를 만들어놓고 취미, 경제활동을 할 수 있는 일종의 가상현실 서비스를 제공했다. 이처럼 세계적인 SNS 기업들이 속속 진출하는 이유는 한국이 싸이월드 등으로 대표되는 SNS의 본고장이기 때문이다. SK커뮤니케이션즈 관계자는 "글로벌 SNS 업체들이 한국 시장에 관심을 갖고 진출하는 것은 업계 전체의 서비스 발전에 기여한다는 측면에서 바람직하다"며 "하지만 SNS는 이미 구축된 네트워크가 중심인 만큼 2200만 명이 미니홈피를 이용하고 있고 블로그가 활성화된 한국 시장에서 성공하기 쉽지 않을 것"이라고 말했다.[6]

SNS로 인맥을 만들었던 구가인은 "온라인 인맥 만들기는 흥미롭고 용이했지만 또 그만큼 쉽게 끊기고 말았다. 결국 오프라인이 그랬듯 온라인 관계에서도 가장 중요한 것은 관계 유지를 위한 노력, 그를 '길들이기 위한 시간' 이었던 것이다" 라고 말했다.[7]

"5000명을 목표로 인맥을 구축하고 있다"

2008년 이른바 2세대 SNS가 등장했다. 『한국일보』 2008년 4월 9일자는 "1세대 SNS가 기존 오프라인 인맥 간의 사교나 교류, 놀이에 비중을 뒀던 데 비해 2세대 SNS는 실질적으로 필요한 인맥을 구축하도록 돕거나 새로운 서비스를 부가하는 형태를 띠는 등 상당한 차이점을 나타내고 있다" 며 다음과 같이 말했다.

"특히 사회생활에서 절실한 비즈니스 인맥을 구축할 수 있도록 도와주는 서비스가 직장인들을 중심으로 점차 영역을 넓혀가고 있다. 이른바 비즈니스 인맥 구축 SNS를 통해 영업이나 거래 과정에서 든든한 원군을 얻는 경우도 적지 않다. 인터넷마케팅 컨설팅 업체를 운영하는 장종희 씨는 2007년 비즈니스 인맥 구축 SNS인 '링크나우' 에 회원으로 가입해 불과 반년 만에 무려 1000여 명의 '일촌' 을 확보하는 대박을 터뜨렸다. 장 씨는 시간이 날 때마다 온라인을 통해 마케팅 및 광고 분야 회원들과 인맥을 연결하는가 하면 자신의 프로필도 꼼꼼하게 신경써서 작성했다. 그러다 보니 자연스레 일촌 연결을 요청하는 회원들이 그에게 몰려든 것이다. 그가 밝히는 인맥 구축의 비결은 '기브 앤드 테이크(give & take)' 가 아니라 '기브 앤드 기브(give & give)', 즉 주고 또 주는 것이었다고 한다. 남에게 계속 도움을 주다 보니 상대방의 깊은 신뢰를 얻게 됐을 뿐 아니라 오프라인 만남으로도 발전시킬 수 있었다는 것이다. 그는 '5000명 정도를 목표로 삼아 인맥을 구축하고 있다' 며 '그 정도 인맥이 형성되면 인터넷을 통해 수많은 기회를 포착할 수 있는 것은 물론 개인적으로도 지금보다 훨씬 성장할 것으로 생각한다' 고 말했다." [8]

2008년 5월 구글과 페이스북이 제휴 사이트와 회원의 개인정보는 물론 친구 목록과 사진, 글 등의 정보를 공유할 수 있도록 하는 새로운 서비스를 시작할 계획이라고 발표한 데 이어, 2008년 6월 마이스페이스가 야후, 이베이 등 대형 사이트들과 회원 개인정보를 공유할 수 있도록 하는 내용의 '데이터 이동 정책(data portability policy)' 을 발표해 논란을 빚었다.

전문가들은 이러한 개인정보 공유가 심각한 사생활 침해나 인터넷 범죄로 이어질 수 있다고 경고했다. DPA통신은 개인정보 보안 관계자의 말을 인용해 "인터넷상에 공유된 개인정보는 친구뿐 아니라 신원을 알 수 없는 '제3자' 도 열람할 수 있다" 며 "이러한 정보를 악용해 명의를 도용하거나 다른 사람의 정보를 무단으로 변경할 위험이 있다" 고 지적했다. 상당수 사이트는 해킹할 필요도 없이 검색엔진만으로도 회원 개인정보를 쉽게 알아낼 수 있을 정도로 보안이 허술하다는 것이다. [9]

왜 싸이월드는 퇴조했는가?

"2006년 11월 미국 샌프란시스코에서 열렸던 웹 2.0 콘퍼런스에서 유현오 당시 SK커뮤니케이션즈 사장은 싸이월드의 성공 사례를 발표했다. 미국의 주요 언론들은 싸이월드의 미국 진출과 관련해 유 대표의 연설에 뜨거운 관심을 보였다. 그러나 그로부터 1년 뒤에 같은 곳에서 개최된 웹 2.0 콘퍼런스는 미국판 싸이월드 격인 페이스북 창업자 마크 주커버그(Mark Zuckerberg)의 독무대였다. 그는 하버드대 재학 중 페이스북을 만들어 실리콘밸리로 진출했다. 당시 23세였던 그는 웹 2.0 간판스타로서 가는 곳마다 화제를 모았다. 반면 이 무대에서 싸이월드에 대한 관심은 찾아보기 어려웠다."[10]

국내에서도 싸이월드에 대한 관심이 퇴조하고 있었다. 2008년 4월 싸이월드 미니홈피의 순 방문자 수와 페이지뷰는 2007년 1월에 비해 각각 10퍼센트, 30퍼센트 떨어졌다. 주 수입원인 도토리(사이버머니) 판매 수익도 정체돼 1분기 SK커뮤니케이션즈의 커뮤니티 부문 매출은 2007년 동기 대비 6퍼센트가량 감소했다.[11]

『경향신문』 2008년 5월 27일자는 "싸이월드는 최근 검색 강화와 광고에 초점을 맞춘 메인 화면 개편을 단행했다. 검색창 위치를 화면 맨 위에 배치하는 한편 검색창 바로 밑에는 실시간 뉴스를 띄우고 예전에는 없었던 배너 광고도 중앙에 넣어 네이버 등 포털 사이트와 비슷한 형태를 갖춰가고 있다. 동영상 서비스도 강화했다"며 다음과 같이 말했다.

"싸이월드의 이 같은 개편에는 새로운 수익 창출에 대한 고민이 담겨 있다. 공전의 히트작인 미니홈피는 가입자가 무려 2300만 명에 달한다. 웬만한 사람들은 이미 회원으로 가입돼 있어 예전과 같은 성장은 더 이상 기대하기 힘든 상황이다. 이에 따라 싸이월드의 주 수익 모델인 사이버머니 '도토리'도 성장세가 거의 멈췄다. 도토리의 하루 매출은 2억 5000만~3억 원대에 이르지만 2005년 정점을 찍은 후 성장세가 둔화됐다. 2008년 일사분기 SK커뮤니케이션즈의 커뮤니티 부문 매출은 193억 원으로 전 분기(198억 원)에 비해 떨어졌다. 최근에는 블로그가 다시 인기를 얻으면서 미니홈피의 열기는 더 식어가는 분위기다. 미니홈피가 지인들끼리의 친목 도모 위주이고 개인의 사진이나 일상을 담는 사적 공간인 데 비해 블로그는 불특정 다수를 대상으로 다양한 정보를 유통시키면서 1인 미디어로서 주목을 받고 있는 것이다."[12]

『동아일보』 2008년 5월 30일자는 "싸이월드를 운영하는 SK커뮤니케이션즈의 주가는 올해 초 4만 원에 육박하던 수준에서 최근 1만 2000원대로 떨어졌습니다. 개인 소비자들(도토리 판매)만을 상대로 한 수익 모델에 어느 정도 한계가 있는데다 검색 기능을 중심으로 '종합선물세트' 식 서비스를 제공하는 포털과의 경쟁에서도 밀렸기 때문입니다"라면서 다음과 같이 말했다.

"사실 트래픽을 수익으로 연결하는 것은 싸이월드뿐 아니라 모든 글로벌 인터넷 업계의 고민입니다. '마이스페이스', '페이스북' 과 같은 미국 SNS 기업들도 마찬가지라고 하네요. 그러나 이들이 난관에 대처하는 방식은 사뭇 다릅니다. 포털로 방향을 전환한 싸이월드와 달리 미국 SNS 기업들은 '오픈 API(응용프로그램 환경)' 라는 '플랫폼 개방' 을 선택하고 있어요. 오픈 API를 사람에 빗대 설명하자면 한 사람(홈페이지)의 신체 사이즈(프로그램 환경)를 공개해 누구라도 그에 맞는 옷이나 장신구(게임, 편집 애플리케이션 등)를 만들 수 있게 한 것입니다. 사이트 운영 기업뿐 아니라 일반인 등 어느 누구라도 개발에 참여할 수 있죠. 페이스북 등은 '놀 거리가 많아지면 사용자들의 체류 시간이 길어질 것이고 이는 광고 수익으로 연결될 것' 이라고 생각합니다. '다 있어 편리한' 포털 서비스를 제공하겠다는 싸이월드와 '직접 만들어 재미

있는' 오픈 API 서비스로 승부하려는 미국 SNS 기업 중 어느 선택이 더 현명한 것으로 판명될지 귀추가 주목됩니다."[13]

'디지털 시크'와 '디지털 부머'

2008년 6월 우병현 태그스토리 대표이사는 "최근 2~3년간 일본 인터넷 업계의 성장세도 예사롭지 않다. 일본의 최대 SNS 사이트인 믹시(mixi.jp) 앞에 싸이월드 재팬은 명함도 못 내밀 정도로 밀리고 있다"며 다음과 같이 말했다.

"한국은 최근 2~3년간 미국이나 일본과는 반대로 '울타리 치기' 전략을 고수했고 결국 웹 2.0 시대의 미아가 됐다. 예를 들어 한국에서는 위자드(wzd.com)와 같은 위젯 회사들이 제대로 성장을 못하고 있다. 대형 포털 사이트들이 독립 위젯 회사에 문호를 개방하지 않기 때문이다. 인터넷산업 전문가들은 한국이 울타리 치기 전략에서 벗어나지 못한 중요한 원인 중 하나가 2000년대 중반에 형성된 네이버, 다음, 싸이월드의 3강 체제에 있다고 진단하고 있다. 국내 인터넷 사용자의 90퍼센트 이상을 장악하고 있는 3강은 독과점 체제를 바탕으로 문어발식 확장을 집요하게 추구하면서 중소 벤처 기업의 영역까지 잠식하고 있다. 일례로 판도라TV, 엠군 등 동영상 전문 업체들이 동영상 UCC 시장을 개척하자 네이버, 다음, 싸이월드 등 3강은 모두 동영상 UCC를 독자적으로 구축해 중견 업체들을 밀어내버렸다. 또한 3강은 한국 소비자들의 입맛을 겨냥한 이른바 '한국형 서비스' 개발에만 치중하면서 국내용으로 전락해버렸다."[14]

황상민은 싸이월드의 퇴조를 '디지털 시크(Digital Chic)'와 '디지털 부머(Digital Boomer)'의 관계로 설명했다. 그가 말하는 디지털 시크는 자신의 기준에 따라 여유롭게 그리고 트렌디하게 행동하는 디지털 소비자이며, 디지털 부머는 자신과 비슷한 선호나 취향을 가진 사람들과 쉽게 집단을 이루며 자신들이 좋아하거나 관심 있는 것들을 유행시키는 데 큰 힘을 발휘하는 디지털 소비자다. 황상민은 "디지털 시크들이 멋진 놀이터를 꾸며놓자 디지털 부머들이 싸이월드의 세계에 몰려들기 시작하면서 순식간에 싸이월드는 대한민국 최고의 인기 사이트로 등극했다"며 다음과 같이 말했다.

"하지만 디지털 부머들의 수가 점점 늘어나자 싸이월드의 파티 분위기도 변화하기 시작했다. 현실의 파티에 비유하자면 '물이 흐려지기' 시작한 것이다.…… 시크가 사라진 공간에서 더 이상 우아함은 찾기 어렵게 됐다. 싸이월드가 더 이상 대세 또는 유행이 아니라고 판단한 사람들은 점차 이곳을 자연스럽게 빠져나가기 시작했다. 물론 대세가 아니기에 새롭게 참여하려는 소비자들의 숫자도 점차 줄어들 수밖에 없다. '너 아직도 싸이 하니?'라는 이야기가 나오기 시작했다. 한때 최고의 인기를 끌었던 한국의 대표 인터넷 서비스가 내리막길을 걷기 시작한 것이다."[15] 이 분석이 타당하다면 성공이 곧 퇴조의 이유인 셈이다.

"공중 매체의 전파력은 한계에 달했다"

SNS 급성장의 최대 동력은 이른바 '입소문마케팅'이다. 입소문마케팅은 소비자들의 입소문을 이용한 마케팅이다. 입소문이 얼마나 무서

운가를 말해주는 일화가 있다. 1978년 미국 맥도널드 햄버거에 지렁이 고기가 들었다는 소문이 퍼지면서 햄버거 매출은 걷잡을 수 없이 곤두박질쳤다. 맥도널드사는 "지렁이를 고기로 만든다면 그 비용이 쇠고기를 쓸 때보다 훨씬 더 먹힌다"며 부인했지만 소용이 없었다. "우리 햄버거엔 지렁이 고기가 들어 있지 않습니다"라는 글을 써 붙이는 매장도 생겨났지만 그런 매장일수록 매상은 더 떨어졌다. 왜 이런 일이 벌어진 걸까? 김동섭은 다음과 같이 말한다.

"맥도널드사가 심리 실험을 해봤더니 과학적이고 논리적인 설명은 별로 안 통한다는 사실이 밝혀졌다. 입소문이 훨씬 중요하다는 것이다. 예를 들어 고급 프랑스 식당에선 지렁이 고기도 쓴다는 얘기를 들은 사람들은 '지렁이 햄버거'에 대해 거부감이 크게 줄어들었다. 맥도널드사는 햄버거 얘기는 아예 꺼내지도 않고 감자튀김과 밀크셰이크에 마케팅을 집중하는 전략으로 지렁이 햄버거 헛소문을 극복해냈다. 소문은 무섭다. 한 번 퍼지기 시작한 루머는 막기가 어렵다. 또 루머는 입을 건널 때마다 황당한 내용으로 달리해간다."[16]

SNS 주도권을 놓고 미국의 페이스북과 마이스페이스가 벌인 치열한 경쟁도 사실상 입소문마케팅에 관한 것이었다. 2007년 11월 페이스북 창업자 마크 주커버그는 미국 뉴욕에서 새로운 형식의 맞춤광고 '페이스북 애즈(Facebook ads)'를 발표했다. 발표의 주제는 입소문을 광고에 적극 활용하겠다는 것이다. SNS가 어떤 상품에 대한 입소문을 퍼뜨릴 수 있는 거대한 장터라는 뜻이다. 옴니콤 미디어 그룹의 최고경영자 션 피네건(Sean Finnegan)은 "(SNS 광고는) 광고를 입소문의 영역으로 연결시키는 큰 발자국이 될 것"이라고 전망했다.[17]

미국 P&G의 짐 스텐겔(Jim Stengel) 부사장은 "1965년에는 성인 80퍼센트에게 메시지를 전달하는 데 60초짜리 텔레비전 광고 3개면 충분했다. 40년이 지난 오늘날 동일한 효과를 얻자면 117개의 광고를 해야 한다"고 말한다. 이와 관련, 홍성태 한양대 교수는 "이제 공중 매체의 전파력은 한계에 달했다"며 다음과 같이 말한다.

"게다가 인식의 단계가 아니라 막상 구매하는 시점에 가까울수록 텔레비전 등 매체의 역할보다 주변의 추천이나 입소문이 더 결정적이라는 것이다. 그러므로 어떤 사업을 하든 입소문이 마케팅에서 제대로 효과를 발휘하도록 촉진하는 방법에 대해 고심해야 한다. 체험의 기회를 통해 감동을 주고 이성적 정보뿐 아니라 감성적 가치를 공유하게 함으로써 이를 전파하는 입소문마케팅이 커뮤니케이션 활동의 새로운 중심이 되고 있다."[18]

한국의 입소문 파워는 세계 최고

이원재 삼성경제연구소 수석연구원은 "전통적인 마케팅은 기업에서 메시지를 발신해 소비자가 수신하는 방식이다. 광고가 대표적 전통 마케팅 기법이다. 여기서는 기업이 소비자에게 어떻게 제품을 잘 알리느냐가 관건이다"라며 다음과 같이 말한다.

"그러나 입소문마케팅은 새로운 패러다임이다. 기업이 발신자가 아니고 소비자 스스로가 발신자가 된다. 당연히 기업 마케팅 전략의 목표물도 기업과 소비자 사이의 커뮤니케이션에서 소비자 사이의 커뮤니케이션으로 바뀐다. 대규모 광고 공세만으로 마케팅이 끝났다고 생각한다면 이미 시대에 뒤떨어진 기업가다. 마케팅 활동의 중심축은 소비자 사이의 커뮤니케이션으로 점점 분산되고 있다. 마케팅 이론 역시 변화하고 있다. 원래 경영학의 한 분야로서의 마케팅 이론은 통계학이나 심리학 등 각종 이론적 틀을 이용해 언론이나 광고가 기업이나 제품의 이미지를 소비자에게 어떻게 전달하는지를 연구하는 학문이었다. 그러나 이제 소비자 사이에 오가는 내밀한 속삭임까지 다뤄야 하는 학문으로 그 영역을 크게 넓히고 있다."[19]

2007년 10월 여론조사 전문기관인 AC닐슨 글로벌은 "한국 소비자들은 신문이나 텔레비전, 라디오 같은 대중매체 광고보다 입소문을 더 믿는 것으로 조사됐다"고 밝혔다. 특히 블로그를 비롯한 온라인의 소비자 의견 신뢰도는 세계 최고였다. AC닐슨이 세계 47개국 소비자를 대상으로 2007년 4월 설문조사한 결과다. AC닐슨 조사에 따르면 한국 소비자의 87퍼센트는 제품을 살 때 다른 소비자 추천(입소문)을 '전적으로' 또는 '어느 정도' 신뢰한다고 답했다. 인도와 같은 세계 4위권이다. 홍콩(93%), 대만(91%), 인도네시아(89%)처럼 아시아권이 입소문을 중시했다. 특히 한국 소비자 81퍼센트는 온라인에 올라온 '소비자 의견'을 통한 광고 효과를 믿는다고 답해 이 부문에서 세계 최고였다. 북미와 아시아에서 온라인에 올라온 소비자 의견에 대한 신뢰도는 각각 66퍼센트, 62퍼센트로 다른 지역에 비해 높았다.[20]

"세계 어디에도 이런 집중성은 없다"

2007년 10월 영화포털 맥스무비에서 네티즌 6839명에게 물어본 결과 절반이 넘는 52.4퍼센트가 '관객의 평가가 영화 선택에 가장 큰 영향을 미친다' 고 답했다. 입소문의 하나인 네티즌 평가도 38.5퍼센트나 됐다. 영화평론가 평가(6.6%), 영화기자 평가(2.5%)는 적은 힘을 미쳤다.[21]

『한국일보』 2008년 3월 21일자는 "2006년 개봉한 영화 〈달콤, 살벌한 연인〉은 220만 명의 관객을 동원해 흥행 대박을 터뜨렸다. 이 영화는 한국 영화 평균 제작비(24억 원)에 크게 못 미치는 9억 원에, 그것도 대형스타를 출연시키지 않고서도 인기몰이에 성공해 주위를 놀라게 했다. 비결은 바로 입소문이었다. 영화가 신선하고 흥미롭다는 소문이 퍼지면서 관람객들이 줄을 이은 것이다"라며 다음과 같이 말했다.

"입소문마케팅이 뜨고 있다. 인터넷 등을 통해 제품에 대한 평가를 공유하려는 프로슈머들이 많아지면서 기업들도 구전마케팅에 주목하고 있다. 일부 업체들은 아르바이트 학생까지 고용해 자사의 제품 홍보에 나서는 등 유난을 떨고 있다. 기업들이 입소문마케팅에 적극 나서고 있는 이유는 적은 비용으로 높은 홍보 효과를 누릴 수 있기 때문. 입소문마케팅은 불특정 다수를 겨냥한 텔레비전 광고 등과 달리 정확한 타깃층이 있고 이들의 반응을 제품 리뉴얼에 바로 적용하는 이점이 있다. 마케팅 대상은 동호회나 체험단이 주를 이룬다. 입소문마케팅에 가장 적극적인 곳은 IT 분야. 제품이 고가품인데다 사용자 중심의 인터넷문화가 발달해 입소문이 그 어느 분야보다 빠르다. 디지털기기 업체들이 제품 출시 전후에 '소비자 체험단'을 모집하는 것도 이런 일환이다."[22]

2009년 2월 중순 830만 관객을 동원해 한국 코미디 영화 흥행 1위 기록을 세운 〈과속스캔들〉의 성공 비결도 입소문이었다. 『중앙일보』 2009년 1월 17일자는 "이 영화의 관객 동원 추이를 보면 흥미로운 사실이 하나 있다. 개봉 첫 주부터 4주째에 이르기까지 주별 관객 수가 계속 늘어났다는 점이다. 첫 주 76만 8000명, 둘째 주 99만 3000명, 셋째

주 109만 7000명, 넷째 주 135만 9000명 순이었다. 5주째에 96만 2000명이 들어 다소 줄긴 했지만 첫 주 성적보다는 19만 4000명이나 많은 숫자여서 극장 관계자들을 놀라게 했다"며 다음과 같이 말했다.

"지금껏 극장가의 흥행 상식은 첫 주에 관객이 확 몰렸다가 2, 3주째에는 뚝 떨어지는 것. 스크린 수를 최대한으로 확보하는 대규모 개봉(와이드 릴리즈), 개봉 첫 주말에 물량을 집중하는 '몰빵' 식 마케팅 전략 때문에 아무래도 기존 개봉작들이 신규 개봉작에 관객을 빼앗기기 때문이다. 전주 대비 관객감소율인 일명 '드롭률' 은 흥행작이라고 하더라도 보통 2주차에는 평균 40~50퍼센트를 기록한다. 상당수의 영화가 첫 주에 '반짝 흥행' 하고 사라지는 게 다반사다. 그런데 최근 〈과속스캔들〉을 비롯해 2주차에도 관객 수가 줄지 않거나 낮은 드롭률을 자랑하는 영화들이 잇따라 장기 흥행하면서 극장가 흥행 판도를 새롭게 짜고 있다.…… 2주차에도 관객 수가 줄지 않거나 그 이후에도 드롭률이 낮은 첫째 이유로 영화 관계자들은 '입소문' 의 위력을 꼽는다. 〈과속스캔들〉을 투자 · 배급한 롯데엔터테인먼트 임성규 과장은 '개봉 전부터 6만 명 대상 시사회를 여는 등 철저한 입소문마케팅에 의지했고 이것이 정확히 맞아떨어졌다' 고 말했다."[23]

한국의 입소문 파워가 강한 데엔 그럴 만한 구조적 이유가 있다. 강명석의 분석에 따르면 "한국은 인터넷 이용률이 높으면서 포털을 포함해 분야별 거대 사이트 중심으로 돌아간다. 몇 개 사이트에 루머가 오르면 빠르게 퍼진다. 여기에 인터넷 매체들이 우후죽순 생기면서 언론관이 부족한 상태에서 뉴스를 거르지 않고 보도한다. 게다가 속보 경쟁도 심하고 연예 뉴스에 집중하니 소문 증폭의 시스템이 강력하다. 세계 어디에도 이런 집중성은 없다."[24]

세계 어디에도 이런 집중성은 없기 때문에 세계 어디에도 한국만큼 입소문 파워가 강한 나라도 없다고 볼 수 있다. 그래서 외국인들이 신기하게 생각하는 일들이 한국에선 자주 벌어진다. 우리는 이를 때로 '역동성'으로 미화하기도 하지만 그 덕분에 차분한 안정성은 기대하기 어렵게 됐다. 게다가 왜곡된 입소문의 피해자가 된 사람들의 인권은 어떻게 할 것인가?

구글을 제친 페이스북

2009년 말 전 세계 인터넷 사용자 중에서 62.5퍼센트가 SNS를 사용했다. 인터넷 사용자의 거의 3명 중 2명이 SNS를 활용하고 있는 것이다. SNS의 증가세는 계속돼 이마케터닷컴(emarketer.com)의 2010년 4월 보고서는 사용자가 전 세계적으로 2010년에 1억 2700만 명, 2014년에 1억 6490만 명을 돌파할 것이라고 예측했다.[25]

2010년 새해 첫날 페이스북이 검색 사이트인 구글을 제쳤다. 시장점유율 7.30퍼센트 대 7.29퍼센트. 안부 메시지를 클릭하는 사람들 손길이 인터넷 관문을 통해 온갖 검색어를 두드리는 숫자를 앞지른 것이다. 미국 인터넷 방문객 수를 조사하는 '히트와이즈'는 이 새로운 기록이 2009년 크리스마스이브(7.56% 대 7.54%)와 크리스마스 당일(7.81% 대 7.51%)에도 발생했다고 발표했다.[26]

이 기록은 특별한 날로 그치지 않았다. 히트와이즈에 따르면 2010년 3월(6~13일) 미국 웹사이트 방문 횟수 집계에서 전체의 7.07퍼센트를 기록한 페이스북이 구글(7.03%)을 근소한 차이로 제쳤다. 페이스북은 지난 1년 동안 가입 회원 수도 배 이상 늘어났다. 2009년 4월 회원 2억 명을 돌파한 데 이어 2010년 2월 4억 명을 넘어섰다. 세계 인터넷 이용자들의 2009년 12월 월간 SNS 사이트 이용 시간은 평균 5시간 30분에 달해 전년 동기 대비 82퍼센트 증가했다. 히트와이즈는 "정보를 얻는 개념도 익명의 공간에서 '검색' 하는 데서 친구들과 '공유' 하는 것으로 변하고 있다" 고 설명했다.[27]

2010년 3월 페이스북의 설립자 마크 주커버그가 40억 달러의 재산으로 세계 청년 억만장자 1위에 올랐다. 10대 시절부터 프로그래밍에 재능을 보였던 그는 2004년 하버드대에 진학, 학생들의 정보 교류와 친목 도모를 위해 사진과 글을 올리고 친구도 찾을 수 있는 페이스북을 개발해 돈방석에 올랐다. 자수성가형 억만장자로는 최연소 타이틀까지 갖고 있다.[28]

2010년 7월 세계 최대 SNS인 페이스북이 6년 만에 사용자 5억 명을 돌파했다. 세계 인구가 68억 5000여만 명인 것을 감안하면 지구촌 14명 중 한 명이 페이스북 사용자인 셈이다. 한국의 페이스북 사용자도 110만 명을 넘어섰다. 『조선일보』 2010년 7월 23일자에 따르면 "최근 페이스북의 질주는 무서울 정도다. 지난 6개월 사이에 1억 명이 가입했다. 이런 기세라면 10억 명 돌파도 머지않아 보인다. 하루 사용자 2억 명, 올 1분기 광고가 1760억 건 게재되며 '페이스북 경제생태계' 란 말도 등장했다. 전문가들은 페이스북을 애플, 구글과 함께 뉴미디어 전쟁을 이끌 주역으로 꼽는 것을 주저하지 않는다."[29]

스마트폰과 트위터

'손안의 PC' 로 불리는 스마트폰의 출현은 이전의 모든 변화를 송두리째 압도할 만큼 강력한 바람을 몰고 왔다. 캐나다의 블랙베리폰과 미국의 아이폰에 의해 추동된 스마트폰은 한국에서도 2010년부터 본격적인 대중화의 길로 들어섰는데, 스마트폰과 함께 트위터(Twitter) 등 SNS가 급성장 추세를 보이기 시작했다. 2010년 5월 220만 명을 넘어선 국내 스마트폰 가입자를 추동한 요인 중의 하나는 인맥사회에서 사회자본을 형성하기 위한 욕구였다.

트위터는 블로그의 인터페이스(사용자 환경)와 미니홈페이지의 '친구맺기' 기능, 메신저의 신속성을 갖춘 SNS다. 2006년 3월 미국의 잭 도시(Jack Dorsey), 에번 윌리엄스(Evan Williams), 비즈 스톤(Biz Stone)에 의해 개발됐는데 '지저귀다', '짹짹대다' 라는 뜻으로 재잘거리듯 하고 싶은 말을 140자 안에서 올릴 수 있도록 한 단순한 형태를 갖고 있다. 이 짧은 메시지를 트윗(tweets)이라 한다. 그래서 트위터를 '미니블로그' 또는 '한 줄 블로그' 라고도 한다. 상대방이 나를 친구로 등록하면 내가 올리는 글을 받아볼 수 있고 그 반대도 가능하다. 웹에 접속하지 않더라도 스마트폰을 통해 언제 어디에서든 실시간으로 글을 올릴 수 있다는 장점이 있다. 트위터는 관심 있는 상대방을 뒤따르는 '팔로우(follow)' 라는 독특한 기능을 중심으로 소통하는데 상대방이 허락하지 않아도 일방적으로 '뒤따르는 사람', 곧 '팔로어(follower)' 로 등록할 수 있다는 점이 가장 큰 특징이다. 미국에선 2009년 트위터가 '올해의 단어' 로 선정될 만큼 선풍적인 인기를 끌었다.[30]

트위터는 입소문의 업그레이드 버전이라 할 수 있다. 2010년 들어

스마트폰 보급 확산과 함께 기업들은 트위터, 페이스북, 미투데이 같은 SNS 활용에 적극 나섰다. 대형마트 중 처음으로 트위터 서비스를 시작한 이마트는 팔로어로 등록한 고객에게 할인쿠폰, 게릴라 특가 등을 제공했다. 이마트몰의 이창준 마케팅 팀장은 "트위터 이용자의 상당수가 젊은 얼리어답터들"이라며 "이들에게 다양한 정보를 빠르게 전달하는 홍보 창구로 트위터를 열게 됐다"고 말했다. 기존의 입소문마케팅이긴 하지만 속도의 측면에서 차원을 달리했다.

황예랑은 "언뜻 봐선 입소문을 통한 기존 온라인 홍보와 비슷해 보이지만 기업들의 태도는 자못 다르다. 제품 및 서비스에 대한 평가나 좋지 않은 소문이 퍼져나가는 속도가 기존 인터넷카페나 블로그와는 비교할 수 없을 만큼 빠른 탓이다"라고 하며 다음과 같이 말한다.

"속도뿐 아니라 '대화' 형식으로 소통 방식이 바뀌고 있는 점도 기업들엔 혁명적인 변화를 필요로 한다. SNS에서 기업과 고객은 '친구' 사이이다. 일방적으로 제품의 좋은 점만 홍보해선 공감을 얻기 힘들다. 친구와 대화하듯이 친밀하고 세심한 배려가 필요하다. KT의 경우처럼 고객의 소리를 듣고 기업이 신속하게 피드백하는 식으로 '쌍방향' 소통이 이루어져야 한다. 게임 업체인 나우콤은 시범서비스 중인 게임 포트파이어의 제작 과정을 트위터에 공개해 이용자들의 의견을 반영했다. 고객들과 쉽고 친근하게 만날 수 있는 트위터를 마케팅 도구이자 제품 개선의 통로로 활용한 셈이다."[31]

'소셜 미디어'의 출현

SNS로 사람들이 모여들자 애플, 아마존, 구글, 마이크로소프트 등 세계 주요 IT 기업들이 일제히 SNS 진출을 선언했다. 자사의 기술력을 총동원해 한발 더 진화한 SNS를 선보인다는 것이다. 『조선일보』 2010년 5월 14일자에 따르면 "SNS의 선구자라 자부하는 국내 인터넷 기업들도 기존 SNS를 업그레이드하고 있다. 최초의 성공적인 SNS라 불리는 미니홈피를 만든 SK커뮤니케이션즈는 최근 '팬' 이라는 서비스를 선보였다. 과거 미니홈피가 일촌이라는 지인들끼리 소통하는 도구였다면 팬은 모르는 사람과 인맥을 만드는 서비스다. 좋아하는 연예인이나 정치인, 스포츠 스타를 골라 팬으로 등록한다. 일단 팬으로 등록하면 선택한 인물이 소식을 올리면 즉시 받아볼 수 있다. 다음커뮤니케이션은 지난 2월 '요즘' 이란 SNS를 선보였다. '요즘' 은 사용자를 소개하는 '프로필' 기능이 장점이다. 나이, 성별, 혈액형, 취미, 관심사 등 다양한 정보를 프로필로 올려놓기 때문에 자신과 성향이 비슷한 이용자들을 찾아 관계를 만들 수 있다."[32]

2010년 6월 송경재 경희대 학술연구교수는 "얼마 전 한 취업포털의 조사에 따르면 우리나라 직장인들의 56.8퍼센트가 전통적인 학연, 혈연, 지연에 상관없이 SNS같이 온라인에서 만나서 형성된 디지털 인맥이 존재하는 것으로 나타났다. 미디어 차원에서 주목할 만한 것은 이들의 디지털 정보 교환과 확산 방식이다. 응답자들 중 59.6퍼센트가 얻기 어려운 정보를 SNS의 인맥으로 얻고 있다고 응답했다. 이는 디지털화된 인간관계와 새로운 정보 소통의 새로운 전형을 보여준다. 이러한 방식의 정보 소통을 일반적으로 소셜 미디어(social media)라고 칭한다"

며 다음과 같이 말했다.

"인터넷 소셜 미디어는 블로그나 SNS 등을 통해 온라인상에서 정보 커뮤니케이션과 참여와 저장이 가능한 미디어를 지칭한다. 소셜 미디어는 신문사와 방송국과 달리 인터넷을 매개로 정해진 주제에 관심 있는 모든 사람들의 기여와 피드백으로 미디어적인 기능을 수행하는 것이다. 따라서 소셜 미디어는 정보가 일방향적으로 흐르는 것이 아니라 상호작용하며 피드백되고 새 정보를 가공 · 생산할 수 있는 시스템을 구축하게 된다. 그리고 이것이 커뮤니티를 구성해 이슈 공동체를 형성하기도 한다. 인터넷 소셜 미디어가 주목받는 것은 전파 속도 때문이다. 미국에서 이용자 5000만 명을 넘는 데 걸린 시간을 비교하면 그 효과는 더 확인된다. 라디오가 38년, 텔레비전이 13년, 인터넷이 4년 걸린 반면 트위터는 2년에 불과하다. 더욱 놀라운 것은 SNS의 대표 격인 페이스북은 이용자 1억 명 돌파에 9개월이 소요됐다. 그리고 SNS를 타고 공유하고 전파하는 링크 수는 1억 5000만 개나 되는 네트워크를 타고 확산되며 피드백되고 있고 인터넷에서 유통되는 정보의 양은 상상을 불허한다."

이어 송경재는 "이제 인터넷 정보는 말도 안 되는 저렴한 비용으로 수집 · 가공 · 확산되고 있는 셈이다. 바야흐로 낮은 커뮤니케이션 비용으로 타인과 소통하고 정보를 유통하는 시대에 진입했다고 해도 과언이 아니다. 기존 오프라인 기반 미디어는 새로운 도전에 직면해 있다. 분명한 것은 그동안의 경험에서 알 수 있듯이 신문이나 방송, 인터넷은 서로 대체하는 것이 아니라 상호작용(융합)하면서 보완하는 경향성을 가지고 있다"며 다음과 같이 말했다.

"그런 흐름의 연계선상에서 인터넷 소셜 미디어도 융합형 비즈니스 모델로서 전통미디어와 결합하여 글과 이미지가 아니라 UCC 동영상, 위키피디아 같은 협업, 그리고 플리커(Flickr)나 줌머(Zooomr)처럼 콘텐츠 공유형 미디어로 진화하고 있다. 이런 법칙을 이해하지 못하고 아직도 인터넷과 구(舊)미디어란 이분법적인 사고를 고수한다면 미디어의 융합과 진화 법칙을 잘 모르는 것이다. 인터넷 소셜 미디어가 등장하면서 미디어는 새로운 위험과 기회에 직면해 있다. 그리고 미디어 업계에는 이러한 변화를 주도할 것인지 아니면 따라갈 것인지가 남겨져 있다. 미디어 업계도 더 적극적으로 소셜 미디어 방식의 새로운 킬러 서비스에 대한 진지한 고민이 필요한 시점이다." [33]

기존 언론의 딜레마

사실 전통적인 언론은 '고민' 의 수준을 넘어 큰 '충격' 을 받았다. 특히 2010년 1월 12일 아이티에 진도 7.0의 강진이 일어났을 때 소셜 미디어의 위력이 유감없이 발휘됨으로써 기존 언론인들은 갈 곳 몰라 헤매는 어린 양처럼 보일 정도였다. 김광현 한국경제신문 기획부장은 "트위터를 통해 접한 속보는 신문에 보도된 하루 전 상황도 아니고 텔레비전에 나오는 서너 시간 전 상황도 아니다. 실시간(리얼타임)에 가까운 현재 상황이다. 트위터에서 'Haiti' 를 검색하면 전 세계 트위터 사용자들이 올린 아이티 관련 트윗이 실시간으로 뜬다. 너무 많아 원하는 걸 찾기가 어려울 정도다"라며 다음과 같이 말했다.

"아이티 지진이 30년 전에 발생했다면 어땠을까? 20만 명이 죽은 대참사란 사실이 일주일 뒤에야 알려졌을 테고 사고 현장이 무법천지로 변한 뒤에야 구원의 손길이 미치기 시작했을 것이다. 광주 민주화운동이 지금 터졌다면 어땠을까? 아무도 모르는 사이에 광주 시민들만 외롭게 싸우진 않았을 것이다. 미디어 환경이 급변하고 있다. 아이폰과 트위터가 보급되면서 언론계 사람들조차 제대로 알지 못할 정도로 많이 달라졌다. 이제 궁금한 것은 당장 확인해야 직성이 풀리고 당장 확인할 수 있는 세상이 왔다. 이른바 '나우 미디어 시대(the era of now media)' 다. 이제 신문과 방송은 어떻게 변해야 할까?"[34]

이 근본적인 물음에 대해 수많은 의견들이 제출됐다. 곽동수 한국사이버대 교수는 "기존에 많은 독자를 보유한 언론들은 자신들만의 철학을 중심으로 트위터 등 다양한 SNS를 활용하는 개방성을 가미해야 미디어 혁명을 주도할 수 있을 것" 이라고 말했다. 영향력 있는 국내 블로거들의 콘텐트를 관리하는 태터앤미디어의 명성은 대표는 "온갖 SNS가 널려 있는 기존 인터넷 사이트와 앞으로 태블릿 PC들이 만들어가는 미디어 세상은 다를 것" 이라며 "정론 저널리즘이 가지고 있는 편집 기능과 신뢰성에 SNS가 가미되면서 폭발적인 콘텐트 경쟁력을 갖추게 될 것" 이라고 강조했다.[35]

취재 일선 현장에선 트위터가 이른바 '경찰서 돌기' 를 대체하면서 전통적인 '기자 근성' 대신 효율이 추구되기 시작했다. 마감시간의 의미가 없어지다 보니 정확한 취재는 뒷전으로 밀려났다. 한국일보 사회부 기자인 고찬유에 따르면 "가만히 앉아 있어도 필요한 자료나 통계를 얻을 수 있고 가끔 제보도 들어오는 이점이 있는 반면 엄청난 정보량 때문에 정신을 못 차리겠다는 불평도 있다. 갈수록 현장과 멀어지고 취재원과의 인간적 유대가 약해지는 점도 안타까워한다. 경찰들은 '한마디로 기자들이 참 예의 바르게 변했다' 고 표현한다."[36]

김사승 숭실대 교수는 "(이런) 정보 중심의 뉴스 생산은 뉴스를 하루 24시간 일주일 7일 동안 끊임없이 생산해야 하는 CND(continuous news desk) 체제를 구축하게 만든다"고 말한다. "지속적 뉴스 생산은 기존의 1일 단위의 마감을 기준으로 이루어지던 생산 리듬을 바꿔놓는다. 하루 마감 단위의 뉴스는 이슈의 전개를 마감시간에 맞춘 결과를 목표로 생산 리듬이 전개되지만 24·7 체제에서는 결과가 아니라 과정에 초점을 맞출 수밖에 없다. 이런 과정적 뉴스 생산은 무엇보다 이슈를 따라가는 긴장의 지속이 중요하다."[37]

여러 언론사들이 트위터를 적극 활용하기 시작했지만 트위터는 언론사에게 딜레마다. 김광현은 "소셜 미디어는 당장 기존 인쇄매체에는 위기"라며 "기존 신문사로서는 소셜 미디어를 통해 온라인 트래픽을 늘릴 수 있겠지만 소셜 미디어의 영향력이 커질수록 신문 광고는 감소하기 때문에 신문사 차원에서는 트위터를 장려하기가 쉽지 않은 상황"이라고 말했다.[38]

그래서 신문이 트위터의 문제점을 지적하면 '배가 아파서' 그러는 것이라고 비판받기 쉽다. 「성인정보 사이트, 트위터로 '비밀 영업'」(2010년 4월 22일자), 「천안함 비방 유인물, 트위터에서 최초 시작」(2010년 6월 4일자), "전 세계 1억 명 이상이 사용하는 트위터가 온갖 '음담패설'과 '매춘 정보'를 주고받는 음란물 전파 통로로 이용되고 있습니다"(2010년 6월 14일자). 모두 『조선일보』의 기사다. 이에 대해 오승주는 "조선일보는 시도 때도 없이 트위터 폄하 트윗질을 한다"며 이렇게 말한다. "조선일보에서 트위터 폄훼 기사를 볼 때마다 이런 느낌을 받는다. '조선일보는 트위터를 무서워하는구나.' 나쁘지만은 않다. 지금의 조선일보가 달라져야 한다고 생각하거나 조선일보가 못된 짓을 못하도록 하고 싶다면 지금 당장 트위터리안이 되자. 뉴미디어의 강력한 견제만이 우리나라의 올드미디어 폐해를 막을 수 있다."[39] 그렇지만 올드미디어엔 조선일보의 반대편에 있는 한겨레와 경향신문도 포함되는 게 문제라면 문제겠다.

SNS의 부작용 · 역기능

2010년 7월 송경재는 "SNS는 지금 새로운 정보 권력을 만들고 있다. 과거 웹 1.0 환경에서는 주로 포털이나 사이버 커뮤니티에서 정보를 검색했다. 여행 정보를 알고 싶으면 관련 사이트나 포털 검색으로 정보를 얻었지만 웹 2.0 환경에서는 그것이 바뀌고 있다. 정보를 무작위로 검색하는 것이 아니라 SNS를 활용한 전문가 집단에게 자문을 얻는 방식이다"라며 다음과 같이 말했다.

"예컨대 책의 제목만 생각나고 출판사나 저자가 기억나지 않을 때 SNS 이용자는 굳이 포털 검색을 하지 않고 SNS에 공지한다. 최근 새롭게 부각되는 트위터나 미투데이, '요즘'과 같은 마이크로블로그(microblog)가 자주 활용된다. 그것이 전문적인 정보의 내용을 담고 있을 때 SNS의 위력은 배가된다. 실제 필자도 책의 제목을 공지했더니 불과 1분도 안돼 출판사와 번역자, 가격까지 답변이 왔다. 이런 놀라운 능력으로 국제 수사기관인 인터폴조차도 마약사범을 SNS에 수배하여 검거하기도 했다. 이제 SNS는 단순한 인맥관리를 넘어서 웹상에서 새로운 정보 소스로 활용되고 있는 것이다."[40]

SNS의 부작용이나 역기능은 무엇일까? 송경재는 "SNS는 새로운 사람 간의 관계 맺기인 만큼 정보인권과 프라이버시 문제가 우려되고 있다. 미국 사용자들은 SNS가 확대되면서 원치 않은 개인정보가 유출될 것을 우려하고 있다. 실제 한 조사에 따르면 13퍼센트의 응답자가 인터넷 프라이버시 문제의 심각성을 인지하고 있다. 특히 SNS가 단순한 사람 간의 관계 맺기가 아니라 기업의 마케팅이나 홍보 도구, 정보인맥 등으로 발전하면서 오히려 기업이나 타인에게 개인정보가 유리알처럼 공개될 가능성이 높아진 것이다"라며 다음과 같이 말한다.

"국내에서도 유명 기업인과 정치인 그리고 언론인들 사이에서 마이크로블로그를 위시로 한 SNS가 유행처럼 확산되고 있다. 일부 언론인들은 이를 잘 활용하여 취재원으로도 이용한다고 한다. 하지만 SNS가 장점만 존재하는 것은 아니다. 특히 한국의 SNS는 실명을 기반으로 하고 있다는 점에서 자칫 개인정보 유출로 인한 정보인권 침해 우려가 상당히 높다. 이에 대한 대비책을 마련하지 않는다면 SNS가 오히려 사회적인 피해를 가져올 가능성이 있다. 따라서 법 · 제도적인 정책 대안을 사업자들과 당국에서는 사전적으로 마련해야 할 것이다. 정보인권 문제엔 일이 터지고 난 후의 사후약방문은 효과가 없기 때문이다. 그리고 SNS의 프라이버시 침해 사례는 이미 심심치 않게 보고되고 있다는 점을 감안하면 사업자와 정책당국은 대책 마련에 좀 더 적극적으로 나서야 할 것이다."[41]

이런 우려는 이미 현실로 나타나고 있다. 거짓 정보와 계정 도용, 비밀 유출, 악성프로그램 전파 등과 함께 개인의 사생활 정보 유출이 심각한 문제로 부각되고 있다. '실명 정○○, 종교는 기독교, 독신, 직업은 디자이너, 자택 주소는 서울 수색동 ○○아파트 ○○동 ○○○호, 전화번호 02) ○○○-○○○○, 생활습관이 불규칙적이고 운동은 거의 안 하지만 매주 토요일은 카메라 관련 수업을 들으러 감, 육류 선호 등…….' 『조선일보』(2010년 4월 18일자)가 트위터 사용자 정 모 씨의 동의를 얻어 1시간 동안 그의 트위터를 통해 뽑아낸 개인정보들이다. 정보 검색자는 컴퓨터 전문가가 아닌 44세의 평범한 직장인이었으며 그에게 주어진 사전 정보는 정 씨의 트위터 주소 한 줄이 전부였다고 한다.[42]

그러나 이런 부작용에도 불구하고 전문가들은 SNS가 더욱 확산될 것으로 보고 있다. 『소셜노믹스』의 저자 에릭 퀄먼(Erik Qualman)은 "젊은 세대일수록 사생활을 덜 염려한다"며 "사생활을 조금 희생하는 대신 나에게 더 필요한 것을 얻을 수 있다면 적은 비용이 아닌가"라고 반문한다.[43]

그런 수익계산이라면 조금 더 희생해도 되겠다. 2010년 5월 페이스북에 공시된 1만 2000건의 글을 분석한 결과 절반이 섹스와 관련된 글로 드러났다.[44] 여기에 사생활 노출 논란까지 더해져 페이스북은 사용자가 가장 많은 동시에 사용자들의 만족도도 가장 떨어지는 웹사이트로 뽑혔다.[45]

영국 일간지 『텔레그래프』 2010년 7월 20일자는 트위터나 페이스북처럼 자신의 일거수일투족이 공개되는 SNS가 범죄자들에게 '노다지를 캐는 금광'으로 떠오르고 있다고 보도했다. 실제로 한 영국 보험사가 범죄 경력이 있는 50명을 조사한 결과 68퍼센트가 빈집털이에 앞서 미리 목표로 하는 사람의 집과 일상생활에 대한 정보를 수집한다고 응답했다. 특히 이 중 12퍼센트는 정보 수집을 위해 SNS를 이용한 적이 있었다. 과거 빈집털이범이었던 리처드 테일러 목사는 영국 대중지 『선』과의 인터뷰에서 예전엔 우편배달원이나 우유배달원에게서 집이 비었는지 정보를 얻었는데 이제는 사람들이 스스로 '공항에 가는 중이다', '커피숍에 있다'는 정보를 아무 거리낌 없이 실시간으로 제공하고 있다고 말했다. 그는 만일 자신의 페이스북에 친구가 900명이 있다면 그중 진짜 아는 사람이 몇 명이나 되느냐고 되물으며 이같이 온라인에 자신의 소재를 밝히는 것이 위험하다는 점을 강조했다.[46]

'TGiF 시대'를 어찌 거부하랴!

SNS에 그 어떤 부작용이 있다 해도, 설사 비용이 이익을 넘는다 해도 사람들은 SNS를 외면할 수 없게 돼 있다. 소외 또는 왕따를 당할 수 있기 때문이다. 적극적인 사람들은 자신이 시대를 앞서 간다는 걸 보여주는 '구별 짓기'를 할 수도 있다. 2009년 5월에 개설된 지 1년 만에 40만 이용자를 돌파한 트위터의 경우 언론이 앞장서서 'TGiF 시대'라고 바람을 잡는데 어찌 그걸 외면할 수 있으랴. "드디어 금요일! 신이여, 감사합니다(Thank God, It's Friday!)"가 아니라 트위터(Twitter), 구글(Google), 아이폰(iPhone), 페이스북(Facebook)의 4가지 서비스를 일컫는 말이란다. 그래서 이런 일이 벌어진다.

"하루 중 단 한 번도 이 4가지의 영향력을 실감하지 않고 살기란 쉽지 않다. 이를테면 이런 식이다. 몇 년 넘게 싸이월드에 공들이던 우리 아내는 어느샌가 친구들을 따라 페이스북으로 자리를 옮겼다. 버튼 달린 휴대전화가 아니면 불편하다던 50대의 우리 부장님은 요즘 2년 약정으로 장만한 아이폰을 틈날 때마다 자랑하고 다니느라 바쁘다. 네이버밖에 몰랐던 나도 요즘은 보고서에 넣을 통계 자료를 찾기 위해 무의식적으로 구글에 접속한다. 요즘은 명함에 '@'로 시작하는 트위터 ID를 적는 사람들이 그렇게 많다. 심지어 우리 부사장님은 잭 웰치나 박용만 두산 회장과 트위터로 경영 고민을 주고받는다며 무게를 잡는다."[47]

김기태 세명대 교수는 "트위터 이용자들이 '지저귀는' 혹은 '재잘거리는' 내용이란 게 일본의 '하이쿠' 처럼 촌철살인의 경지를 보여준다거나 오랜 생각의 결과를 조심스레 털어놓는 수준이 아니라 순간적인 '즉흥' 을 퍼뜨리는, 그리하여 감정의 과잉을 부추기거나 상념의 찌꺼기를 거르지 않은 채 흘려보내는 하수구에 불과하다면 이로 인한 선의의 피해자들이 생겨날 수밖에 없다" 며 다음과 같이 말한다.

"한 번 퍼져나간 메시지를 주워 담을 만한 장치가 없다는 점에서, 경쟁적으로 글을 올리는 잘못된 습성이 고착화함으로써 하지 말아야 할, 하지 않아도 될 말들이 난무하는 트위터의 세계가 또 다른 공해가 될지도 모른다는 우려는 지나친 것일까. 그렇지 않아도 신중하기보다는 자유분방하기만 한 신세대들에게 스마트폰이 끝없는 방종의 터널을 제공해주지는 않을까 염려스럽다. '스마트폰' 에 익숙해지기에 앞서 '스마트한 사람' 이 돼야 한다는 점을 가르치는 일이 중요하지 않을까. 그럼에도 아직 스마트폰이 없어 망설이다 어떤 모델이 좋을까 고민해야 하는 내 처지가 민망한 요즈음이다."[48]

영국 옥스퍼드대 로빈 던바(Robin Dunbar) 교수의 연구 결과도 주목할 만하다. 그는 신석기시대부터 현대까지 인류를 분석한 결과 인간의 뇌로 유지 가능한 친구는 최대 150명 정도라는 연구 결과를 내놨다. 던바 교수는 1990년대부터 인간 뇌에서 학습, 감정 같은 고등 기능을 지배하는 신피질의 크기를 통해 한 사람이 유지할 수 있는 친구 관계의 최대량을 가리키는 '던바의 수' 라는 이론을 만들어왔다. 그는 이 이론을 페이스북 같은 사회관계망을 통한 온라인상의 친구 맺기에 적용해봤다.

구체적으로 페이스북 등의 인터넷 트래픽이 수천 명에 이르는 사교적인 사람과 수백 명 정도인 보통 사람을 비교했다. 결론은 둘 사이에 친구 유지 수는 별 차이가 없었다는 것이다.

던바 교수는 "재미있는 사실은 친구가 1500명쯤 된다는 사람들도 인터넷 관계를 자세히 들여다보면 사실은 150명 정도의 사람들과 관계를 유지하고 있었다"고 말했다. 친구 관계 유지의 기준은 적어도 1년에 한 번 이상 연락을 하거나 안부를 묻는 것으로 삼았다. 그는 "친구가 많다고 자랑하는 사람들은 자신이 더 '사회적'이라 생각하지만 대부분 보통 사람과 비슷한 수준일 뿐"이라고도 했다. 던바 교수는 남녀 차이가 크다고 했다. 여자들이 페이스북 친구를 유지하는 데 더 뛰어나다는 것이다. "소녀들은 대화를 나누는 것만으로 관계를 잘 유지한다. 반면 소년들의 경우 육체적으로 무엇인가 함께하는 것이 필요하다"고 말했다.[49]

던바의 연구 결과는 흥미롭지만 그대로 믿을 건 못 된다. 그는 진화인류학이라는 거시적 관점에서 본 것일 뿐 사람들이 일상적 삶에서 그렇게 거시적으로 사는 건 아니기 때문이다. 사람마다 사교 능력의 차이가 있지 왜 없겠는가. '마당발'이라는 말이 괜히 나왔겠는가. 설사 SNS 활용에 별 실속이 없다 하더라도 그걸 외면함으로써 '지독한 이기주의자'라거나 '아주 나쁜 사람'이라는 말을 들어서야 쓰겠는가. 게다가 이미 거의 모든 사람들이 속도에 중독된 삶을 살고 있는 상황에서 SNS가 제공해주는 속도의 마력을 어찌 거부할 수 있으랴. 일시적이나마 고독의 치유제이기도 하니 더더욱 외면하기가 어렵지 않겠는가. 또한 SNS를 통해 구현되는 집단지성의 마력을 어찌 거부할 수 있으랴. 우리 모두 스마트폰을 뜨겁게 끌어안고 열심히 그리고 더 빨리빨리 살아보자.

왜 CNN이 세계뉴스 전쟁을 일으키나

8장

글로벌 이미지 전쟁의 정치학

"당신이 바로 제3의 물결"

1980년 6월 1일 미국 애틀랜타에서 탄생한 CNN은 '24시간 뉴스 체제' 라고 하는 뉴스 혁명의 선구자가 됐다. 이에 감명받은 앨빈 토플러는 CNN 사주 테드 터너(Ted Turner)에게 자신의 저서 『제3의 물결』을 보내면서 "당신이 바로 제3의 물결" 이라는 찬사를 덧붙였다.[1]

그러나 동시에 CNN은 뉴스의 '댈러스화(Dallasfication)' 라는 비판을 받기도 했다. 뉴스가 분석적이지 않고 평범하고, 판에 박힌 듯하고, 정보와 오락 간의 구분이 분명치 않고, '리얼리티 프로그램' 이라는 이름 아래 성과 폭력의 이미지를 노출하는 정도가 심하다는 것이다. 1994년에 나온 한 보수적 시각의 비판을 들어보자.

"CNN의 공헌은 비디오 소스와 뉴스룸, 외국 장관을 연결하는 등 거의 전적으로 기술적인 것이다. 그러한 연결은 외교적 커뮤니케이션을 바꾸어놓았고 무가치한 외국 독재자의 목소리를 제공해왔다. CNN은 우리가 뉴스를 얻는 방식에 대해서 별로 한 일이 없다. 어떤 면에서 그것은 나머지 저널리즘에 유해한 영향을 미쳤다. 뉴스 조직이 콘텐츠에 대한 통제력을 잃는 것을 가속화했고, 결과적으로 선정주의에 빠지게 했고, 예전의 보도 스타일 대신 해석과 전문가의 견해(punditry)를 강조하게 됐다." [2]

1996년 CNN은 AOL타임워너에 인수되면서 이른바 '빅 리그'에 편입됐지만 바로 그해에 루퍼트 머독이 시작한 '폭스뉴스채널'의 도전에 직면하게 됐다. 테드 터너는 2003년 1월 AOL타임워너의 부회장직에서 물러난 직후 언론 인터뷰에서 AOL타임워너의 부실한 경영 때문에 70억~80억 달러의 손해를 봤다고 주장했다.[3]

CNN은 총체적인 글로벌 브랜드이며 하위의 다양한 채널들은 독특한 정체성을 갖고 있다. 예컨대 CNN US는 요란하고 야단스러운 폭스뉴스와 경쟁하기 위해 대중적인 방식을 사용하는 반면 CNN 인터내셔널은 미국색을 누그러뜨리고 좀 더 침착한 톤을 유지해 'BBC 월드'를 연상케 한다. CNN US의 슬로건은 '가장 믿을 만한 뉴스'인 반면 CNN 인터내셔널의 슬로건은 '가장 빠른 뉴스'다.[4]

2005년 6월 1일 CNN은 창설 25주년을 맞았지만 폭스뉴스채널의 도전에 밀려 고전을 면치 못했다. 저녁 시간대(오후 8~11시)에 폭스뉴스를 찾는 미국 시청자들이 160만 명인 데 비해 CNN 시청자는 80만 명 정도였다.[5] 폭스뉴스는 공화당 편을 들면서 민주당 공격의 최선봉에 선 반면 CNN은 상대적으로 진보적 성향을 보였다.[6]

국제적 도전도 만만치 않았다. 영어권에선 영국의 BBC 월드가 추격 중이었고 아랍권에선 '아랍의 CNN'으로 불리는 아랍어 위성TV 알자지라(Al Jazeera, 반도라는 뜻)가 1996년 11월에 출범한 지 10년 만에 중동

3500만 가구에서 제1의 뉴스매체로 자리 잡았다. 또 중남미에선 '라틴아메리카의 CNN' 이라 할 24시간 뉴스 전문채널 텔레수르(Telesur)가 출범의 신호탄을 올렸다.[7]

중남미의 '텔레수르'

2005년 5월 24일 중남미의 24시간 뉴스 전문채널 텔레수르가 시험방송을 마쳤다. 텔레수르가 '라틴아메리카의 CNN' 이 될 것인지 아니면 '라틴아메리카의 알자지라' 가 될 것인지를 두고 세계의 관심이 뜨거웠다. 미국의 말을 듣지 않는 베네수엘라와 쿠바가 각각 텔레수르의 지분 51퍼센트, 19퍼센트를 보유하며 주도적 역할을 하기로 돼 있어 출범 전부터 텔레수르를 보는 미국의 시각은 곱지 않았다.

미 국무부 대변인 리처드 바우처(Richard Boucher)는 5월 23일 "우고 차베스 베네수엘라 대통령과 피델 카스트로 쿠바 국가평의회 의장이 미국에 대항하기 위한 도구로 이용할 수 있다는 점을 우려한다" 고 밝혔다. 『워싱턴타임스』 5월 10일자는 "텔레수르는 남미의 CNN이 될 수 없으며 자유를 억압하는 독재자들의 정치적 도구가 될 것" 이라고 주장했다. 우르과이 출신 언론인으로 반미 성향을 갖고 있는 텔레수르 총책임자 아람 아로니안은 "알자지라는 아랍의 견해를 보여주길 원하고 텔레수르는 라틴아메리카의 견해를 보여주길 원한다" 고 말했다.[8]

미국의 우려에도 불구하고 2005년 7월 24일 텔레수르는 베네수엘라 수도 카라카스에서 중남미 15개국을 대상으로 첫 전파를 발사했다. 텔레수르엔 아르헨티나(20% 지분)와 우르과이(10%) 등도 참여했다.

2006년 2월 1일 알자지라와 텔레수르가 업무제휴 계약서에 서명했다. 계약에 따라 앞으로 알자지라와 텔레수르는 보도 내용을 공유할 뿐만 아니라 뉴스를 취합하는 데도 협력하기로 했다. 양사는 또 정보와 기술을 교환하는 한편 언론인 교육도 함께하겠다고 했다.[9]

2006년 6월 우고 차베스(Hugo Chávez) 베네수엘라 대통령이 미국의 문화적 침투에 맞서기 위해 수도 카라카스 교외에 영화 제작소를 설립했다. 차베스 대통령은 이날 스튜디오 개소식에 참석해 "독재적인 할리우드 영화가 베네수엘라 전통과 일치하지 않는 메시지를 국민들에게 주입하고 있다"며 "중남미 사람들을 범죄자나 마약 밀매범으로 묘사하고 있는 할리우드 영화를 멀리해야 한다"고 주장했다. 차베스 정부는 베네수엘라를 비롯한 남미 영화산업의 진흥을 위해 1100만 달러를 투입하기로 했다. 스튜디오의 첫 작품인 〈미란다가 돌아온다〉는 19세기 스페인으로부터 베네수엘라의 독립 투쟁을 이끈 '프란시스코 데 미란다'에 관한 영화로 2007년 10월 시사회를 가졌다.[10]

프랑스판 CNN '프랑스 24'

프랑스도 움직였다. 2005년 11월 30일 프랑스 대통령 자크 시라크(Jacques Chirac)는 "프랑스는 글로벌 이미지전쟁에서 선두로 나설 것"이라며 새 뉴스채널의 출범을 공식 선언했다. 국제 뉴스의 흐름을 장악한 미국과 영국에 맞서 글로벌 위성방송인 프랑스국제뉴스채널(CFII)을 개국시켜 프랑스의 가치와 시각을 전 세계에 전파하겠다는 것이다. 이에 따라 프랑스 정부는 늦어도 2006년 말 이전에 240명의 직원을 두고

유럽 및 아프리카, 중동 지역을 대상으로 방송을 실시하기로 했다.[11]

프랑스는 국제적인 영어 뉴스채널이 없어 이라크전쟁을 두고 미국과의 여론 싸움에서 밀렸으며 2005년 말 프랑스에서 벌어진 소요 사태 당시 미국 뉴스채널들이 '프랑스가 불타고 있다' 면서 프랑스인들을 자극한 것이 설립의 배경이었다.[12]

2003년 2월엔 이런 일도 있었다. 도미니크 드 빌팽(Dominique de Villepin) 당시 프랑스 외무장관은 유엔에서 이라크전쟁에 반대하는 명연설을 했는데 우레와 같은 박수가 회의장에 가득할 정도로 호응이 대단했다. 그러나 이날 저녁 호텔 방에서 미국 텔레비전을 지켜보던 빌팽은 연설이 주변 뉴스로 취급되고 환호하는 장면은 보도조차 되지 않은 것에 경악했다. 이 사건은 빌팽이 총리에 오르면서 '프랑스판 CNN' 을 구상하는 계기가 됐다.

CFII는 한 개 방송은 프랑스어로, 다른 한 개 방송은 75퍼센트를 영어로 진행하기로 했다. 자크 시라크 대통령은 개국 책임을 맡은 광고업계 거물 알랭 드 푸지락(Alain de Pouzilhac)에게 "당신의 임무는 세계 이미지전쟁의 최전방에서 싸우는 일" 이라고 강조했다.[13]

2006년 12월 7일 프랑스판 CNN '프랑스 24' 가 출범했다. 프랑스어와 영어 방송을 우선 내보내고 아랍어 방송도 곧 선보이기로 했다. 세계 90여 개국의 8000만 가구를 가시청권으로 잡았다. 공영방송 '프랑스 텔레비지옹' 과 최대 민영 방송 TF1의 합작으로 연간 8000만 유로(약 990억 원)의 정부 예산 지원, 프랑스어와 영어 또는 프랑스어와 아랍어 등 2개 언어를 구사하는 기자 170명을 포함한 총 380명의 직원 등으로 제법 그럴듯한 위용을 갖추었다. 알랭 드 푸지락 사장은 "프랑스적 가치를 기반으로 미국의 CNN과 영국의 BBC 같은 앵글로색슨 시각에 맞서겠다"고 밝혔다. 그는 "CNN의 이라크전쟁 보도는 전혀 객관적이지 않다"고 말했다. '침략자'인 미군이 이라크에 '자유를 전파하는' 존재로 묘사된다는 것이다.[14]

설원태는 "프랑스 24의 출범은 미국의 CNN 인터내셔널, 영국의 BBC 월드, 카타르의 알자지라 등을 경쟁 상대로 삼는 국제 방송의 탄생을 의미한다. 이것은 향후 지구촌 뉴스를 둘러싸고 국제적 담론 형성의 경쟁이 더욱 치열해질 것임을 예고한다"며 다음과 같이 말했다.

"창설 25주년을 맞은 CNN은 국제적 영향력을 더욱 확산하고 있고 창립 10주년을 맞은 알자지라는 영어 방송을 추가해 경쟁력을 더욱 강화했다. 이란(프레스), 아르헨티나·볼리비아(텔레수르), 러시아(러시아투데이) 등 다른 나라들도 국제적 방송을 이미 하고 있거나 추진 중이다.…… 2007년이 밝았다. 올해 우리 한국인은 국내 정치에 몰입할 것이다. '좌파'와 '우파'가 사생결단 충돌하는 가운데 우리는 세계의 미디어가 그들의 눈으로 한국을 보도하도록 방치할 것이다. 우리가 세계 10위의 국력을 가졌다면 이제 국제적 의제 설정에 참여하는 문제를 생각해야 한다. 올해 국내 정치에만 몰두하기엔 지구촌 미디어 경쟁이 너무도 치열해져 있다."[15]

이란·아프리카·중국의 뉴스전쟁

2006년 1월 16일 이란 국영 IRNA통신은 이란 문화부가 테헤란 주재 CNN의 취재 허가를 무효화하고 취재 활동을 금지했다고 보도했다. 외신 보도를 관할하는 문화부 측은 'CNN이 직업윤리를 어겼음'을 이유로 들었다. 테헤란에 체류 중인 CNN의 국제담당 수석기자 크리스티안 아만포(Christiane Amanpour)는 1월 14일 마무드 아마디네자드(Mahmoud Ahmadinejad) 대통령이 테헤란에서 기자회견을 하고 "모든 나라는 핵무기를 가질 권리가 있으며 이란은 핵무기 생산을 계속할 것" 이라고 말했다고 보도했는데, 실제로 아마디네자드 대통령은 "모든 나라는 핵기술을 추구할 권리가 있으며 이란은 핵에너지 연구를 계속할 것" 이라고 말했던 것으로 드러났다. 또한 그는 "이란은 오랜 문화를 가진 문명국가이고 핵무기는 필요 없다" 며 CNN 보도와 정반대의 말을 했다는 것이다.

CNN과 BBC 등 서방 언론들은 "파르시(이란어)에서는 '기술' 과 '무기' 가 비슷한 말로 쓰이기 때문에 착오가 있었던 것" 이라고 전했다. 반면에 IRNA는 이란인 아버지에게서 태어나 파르시에 능통한 아만포가 그 같은 '실수' 를 저질렀다는 것은 이해하기 힘들다고 지적, '고의적 오보' 가 아니겠느냐는 시각을 보였다.[16] 이란에서 벌어진 일의 진실이 무엇이든 CNN의 영향력은 다른 국가들로 하여금 글로벌 뉴스전쟁에 직접 뛰어들어야 할 동인을 제공하기엔 충분했으리라.

2006년 1월 18일 케냐의 프로덕션 회사 카메라픽스는 아프리카인의 뉴스를 24시간 공급하는 '아프리카판 알자지라 방송' 을 설립하겠다고 밝혔다. 카메라픽스 측은 그동안 영국의 BBC가 장악했던 아프리카 지역의 뉴스를 영어와 프랑스어로 공급하기 위해 국제기구인 아프리카연합(AU)과 아프리카 각국 방송사에 지원을 요청했다고 말했다.[17]

중국도 글로벌 뉴스전쟁에 뛰어들었다. 중국은 2006년 1월 아프리카 케냐의 수도인 나이로비에 라디오방송국을 개국했다. 국영 라디오방송국인 '국제라디오방송국' 이 처음으로 해외에 개국한 방송국이다.

2006년 6월엔 중국인 사업가가 아랍에미리트 국영 위성TV인 '아랍알리바바비즈니스위성TV'를 인수했다. 인수 주체는 민간 사업자였지만 인수 당시 중국 상무부와 아랍에미리트 주재 중국대사관의 적극적인 지원이 있었다.

2006년 8월 28일 중국의 해외 위성TV인 '창청(長城)'이 프랑스 파리에서 정식 개통식을 갖고 방송을 시작했다. '창청위성방송'이 프랑스의 안방에 내보낼 텔레비전 방송은 국영 방송인 CCTV의 채널4(국제 방송)와 채널9(영어 방송), 오락 채널, 중국영화 채널, 프랑스어와 스페인어 방송 채널 등 모두 14개였다. 주프랑스 중국대사관의 취싱(曲星) 대리대사는 "창청위성방송은 화교에게는 조국과 연결할 수 있는 교량 역할을, 중국문화를 사랑하는 외국 시청자들에게는 중국을 향한 창 역할을 할 것"이라고 말했다. 이날 개통식에는 중국 국가광전총국장인 왕타이화(王太華) 중앙선전부 부부장이 직접 참석, 중국 당국이 창청위성방송의 유럽 지역 첫 개통을 얼마나 중시하는지 보여줬다. 중국은 앞으로 영국, 독일, 네덜란드, 이탈리아, 스페인 등 다른 유럽 국가와도 협상을 거쳐 창청위성방송 서비스를 시작하기로 했다. 이에 대해 조중식은 다음과 같이 말했다.

"중국이 방송의 해외 진출을 적극적으로 추진하는 것은 문화를 앞세운 '한류(漢流)'를 통해 해당 지역에서 중국의 소프트 파워를 키워가겠다는 전략이다. 중국의 이런 전략은 아프리카와 중동 등 저개발 지역에서 두드러진다. 정부가 적극적으로 개입하고 후원하고 있다.…… 중국은 지금까지 아프리카 대륙의 석유와 광물질 등 자원을 확보하기 위해 경제 원조를 제공하고 값싼 상품을 수출해왔다. 서방 언론은 이런 중국의 아프리카 공략에 대해 '신(新)식민주의'라며 크게 경계하고 있다."[18]

독일 시사주간지 『슈피겔』 2006년 5월 1일자는 이미지전쟁터로 변해버린 세계의 방송 뉴스 경쟁을 상세히 전하면서 "세계가 9 · 11 이후 초강대국 미국이 (일방적인) 정책을 추진할 경우 뉴스마저 독점해선 안 된다는 사실을 체험했다"고 분석했다. 미국과 영국에 맞서 자신의 목소리를 내려는 곳은 프랑스뿐이 아니며 러시아 정부가 지원하는 영어 방송 러시아투데이는 6개월 전부터 전파를 타고 있고 독일 해외 위성 방송 'DW(도이체벨레)'는 9월부터 아랍어 방송을 하루 3시간에서 12시간으로 늘린다는 것이다. BBC와 러시아투데이도 아랍어 방송을 증편했다.[19]

'알자지라' 대 '알아라비아'의 뉴스전쟁

중동에선 '알자지라' 대 '알아라비아'의 뉴스전쟁이 벌어지고 있었다. 알아라비아는 사우디 왕실까지 건드리는 등 '성역 없는 보도'를 해온 알자지라에 맞서기 위해 사우디아라비아가 탄생시킨 중동의 두 번째 뉴스 전문 위성TV 방송이다. 아랍에미리트 두바이에 본사를 둔 알아라비아 방송은 2003년 2월 20일부터 방송을 시작했는데, 알아라비아 방송사 관계자는 '뉴스 전문 위성방송으로 카타르 정부의 재정 지원을 받고 있는 알자지라와 경쟁할 것'이라고 말했다. 이 방송은 파드 사우디아라비아 국왕의 처남이 소유한 '중동 뉴스' 계열사이며 사우디아라비아, 쿠웨이트, 레바논 등의 개인 투자자들로부터 3억 달러를 유치했다.[20]

알아라비아는 알자지라의 적수가 되지 못했지만 2006년부터 라이벌

관계에 들어섰다. 『미디어오늘』 2006년 11월 8일자는 "아랍인들은 이제 알아라비아 방송에 채널을 맞추고 있다. 알아라비아 방송은 각종 여론조사에서 알자지라를 제치고 가장 선호하는 방송으로 평가받고 있다. 이라크나 사우디아라비아에서는 단연 압도적으로 앞서고 있다" 며 다음과 같이 말했다.

"알자지라는 다소 공격적이고 이슈 중심적이며 다분히 선정적이다. 아랍의 옷을 입은 서구 언론이라는 평가도 있다. 알자지라의 주요 인적 자원이 서구 언론 출신이라는 점과 화면 구성 기법 등이 이런 평가의 배경이다. 반면 알아라비아는 덜 자극적인 언어로 '아랍의 정서를 가진, 아랍의 옷을 입은 아랍 언론'으로 평가받고 있다. 가끔 이라크 관련 뉴스 보도에서 지나치게 참상을 부각시켜 선정적이라는 평가를 받기도 한다. 알자지라는 카타르 왕실의 자금줄로 버티고 있다. 이런 태생적 한계로 완전한 자유독립 언론이라 평가할 수 없다는 지적도 나온다. 성역 깨기를 시도하고 있지만 카타르 왕실만큼은 성역으로 존재하는 것이다. 하지만 알아라비아는 향후 5년 동안 투입될 3억 달러의 자금을 사우디아라비아, 레바논, 쿠웨이트, 아랍에미리트 등지의 민간 투자자들로부터 충당할 계획이다. 알자지라에 비해 상대적으로 독립된 자유 언론의 틀을 갖춘 민간 방송을 지향하고 있다. 물론 이제 겨우 3년이 지난 터라 평가하기에 섣부른 감도 있다. 알아라비아의 주요한 인적 자원도 아랍 방송들에서 잔뼈가 굵은 인물들로 채워졌다. 아랍인의 정서를 충분히 이해하고 표현할 수 있는 인물들이다. '덜 선정적이고 더 균형 잡힌 뉴스, 아랍어로 전달하는 뉴스, 대안을 제시하는 방송'으로서 알아라비아는 대양주를 넘어 세계를 겨냥하고 있다."[21]

그러나 세계적인 명성은 여전히 알자지라가 우위였으며 나중에 드러나지만 알아라비아의 선전(善戰)은 일순간의 바람이었다. 세계적인 브랜드 평가 업체인 인터브랜드(InterBrand)는 이미 2004년 알자지라를 세계에서 가장 영향력 있는 미디어 브랜드로 평가했다. 모든 글로벌 기업을 통틀어 브랜드파워가 5위에 해당한다고 발표했다. 애플, 구글, 이케아, 스타벅스 바로 다음이었다. 알자지라는 2006년 알자지라 영어 방송을 출범시켰고, 알자지라 다큐멘터리, 스포츠를 포함해 9개 채널을 갖는 네트워크로 발전했다.[22]

2007년 11월 15일 개국 1주년을 맞은 알자지라 영어 방송은 1억 가구의 시청자를 확보했다. 유튜브에 연결된 알자지라 영어 방송 뉴스는 늘 톱10에 들었고 웹사이트는 일주일에 6000만 건 이상의 히트 수를 기록했다. 이 접속자의 60퍼센트가 미국인이었다. 알자지라 영어 방송 편집인 스티브 클라크(Steve Clark)는 "알자지라의 시각은 서구 미디어와 어떻게 다릅니까?"라는 질문에 다음과 같이 답했다.

"알자지라는 전달해야 할 국내 어젠다(agenda)가 없습니다. 카타르라고 하는 아주 작은 나라에 자리 잡고 있기 때문이죠. 전 세계에 팔아야 할 어젠다가 없습니다. 그래서 우리의 관점은 전 세계에서 실제 어떤 일이 벌어지고 있는지만 전달합니다. 초기부터 우리는 개발도상국에 주목했습니다. 다른 미디어에서 다루지 않는 곳을 알자지라가 다루는 것을 목격할 겁니다. 예를 들어 미얀마와 짐바브웨에 파고들어 갔습니다. 우리는 아프리카에 9개 지국이 있습니다. 다른 미디어는 한 곳을 두거나 아예 지국이 없는 곳이죠. 라틴아메리카에도 4개 지국을 두고 있습니다. 아시아에도 특별한 관심을 갖고 있죠. 쿠알라룸푸르에는 140명의 직원이 있습니다. 필리핀, 인도네시아, 중국에도 지국이 있고 한국도 곧 들어갈 겁니다."[23]

중국의 '안티 CNN' 운동

2007년 11월 한국언론재단이 주최한 '아시아를 어떻게 볼 것인가? 2007 KPF 저널리즘 국제회의'에서 발표된 각국 언론학자들의 논문에 따르면 한국, 인도, 필리핀 등 아시아 지역의 언론들은 미국 뉴스를 중요시하는 반면 아시아 인근국들의 뉴스는 경시하는 것으로 나타났다.

김수정 충남대 교수는 「한국의 눈으로 본 아시아」라는 논문에서 2007년 5월 13일부터 10월 27일까지 국내 2개의 중앙 일간지를 선정해 국제 뉴스를 지역별로 분석한 결과 미국(30.7%), 아시아(30.7%), 유럽·러시아(20.5%), 중동(4.8%), 캐나다·라틴아메리카(3.7%), 아프리카(1.9%), 중앙아시아(0.7%), 기타(3.0%)의 순으로 조사됐다고 밝혔다. 또한 국내 언론의 아시아 국가별 보도량을 보면 중국(39.6%), 일본(25.5%), 북한(12.7%), 버마(11.3%) 등의 순이었다.

필리핀 마닐라 필리핀국립대의 페르난도 파라가스(Fernando Paragas) 교수도 최근 『필리핀 데일리 인콰이러』 신문의 국제 뉴스를 지역별로 분석한 결과 미국(32%), 아시아(30%), 중동(20%) 등의 순으로 조사됐다고 밝혔다.

인도 방갈로르의 저널리즘·뉴미디어연구원의 아룬 수브라마니암(Arun Subramaniam) 교수는 「세계 속의 인도 미디어」라는 논문에서 방갈로르·델리 등지에 자리 잡은 『TOI(타임스오브인디아)』 신문의 지난 반년간 국제 뉴스를 분석한 결과 "이 신문의 지리적 편중이 심각한 수준"이라고 발표했다. 수브라마니암 교수는 『TOI』에 실린 총 696건의 국제 뉴스를 지역별로 분석한 결과 미국(36.6%), 유럽·러시아(27.2%), 아시아(20.8%), 중동(6.3%) 등의 순서로 조사됐다고 밝혔다. 그는 아프간전쟁이나 버마의 정치적 소요 사태 등에도 불구하고 아시아 뉴스의 비중이 이처럼 낮게 나타났다고 지적했다. 수브라마니암 교수는 "아시아 언론들이 미국 · 서방과의 관계나 영향력을 고려해 이들 지역의 뉴스를 중시하고 있지만 인근 아시아국의 뉴스를 경시하는 것은 우려할 만하다"고 지적했다.[24]

중국의 '안티 CNN' 운동도 이런 맥락에서 벌어진 사건으로 보아야 할까? 2008년 3월 14일 티베트 시위 이후 '시나닷컴' 등 중국의 대표적인 포털 사이트와 주요 일간지, 주간지 등은 거의 한 달 내내 머리기사로 '반(反)서방주의'를 부추기는 뉴스를 쏟아냈는데 그 한복판에 CNN이 있었다. 4월 9일 CNN 앵커 잭 카퍼티(Jack Cafferty)가 〈더 시추에이션 룸〉이란 프로그램에 출연해 중국인들을 '깡패'라고 부르고 중국 제품을 '쓰레기'에 비유해 중국 내 'CNN 거부 운동'을 촉발시켰다. 중국에선 이를 '4 · 9 사건'이라 부르며 치를 떨었다.[25]

중국인들은 인터넷에 '안티 CNN 사이트'와 '안티 서방언론 사이트' 등을 만들어 네티즌의 서명 운동을 조직했다. 한 네티즌은 안티 CNN 사이트에 "우리는 서방 매체를 반대하는 것이 아니라 서방 매체의 객관적이지 않은 보도를 반대한다. 우리는 서방 인민들을 반대하는 것이 아니라 편견을 반대한다"고 썼다.[26] 중국은 세계뉴스전쟁에 본격 참전해야겠다는 의지를 더욱 강하게 갖게 됐다고 볼 수 있겠다.

미국 '알후라'의 실패

2008년 6월 22일 미국의 『워싱턴포스트』는 미국이 중동에서 '소프트 파워'를 키우려고 야심차게 추진한 아랍어 위성방송이 맥을 못 추고 있다고 보도했다. 4년 전 미국 정부가 3억 5000만 달러(약 3500억 원)를 들여 아랍권 위성 채널인 알후라(Al Hurra, the Free One)를 출범시킬 때만 해도 미국 의회는 냉전 시대 공산권 주민들의 귀를 사로잡았던 '라디오 프리 유럽(Radio Free Europe)'의 성공이 재현될 것으로 기대했다. 버지니아 스프링필드에 본부를 둔 알후라는 광고 없이 24시간 아랍권 20여 개국에 전파를 쏘았다. 매 30분 뉴스 속보 외에 중동 도시 순회 토크쇼인 〈타운 홀〉과 여성 문제를 다룬 〈평등〉 등을 내보내고 미국 대선 같은 미국 뉴스도 빠뜨리지 않았다.

하지만 조그비 인터내셔널 등이 2008년 3월 공개한 아랍 6개국 조사에 따르면 시청률 1위는 알자지라(54%)였고 알아라비아(9%)가 2위였다. 시청률이 고작 2퍼센트인 알후라는 레바논 이슬람 무장정파인 헤즈볼라의 위성 채널 알마나르(Al Manar, 등대라는 뜻)와 경합하는 수준이었다. 왜 이렇게 된 것일까?

"원인은 다양하다. 우선 간부들은 아랍어와 아랍 정서에 까막눈이고 직원들은 방송 경험이 일천해 실수가 잦다. 한 앵커는 부활절에 '오늘 예수께서 일어나셨다!'고 외쳤다. 이슬람 신도들이 발끈했음은 물론이다. 2004년 팔레스타인의 이슬람 무장조직인 하마스의 지도자 셰이크 아메드 야신이 이스라엘군에게 살해됐을 때는 대다수 아랍 채널이 정규 방송을 중단했지만 알후라는 요리쇼를 계속 내보냈다. 프로그램도 따분하고 탐사 보도도 드물다. 요르단 언론인 살라메 네마트는 '아랍 지도자들의 금전 부패, 수사기관의 고문 같은 논쟁적 이슈를 무시했다'고 지적했다."[27]

미국 켄터키대 교수이자 중동의 방송 매체 연구가인 더글러스 보이드(Douglas Boyd)가 이미 2002년 미국 정부가 지원하는 방송 뉴스 사업에 효과가 없다는 이유로 반대하면서 그 대신 젊은이와 청소년들을 대상으로 한 연예 방송을 제안한 건 의미심장하다.[28]

그러나 미국에겐 그래도 CNN이 있는데 무얼 걱정하랴. CNN이 현실에 안주하는 것도 아니었다. 2008년 12월 1일 CNN은 미국 뉴스 매체 가운데 최대 규모인 3800명의 취재 · 보도 인력과 미국 15개, 해외 22개 지국을 최대한 활용하기 위해 뉴스통신 시장에 뛰어들었다. CNN은 이미 뉴스통신 서비스를 전담하는 'CNN 와이어'를 설립해 일부 신문에 시범 서비스를 제공하고 있었다. CNN의 뉴스통신 시장 진출은 금융위기 속에서 언론 매체들마다 비용 절감 압박에 시달리고 있기 때문인 것으로 분석됐다. 이들 매체는 뉴스 수신료로 AP통신에 지불하는 연간 수십만, 수백만 달러의 비용이 과하다고 여기는데 CNN은 싼 가격을 앞세워 뉴스통신 시장에서 AP통신과 맞서겠다는 전략이었다.[29]

중국 · 프랑스 · 일본의 '뉴스전쟁'

중국도 무언가 느낀 게 있었을까? 2009년 1월 중국 정부는 CCTV, 신화통신, 인민일보 등 3대 관영 매체의 국외 취재 및 보도 확충을 위해 450억 위안(9조 원)을 투입하기로 했다. 신화통신은 전 세계를 상대로 24시간 국제 뉴스를 내보내는 텔레비전 방송국을 세우는 방안을 검토했는데 소식통은 "새로운 방송국은 카타르에 본부를 둔 알자지라를 모델로 하고 있다"고 말했다. 신화통신은 또 2009년 100개가량인 국외 지국을 186개로 늘려 대부분의 나라에서 취재망을 운영할 계획을 세운 것으로 전해졌다. CCTV는 2009년 아랍어와 러시아어로 방송되는 채널을 추가하기로 했는데 중국어를 비롯해 영어, 프랑스어, 스페인어 방송을 내보내고 있는 CCTV의 시청권은 이미 137개 나라 8300만여 명에 이르렀다. 『인민일보』는 자매지인 『환구시보』의 영문판을 내기로 하고 관련 편집자와 기자를 충원했다.

중국 관영 매체의 이런 움직임에 대해 위궈밍(喩國明) 중국 런민대 교수는 "중국 선전 당국이 2008년 베이징 올림픽 성화 봉송 과정에서 중국의 목소리가 제대로 먹히지 않는 것을 보고 자극을 받았다"며 중국이 미디어 시장에서 경제력에 걸맞은 영향력을 바라고 있다고 말했다.[30] 중국 언론 정책을 지휘하고 있는 리장춘 정치국 상무위원은 CCTV 개국 50주년 기념식에서 "언론의 힘이 (국가의) 영향력을 결정한다"고 말했다.[31] 그러나 미국의 『크리스천 사이언스 모니터』(2009년 2월 6일)는 알자지라를 누르기 위해 미국이 출범시킨 아랍어 위성 채널 알후라가 실패한 사례를 들어 검열 폐지 등 언론의 자유가 보장되지 않는 한 관영 '중국판 CNN'의 성공은 기대하기 어렵다고 진단했다.[32]

프랑스의 니콜라 사르코지 대통령은 "프랑스에는 세계적인 언론사가 없다"며 "언론사들이 번창할 수 있는 환경을 만들겠다"고 나섰다.[33] 이에 따라 2009년 1월 8일 사르코지 대통령의 에마뉘엘 미뇽(Emmanuelle Mignon) 특보가 이끄는 특별위원회가 작성해 문화부 장관에게 제출한 「언론개혁 보고서」(이하 미뇽 보고서)의 골자는 신문, 텔레비전, 라디오 등 매체 간 소유 제한을 완화해 글로벌 미디어 그룹의 경쟁력을 높이자는 것이었다. 이미 2008년 9월에 나온 미디어개혁위원회의 「미디어와 디지털 시대」라는 보고서도 미뇽 보고서와 마찬가지로 프랑스 미디어의 경쟁력 강화를 외쳤다.[34]

2009년 2월 2일 일본 NHK는 외국인용 영어 위성방송인 'NHK 월드 TV' 를 대폭 강화하고 나섰다. 우선 매시 정각부터 15분간 방송되는 뉴스 프로그램의 방송 시간을 30분으로 늘렸고 국내용 뉴스를 영어로 내보내는 수준에서 벗어나 영어 방송용 뉴스를 독자적으로 제작하기 시작했다. NHK는 미국과 유럽 등지로 국한돼 있는 수신 가능 지역을 2010년까지 중국, 중남미, 아프리카 등 전 세계로 넓혀 1억 2500만의 수신 가구를 확보할 계획을 세웠다. 궁극적으로 CNN이나 BBC와 어깨를 나란히 하겠다는 계산이었다. 일본은 2006년 고이즈미 준이치로(小泉純一郎) 당시 총리가 한국, 중국 등의 국제 방송 강화 흐름에 자극받은 뒤 2007년 방송법을 개정, 제도 정비를 마쳤다.[35]

알자지라와 텔레수르의 활약

자꾸 국제 뉴스 시장의 경쟁자들이 나타나자 2009년 2월 알자지라는 '뉴스 영상 무료' 를 선언하고 나섰다. BBC에서 자료그림을 구입하려면 분당 300파운드, 대략 우리 돈으로 60만 원 정도를 지불해야 하며 여기에 자료를 복사하고 컨버팅하는 데 드는 부대비용을 합하면 500파운드 가까이 된다. 우리 돈 100만 원이다. 물론 1분에서 1초가 넘어가도 2분치 비용을 지불해야 한다. 다른 방송사들은 초당 계산을 하기 때문에 결코 더 싸지 않다. 그것도 조건이 있다. 공중파에 혹은 인터넷에 몇 회를 사용할지에 대한 규정이다. 각 방송사는 자료그림을 판매하는 전담 부서를 두고 있는데 이게 꽤 짭짤한 사업이다. 그런데 알자지라가 "우리 그림 마음대로 가져다 쓰세요", "상업용으로 쓰든 비상업용으로 쓰든 상관하지 않겠습니다. 많이들 가져다 어디에든 마음대로 써 주세요"라고 치고 나온 것이다. 알자지라는 보도자료를 통해 "저널리즘의 근간이 되는 비디오 뉴스 자료를 자유롭게 사용토록 하는 것은 세계인들이 중요한 이슈에 대해 소통하는 데 기여하기 위한 것"이라고 하면서 "다른 방송사들도 대열에 합류하기를 바란다"고 말했다.

이에 대해 장정훈은 "알자지라의 무료 영상 제공 서비스는 어쩌면 세상의 관심을 끌기 위한 마케팅 전략일지도 모르겠다. 자본주의 세계와는 어울리지 않는, 방송 시장을 혼란케 하는 무모한 실험일지도 모르겠고. 대부분의 무가지에서 질을 찾을 수 없듯 무료 영상에서 질을 찾을 수 없는 상황이 생길 수도 있다"며 다음과 같이 말했다.

"하기야 아무려면 어떨까. 공짜인데……. 자료그림이 필요한 당신, 이제부터 알자지라를 잘 뒤져보시라! 그런데 과연 BBC, ITV도 그 짭짤한 수입을 포기하고 알자지라의 뒤를 이을까? '저작권 없음', '마음대로 쓰시오'가 부메랑이 돼 알자지라도 치고 우리 같은 소시민 방송쟁이들의 목도 치는 것은 아닐까? 열두 살짜리 방송국이 치고 있는 사고가 예사롭게 보이지 않는다."[36]

2009년 7월 1일 '반미 방송의 첨병'이라는 비난을 듣기도 하는 알자지라 방송이 미국의 심장부 워싱턴에서 방송을 내보내기 시작했다. 워싱턴의 비상업적 종합케이블방송사인 MHZ의 채널을 통해 워싱턴 지역 230만 시청자들에게 뉴스를 24시간 송출한 것이다. 알자지라가 2005년 만든 자매회사 AJE는 2006년 워싱턴에 방송 본부를 차리고 미국 시청자에게 다가가려 했지만 주요 케이블 방송사들이 송출을 거부해 그동안 버몬트 주 벌링턴과 오하이오 주 털리도의 소규모 케이블 방송사를 통해 방송을 내보냈다. 당시 미국 조지 W. 부시 정부가 알자지라 방송을 두고 "테러리즘을 선동한다", "오사마 빈 라덴의 대변인"이라며 비난하는 등 반미 이미지 영향이 컸기 때문이다. 알자지라 와다 칸파르(Wadah Khanfar) 회장은 "다음 단계로 뉴욕에 관심이 있다"고 밝혔다.[37]

2009년 6월 이란에선 대통령 선거 부정을 주장하며 대규모 시위를 벌인 이란 개혁파 시위대에 대한 당국의 폭력 진압과 관련하여 대대적인 뉴스전쟁이 벌어졌다. 이란 정부와 시위대 간의 미디어전쟁이었다. 이란 당국의 발포로 6월 15일 7명의 시위대가 사망한 후 이란은 정보통제에 나섰는데 16일부터는 외국 언론의 거리 취재를 제한, 기자들은 사무실에서 전화 취재만 가능한 상황이었다. 영국 BBC의 페르시안 서비스 등 해외 방송도 중단됐다. 몇몇 외국 기자들은 이란 당국이 취재 비자 연장을 거부해 쫓겨났다. 손발이 묶인 서방 유력 언론들은 이란 개혁파 시민들이 인터넷에 올린 정보에 의존해 보도했으며 CNN의 경우 시위대가 인터넷에 올린 동영상 화면을 편집해 내보냈다.[38]

2009년 7월 우고 차베스 베네수엘라 대통령은 자신이 주도해 출범한 텔레수르 텔레비전 방송에 대해 "텔레수르 텔레비전이 없었다면 세계인의 상당수는 온두라스에서 일어난 일의 진실에 대해 몰랐을 것이다"라고 자화자찬했다. 마누엘 셀라야(Manuel Zelaya) 온두라스 전 대통령이 쿠데타로 쫓겨난 뒤 이 방송이 단독 인터뷰 등으로 잇단 특종을 터뜨리며 시청자들을 사로잡은 것을 두고 한 말이었다. 쿠데타를 일으킨 온두라스 새 정부는 텔레수르가 차베스 대통령의 정치적 동맹인 셀라야 전 대통령을 편들고 있다고 불만을 드러내면서 수도 테구시갈파에 있던 이 방송의 기자들을 억류하기도 했다. 텔레수르 온두라스 지국장 안드레스 이사라(Andres Izarra)는 로이터통신에 "죽이겠다는 협박도 받았다. 온두라스에서 떠나라는 말을 들었다" 고 했다. 반면 셀라야 지지자인 윌메르 푸에르토(Wilmer Puerto)는 "감사하게도 텔레수르 같은 방송이 있어서 세계를 향해 쿠데타와 독재의 진실을 밝힐 수 있었다" 고 말했다.[39]

한국의 해외 방송

한국은 어떤가? 2007년 8월 31일 정연주 KBS 사장은 중국 베이징 쿤룬 호텔에서 기자회견을 열고 중국 방송 주관부처인 광전총국의 허가를 얻어 KBS 해외 방송인 'KBS 월드' 를 중국 전역에서 24시간 방송하게 됐다고 밝혔다. KBS 월드의 방송 허용으로 중국에서 공식으로 방영되는 해외 방송은 미국 CNN, 영국 BBC, 일본 NHK 등 10개국, 34개 채널로 늘어났다. KBS는 중국 진출을 위해 광전총국 측과 2003년부터 4년 3개월 동안 60여 차례에 걸친 마라톤협상 끝에 방송 허가를 따냈다. KBS 월드는 허가를 받은 기존 외국 방송과 마찬가지로 외국인 관광객이 투숙할 수 있는 별 3개 이상 고급 호텔과 외국인 거주 아파트 단지에서만 볼 수 있다. 다만 광둥성 일부 지역은 일반 가정에서도 시청이 가능하다. 그동안 중국 일부 지방에서 우리 방송을 내보내는 경우가 있었지만 중국 당국의 정식 허가를 받지 않은 상태였다.

정연주 사장은 "지난 2개월 동안 중국 별 3개 이상 고급 호텔 3000여 개 가운데 250여 개 호텔과 방송 계약을 맺었다" 고 밝히고 "방송이 전체 호텔로 확대되면 시청자는 5000만 명으로 늘어날 것" 이라고 전망했다. 특히 해마다 중국을 찾는 2000만 명의 외국인 관광객들과 베이징 올림픽을 계기로 중국을 찾는 외국인이 크게 늘어날 것을 감안하면 외국인들이 한국과 한국의 문화를 이해하는 좋은 계기가 될 것이라는 설명이었다. 최춘애 KBS 글로벌센터장은 "KBS 월드 방송의 중국 진출은 드라마와 가요로 대표되는 한류 확산의 기반을 마련했다는 데 의미를 두고 싶다"고 말했다. 정연주 사장은 "중국 방송 시장 진출로 미국, 일본, 인도, 남미 등 세계 49개국, 3800만 가구가 KBS 실시간 뉴스와 드라마를 보고 있다"고 강조했다. 이는 2007년 당시 우리나라 텔레비전 시청 가구(1800만 가구)의 2배가 넘는 숫자로 사실상 전 세계에서 우리 방송을 보게 되는 것을 의미한다는 얘기였다.[40]

한국은 KBS 월드 방송 외에 아리랑TV(아리랑국제방송)를 갖고 있다. 아리랑TV는 한국을 외국에 널리 알리기 위해 1999년 아시아태평양 지역을 대상으로 첫 방송을 시작해 2007년 전 세계 1400여 방송사를 재전송 파트너로 확보, 188개국의 5300만 수신 가구 대상으로 24시간 영어 방송을 하고 있는 국제 방송이다. 1997년 2월 케이블방송으로 개국한 뒤 2000년 세계 위성방송을 시작했으며 2004년에는 아랍어 위성방송을 시작했다. 해외 위성방송 3개 채널(월드 1 · 2와 아랍)과 국내 방송(케이블, 위성)을 운영하고 있으며 비영리 민간재단으로 예산의 일부를 국고와 방송발전기금에서 지원받는다. 아리랑TV는 종합 편성을 하고 있는데 뉴스나 시사 관련 내용이 30퍼센트, 각종 문화 프로그램이 70퍼센트 정도 된다.[41]

“글로벌미디어전쟁, 총알 없이 전쟁에 나서며”

2007년 11월 2일 방송위원회가 시청자 참여, 저출산 · 고령화 대책, 문화 · 예술 진흥, 과학기술, 공교육 보완, 사회교육 지원 등 6개 분야에서 ‘공익 채널’ 12개(장르별 2개)를 선정한 결과 아리랑TV가 배제된 것을 두고 논란이 일었다.

공익 채널은 유료 방송의 지나친 상업화를 막고 유익한 콘텐츠를 시청자에게 공급하기 위한 취지로 도입한 제도인데 여기에 선정되면 전국 케이블 채널과 위성방송에 의무적으로 송출되기에 수신료와 광고를 통한 재원 확보 기반이 마련된다. 아리랑TV는 2005년부터 한국문화(영어) 영역 사업자로 공익 채널 지정을 받았는데 한국문화(영어) 영역 자체가 없어진 가운데 예당아트, 예술TV Arte와 나란히 문화 · 예술 진흥 분야로 신청했다가 두 업체에게 밀려난 것이다. 아리랑TV는 비영리재단으로 방송위원회로부터 매년 200억 원을 프로그램 제작비로 지원받고 150억 원가량을 수신료와 광고 수입으로 충당하는 구조를 갖고 있는데 공익 채널에서 배제되면 종합유선방송사업자(SO)들이 기본 채널로 아리랑TV를 편성해야 할 의무가 사라지기 때문에 기본 채널에서 제외되고 이로 인해 광고 수입이 격감한다.

아리랑TV 팀장 최정희는 “공익 채널에서 빠짐으로써 연간 70억 원 정도의 수입이 줄어들 것으로 예측하고 있다”며 “비록 방송위원회 지원금으로 프로그램을 제작할 수 있지만 직원 월급과 경상비 지출이 힘들어져 결국 방송을 계속할 수 없는 상황도 우려된다”고 말했다. 아리랑TV 사장 장명호는 “방송위원회가 외부 용역을 통해 신청 분야를 바꾸면서 10년 넘게 공공 · 공익 채널로 인정받은 아리랑TV가 들어갈 장르가 없어져 경쟁 구도 자체가 불공정했다" 며 "공익 사업자가 아닌 채널이 지원을 받는다면 방송의 공공성이 훼손된다" 고 주장했다.

문화관광부는 아리랑TV가 공익 채널에서 제외된 것에 대해 "방송위원회의 중대한 실책" 이라며 방송위원회에 공문을 보내 "아리랑TV를 공공 채널로 재지정하거나 이에 상응하는 조치를 취해야 한다" 고 밝혔다. 민주당 의원 손봉숙은 앞으로 국내 거주 외국인들의 시청권을 어떻게 보장할지 대안을 제시하라고 방송위원회에 요구했다.[42]

방송위원장 조창현은 2007년 11월 13일 국회문화관광위원회 전체회의에서 아리랑TV가 공익적 기능을 다할 수 있도록 종합유선방송사업자를 상대로 행정지도에 적극 나서겠다고 말했지만 11월 23일 기자들을 만난 자리에서 "외부 채점자들이 공정하게 심사한 결과 아리랑TV가 꼴찌를 했기 때문에 어쩔 수 없는 결과였다" 며 "국가 예산을 태만하게 사용하고 안이하게 대처한 결과" 라고 말했다. 장명호는 "그간 아리랑TV가 구조적인 문제로 재정난에 시달렸고 이 때문에 방송 콘텐츠가 빈약했다는 점을 솔직히 반성한다" 며 "수신 기반이 붕괴되지 않는 후속 조치가 뒤따라야 한다" 고 주장했다.[43]

이와 관련, 윤미선 전국언론노동조합 아리랑국제방송지부 정책국장은 「글로벌미디어전쟁, 총알 없이 전쟁에 나서며」라는 글에서 다음과 같이 말했다. " '총성 없는 전쟁' 에 비유되는 글로벌 미디어 시장의 세계화는 1991년의 걸프전이 기폭제가 됐다. 당시 이름을 전 세계에 알린 CNN은 오늘날 세계 212개국 2억 가구에 전파를 내보내고 있으며 영국의 BBC 월드도 200여 개국 8000만 시청 가구를 확보하고 있어 따지고 보면 지구촌 수억 인구가 미국과 영국의 시각에서 선별된 뉴스와 방송 콘텐츠들을 시청하고 있는 셈이다. 이어 카타르의 알자지라, 중국의 CCTV-9, 러시아의 러시아투데이, 프랑스의 프랑스 24, 이란의 프레스TV, 남아프리카공화국의 영어 위성 채널 등이 서방 언론의 일방적인 지배 체제에 제동을 걸고 자국의 시각과 목소리를 내기 위해 고군분투하고 있다. 대만과 일본에서도 영어 위성 채널 개국 준비에 박차를 가하고 있으며 그 과정에서 아리랑TV의 성공 사례를 벤치마킹하기 위한 방문이 줄을 잇고 있다."

이어 윤미선은 방송위원회 정책의 문제점을 지적하면서 다음과 같이 말했다. "아리랑TV는 자국에서조차 대표성 · 공익성을 부여받지 못한 위상으로 국제무대에서 최소한의 총알도 없이 전쟁을 치러야 하는 상황이 됐다. 이제라도 방송위원회가 '진정한 공익'을 생각하고 '국제방송에 대한 철학'을 견지해줄 것을 간곡히 당부한다."[44]

'아랍세계에서 한국 방송 보기'

2008년 1월 요르단 암만에 거주하는 중동 전문 자유기고가 김동문은 「아랍세계에서 한국 방송 보기」라는 제목의 글에서 그 현황을 상세히 소개했다. 그는 "중동 지역의 위성수신 방송 열기 덕분에 이곳에 사는 한국인들도 체증이 뚫렸다. 한국어로 한국 방송을 보고 듣는다는 것은 또 다른 즐거움이다. 이곳 중동이 먼 나라가 아니라는 안도감을 갖게 돕는다. 7~8년 전만 해도 상상할 수 없는 일이 이미 현실이 돼 있다. 이전에 비한다면 비교할 수 없을 정도다"라며 다음과 같이 말했다.

"기독교 위성 채널 CGN도 24시간 방송되고 있다. 뉴스 전문 방송 채널도 특별한 시청 시스템을 갖추면 YTN을 24시간 볼 수 있다. CGN을 비롯하여 KBS 월드, 아리랑TV, 그리고 YTN 등은 아랍 이슬람 세계에 살고 있는 한국인들의 심리적 거리감을 좁혀주는 데 일조하고 있다. 그 이전에 중동에서 접할 수 있는 유일한 한국 방송은 아리랑TV가 전부였다. 아리랑TV는 종영된 한국 드라마를 영어 자막을 넣어 방송했다. 다른 프로그램은 영어 방송에 한국어 자막을 제공했다. 그러던 아리랑TV도 요즘은 아랍어 자막을 제공하거나 아랍어 뉴스나 방송이 방영되는 수준에 도달했다. 아리랑TV의 중동 채널이 아랍 현지인들을 대상으로 삼고 있는 것이다. 최소한 방송 언어에 있어 지역화를 시도하고 있다는 점에서 고무적인 현상이다. 그다음으로 지금은 운영되지 않는 '채널 선' 이 등장했다. 지금은 KBS 월드가 그 자리를 차지하고 있다. 어쨌든 KBS 월드에 흡수되기 전 이 위성방송을 통해 한국 드라마나 다양한 오락 프로그램을 보는 즐거움이 컸다. 덕분에 중동 지역 거주 한인들로서는 한국 방송 프로그램 복사본이나 비디오 프로그램을 공급받고 싶은 부담도 많이 덜 수 있었다. 하루 3시간 무료 방송에 유료 채널을 진행한 채널 선에서는 한국 3대 방송의 프로그램이 방영됐다."

이어 김동문은 "이보다 더 진일보한 한국 방송 시청의 길은 KBS를 통해 열렸다. 2006년 6월에 이루어진 것으로, 물론 무료 시청의 기회였기에 더욱 좋았다. KBS 월드는 아랍 셋 위성을 통해 중동에 직접 방송을 송출하고 있다. 물론 KBS 프로그램만 방영된다. 오래 묵지 않은 드라마와 쇼 프로그램 등을 즐길 수 있어서 좋다. 9시 뉴스나 아침 6시 뉴스 같은 경우는 생방송으로 한국과 동시에 시청할 수 있다" 며 다음과 같이 말했다.

"이곳에서의 한국 방송 시청의 즐거움은 한국인들만의 혜택이 아니다. '드라마 〈대조영〉을 보는데 영어 자막에 키탄(거란)으로 나오는 사람들이 누구지요?' 요르단대에서 한국어를 배우고 있는 한 학생이 던진 질문이다. 이집트의 아인샴스대 한국어과 학생 등 한국어를 공부하는 현지 아랍 학생들에게 이들 한국 방송은 좋은 학습 교재 구실을 해주고 있다. 점차 늘고 있는 아리랑TV 채널의 아랍어 자막 프로그램이나 아랍어 방송 등은 이 지역의 현지 아랍인을 위한 진일보한 방송 프로그램이다. 게다가 요즘은 아랍어로 한국 관련 뉴스를 제공하는 경지에 이르고 있다. 연합뉴스가 대표적이다. 연합뉴스는 지난 2006년 6월부터 아랍어 뉴스 사이트(http://arabic.yonhapnews.co.kr/)를 운영하고 있다."[45]

'아리랑TV 통폐합이냐, 존속이냐'

2008년 1월 곧 출범할 이명박 정부가 일부 방송사의 통폐합을 검토하는 등 방송 업계에 큰 변화를 몰고 올 것으로 예견된 가운데 아리랑TV는 한국프레스센터 19층 기자회견장에서 '국제 경쟁력 강화를 위한 새 정부의 국가 마케팅 채널 정책과 방향'이라는 주제로 토론회를 열었다.

이 토론회에서 이진로 영산대 교수는 아리랑TV의 해외 홍보 기능을 강화하기 위해서는 아리랑TV의 법적 안정성이 보장돼야 한다고 말했다. 이진로 교수는 아리랑TV의 해외 홍보 효과를 유지하기 위해서는 아리랑TV를 중심으로 국가 홍보 방송을 통합하고 이를 뒷받침하는 특별법을 제정할 필요가 있다고 밝혔다.

언론개혁시민연대의 양문석 사무총장은 "아리랑TV와 KBS 월드는 편성 방향이 전혀 다르다"고 강조하면서 통합 추진은 무리라고 주장했다. 그는 아리랑TV가 다언어로 국가 이미지 제고, 언론 개념보다는 홍보 개념의 역할, 해외 채널로서의 역할 등을 가진 반면 KBS 월드는 재외 한국인에 대한 공적 서비스, 뚜렷한 언론 개념의 역할, 교민 대상 24시간 한국어 뉴스 방송 등의 역할을 수행해 뚜렷이 다르다고 설명했다.

송종길 경기대 교수는 국내 다언어 · 다문화 가정의 증가 등을 거론하면서 국내의 다양한 뉴스를 영어 등 4개 국어로 전달하는 아리랑TV가 필요하다고 강조했다. 그는 "국내에는 외국인을 위한 FM 방송 하나도 없는 형편"이라면서 이렇게 말했다. 또한 "아리랑TV의 법적 지위에 관한 '국제방송공사법'이 여전히 국회 관련 상임위원회에 계류 중이어서 이 방송의 성격이 분명하지 않다"면서 "이에 따라 공적인 역할을 수행하면서도 다른 성격의 채널들과 동일한 선상에서 경쟁해야 하는 어려움에 처해 있다"고 밝혔다.

이에 비해 정윤경 순천향대 교수는 "아리랑TV의 일부 프로그램이 수년 전 것을 다시 사용하고 있어 외국인들 사이에 경쟁력을 잃고 있다"고 비판하면서 "해외에 나가보면 아직 아리랑TV가 덜 알려진 측면이 있다"며 더 많은 노력을 촉구했다.[46]

아리랑TV '188개국 5750만 가구가 시청'

2008년 6월 5일 이명박 대선캠프 언론특보 출신인 정국록 전 진주 MBC 사장이 아리랑TV 사장에 내정됨으로써 논란이 벌어졌다. 『한겨레』 2008년 6월 11일자는 "이 정부 들어 주요 방송사에 대한 첫 '낙하산 투하' 라는 점에서 사회 각계의 비판 목소리가 컸지만 이른바 조중동은 내정 사실만 간단히 언급했다"며 다음과 같이 말했다.

"지난 5일 문화체육관광부가 아리랑국제방송(아리랑TV) 사장에 정국록 전 진주 MBC 사장을 선임했을 때도 마찬가지다. 조중동은 모두 정씨의 학력과 경력만 거론했을 뿐 이명박 캠프에서 방송특보를 맡았다는 사실은 적시하지 않았다. 이런 보도 태도는 참여정부 시절인 2003년 3월 노무현 선거캠프의 고문 출신인 서동구 씨의 KBS 사장 임명 때와 180도 다른 모습이다."[47]

이런 지적이 따가웠던지 『조선일보』 2008년 7월 24일자 사설은 "주택공사, 토지공사, 코레일, 국토연구원장 등 국토해양부 산하 주요기관장 자리는 영남 출신이거나 서울시 출신에게 돌아갔다. YTN, 스카이라이프, 아리랑TV, 한국방송광고공사 등 언론계는 대선캠프 언론특보 출신들이 밀고 들어가고 있다"며 다음과 같이 주장했다.

"정권 차원에서 공을 세운 사람, 정권과 뜻이 통하는 사람을 어느 정도 쓰는 것은 세계 어느 나라에나 있는 현상이기는 하다. 그러나 지금 이 정권이 저들끼리 전리품이나 나누고 있을 처지인가. 무엇이든 조심하고 절제하면서 하나라도 국민의 마음을 얻어가도 모자랄 때에 이런 탐욕스런 행태를 보이고 있다. 지금의 이 인사들이 대통령의 뜻인지 아니면 어떤 다른 실세가 권력을 남용하고 있는 것인지, 그것도 아니면 인사 담당자들의 농간 때문인지 밝혀져야 한다. 이대로면 국민의 마음은 정말 완전히 닫히고 말 것이다."[48]

2008년 8월 아리랑TV는 신문 광고를 통해 다음과 같이 주장했다. "지구촌 어디에서도 만날 수 있는 한국문화 아이콘. 아리랑TV는 전 세계 188개국 5750만 가구가 시청하는 글로벌 방송 채널로서 지구촌 곳곳에 한류문화를 전파하고 있습니다. 62개국 1400케이블(SO), 위성 52개국 호텔 재전송 파트너."[49]

2009년 아리랑TV의 간판 프로그램은 메인 뉴스인 〈아리랑 투데이〉(월~금 오전 7~8시, 11~12시)다. 『중앙일보』 2009년 5월 6일자에 따르면 "지난 2월 첫 전파를 탄 〈아리랑 투데이〉는 한국 뉴스를 영어로 세계에 송출하던 데서 한 단계 나아가 아시아 목소리로 아시아 뉴스를 전달하는 데 목표를 두고 있다. 알자지라 방송이 아랍권 시각을 송출하듯 아시아의 시각을 세계에 알리는 대표 채널이 되겠다는 것이다."[50]

아리랑TV는 2010년 1월 4일부터 국내 채널에서 하루 6차례, 해외 채널에서 7차례 방송하던 실시간 영어 뉴스를 오전 10시와 오후 5시, 오후 8시 등 각 3차례씩 늘리는 등 대대적인 편성 개편을 단행했다. 아리랑TV 이성완 방송본부장은 "세계 각국이 위성방송 전쟁을 벌이며 엄청난 재원을 퍼붓고 있다. 이번 개편안은 이에 대응하기 위한 것"이라면서 "앞으로 국내 채널은 다문화 전문 채널로, 해외 채널은 실시간으로 한국의 정보를 전하는 채널로 분리, 전문화해 현재 10퍼센트 미만인 국내외 채널의 프로그램 차별화 정도를 2015년 50퍼센트까지 확대할 계획"이라고 말했다.[51]

한국도 참전한 이 같은 글로벌뉴스전쟁은 뿌리를 거슬러 올라가보자면 CNN의 활약에 자극받은 것이다. 그로 인한 부작용이 없는 건 아니지만, 그래도 CNN을 중심으로 한 '미국 1극 체제'보다는 지금과 같은 다원화된 경쟁 체제가 훨씬 더 바람직한 것이라고 볼 수 있겠다. 다만 글로벌뉴스전쟁에서 우리가 가장 경계해야 할 것은 국제 뉴스의 의인화(personification)·개인화(personalization)라는 점은 분명히 해둘 필요가 있겠다. 기자들은 오래전부터 "국제관계는 인간관계"라고 믿어왔다.[52] 실증적인 연구 결과는 그런 믿음이 인물 중심의 보도로 나타나고 있다는 것을 잘 입증해주고 있다.[53] 국제관계에서 국가가 의인화 · 개인화되어 정치지도자를 비롯한 인물들의 이미지로만 대변되는 건 그 나라를 이해하는 데 있어서 과도한 단순화의 오류를 범할 수 있으며, 더 나아가 국제분쟁 시 한 국가에 대한 다른 국가의 부당한 군사적 조치를 정당화하는 심리적 기제로 악용될 수 있다. 물론 뉴스의 속성상 의인화 · 개인화 관행이 바뀌긴 어렵기에 국제 뉴스전쟁은 곧 국제 '이미지전쟁' 인 셈이다.

인터넷은 신민족주의의 주범인가

9장

인터넷 집단 극화의 정치학

'집단극화' 이론

세계화로 국가 정체성이 약화되면서 문화 정체성에 집착하는 민족주의를 가리켜 '신민족주의'라 부른다. 신민족주의의 성장엔 인터넷의 성장이 큰 기여를 했다. 인터넷이 촉진하는 집단극화(group polarization) 현상 때문이다.

집단극화는 어떤 문제에 관한 집단토의에 참가한 후의 구성원들이 토의 전보다 더 모험적인 의사결정을 지지하는 경향을 말한다. 이른바 '모험성 이행(risky shift)'이 일어나는 것이다. 1960년대에 이뤄진 이러한 발견은 집단들이 의사결정 시 비교적 보수적이고 지지부진하다는 보통의 생각과 모순되는 것이기 때문에 상당한 관심을 불러일으켰다.

이러한 집단극화가 일어나는 이유는 사람들이 집단토의 속에서의 주장들을 들음으로써 새로운 정보를 획득하기 때문이다. 이러한 주장들이 구성원들의 시초의 입장을 지지하는 경향이 있는 고로, 사람들은 대개 자신의 입장에 반대하는 이유들보다 찬성하는 이유들을 더 많이 듣게 된다. 집단토의는 적극적으로 스스로 개입하도록 고무시키며 사람들에게 자기의 당초 견해가 옳다는 것을 납득시키고 따라서 보다 더 극단적 의견들이 나오게 된다.[1]

귀스타브 르 봉은 1895년에 펴낸 저서 『군중심리(Psychologie des foules)』에서 군중의 속성에 대한 비판적 견해를 유감없이 드러냈다. "군중은 충동의 노예다", "군중의 증언은 믿을 것이 못 된다", "군중의 기질은 과장적이기 때문에 과격한 감정에만 쉽게 끌린다", "군중은 편협하고 독재적이며 보수적이다", "군중은 도덕질 기질을 갖기 어렵다", "군중은 마치 범죄자처럼 쉽게 용감해진다."[2]

인터넷 시대에 군중의 이런 용감성은 새로운 차원을 맞이하게 됐다. 대니얼 솔로브(Daniel J. Solove)는 "집단이 하나의 이슈에 집중하면 의견이 대립하는 경향을 띠며 결국은 극단으로 치닫게 된다"며 "네티즌은 마치 독벌 떼처럼 민첩하게 움직인다. 때로 그들은 폭도 같은 모습을 보이기도 한다"고 했다.[3]

이 문제를 오랫동안 연구해온 미국 시카고대 교수 캐스 선스타인(Cass Sunstein)은 『왜 반대파가 필요한가(Why Societies Need Dissent)』에서 이런 현상이 과거에 생각했던 것보다 훨씬 광범위하게 퍼져 있으며 사회적으로 영향력이 막강하다는 것을 밝혀냈다. 일반적으로 토론을 통해 양측은 본래 입장보다 오히려 더 극단적인 주장을 펴게 된다는 것이다.[4]

제임스 서로위키는 "이처럼 쏠림 현상이 발생하는 이유는 무엇일까? 한 가지 이유를 든다면 사람들이 '사회적 비교'에 의존하기 때문이다"라며 다음과 같이 말한다. "이 말은 단순히 자신을 타인과 비교하는 차원을 넘어 (물론 항상 비교하며 살지만) 비교를 통해 소속 집단에서 자신이 처한 상대적인 위치를 유지하려고 애쓴다는 의미다. 달리 말해 처음에 집단의 중간에 서 있던 사람은 집단이 (예를 들어 오른쪽으로) 옮겨가면 중간 위치를 유지하기 위해 그쪽으로 따라 옮겨간다는 뜻이다. 이렇게 우측으로 옮겨가면 당연히 그 집단의 평균도 동시에 그만큼 우측으로 옮겨가게 된다. 그러니 마치 예언이 맞아 들어가는 것처럼 사실이라고 생각한 것이 결국 사실로 굳어지는 것이다."[5]

선스타인은 인터넷처럼 정보를 임의로 취사선택할 수 있는 공간에서 집단극화 현상이 쉽게 일어난다고 했다. "비슷한 사고를 가진 사람끼리 토의를 하고 반대 의견을 들을 기회가 없기 때문이다. 과격한 의견을 반복적으로 접하고 다수의 사람들이 똑같은 의견을 지지한다고 듣게 되면 동조하는 사람이 생기기 마련이다."[6]

'지구촌 혹은 사이버 발칸?'

2005년 여름 선스타인을 비롯한 연구 집단이 동성결혼, 차별 철폐 조치, 지구 온난화라는 3가지 논쟁적인 문제를 토론하기 위해서 콜로라도 시민 63명을 모아 실험을 했다. 이 실험은 사람들이 같은 견해를 가진 다른 사람들과 대화를 나누거나 정보를 공유하면 할수록 그들의 견해가 더욱더 극단화된다는 것을 보여주었다.

이와 관련, 니컬러스 카는 "인터넷상에서 같은 성향을 가진 사람들, 그리고 자기 마음에 드는 생각들을 찾는 것이 얼마나 쉬운지를 고려해 보고 동질 집단을 형성하려는 우리의 타고난 성향을 가정한다면, 우리는 '이데올로기적 확대'가 온라인에서 쉽게 확산되리라는 것을 알 수 있다"며 다음과 같이 말한다.

"더 나아가 상황이 더 뒤틀리고 왜곡된다면 인터넷에서 이용할 수 있는 매우 풍부한 정보가 과격주의를 완화하는 데 기여하는 것이 아니라 오히려 그것을 더욱더 확대하는 데 기여할지도 모른다. 콜로라도 연구가 보여준 바처럼 사람들은 자신들의 현재 견해를 지지하는 부가적인 정보를 발견할 때면 언제나 그 견해가 옳고 자신과 다른 견해를 가진 사람들이 틀렸다고 한층 더 확신하게 된다. 정보를 확증해주는 단편적 지식들 각각은 사람들이 자신들의 견해가 정확하다는 믿음을 더 강화한다. 그리고 그런 믿음이 강해지면서 사람들의 견해도 더욱더 극단화되는 경향을 보인다. 사람들의 생각이 똑같아지게 된다. 다시 말해 인터넷은 다른 견해를 가진 사람들을 분리하는 경향이 있을 뿐만 아니라 양 집단 간의 차이를 확대하는 경향이 있는 것이다."[7]

2005년 미국 MIT의 에릭 브리뇰프슨(Eric Brynjolfsson)과 보스턴대의 마셜 반 알스타인(Maschall Van Alstyne)은 『경영과학』에 발표한 「지구촌 혹은 사이버 발칸?」이라는 논문에서 필터링과 개인화 기술들의 효과를 지적하면서 다음과 같은 결론을 내렸다.

"자신들의 현재 선호에 적합하지 않은 자료를 가려내는 능력을 가진 개인들은 가상 파벌을 형성하고, 반대 견해들과는 스스로 절연하고, 자신들의 편견을 강화할지도 모른다. 이러한 선호에 빠짐으로써 이전부터 가져온 편견들을 더욱 배가시키고 강화시키는 왜곡의 효과를 초래할 수도 있다. 그 효과는 구성원들이 집단의 일반적인 사고에 순응하는 경향뿐만 아니라 이 일반적인 사고가 극단으로 치닫는 급진화다.…… 발칸화와 더불어 서로 공유하는 경험 및 가치관의 상실이 민주주의 사회 구조에 위협이 될 것이다."[8]

이와 관련, 성공회대 교수 백지운은 "글로벌한 정보인프라의 출현을 통해 지리적 경계를 뛰어넘은 '지구촌' 이 형성되는 듯하지만, 사실상 사이버 공간을 통해 사람들은 자신과 정치적 · 문화적 · 경제적 관점과 입장이 비슷한 사람과 공동체를 형성한다. 따라서 결과적으로 인터넷은 자기와 다른 문화에 대한 이해를 키우기보다 상대를 적대하는 소국들로 분열되는 '발칸화' 의 위험을 더 많이 낳는다" 고 했다.[9]

이처럼 갈갈이 찢긴 채로 각자 극단으로 치닫는 '사이버발칸화(cyberbalkanization)' 를 입증하는 연구 결과는 계속 나오고 있다. 2005년 8월 영국 조셉론트리재단의 한 연구 보고서는 "인터넷이 지역과 계층간 차이를 확대시키고 사회통합을 저해하고 있다" 는 결론을 내렸다. 이 재단은 "인터넷의 발달로 보다 많은 사람들이 더 쉽게 지역과 개인에 대한 정보를 얻고 있다" 면서 "이 같은 정보들은 같은 계층끼리 모이고 다른 계층들을 배제시키는 데 이용되는 경향이 높다" 고 분석했다. 이는 과거보다 훨씬 더 쉽게 자신이 원하는 주거지와 교류 집단을 선정할 수 있게 됐기 때문이다. 이미 미국 등에선 특정 지역의 소득 수준, 주민들의 인종 분포, 교육기관 수준 등에 대한 정보를 상업 사이트 등을 통해 쉽게 구할 수 있다. 연구팀을 이끈 요크대 교수 로저 버로스(Roger Burrows)는 "인터넷의 발달에 따른 정보 접근의 용이성으로 이제 부자들이 이전보다 더 쉽게 덜 다양하고 더 획일적인 지역을 만들 수 있게 됐다" 고 말했다.[10]

집단극화는 기존 민주주의의 한계를 보완하기 위한 대안으로 제시된 '숙의 민주주의' 의 한계로도 거론되고 있다. 특정 이해관계를 가진 집단들이 숙의 과정을 극단으로 몰아감으로써 소통을 죽이는 결과를 초래할 위험이 있다는 것이다.[11] 국내에서 이념적 · 정치적으로 뜨거운 쟁점에 대해 일부 신문들의 보도와 논평이 극단으로 치닫는 데엔 여러 이유가 있겠지만 그 가운데 하나는 바로 이와 같은 집단극화가 일어나기 때문이다.

한 · 중 · 일 신민족주의 갈등

인터넷이 촉진하는 집단극화 현상을 염두에 두고 2000년대 중반부터 본격 제기된 신민족주의 현상을 살펴보기로 하자. 미국 『워싱턴포스트』지의 칼럼니스트 데이비드 이그내셔스(David Ignatius)는 2005년 4월 20일자 칼럼 「신민족주의」에서 자유무역과 신속한 자본이동으로 국경이 불분명해지고 있지만 세계는 더욱 민족주의로 변모하고 있다고 주장했다. 그는 이런 신민족주의를 일종의 지정학적 근본주의로 규정하면서 "사람들은 세계화에 대처하는 방법의 하나로 과거의 일체감에 집착하고 있다"고 보았다.[12] 카터 행정부에서 국가안보 보좌관을 지낸 즈비그뉴 브레진스키는 신민족주의는 젊은 세대 사이에서 확산된다는 것이 특징이라면서 이는 위험한 우파를 키우는 결과를 초래할 수 있다고 경고했다.

신민족주의는 특히 동아시아 지역에서 위력을 떨치고 있었다. 말레이시아 전 총리 마하티르 모하마드(Mahathir bin Mohamad)는 총리 재직 시 중국과 일본을 2마리 코끼리에 비유하면서 "중국과 일본이란 코끼리가 싸우면 아시아라는 들판은 박살이 날 것이다. 그러나 2마리가 서로 사랑을 나누면 같이 뒹굴다 더 박살이 날 것이다"라고 말한 바 있는데,

아시아는 그런 딜레마 상황에 처하게 된 것이다. 박노자는 2005년 3월 "동아시아는 지금 민족주의라는 마약에 취해 있다"고 주장하면서 "동아시아의 진보 지식인 집단이 앞장서 3국 네트워크를 통한 민중적 교류를 증대해 차별 없는 동아시아 민중의 역사를 만들자"고 역설했다.

미국 경제전문 통신인 블룸버그의 칼럼니스트 윌리엄 페섹 주니어(William Pesek Jr.)는 「민족주의가 경제적 손실을 부른다」라는 제목의 2005년 3월 29일자 칼럼에서 일본의 독도영유권 주장과 고이즈미 준이치로 총리의 야스쿠니 신사 참배, 그리고 교과서 왜곡이 아시아 1·2·3위 경제 규모를 가진 일본, 중국, 한국의 협력과 발전을 가로막고 있다고 지적했다.[13]

『경향신문』 2005년 4월 18일자 사설 「중·일 간 민족주의 대결을 우려한다」는 3주간 계속된 중국의 대일 분노 표출이 16일 10만 명 규모의 상하이 반일시위로 절정을 이룬 것을 지적하고 일본이 과거사에 대한 자각과 반성의 자세가 진지하지 않은 점을 비판하면서 다음과 같이 말했다.

"그러나 일본의 이런 본질적 한계와 상관없이 중국 내 반일시위가 보여주는 민족주의의 과잉은 주변국에 결코 바람직하지 않다. 민족주의는 민족주의를 불러온다. 중화 민족주의는 일본 우익세력을 키우고 역사 왜곡을 더 심화할 것이다. 민족주의의 이름으로 역사를 왜곡하는 일이 일본에만 있었던 것도 아니다. 중국은 고구려사를 중국사에 편입하는 시도를 했었다. 민족주의 과잉은 일본에서와 마찬가지로 중국에서도 위험한 것이다. 우리는 중·일의 중간에 위치해 있다. 이들과의 협력 및 공존 없이는 우리의 평화와 번영도 없다. 이들이 배타적 민족주의에 계속 빠져든다면 우리의 평화와 번영도 멀어질 것이다. 이것이 중국의 반일공세에 속 시원하다고 박수 칠 수 없는 이유다."

2005년 4월 20일 미국 하원 아시아태평양소위원회에서 열린 '변화하는 이론에 대한 초점' 이라는 주제의 청문회에서 보스턴대 교수 토머스 버거(Thomas Berger)는 일본의 민족주의에 대해 "2차 대전 전의 대외 팽창과는 거리가 멀며, '일본도 당당하게 서야 한다' 는 수준의 방어적인 것이며, 일본 국민에 대한 영향도 제한적인 것" 이라고 주장했다. 그는 그럼에도 한국과 중국에서 국내 정치적 요인들로 인해 포퓰리스트 세력이 발흥하는 시기와 겹치는 바람에 분쟁이 격화됐다고 분석했다.

반면 버지니아대 교수 레너드 쇼파(Leonard Schoppa)는 "일본 정치인들과 교과서 검정관들의 말과 행동이 일본이 과거 만행을 인정하지 않는다는 느낌을 이웃 국가들에 갖도록 했다" 면서 "중국의 반일 감정의 일부는 최소한 일본 측 행동의 결과" 라고 말했다. 쇼파는 "한국의 열린우리당 의원들과 우리의 관계를 어렵게 만든 것은 우리가 그동안 보수 기득권층만 편애해왔다는 인식 때문" 이라며 "우리의 오랜 파트너였던 한나라당이 노무현 대통령에 의해 소수파로 밀린 시나리오가 일본에서 일어나지 않도록 하기 위해선 일본 야당의 신세대 정치인들이 집권할 때를 대비해야 한다" 고 주장했다.[14]

2005년 4월 24일 미국 로스앤젤레스 '리틀 도쿄' 인근에서 중국을 비롯한 한국, 대만, 필리핀, 베트남, 캄보디아 등 아시아계 이민자들은 일본의 유엔 안전보장이사회 상임이사국 진출 저지와 과거사 청산을 주장하며 반일 시위를 벌였다. 중국계가 절대 다수를 차지한 가운데 1500여 명의 시위 참가자들은 "일본 유엔 상임이사국 반대", "댜오위다오(일본명 센카쿠 열도)는 중국 영토다", "일본 주구 리덩후이를 타도하라" 등의 구호를 외쳤다.[15]

'민족주의 코드'는 정치적 자산

동아시아의 신민족주의는 국내 정치와도 밀접한 관련을 맺고 있었으며 이는 한국 정치에서도 주요 변수로 떠올랐다. 2004년 9월 이재현은 "과거사 청산과 관련해 한국의 모든 정치 분파는 과도한 민족주의를 경계할 필요가 있다. 한국의 민족주의는 월드컵과 올림픽이 먹여 살리는 것만으로도 충분하다. 현실 정치가 이에 연루돼 이전투구를 벌이는 것은 현실 정치를 위해서나 민족주의를 위해서나 좋은 일이 아니다. 지금 정체성 문제와 관련해 한국의 민족주의는 광기의 블랙홀로 모든 사람을 빨아넣기 직전에 와 있다. 매우 우려되는 일이다"라고 말했다.[16]

2005년 과거사 청산에 이어 한·일 관계가 신민족주의 발산의 대상이 됐다. 『내일신문』 2005년 4월 4일자는 대통령 노무현의 최근 지지도 상승의 주요 원인을 그의 대일 강경발언 등과 같은 '민족주의 코드'라고 분석했다. 이 기사는 "민족주의는 젊은 층의 열정에 불을 붙이는 부싯돌 역할을 할 수 있다는 것이 가장 큰 정치적 매력이다"라며 다음과 같이 말했다.

"20대의 폭발성은 '단순함'과 '자발성'에 있다. 이들은 경제 성장과 민주화라는 과실을 자신의 희생 없이 '따 먹기만' 한 세대다. 이들에게는 미국이 우리 이익에 반하는 한 꼭 있어야 할 이유가 없는 존재이고, 기존 삼각동맹의 구시대적인 요소에 대해 공감하지 않는다.…… 30대 이상 40대 중반까지의 386세대를 넓게 아우르는 집단은 민족주의에 누구보다도 익숙한 세대로서 이들은 반일보다는 반미에 익숙하다. '민족주의 코드'는 현재까지는 여권에게 유리한 요소다. 이 요소가 폭발할 경우 야권 주자들은 '대책 없이' 당할 수도 있다는 게 한나라당 전략통들의 우려다."[17]

인터넷 언론인 『프런티어 타임스』가 여론조사 전문기관인 21세기리서치와 함께 2005년 4월 8 · 9일 20세 이상 1050명을 대상으로 실시한 여론조사에서 응답자의 44.1퍼센트가 "북한의 핵 보유가 장래 통일 한국의 국력 신장에 바람직하다"고 답했다. 반면 이 견해에 동의하지 않는 비율은 41.2퍼센트에 그쳤다. 또 한국의 평화에 가장 위협적인 국가를 물은 결과 미국이라고 답한 응답자가 29.5퍼센트로 1위를 차지했고 일본이 2위(29.2%), 북한은 3위(18.4%)였다.[18]

베네딕트 앤더슨의 '돌연변이 민족주의' 론

2005년 4월 26일 한국을 방문한 코넬대 명예교수 베네딕트 앤더슨(Benedict R. Anderson)은 "20세기 민족주의는 19세기 민족주의와 큰 차이가 없지만 21세기 민족주의는 기존의 민족주의와 전혀 다른 '돌연변이 민족주의(mutant nationalism)'가 될 것"이라면서 "민족주의는 21세기에도 번성할 겁니다. 민족주의는 이제 우리 몸을 보호해주는 피부 같은 존재가 됐어요. 우리의 정체성을 규정하고 공동체를 유지해주니까요. 문제는 국내외 갈등 상황만 발생하면 이 피부가 벌겋고 크게 부풀어 오른다는 데 있습니다"라고 주장했다.

중국에서 태어나 베트남 유모에게서 자라고 아일랜드 국적으로 1984년 『상상의 공동체: 민족주의의 기원과 전파』[19]라는 책을 쓴 앤더슨은 동북아에서는 민족주의의 파고가 높게 일고 있는 반면 EU(유럽연합)에서는 민족주의를 넘어선 통합의 움직임이 있다는 지적에 대해 부정적인 의견을 표했다.

"독일 출신의 라칭거 추기경이 교황이(베네딕토 16세) 됐을 때 영국 신문에서 '나칭거'(나치+라칭거의 합성어)라는 제목을 뽑을 정도로 민족주의는 모든 나라에 뿌리 깊게 잠복해 있습니다. 지금 민족주의적 성향이 가장 두드러진 나라가 바로 세계 최강대국인 미국이란 점도 이를 증명해요. 동북아의 민족주의 강화 현상에도 자본주의화를 택함으로써 혁명의 정통성을 상실한 중국 정부의 국내 정치적 불안이 깔려 있습니다."

앤더슨은 "세계화가 더 진행되더라도 민족주의는 여전할 것으로 보는가"라는 질문에 대해 "민족주의는 형태를 달리하면서 다양한 모습으로 존재한다. 오늘날은 19~20세기 전반까지의 민족주의와는 다른 양상을 보이고 있다. 예를 들면 해외에 나가 사는 교포들의 '원격지 민족주의'가 더 큰 문제가 될 수도 있다. 국적은 다르지만 출신 국가, 고국에 대한 감정적 유대감을 더 과격하게 표출할 가능성이 있기 때문이다. 중국과 대만의 양안 문제를 놓고 해외의 화교들이 베이징 정부에 '대만을 공격하라'고 로비하는 상황이 올 수도 있다"고 말했다.

또 그는 아일랜드 본토에서는 아일랜드의 세계적 축제인 '성 패트릭데이'에 동성애자들이 참가하는 것을 진작에 허용했지만 미국 뉴욕과 필라델피아의 아일랜드인들은 전통에 어긋난다며 절대 허용하지 않고 있으며, 힌두교 근본주의 본부가 있는 곳은 인도가 아니라 영국 런던이라는 점 등을 지적하면서 이러한 '원격지 민족주의'에는 과거에 대한 자부심과 집착이 숨겨져 있다고 분석했다.

앤더슨은 서강대에서 행한 '동남아의 부르주아 과두제(寡頭制)'라는 강연에선 "동남아시아에서 1990년대 사회개혁 움직임이 거세게 일어났지만 거의 성공하지 못했다. 동남아 사회의 중산층을 이루는 화인(거주국의 국적을 취득한 화교)들이 개혁에 관심이 없기 때문이다"라고 주장했다. 소수의 화인들이 동남아 국가들의 경제권을 장악하면서(인도네시아 73% 말레이시아, 타이, 필리핀 등 50% 이상) 집권세력과 화인들의 관계는 상호보완적으로 발전해갔다는 것이다. 또 화인들의 유교적 가부장문화와 동남아 나라들의 압제적 권력구조가 비슷한 것도 이들이 정치개혁에 나서지 않는 한 이유라는 것이다.[20]

"한국놈은 일본놈보다 더 나쁘다"?

'돌연변이 민족주의' 든 '신민족주의' 든 2000년대 민족주의의 확산엔 인터넷이 큰 영향을 미쳤다. 『뉴스위크』(2005년 4월 27일)에 따르면 "젊고, 교육받고, 기술적으로 앞서 가는 요즘의 젊은 아시아인에겐 경제적 안정이란 메시지가 1970년대나 1980년대처럼 절실히 와 닿지 않는다. 그들은 이미 돈, 여가 그리고 자신의 견해를 갖고 있다. 게다가 새로 찾은 사회적 자유와 인터넷 덕분에 자신들의 견해를 적극적으로 표출한다. 이 같은 태도는 정부의 정책에도 갈수록 큰 영향을 미친다. 예컨대 중국 정부가 대만에 대해 보이고 있는 강경 입장의 배경에는 중국 젊은 층의 여론이 자리 잡고 있다. 일본의 유엔 안보리 상임이사국 진출에 반대의 뜻을 나타내기 위해 중국 네티즌이 벌이고 있는 온라인 청원에 서명한 사람은 이미 2200만 명에 이른다."

이 기사는 중국과 일본이 국내의 불만을 밖으로 돌리려는 정치적 목적으로 신민족주의를 이용하기도 하지만 2004년 양국 간 교역 규모가 연간 2000억 달러를 넘어섰고 중국은 미국을 제치고 일본의 최대 무역 파트너가 됐기 때문에 양국이 긴장 완화에 나설 수밖에 없을 것이라고 전망했다.[21]

중국과 일본이야 둘 다 덩치가 크기 때문에 그런 타협이 가능하겠지만 그 중간에서 죽어나는 건 덩치가 작은 한국이었다. 2005년부터 일본과 중국에서 인터넷을 중심으로 이른바 '혐한류(嫌韓流)'가 거세게 일어났고 이는 종종 다른 문제들로 비화되곤 했다. 일본의 '네트우익(인터넷 기반의 우익세력)'의 주도로 2005년 7월 출간된 만화 『혐한류』는 40만 부 가까이 팔려나가기도 했다.[22]

도쿄대 대학원에서 박사과정을 수료하고 서울대와 성공회대에서도 교환학생, 연구원으로 근무한 일본의 젊은 사회학자 다카하라 모토아키(高原基彰)는 그의 저서 『한·중·일 인터넷 세대가 서로 미워하는 진짜 이유』(2007)에서 좀 다른 의견을 제시했다. 그는 "인터넷상의 '혐한·혐중(嫌韓·嫌中)'이란 미디어 정보에 젊은이들이 장단을 맞추며 행동을 같이하는 상태"라고 했다.[23] 여기까진 수긍할 수도 있지만, 그는 한 걸음 더 나아간다. 그는 인터넷 '니찬네루(2ch.net)'를 중심으로 무수히 떠 있는 일본 내의 '혐한·혐중' 발언뿐만 아니라 한국과 중국 인터넷에 무수히 떠 있는 '반일' 발언도 알고 보면 민족주의와는 무관하거나 오도된 민족주의라고 주장했다. 그는 "지금 동아시아에서 분출되고 있는 내셔널리즘의 상당 부분은 기본적으로 내셔널리즘과는 다른 차원에서 나타나는 문제가 슬쩍 모습을 바꿔 나타나고 있는 것"이라며 진짜 문제를 세대론에서 찾는다.

'단카이(団塊) 세대'로 대표되는 개발 시대의 보수 세력이나 그들과 대립했던 혁신 세력이 모두 기득권층이 돼버린 가운데 내팽개쳐진 청년층은 그래도 과거 자국의 성공에 대한 향수를 키우는 한편 그 연장 선상에서 반중·반한 감정을 드러내고 있는 게 아니냐는 것이다. 인터넷상에 떠 있는 그 많은 반중·반한 언설들은 이런 막연한 감정에다 기득권화한 보수 우익들이 거대 매체를 동원해 유포하는 배외적 논리들을 조잡하게 얽어놓은 데 지나지 않는다는 게 그의 주장이다. 이에 대해 한승동은 다음과 같은 의문을 제기한다.

"그렇다면 3국의 민족주의 문제는 각자 국내 문제만 걱정하면 된다는 것인가. 인터넷 세대들이 서로 미워하는 것은 신자유주의가 부른 희화화된 풍경에 지나지 않는다는 건가. 중국·한국의 반일 감정이나 시위를 '국내 문제 호도용' 이라며 일본은 아무 문제가 없다고 주장해온 일본 우익들과 다카하라가 다른 점은 어디까지인가." [24]

다카하라도 언론이 문제라는 생각은 하는 것 같다. 사실 신민족주의는 언론이 팔아먹기에 아주 좋은 상품화 소재다. 2007년 12월 중국 언론이 이런 모습을 잘 보여주었다. 광저우에서 나오는 『신쾌보』가 「한중 문화전쟁」이란 제목의 기사에서 한국이 한자를 강탈하려 한다고 비난하는 등 여러 언론 매체들이 '한국 때리기' 에 일로매진한 것이다. 이런 보도에 대한 중국 누리꾼들의 반응은 가히 폭발적이었다. "한국이 중국의 전통과 문화를 도둑질하려 한다"는 따위의 거친 비난을 담은 댓글이 쇄도했다. "한국놈은 일본놈보다 더 나쁘다"는 비방까지 붙었다. 선양에서 한국인 피습 사건이 발생하자 한 누리꾼은 "중국인들이 드디어 한국인들에게 뜨거운 맛을 보여주기 시작했다"는 글을 올렸고 이 글은 1만 건이 넘는 조회 수를 기록했다.

『한겨레』 2007년 12월 24일자에 따르면 "반면 일본에 대한 보도 태도는 한결 부드러워졌다. 예전처럼 역사 문제를 들먹이며 일본을 비난하는 일도 거의 사라졌다. 대대적인 반일 행사로 치러지던 난징대학살 70주년 기념식도 올해는 조용히 진행됐다. 중국이 일본과의 관계 개선을 위해 반한 감정을 부추겨 반일 정서를 덮으려 하는 게 아니냐는 지적이 나올 정도다. 일본에서 후쿠다 야스오 정권이 출범한 이후 중·일 관계는 급속한 해빙무드로 들어섰다. 일본 총리의 방중을 한사코 거부했던 중국은 지금 후쿠다를 맞이하기 위한 준비에 바쁘다."[25]

동아시아의 '넷셔널리즘'

인터넷 신민족주의는 점점 더 위세를 더해갔다. 『동아일보』 2008년 3월 23일자는 "인터넷으로 각국 누리꾼이 접촉할 기회가 많아지면서 상대방 국가를 비하하거나 자국 우월주의를 내세우는 '넷셔널리즘'(인터넷의 'net'과 민족주의를 뜻하는 'nationalism'의 합성어)이 떠오르고 있다"며 다음과 같이 말했다.

"한·중·일 인터넷엔 '쪽바리'(한국인이 일본인을 폄훼하는 말), '가오리방쯔'(중국인이 한국인을 폄훼하는 말), '짱꼴라'(일본인이나 한국인이 중국인을 폄훼하는 말) 등 오프라인에선 함부로 쓸 수 없는 비속어가 난무한다. 한국과 일본에는 반일, 반중, 혐한을 주제로 한 인터넷 사이트도 여럿이다. 네이버와 다음엔 '안티 일본' 카페가 각각 30~40개에 달한다. 회원이 무려 5600여 명인 곳도 있다."[26]

앞서 언급한 『한·중·일 인터넷 세대가 서로 미워하는 진짜 이유』의 저자 다카하라 모토아키는 『동아일보』(2008년 3월 23일자) 인터뷰에서 "목소리를 낼 공간이 없던 젊은이들이 인터넷에서 발언 공간을 얻게 됐습니다. 일종의 '소수파 의식'을 가진 그들은 주류 의견보다는 좀 더 자극적인 발언을 하고 싶어 하죠"라고 말했다. 그는 "인터넷 여론을 너무 신뢰해서도 안 된다"며 "인터넷에서 다수로 보이는 의견이 실제로는 '목소리 큰 소수파'의 의견인 경우가 많다"고 강조했다.[27]

2008년 3월 14일 발생한 티베트 시위를 계기로 특히 중국의 신민족주의가 맹위를 떨쳤다. 『중앙일보』 2008년 4월 23일자는 "인터넷사이트 텅쉰(www.qq.com)이 올림픽 성화를 수호하자며 3000만 명의 참여자를 모집했다. 유럽과 미국의 화교들이 벌이는 '친중국 시위'에 1만 장의 오성홍기를 보내자는 운동도 벌어지고 있다. 붉은색 하트 모형에 오성홍기를 새긴 '홍심(紅心)'이 애국심의 상징물로 인터넷에서 돌고 있다"고 했다.[28] 『경향신문』 2008년 4월 23일자는 "중국의 반서방 시위는 10대와 20대의 대학생, 젊은 직장인 들이 주축을 이루고 있다. …… 주로 인터넷이나 휴대전화 문자메시지를 통해 서로 의견을 나누는 이른바 '엄지족'들이기도 하다"라고 했다.[29]

2008년 4월 27일 서울에서 있었던 티베트독립지지시위대와 중국 유학생들의 충돌 사태를 계기로 한·중 악플 전쟁이 벌어졌다. 당시 중국인 유학생들의 수위를 넘는 행동은 한국 네티즌의 감정을 자극했고 이로 인해 인터넷에는 중국에 대한 욕설과 비방, 조롱으로 가득 찬 댓글이 올라오기 시작하면서 양국 네티즌 간 난타전이 벌어졌다.

2008년 5월 7일 서울 태평로 프레스센터에서 열린 제1회 한·중·일 편집간부 세미나에서 유상철 중앙일보 중국연구소장은 "인터넷에 떠도는 부정확하고 악의적인 콘텐트로 인해 개인 관계는 물론 국가 관계도 손상당하고 있다"며 "이를 막기 위해 3국의 미디어가 서로 지혜를 모아야 한다"고 강조했다. 오사와 분고 마이니치신문 편집위원은

"내셔널리즘은 인터넷에서 증폭·확산되는 경우가 많다"며 "전통 미디어는 내셔널리즘의 불씨를 정확하고 냉철한 보도로 식혀줘야 한다"고 말했다.[30]

이 세미나와 관련, 『국민일보』는 「'인터넷 민족주의' 창궐을 우려하며」라는 제목의 사설을 통해 "세 나라 언론인은 자국 또는 상대국의 과도한 민족주의 감정이 국가 관계를 악화시키며 특히 인터넷이 이를 부채질하는 현실을 가장 우려했다. '인터넷 민족주의'다. 최근 세 나라 사이에 베이징 올림픽 성화 봉송 사태를 놓고 여론 공방이 벌어진 게 그런 예다. 민족주의 감정은 인터넷을 통해 증폭되고 있다. 부정확하고 악의적인 내용이 국가 관계를 손상시키기도 한다. 전통 미디어는 민족주의의 과열을 감시하고 진정시키는 역할을 해야 한다는 데 언론인들의 의견이 모아졌다"며 다음과 같이 주장했다.

"광우병 소동이며 촛불시위 보도에서 보듯 뉴스의 선정적 가공을 일삼는 인터넷 포털 사이트의 힘은 위협적이다. 포털 사이트를 키운 것은 아이러니하게도 전통 미디어다. 언론사들이 포털에 자사 뉴스를 헐값에 경쟁적으로 공급하기 때문이다. 가장 큰 책임은 뉴스 도매상 격인 연합뉴스가 노점상 격인 포털과 뉴스 공급 계약을 맺은 데 있다. 일본과 중국 언론계에는 없는 일이다. 정부와 언론계 모두 반성할 문제다."[31]

그러나 2008년 5월 12일 중국 쓰촨성에서 대지진이 일어나자 극소수지만 한국 네티즌이 '천벌 받았다'는 식의 무분별한 악성 댓글을 달았다. 이에 중국이 격분해 맞대응했고 양국 네티즌의 감정은 더욱 나빠졌다. 그리고 베이징 올림픽 개막식 리허설 파문이 일었다. 한국의 한 방송사가 리허설 장면을 단독 보도하면서 비롯된 일이다. 중국 네티즌은 "개막식을 도둑맞았다"며 올림픽에서 한국을 야유했고 특히

야구 한·일전에서 노골적으로 일본을 응원해 한국의 감정이 상하기도 했다.[32]

'인터넷이 세계를 분열시킨다'

2008년 7월 24일 영국의 『이코노미스트』는 국가·인종·종교 간 증오를 인터넷에서 집단적으로 표출하는 양상이 심해지면서 인터넷이 세계평화를 위한 공간이 아니라 전쟁터가 되고 있다고 보도했다. 이 기사의 내용은 이렇다.

"라트비아가 구(舊)소련을 비판하는 내용의 다큐멘터리 영화 〈소비에트 스토리〉(2007년 5월 제작)가 미국에서 개봉됐을 때 러시아 네티즌들은 인터넷 블로그에서 이 영화를 맹비난했고, 러시아 사회주의를 긍정적으로 조명해줄 다큐멘터리를 만들기 위한 온라인 모금운동을 시작했다. 예전 같으면 라트비아 정부를 위협하거나 공식 대응에 나섰을 러시아 정부와 정치인들은 오히려 조용했다. 인터넷에서 활동하는 극단적인 민족주의자들의 숫자는 많지 않지만 이들의 파괴력은 만만치 않다. 큰돈 들이지 않고 디지털 콘텐츠를 생산하고 유포할 수 있게 되면서 '증오'를 퍼뜨리기도 더 쉬워졌다. 또 마이스페이스와 같은 SNS나 유튜브와 같은 동영상 공유 사이트까지 동원되면서 인터넷 전사들의 힘은 더욱 세졌다. 세르비아계와 알바니아계 사이에 벌어졌던 '해킹전쟁'과 같은 사이버 테러는 '인터넷전쟁'의 전형이다. 미국에서는 수염 기른 무슬림들을 땅에 묻어버리는 '자살폭탄'과 국경을 넘어오는 멕시코 불법 이민자들을 사살하는 '국경수비대'라는 게임이 인기를 끌었다. '백인을 위한 이익 문화 정치' 를 표방한 포드블랑(Podblanc)이라는 동영상 전문 커뮤니티에는 다른 인종을 괴롭히고 조롱하는 동영상이 가득하다." [33]

2008년 8월 이훈범은 "인터넷 증오는 쉽게 국경을 넘는다. 중국의 동북공정, 일본의 독도영유권 주장이 나올 때마다 분쟁의 최전선은 외교무대가 아닌 인터넷이다. 국제관계를 고려해 감정 대응을 자제한 외교수사 대신 분노와 앙심 가득한 독설이 먼저 일합을 겨룬다"며 다음과 같이 말했다.

"이런 다툼은 본질은 이내 사라지고 '어따 대고 반말이냐' 라는 식의 드잡이로 변질되기 마련이다. 앙금도 오래 남는다. 한·일보다 한·중 관계에서 인터넷 증오가 더 격렬한 것도 쓰촨 대지진 때 '잘됐다' 는 일부 한국 네티즌의 댓글이 여과 없이 전달된 탓이란 분석이 있다. 한국의 올림픽 야구 우승에 격려와 빈정이 섞인 일본 네티즌 반응과 달리 중국이 야유 일색이었던 것도 그런 반한 감정 말고 달리 설명할 수가 없다. 그렇다고 우리 네티즌들이 유독 심한 건 아니다. 국가와 인종, 종교가 결합된 증오는 끔찍할 정도다." [34]

그런데 여기서 주목할 것은 그런 '끔찍한 증오' 가 주로 앞서 지적된 '자살폭탄' · '국경수비대' 등과 같은 게임의 형식으로 표현된다는 점이다. 즉, 증오의 표출은 게임이라고 하는 재미가 더해지면서 집단적으로 폭증한다는 것이다. 이는 신민족주의가 인터넷을 매개로 한 '민족주의의 오락화' 현상일 수도 있다는 것을 말해준다. 동기는 '오락' 이었을망정 결과는 끔찍할 수 있다. 그래서 더욱 무섭고 두려운 게 아닐까?

한 · 중 · 일 인터넷 세대의 생각

2008년 11월 21일 중국 베이징 중국기자협회에서 열린 한 · 중 기자협회 세미나에서는 양국 네티즌의 악성 댓글 문제를 놓고 열띤 토론이 벌어졌다. 발제자로 나선 김동훈 한국기자협회 부회장은 "네티즌의 악성 댓글로 빚어진 반한 감정과 반중 감정은 한 · 중 두 나라 네티즌 간의 오해와 편견에서 비롯됐다"며 "그 책임은 상대를 배려하지 못한 언론보도에 있고, 이 보도를 접한 두 나라 젊은 네티즌의 감정적인 글 올리기에 있다"고 지적했다.

인민일보 한국지사 쉬바오캉(徐寶康) 국장은 '진실 · 책임 · 실천'을 대책으로 제시했다. 쉬바오캉은 10년 동안 평양 특파원을 지냈고 서울에도 머물며 5명의 한국 대통령을 직접 인터뷰한 중국 언론계의 대표적인 지한파다. 그는 유창한 한국어로 "뉴스 보도에서 진실은 루머와 광언을 반격하는 데 가장 강력한 무기"라며 "루머가 있어도 매체는 진실성 있는 보도로 반격하고 사실을 분명하게 밝혀야 한다"고 말했다. 또 "과학성, 객관성, 공정성을 견지해야 하고 색안경을 끼고 부정적인 보도를 하지 말 것"을 당부했다. 주쇼오천 중국기자협회 서기는 "중국에서는 이미 대외우호협회 주도하에 중 · 한우호협회 '매체위원회'를 설립해 한국에서 온 베이징 특파원과 정기적으로 교류하기로 했다"고 말했다.[35]

2008년 12월 10일 『국민일보』는 한 · 중 · 일의 인터넷 세대로 국내 대학원을 다니고 있는 김선웅, 우지아, 아오키 요시유키가 직접 얼굴을 맞대고 3국의 민족주의에 대해 방담 형식으로 자연스럽게 나눈 대화를 게재했다.

우지아　올 3월 티베트 독립운동 때문에 베이징 올림픽 성화 봉송에 대한 반대 여론이 높았다. 유럽의 성화 봉송 반대 시위를 본 한국 내 중국인 유학생들이 성화를 보호해야겠다고 생각했다. 다른 나라에서 집단행동을 하는 게 예의 없는 것이라는 생각은 미처 못했다. 그렇지만 한국에서도 티베트 독립운동 이후 중국에 대한 비난이 많지 않았나. 중국 사회주의에 대해 정면으로 비난하기도 했다.

아오키 요시유키　한쪽에서 민족주의적 태도를 보이니까 상대방에서도 반작용이 나오면서 나선형으로 점점 관계가 악화된다. 일본에서도 한국과 비슷한 상황이 있었다. 와세다대에서 티베트 독립 지지 시위가 있었는데 단순히 반중을 주장하는 사람들도 섞여 있었다. 다른 나라에서 어떤 논의가 있는지도 모르고 단순히 자기 만족을 위해 그러는 거다. 그냥 재밌어서 그러는 거지, 제대로 된 민족주의는 아닌 것 같다. 중국과 한국 네티즌들도 마찬가지 아닐까?

김선웅　우리나라 사람들이 독립을 주장하는 티베트인에 대해 동정을 하긴 했지만 그 때문에 크게 목소리를 높이거나 시위를 할 정도는 아니었다. 그런데 티베트 사태에 이어 성화 봉송 폭력 사건이 맞물리면서 반중 정서가 확산됐다. 중국 유학생들이 모여들면서 충돌 소식이 들리니까 '왜 남의 나라에 모여서 저러나' 하면서 반중 정서가 폭발했던 것이다.

우지아　중국 인터넷에선 일본, 한국에 대한 혐오가 심하다. 특히 요즘 한국을 겨냥한 비난이 많다. 외국에 관한 게시물 10개 중 5개에 한국 안 좋다는 내용이 담겨 있다. 한국에 유학을 간다니까 한국은 중국에 대해 나쁜 말만 하는데 왜 가느냐고 묻더라. 인터넷에 중국 비난하는 댓글이 번역돼 중국 사이트로 옮겨지면서 한국 이미지가 많이 나빠졌다.

김선웅　우리나라도 일본, 중국이 우리 욕하는 댓글을 번역해 인터넷에 많이 올린다. 그런 걸 전문으로 번역하는 사이트들도 있다.

아오키 요시유키 인터넷의 영향은 나라마다 다르다. 일본에서는 인터넷 비난에 그리 민감하지 않다. 하나의 의견일 뿐이라고 생각한다. 중국은 언론 통제를 하니까 인터넷에 대한 의존도가 큰 거 같다.

김선웅 인터넷에서 모든 논제에 대한 결론은 가장 자극적인 의견으로 수렴되는 경향이 있다. 민족주의는 사실 평범한 얘기인데 인터넷에서 자극적으로 변하는 특성이 있다.

아오키 요시유키 일본에서는 양극화가 되면서 '하류사회'라는 말이 생겼다. 주류에서 소외된 사람들이 사회에 대한 분노, 아무도 자기 말에 귀 기울이지 않는 불만을 민족주의로 푼다는 분석이 있다. 예를 들면 고이즈미 준이치로 전 총리가 야스쿠니 신사를 참배한 뒤 한국과 중국에 "참배는 일본 국내 문제"라고 말하는 게 당당해 보인다. 고이즈미처럼 단호한 모습을 본 네티즌들이 우익 성향을 나타낸다는 얘기다. 일본에서는 그런 사람들을 '네트우익'이라고 부른다.[36]

한·중·일 사이버전쟁은 굶주린 하이에나처럼 무슨 건수만 생겼다 하면 터지곤 했다. 『중앙일보』 2008년 12월 17일자 사설은 "한·일 네티즌 간에 다시 한번 '총성 없는 전쟁'이 불붙고 있다. 독도와 동해 표기 확산에 앞장서온 민간 외교사절단 반크의 웹사이트가 일본 네티즌의 공격으로 일시 다운됐다. 13일 열린 피겨스케이팅 그랑프리 파이널에서 일본의 아사다 마오 선수가 김연아 선수를 제치고 1위를 차지한 데 기분이 상한 일부 한국 네티즌이 일본 웹사이트를 공격한 게 계기가 된 걸로 알려졌다. 일본의 대표적 우익 계열 사이트인 니찬네루엔 한국에 대한 원색적 비난 글이 넘쳐나고 반크 공격 지침까지 올라 있다고 한다"며 다음과 같이 말했다.

"한·중·일 네티즌의 사이버전쟁은 어제오늘의 얘기가 아니다. 동북공정, 독도영유권, 교과서 왜곡 등 민감한 정치·역사적 이슈가 불거질 때마다 3국의 인터넷 게시판은 전쟁터로 변했다. 각자 자기 나라의 우월성을 내세우며 상대 국가를 비방하는 글로 도배하다시피 했다. 상대국 웹사이트에 실린 댓글을 자동 번역해주는 사이트까지 여럿 등장하면서 서로에 대한 혐오와 분노는 걷잡을 수 없이 증폭되는 양상을 보여왔다. 전대미문의 경제위기를 맞아 3국 정상이 손을 맞잡고 협력을 모색하는 이때, 젊은이들은 인터넷에서 소모적인 감정싸움에 열을 올리고 있으니 안타깝기 그지없다. 사태가 이 지경까지 간 것에 대해 3국 간에 얽히고설킨 과거사 문제, 왜곡된 인터넷문화 등 다양한 원인이 지적된다. 젊은이들이 취업난 등으로 인한 사회 불만을 인터넷에서 민족주의 감정을 표출하며 해소하고 있다는 분석도 나온다."[37]

이런 사이버전쟁엔 아무래도 '머릿수'가 많은 중국이 유리했다. 중국의 '한류팬 혐오' 해커들은 심지어 한국 정부 사이트까지 공격하는 수준에 이르렀다. "골빈 놈(한류팬)들이 사라지지 않는 한 성전은 계속될 것이다(腦殘不滅 聖戰不休)." 2010년 6월 9일 밤 중국의 유명 검색엔진 바이두에 이런 글이 올라왔다. '반한류' 캠페인인 '69성전'을 벌이자는 구호였다. 이후 10만 명이 넘는 네티즌들이 한류팬(중국어로는 '하한주[哈韓族]')을 비난하는 글을 쏟아냈고 일부는 한류 스타들의 홈페이지 등 수십 개 한국 사이트를 공격했다. 한국 행정안전부는 국가 대표 포털(korea.go.kr)이 9일 오후 중국발 디도스(DDoS, 분산서비스거부) 공격을 220분간 받았다고 밝혔는데 이는 '성전' 참가자들의 공격과 관련된 것이었다.[38]

'사이버전쟁 위협, 1950년대 핵 공포 수준'

사이버전쟁은 젊은 네티즌들뿐만 아니라 각국 정부들 사이에서도 벌어지고 있었다. 2009년 4월 28일 『뉴욕타임스』 인터넷판은 미국이 전면적인 사이버전쟁 계획을 마련하고 있으며 미국 정부나 기업의 인터넷에 침투해 기밀정보를 빼가는 해외 인터넷 서버를 무력화하고 나아가 다른 나라 정부의 인터넷에 침투해 정보를 빼오는 것도 고려하고 있다고 보도했다. 마이클 매코널(Michael McConnell) 전 국가정보국장은 "미국의 대형 은행 한 곳이 사이버 공격을 당했을 때 세계 경제에 주는 충격은 9·11 테러 때보다 심각하고, 미국에서 돈의 흐름이 차단됐을 때 입는 피해는 핵무기 공격 시의 파괴력에 못지않을 것"이라고 말했다. 미국 국방부와 국가안보국(NSA)은 해커 개인이 아닌 국가가 주도한 인터넷 공격을 '하이브리드전쟁'이라고 이름 짓고 국가안보 차원에서 전략 마련에 나섰다.[39]

2009년 6월 28일 『뉴욕타임스』는 러시아는 사이버전쟁 방지를 위한 국제협약을 추진하고 있으나 미국은 국제사법기구 차원의 협력을 강화하는 소극적인 방안을 선호하고 있다고 보도했다. "미국이 국제협약에 소극적인 것은 국가 차원의 협약이 인터넷 검열문제, 주권 침해 등의 문제를 일으킬뿐더러 이 조약이 사이버 공격의 대부분을 감행하는 개인 범죄자들을 구속시킬 수 없기 때문이다. 인터넷 공격이 정부 차원인지 개인 차원인지 구분하기가 거의 불가능하기 때문에 조약이 효과가 없다는 것이다. 무엇보다도 이 조약이 미국 정부 차원에서 추진하는 사이버전 대책들을 무력화시킬 수 있기 때문이다. 미국은 컴퓨터에 숨겨놓아 유사시 컴퓨터를 멈추거나 회로에 손상을 입힐 수 있는

'논리폭탄', 웹사이트와 네트워크를 감시하거나 무력화하는 '보트네트', 컴퓨터 회로들을 수마일 밖에서 태워버릴 수 있는 전자파 방출장치 같은 무기들을 개발 중이다."[40]

미국 외교전문지 『포린 어페어스』 2009년 7·8월호는 전 세계를 지배하는 미국 군사력의 기반이 사이버 테러로 인해 잠식당하고 있다고 주장했다. 버락 오바마 행정부가 백악관 내에 '사이버 차르(czar)'란 직책을 신설하고 사이버 사령부를 마련하는 등의 대책을 내놓고 있지만 '사이버전쟁'이 '실제 전쟁(real war)'의 단계로 들어서면서 미국 정부의 대책은 역부족이라는 것이다. 이 잡지는 "사이버 공격 등이 강화되는 차세대 전쟁에서 미국의 군사력은 갈수록 쓸모없어지는 '감가상각 자산(wasting asset)'이 되고 있다"고 진단했다.[41]

2010년 2월 3일 영국 국제전략연구소(IISS)가 발표한 「군사 균형(Military Balance) 2010」 보고서는 사이버전쟁이 정부나 국가기관의 웹사이트를 마비시키는 수준에서 벗어나 ①각국의 도로, 공항, 항만 등 사회기반시설 운영 시스템에 침투해 시설의 운영을 불가능하게 만들고 ②군사 정보망의 내부 정보를 왜곡해 군사 작전에 혼선을 빚게 하고 ③금융 거래 내역을 중간에서 가로챈 뒤 숫자를 바꿔치기해 금융 시장을 마비시키는 방식으로 진행될 것이라고 예측했다. 이로 인한 위협은 1950년대의 핵전쟁 공포와 비슷한 수준이라고 국제전략연구소는 분석했다. 직접적인 군사행동은 아니지만 적국 사회를 혼란에 빠뜨려 큰 손실을 입힐 수 있다는 것이다.[42]

2010년 5월 21일 미국 정부는 육·해·공군을 총괄할 사이버 사령부 지휘관에 키스 알렉산더(Keith B. Alexander) 국가안보국 국장을 임명, 전군적 사이버 조직의 골격을 완성했다. 이미 2010년 1월 미국 해군이 사이버 사령부를 설립한 데 이어, 공군은 5월 17일 사이버전쟁 전담 인력으로 3만 명을 배치했고, 육군은 5월 22일 2만 1000명의 병력을 투입한 육군 사이버 사령부를 가동하겠다고 발표했다. 공군 사이버 부대를 담당하는 데이비드 코튼(David C. Korten) 준장은 "새 조직은 미군의 정보를 보호할 뿐 아니라 미군에 위협을 줄 수 있는 네트워크를 찾아내고 분석하며 공격하는 임무를 맡게 된다"며, "사이버 관련 병력이 아프가니스탄 파병군 수(5월 초 당시 약 9만 명)를 넘어설 날이 머지않았다"고 전망했다.[43]

인터넷은 신민족주의의 주범일 뿐만 아니라 국가 간 전쟁의 새로운 무대로 등장한 셈이다. 『중앙일보』 사설은 한・중・일 네티즌의 사이버전쟁에 대해 "이유야 어찌 됐든 위험 수위에 다다른 3국 간 사이버전쟁을 더 이상 방치할 순 없다"고 했지만 무슨 해결책이 있을 리 만무했다. "서둘러 3국 정부가 다시금 머리를 맞대고 특단의 대책을 모색하지 않으면 안 된다"고 했지만[44] 동어반복이다. 무슨 '특단의 대책'이 가능하단 말인가? 인터넷의 그 어떤 축복에도 불구하고 인터넷을 무대로 삼은 집단극화와 그에 따른 신민족주의 갈등은 앞으로도 계속될 것이 틀림없다 하겠다.

왜 국가브랜드 경쟁이 치열한가

10장

국가 홍보 전략으로서의 문화 전쟁

'국가 경쟁력' 개념에 실체가 있는가?

세계 각국이 '국가 경쟁력' 을 키우기 위해 여념이 없다. 미국 경제학자 레스터 서로우의 책 『대결』의 부제는 '일본, 유럽 및 미국 간에 벌어질 경제전쟁' 이며 겉표지는 "금세기의 가장 결정적인 전쟁이 막 벌어지려 하고 있다.…… 미국은 이미 지는 쪽으로 결판났는지도 모른다" 고 주장하고 있다. 그러나 '국가 경쟁력은 허구' 라고 주장하는 사람들도 있다. 예컨대 미국 경제학자 폴 크루그먼(Paul Krugman)은 "현재 전략적 무역론자들은 미국의 대중들에게 가장 결정적인 경제 문제는 세계 시장에서의 다른 선진국들과의 투쟁이라는 생각을 팔고 있다" 며 다음과 같이 주장한다.

"불행하게도 그들이 단언하는 미국의 경쟁력이란 문제는 낭비적인 큰 정부라는 레이건의 신화만큼이나 환상이다. 미국은 실제로 일부 비생산적인 관료와 복지 사기꾼이 있는 것과 마찬가지로 국제 경쟁력상에도 문제가 있다. 그러나 이미지를 통해 경제에 진정으로 어떤 문제가 있는지를 알린다고 했을 때, 클린턴의 수사법은 레이건의 수사법만큼이나 핵심에서 멀리 벗어나 있다. 전쟁으로서의 국제 경쟁력이란 신화에 토대를 둔 경제적 수사법은 몇 가지 장점을 가진다. 목표를 국가안보에 둠으로써 증세나 사회보장 프로그램에 대한 지출 삭감 등 고통스러운 정책을 유권자들이 지지하도록 동원하기가 쉽기 때문이다.—그리고 클린턴 대통령은 1993년 연두 교서에서 이 점을 대단히 효과적으로 활용했다. 그러나 궁극적으로 경쟁력이란 수사법은 파괴적이 될 것이다. 모든 것을 너무 안이하게 대하여 나쁜 정치로 이끌고 또 실제 현실을 무시하게 해버리기 때문이다. 전략적 무역론자들의 발흥은 2가지 주요 문제를 제기한다. 하나는 세계 시장에서 이기려고 애쓰다가 대신 세계 시장을 파괴하기에 이른다는 것이다. 다른 하나는 어리석은 이데올로기에 따른 한 지역의 행위가 전 세계의 경제 정책을 뒤흔들어 버린다는 것이다."[1]

그러나 '어리석은 이데올로기' 일망정 '국가 경쟁력' 개념은 늘 세계 언론의 마음을 사로잡았다. 2004년 10월 스위스 제네바에 있는 세계경제포럼(WEF)이 발표한 국가별 경쟁력 평가 보고서는 한국을 세계 29위로 평가했다. 1년 사이에 11단계가 떨어진 순위였다. 『조선일보』 2004년 10월 14일자 사설은 "정부가 이런 성적표를 받고도 발 뻗고 잔다면 정부도 아니다!"라고 비분강개했으며 이어 『동아일보』 10월 15일자 사설 「'국가 경쟁력 추락' 정권 책임 가장 크다」, 『중앙일보』 10월 15일자 사설 「추락하는 국가 경쟁력」도 비판에 가담했다. 그러나 세계경제포럼 보고서 작성 과정을 잘 아는 전문가들은 '어이없다' 는 반응을 보였다. 이 보고서는 각국의 경제 통계치도 반영하지만 기본적으로

는 해당국 기업인을 상대로 한 의견 조사 결과가 더 중시되기 때문이라는 것이다.[2]

2007년 10월 세계경제포럼은 한국의 국제 경쟁력 순위가 2006년 23위에서 12단계나 올라 11위가 됐다고 발표했다. 이에 대해 경향신문 김철웅 논설위원은 "여기에는 조사 대상 131개국 중 1위인 대학진학률도 한몫 거들었다. 그러나 자본가들의 사교장인 세계경제포럼이 말하는 국가 경쟁력은 기업인의 시각에서 본 것이다. 높은 해고 비용(107위)이나 고용의 경직성(50위)을 경쟁력 약화 요인으로 든 것이 그 예다. 이런 관점은 비정규직 문제를 온통 정규직 책임으로 전가하는 논리로 통한다"며 다음과 같이 말했다.

"사실 서민들까지 허리띠를 졸라매며 엄청난 사교육비를 써야 하는 사회의 대학진학률이 높고 그 덕분에 국가 경쟁력이 올라간 것은 그리 즐거워할 일이 아니다. 참여정부 5년 동안 최저임금 근로자 수가 2.5배나 는 것은 국가 경쟁력 향상과 무슨 관계가 있는가. 2007년 국제투명성기구의 부패인식지수에서 한국은 180개국 중 43위였다. 경제협력개발기구(OECD) 30개국 가운데 25위였고 아시아에선 싱가포르, 홍콩, 일본, 대만 등에 뒤져 8번째였다. 현직 국세청장이 부하한테 상납받은 혐의로 구속되는 나라가 한국이다."[3]

"10억 원에 10년 감옥도 가겠다"는 중고생들

2008년 8월 대전대 교수 권혁범은 " '국가 경쟁력' 이라는 개념은 이미 개인과 시민을 집단의 구성 요소로 대상화하는 적절한 예다. '국민

학교' 는 사라졌지만 '국민' 은 건재하다. 그것은 개별적 · 집단적 정체성 위에 군림하는 국가적 정체성 및 귀속성을 암시한다" 며 다음과 같이 주장했다.

" '국민' 은 국가가 부과하는 동질적 정체성 및 의무를 정당화하면서 국가와 긴장관계를 갖는 사회의 시민의식, 독립적인 개인의식을 억압하고 약화한다. 개인들 · 집단들 간의 복잡하고 세심한 차이, 자유, 인권, 다양성은 뒷전으로 밀려난다. 국가가 부과하는 규범과 표준은 여성, 장애인, 이주노동자, 양심적 병역거부자, 동성애자, 청소년 및 노인, 비정규직 노동자를 타자화하며 배제시킨다. 동시에 타 민족 및 타 국가는 '우리' 가 아닌 '남' 이 된다. 유사시에 이들 타자는 차별과 제노사이드(학살)의 근거가 된다."[4]

2008년 10월 한국투명성기구가 전국 중고생 1100명을 대상으로 실시해 발표한 '반부패인식조사' 결과에 따르면 청소년의 17.7퍼센트가 "감옥에서 10년을 살더라도 10억 원을 벌 수 있다면 부패를 저지를 수 있다" 고 했다. 17.2퍼센트는 권력을 남용하거나 법을 위반해서라도 내 가족이 부자가 되는 것이 괜찮고, 20퍼센트는 문제를 해결할 수 있다면 기꺼이 뇌물을 쓰겠다는 태도를 보였다. 반면 "아무리 나를 더 잘살게 해주어도 지도자들의 불법 행위는 절대 안 된다" 는 청소년은 30.2퍼센트에 불과했다.

이와 관련, 『한국일보』는 " '아이들이야말로 어른들의 거울' 이다. 국가 경쟁력은 세계 11위지만 부패인식지수는 10점 만점에 5.6점으로 세계 40위인 나라에서 청소년들만 청렴을 소중히 여기고, 정직하게 생각하고 살기를 바랄 수 없다" 며 다음과 같이 주장했다.

" '학생회장에 당선되기 위해 간식이나 선물을 주면 안 된다' (42.6%)

거나 '부자가 되는 것보다 정직하게 사는 게 더 중요하다'(45.8%)고 생각하는 청소년이 전체 절반도 안되는 이유가 무엇인지는 누구나 다 알고 있다. 끊임없이 터지는 공직자 부패, 공공기관의 모럴 해저드, 사회 지도층의 비리, '돈이 다' 인 세상, 청렴하고 정직한 사람이 존중받기는 커녕 손해 보는 세상에서 청소년들이 무슨 생각을 할까. 그들의 75.8퍼센트가 우리 사회를 '부패하다' 고 말한 것(2007년 11월 국민권익위원회 조사)은 당연한 일이다. 학교에서의 체계적이고 지속적인 반부패 교육도 물론 시급하다. 그러나 바로 그 학교에서, 교실 밖 사회 곳곳에서 비리와 부패와 탈법이 행해지고 있는 한 아무리 정직과 청렴이 소중하다고 강조한들 설득력이 없다. 청소년들의 가치관 형성에 어른들의 모습보다 더 강력하고 살아 있는 교육은 없기 때문이다. 나는 '바담 풍' 하면서 아이들은 '바람 풍' 하기를 바랄 순 없다."[5]

2008년 11월 고려대 교수 강수돌은 "교육의 국가 경쟁력이나 대학의 국제 경쟁력 따위의 말들은 결국 세계 자본주의 시스템이라는 사다리 질서 안에서 가능한 한 높이 올라가 남들이 누리는 기득권을 더 많이 누리려는 욕망일 뿐이다"라며 다음과 같이 주장했다.

"최근 부활한 초등학교 일제고사, 일상적으로 행해지는 중고교 전국 학력평가, 세계적 국제학력평가, 범지구적 세계 100대 대학 순위, 이 모두는 결국 1등부터 꼴찌까지 '경쟁의 덫' 안으로 옭아매는 역할을 한다. 사람들은 일단 경쟁이 벌어지면 '왜 하는지' 를 묻기도 전에 '무조건 1등을 하고 봐야 한다' 고 느낀다. 그렇게 모두 경쟁이라는 게임에 참여하는 순간 그 참여자 모두는 누가 1등 하는가와는 관계없이 그 경쟁을 불러들인 세력에게 모두 지배당한다. 그렇다면 과연 누구에게, 어떻게 지배당하는 걸까. 우선, 누구에게 지배당할까. 교육이나 연구가 참된 진리를 논하지 못하도록, 참된 진리 탐구 대신 무한한 돈벌이 추구에 도움이 되도록 만들려는 세력에게 지배당한다. 그것이 바로 자본이고 자본의 이해 대변 세력이다. 그럼 어떻게 지배당한다는 것일까. 경쟁 참여자들이 더 많은 떡고물을 가져가기 위해 혼신을 다해 경쟁에 돌입하는 순간, 그들은 진리 탐구 경쟁이 아니라 돈벌이 경쟁에 동참한다. 처음부터 그 경쟁의 사다리는 돈벌이 경쟁을 위한 사다리였기 때문이다. 불행하게도 갈수록 참된 학문 탐구, 즉 진리 탐구는 뒤로 밀리고 오로지 돈벌이 추구, 경쟁력 강화만 전면에 나선다. 하지만 바로 이것이야말로 전 세계 모든 나라와 모든 대학을 무한경쟁의 게임 안으로 편입시켜 결국에는 모두를 장악하는 자본의 욕망을 그대로 반영한다. 이것이 사태의 진실이다."[6]

코리아를 괴롭힌 '코리아 디스카운트'

그러나 '진실'이 무엇이든 늘 이른바 '코리아 디스카운트(Korea Discount, 한국 할인)'에 시달려온데다 국가와 민족의 국제적 위상을 염려해온 한국인들은 '국가 경쟁력'에 일희일비하곤 했다. 코리아 디스카운트는 한국 기업들의 값(주가)이 지나치게 싸다는 의미로 국제 금융 시장에서 쓰는 용어인데, 이게 얼마나 한국인들을 괴롭혀왔는지 그 역사를 좀 살펴보기로 하자.

2004년 10월 중순을 기준으로 삼성전자의 주가수익률(PER, 주가를 1주당 순이익으로 나눈 값)은 7배 수준인 반면 경쟁사인 미국 인텔은 19배, 독일 인피니온은 31배, 일본 도시바는 29배였다. 주가수익률이 낮다는 것은 주당 이익에 비해 주식 가격이 낮다는 것을 의미한다. 한국 증시 전체의 주가수익률은 8.7퍼센트 수준으로 일본의 21.2퍼센트, 미국의 17.8퍼센트에 비하면 매우 낮았다. 또 주식을 얼마나 빠른 속도로 팔고 있는가를 나타내는 주식 거래 회전율은 세계 최고 수준이었다. 주가가 낮고 투기성이 높아 외국자본의 최적의 공략 대상이 되고 있었다는 이야기다.

이미 증권 시장에서 시가총액의 46퍼센트를 외국자본이 차지하고 있었으며 한국 주요 기업들의 외국인 지분은 대부분 40퍼센트를 넘었다. 2004년 11월 26일 기준으로 증권거래소 시가총액 10대 기업의 외국인 지분을 보면 ①삼성전자 54.36% ②포스코 70.17% ③SK텔레콤 48.74% ④한국전력 30.23% ⑤국민은행 77.32% ⑥KT 48.98% ⑦현대자동차 56.50% ⑧LG전자 40.51% ⑨SK 61.35% ⑩에쓰오일 47.25% 등이었다. 고려대 교수 이필상은 "이에 따라 증권 시장은 외국자본이 들고남에 따라 주가 등락이 결정되는 예속 상태가 돼 국부를 유출시키는 창구 역할을 하고 있다"고 말했다.[7]

한국 기업들의 값이 지나치게 싸다는 건 다른 아시아 국가들과 비교해보면 확연히 드러난다. 한국 기업들은 홍콩·싱가포르 기업의 절반 이하의 가치, 대만·타이·말레이시아 기업과 비교해도 30퍼센트 이상 낮은 수준으로 평가받고 있었다. 고려대 교수 장하성은 그런 저평가의 원인이 기업 지배구조의 후진성과 노사관계의 불안정에 있다고 말했다. 한국 기업들의 지배구조가 후진적이라는 건 재벌총수들의 행태에서 잘 나타났다. 한국의 재벌총수와 그 가족들의 평균적인 소유지분은 4퍼센트에 불과했다. 당연히 그들은 오너가 아니다. 선진국에서는 전문경영자에 지나지 않는다. 그러나 한국에서는 그들을 총수라 부른다. 그들은 경영에 대해 책임도 지지 않고 경영권 대물림까지 하고 있다.

한국은 전체 노동자 중에서 12퍼센트 정도만이 노조에 가입하고 있어서 OECD 회원국 중에서 노조 결성률이 가장 낮은데도 노사 불안정은 가장 큰 나라의 하나로 평가받았다. 절대다수의 노동자는 노동쟁의와는 아무 관계가 없으며 노동자의 절반 이상을 차지하는 비정규직 노동자는 일자리마저 지킬 힘이 없는 것이 현실이었다.

장하성은 노사 불안정으로 인한 문제는 전적으로 강력한 교섭력을 확보하여 투쟁 일변도로 치닫는 대기업 노조와 무노조를 유지하기 위해서 과대한 비용을 치르는 일부 재벌기업 경영진들에게 책임이 있다고 주장했다. 또 재벌총수들과 재벌기업 노동계가 자신들의 기득권을 지키기 위해서 벌이는 이기적인 행위가 코리아 디스카운트의 원인이 되고 국가 발전의 걸림돌이 되고 있다고 말했다. 그는 한국이 코리아 디스카운트를 극복한다면 지금의 경제력만으로도 국민소득이 크게 증가할 것이고 국민소득 2만 달러는 훨씬 더 쉽게 달성할 수 있을 것이라고 역설했다.[8]

반면 1997년 한국의 외환위기를 경고해 유명해진 도이치증권 상무 스티브 마빈(Steve Marvin)은 2004년 11월 2일 한국 증시 전략 보고서에서 과도한 임금 상승, 가격 결정력 약화, 중국 이전으로 인한 제조업 기반 약화, 주식 저평가 등 한국에 대한 고정관념은 실제 통계와는 무관한 '오해'라고 주장했다. 그는 한국 기업의 낮은 주가 배수는 대부분 모(母)기업의 실적 통계를 근거로 한 '신기루'일 뿐이며 정확한 연결 회계가 이루어진다면 아마도 주가수익률은 더 높아질 것이라고 주장했다. 마빈은 "한국의 비금융사들은 1년에 한 번, 그것도 회계연도를 마감한 이후 수개월 뒤에 연결 재무제표를 제출하는데 현 회계 기준하에서는 불리한 내용을 상당 부분 감출 수 있다"고 지적했다. 그는 수많은 상장·비상장 계열사를 거느리고 있는 삼성그룹의 경우 지난해 비상장사인 삼성카드가 1조 3000억 원의 손실을 냈지만 삼성전자 재무제표에 손실의 절반이 계상된 사실을 한 예로 들었다.[9]

'코리아 디스카운트' 논쟁

2004년 말 대한상공회의소가 외국계 금융사 소속 증권전문가(펀드매니저, 애널리스트) 24명을 대상으로 조사한 결과 한국 증시가 평균 30.9퍼센트 저평가돼 있다고 생각하는 것으로 나타났다. 이들은 저평가 요인으로 ①북핵 등 국가 리스크(30.4%) ②정책 일관성 부족(23.9%) ③기업지배구조와 회계의 투명성 부족(21.7%) 등을 꼽았으며 한국 증시에 대한 저평가가 해소되면 적정 종합주가지수는 평균 1178포인트가 될 것으로 전망했다.[10]

한림대 교수 변용환은 2004년 말에 출간된 책에서 코리아 디스카운트에는 불안한 경제사회 시스템, 북한 핵 문제, 예측 불능한 경제정책 등 여러 가지 이유가 있으나 가장 핵심적인 이유는 분식회계라고 주장했다. "외국인 투자자들 대부분은 한국 기업들에 분식회계가 만연돼 있다고 보고 있다. 따라서 그들은 회계 보고서상 나타나는 기업의 순자산 내지는 순이익에 항상 일정 비율을 할인하여 한국 기업을 평가한다. 이에 따라 한국 기업 중 분식회계를 하고 있는 기업은 들키지만 않으면 제대로 평가받고, 분식회계를 하지 않는 기업은 저평가를 당하는 이상한 상황이 지속되고 있다."[11]

경영 컨설턴트 이성용은 코리아 디스카운트를 한국 사회의 모든 부정적인 면까지 포함하는 넓은 의미로 사용하면서 "KD라는 머리글자가 코리아 디스카운트를 상징하고 거기에서 그치기만을 나는 바랄 뿐이다. 그것이 한국병(Korean Disease)으로 확대되는 고통스러운 일이 벌어지거나 더 심각하게는 한국의 죽음(Korea Death)으로까지 악화되는 상황이 발생해서는 결코 안 될 것이다"라고 주장했다.[12]

『한겨레』 2005년 1월 1일자는 한국 증시에는 종합주가지수 500~1000포인트의 박스권 장세에서 벗어나지 못한다는 자조 섞인 진단이 족쇄처럼 따라붙어왔지만 증권사들이 내놓은 2005년 지수 전망치는 18곳 가운데 2곳을 빼고는 1000포인트를 훌쩍 웃돌고 있다고 보도했다. 대신경제연구소는 예상지수 고점으로 1200포인트를 제시하면서 "2005년은 코리아 디스카운트 요인 중 이익구조의 불안정성, 기업 지배구조 취약성이 서서히 해소되면서 한국 증시가 저평가 해소 단계에 진입할 것"이라고 전망했다.[13]

『중앙일보』 2005년 3월 2일자 기사 「'코리아 디스카운트' 마침표 찍을까」는 "종합주가지수 1000포인트 시대가 다시 열리면서 한국 증시가 상대적으로 푸대접받는 이른바 코리아 디스카운트 현상도 개선되는 것 아니냐는 기대감이 일고 있다"고 말했다.

『매일경제』 2005년 3월 9일자 기사 「코리아 디스카운트 대부분 해소: 우량주 장기투자 해볼까」는 "'주가 1000포인트 시대'를 맞아 선진형 투자문화 정착에 대한 기대감이 높아지고 있다. 이번 '주가 1000포인트 시대'는 과거와 달리 펀더멘털 개선이 뒷받침된 가운데 나타난 것이기 때문이다. 과거에도 총 세 차례 종합주가지수가 1000포인트를 넘은 적이 있지만 오래 지속되지 못한 한계로 인해 장기투자문화가 자리 잡지 못했다. 이에 비해 이번 '주가 1000포인트 시대'는 후진적인 지배구조, 경영의 불투명성, 기업 이익 변동폭 확대 등 코리아 디스카운트 요소들이 해소되는 과정에서 맞이한 것으로 장기투자 여건이 조성되고 있다는 분석이다"라고 말했다.

2005년 3월 14일, 도이치증권 상무 스티브 마빈은 한국 증시에 대해 "소비심리 개선에 대한 기대감이 깨지면 종합주가지수가 현 수준을 지속하기 힘들 것"이라며 비관적인 전망을 했다.[14]

2005년 3월 20일 삼성경제연구소는 「코리아 디스카운트와 기업 지배구조」라는 보고서에서 "객관적인 수치를 통해 우리 증시를 분석한 결과 코리아 디스카운트는 존재하지 않는다"고 주장했다. 이 보고서는 코리아 디스카운트의 주요 원인으로 지목돼온 '취약한 기업 지배구조'에 초점을 맞추어 주장을 폈는데, 이에 대해 2005년 3월 21일 공정거래위원장 강철규는 라디오 인터뷰에서 "코리아 디스카운트의 주된 원인은 기업들의 불투명한 지배구조 때문"이라고 반박했다.[15]

"주가 올라도 국민은 행복해지지 않았다"

대통령 노무현은 2005년 7월 29일 기자간담회에서 "임기 전반기에 (나라) 살림살이에 주력했다. 주가가 1000포인트를 넘어 안정되는 것을 보고 이제 정치구조 얘기해도 되지 않겠느냐 생각했다"고 말했다. 『조선일보』는 이 말이 노무현의 경제 인식을 가장 상징적으로 말해주는 발언으로 간주돼 경제계에서 화젯거리가 됐다며, 여러 전문가들의 견해를 소개하면서 '주가 1000포인트'와 경제 성적표는 무관하다고 주장했다. 예컨대 스티브 마빈은 "최근 주가 상승은 한국 경제가 좋아서가 아니라 전 세계적 저금리로 외국인 자금이 밀려들어왔기 때문"이라고 진단했다는 것이다.[16]

2005년 8월 1일 한국금융연구원 연구조정실장 이지언은 "종합주가지수가 1100포인트 선을 넘어 사상 최고치(1138p) 경신을 눈앞에 두고 있다.…… 주가는 앞으로 계속 오를 것인가. 적어도 국제 시장 여건과 한국 경제의 펀더멘털을 종합적으로 고려할 때 장기 지속적인 상승은 어렵다"며 다음과 같이 말했다.

"주식 투자의 가장 큰 메리트 중 하나인 배당을 보자. 최근 기업 수익성과 외국인 투자자 비중이 커지면서 우리 기업들의 평균적인 배당성향(배당금을 당기순이익으로 나눈 수치)도 높아지고 있기는 하지만 아직 미국(37.6%), 일본(36.8%), 영국(60.1%) 등 선진국과 비교하면 크게 낮은 수준(25.4%)이다. 불합리한 기업 지배구조와 불투명한 경영 및 회계, 그리고 아직도 근절되지 않고 있는 주식 시장의 불공정거래 행위 등도 외국인들의 '코리아 디스카운트'를 만들어내고 있다. 우리 국민들의 주식에 대한 홀대도 주가의 레벨 업을 어렵게 하는 요인이다. 예를 하나 들어보자. 가계자산 중 금융자산과 실물자산의 비중은 우리나라의 경우 2대 8 정도다. 전체 자산 중 금융자산 비중이 일본(3대 7)이나 미국(7대 3)에 비해 턱없이 낮다. 가계가 선진국에 비해 주식 투자를 꺼리고 있다는 것을 말해주는 것이다."[17]

2005년 8월 2일 칼럼니스트 변상근은 종합주가지수가 1000포인트를 넘어선 경우는 1989년 '3저 호황' 말기와 1994년 반도체 호황, 그리고 1999~2000년의 IT 호황 등 3번 있었지만 당시 성장률은 대부분 9퍼센트대였던 반면 지금은 딴판이라고 지적하면서 다음과 같이 주장했다.

"투자를 왜 하지 않느냐고 다그치지만 말고 투자를 가로막는 정책의 불확실성과 불안, 불신 등 '3불' 을 먼저 제거해주어야 한다. 이는 지역 대결구도 극복보다 더 급하다. 주가지수만 믿고 남은 임기를 정치게임에 몰입한다면 그야말로 '경제를 포기한 대통령' 이란 지탄을 면키 어려울 것이다."[18]

증권선물거래소의 「투자자별 매매평가 손익 분석」 보고서에 따르면 2005년 들어 8월 5일까지 외국인 투자자는 4778억 원, 기관 투자자는 6091억 원의 매매평가 이익을 각각 얻은 반면 개인은 1조 6340억 원의 손실을 본 것으로 집계됐다.[19]

이상 살펴본 바와 같은 코리아 디스카운트의 문제가 단지 기업 경영과 주식 시장만의 문제일까? 아무래도 그런 것 같지는 않다. 코리아 디스카운트의 문제는 코리아에 대한 인식의 문제이기도 했다. 바로 여기서 국가 브랜드 문제가 떠올랐다.

'다이내믹 코리아'

국가 브랜드(nation brand)란 사람들이 한 국가에 대해 느끼는 유형·무형 가치들의 총합을 말한다. 국가 브랜드 지수를 만들어낸 사이먼 안홀트(Simon Anholt)는 "한 나라가 관광객을 끌어들이고, 외국인 투자를 유치하고, 상품을 팔리게 하고, 정치적 동맹을 만들어내는 것 모두에 국가 브랜드가 영향을 미친다" 고 말한다.

국가 브랜드는 저절로 만들어지는 것이 아니라 기업 브랜드처럼 의

도적으로 관리해야 할 대상이다. 국가 차원에서 국가 브랜드 전략을 수립하고 실천한 대표적 국가로는 일본과 영국을 들 수 있다. 일본은 1970년대 중반 이후 '경제동물' 이라는 이미지를 벗고 '문화국가', '세계에 공헌하는 국가' 라는 이미지를 심기 위해 엄청난 돈을 뿌려대면서 성공적인 홍보를 해왔다.

2005년 5월 일본 경제산업성은 도요타 자동차, 마쓰시타 전기 등 주요 기업들과 공동으로 일본의 전통문화를 살린 새로운 국가 브랜드 '네오 재패네스크(Neo Japanesque, 새 일본양식)' 를 개발하기로 했다고 발표했다. 영국은 1997년 토니 블레어(Tony Blair) 총리 취임 이후 '쿨 브리타니아(Cool Britannia, 멋진 영국)' 라는 국가 이미지 전략을 추진했다. 뒤를 이어 '브랜드 뉴 브리튼(Brand-New Britain)' 이라는 새로운 전략으로 국가 이미지를 제고해야 한다는 주장도 나왔다. 영국은 올림픽이 열리는 2012년까지 '런던, 세계 문화 리더' 라는 깃발을 내걸고 국가 이미지 높이기에 열을 올렸으며 독일은 기술강국 이미지에 창조성을 더한 '아이디어 국가(Land of Idea)' 를 내걸었다.[20]

한국은 김대중 정부 시절인 2001년 12월 22일 대통령이 주재한 '월드컵 · 아시아대회 준비상황 합동보고회' 에서 국가 브랜드로 '다이내믹 코리아(Dynamic Korea, 역동 한국)' 를 선정했다. 다이내믹 코리아는 원래 월드컵조직위원회가 공식 구호로 채택한 것인데 2001년 12월 KBS의 '한국의 슬로건' 국민 여론조사 이후 축구 외에 사회 일반에 적용됐다. 이 여론조사에서 나타난 슬로건별 지지율은 다이내믹 코리아 24.6퍼센트, 판타스틱 코리아 24.5퍼센트, 평화롭고 안전한 코리아 21.4퍼센트, 한국을 경험하자 17.3퍼센트, 아시아의 허브 12.2퍼센트 등이었다. 김대중 정부는 대통령이 직접 주재한 2002 월드컵 · 아시아대회 준

비상황 합동보고회에서 이 결과를 정부의 공식 정책 기조로 결정했고 2002년부터 공격적으로 '다이내믹 코리아'를 국정 운영의 기조로 삼은 것이다.[21]

김대중 정부는 2002년 7월 국가이미지위원회를 출범시켰고 2003년 '국가 이미지 종합대책'을 추진했다. 그러나 한국의 국가 브랜드 활동은 미미할 뿐만 아니라 국가 브랜드에 대한 인식 자체가 돼 있질 않아 정권이나 정치권 할 것 없이 엉뚱한 사건들을 크게 터뜨려 국가 이미지를 하루아침에 망쳐놓기도 했다.[22]

'문제는 문화야, 이 바보야'

2008년 4월 현대경제연구원은 「소득 2만 달러 시대, 한국의 국가 브랜드 현황」 보고서에서 2006년 기준 한국의 국가 브랜드 가치는 5043억 달러(약 500조 원)로, 일본(3조 2259억 달러)의 6분의 1, 미국(13조 95억 달러)의 26분의 1 수준이라고 분석했다. 같은 해 한국의 국내총생산(GDP)은 일본의 5분의 1, 미국의 14분의 1 수준이었다. 즉, 국제사회에 비치는 매력, 이미지 등을 뜻하는 한국의 브랜드 가치가 경제 실력에 못 미친다는 것이다.

현대경제연구원은 또 다국적 브랜드 평가기관인 안홀트GMI의 「2007년 국가 브랜드 보고서」를 인용, 2007년 한국의 국가 브랜드 가치 순위는 38개 조사 대상국 중 32위라고 밝혔다. 2005년 25위(전체 35개국)에서 7계단 내려간 것이다. 안홀트GMI는 전 세계 2만 5000명을 대상으로 다른 나라의 정부 · 문화 · 관광 · 기업 · 이민 · 국민성 이미지를 설문조사해 국가 브랜드 순위를 매긴다.

현대경제연구원은 "국제 국가 브랜드 평가기관은 정부 · 문화 · 관광 · 기업 · 국민성 · 이민 등 6대 항목을 가지고 각국의 국가 브랜드를 평가하고 있다"며 "우리나라는 '다이내믹 코리아'라는 외형 홍보에만 치우친 나머지 주요 평가 부분에 대한 대응이 미흡하다"고 지적했다. 국가 브랜드를 높이기 위한 제안도 뒤따랐다. 정책의 효율성을 높이기 위한 국가마케팅 통합센터 설치, 글로벌 기업 브랜드의 후광 효과 이용, 관광문화산업의 경쟁력 강화 등이 제시됐다.[23]

때마침 불어닥친 한류 열풍은 국가 브랜드 가치를 높일 수 있는 최상의 기회로 여겨졌다. 2008년 5월 신승일 한류전략연구소장은 "문화강국을 위한 국가 브랜드는 전통문화를 위시한 한국적 콘텐트를 지렛대로 삼아야 한다. 다행히 한류가 문화강국으로 가는 물꼬를 텄다. 지난 10년간 한류가 세계 곳곳에 '문화 고속도로'를 구축한 결과 한국은 한류를 통해 광범위하게 국가 브랜드를 높이고 국가 이미지를 구축할 절호의 기회를 맞이했다"며 다음과 같이 말했다.

"대중문화에서부터 시작된 한류는 e-스포츠, 애니메이션, 만화, 캐릭터, 비보이, 〈난타〉 · 〈점프〉와 같은 비언어극, 디지털 한류, 소프트 투어리즘 등 다양한 신한류의 꽃을 피우면서 세계 곳곳에서 문화발신국으로서 국가 브랜드 가치를 높이고 있다. 신한류를 육성하고 지원하는 것은 국가 브랜드를 높이고 21세기 문화전쟁의 시대에 대비한 신성장동력을 확보하며 소프트 파워 문화강국을 만드는 빠른 길이다. 국가 브랜드가 경제 규모에 걸맞은 세계 13위가 되면 한국의 브랜드 가치는 대략 1조 달러 상승한다. 관광객이 몰려오고 한국 제품은 세계 시장에서 '코리아 프리미엄'을 얻게 될 것이다. 전 지구적 '문화의 시대'에 국가 브랜드 강화는 선진국으로 가기 위해 반드시 필요하다. '문제는 경제야, 이 바보야' 라는 슬로건으로 대통령에 당선됐던 클린턴이 이 시대 한국을 보면 '문제는 문화야, 이 바보야' 라고 하지 않을까."[24]

'코리아 브랜드' 가치 세계 32위

2008년 8월 15일 광복절 기념식사에서 이명박 대통령이 '국가브랜드위원회' 를 설치하겠다고 발표했다. 이와 관련, 이희진 연세대 교수는 "국가 브랜드 가치와 국격을 높이기 위해서는 무엇을 해야 할까? 우리는 이미 좋은 출발을 하고 있다. 우리 젊은이들이 베이징 올림픽에서 7위라는 성적을 올리며 코리아라는 상표를 널리 알렸다. 이제는 스포츠처럼 양지에서 우리를 내세우는 방식이 아니라 음지에서 묵묵히 할 일을 하면서 국가 브랜드 질의 깊이를 더하는 방법을 찾을 때다. 화려한 텔레비전 광고가 아니라 신문 사회면의 1단 기사를 통해서 은근하게 우리를 높일 방법을 찾을 때인 것이다"라며 다음과 같이 말했다.

"이는 무엇보다도 개발도상국을 위한 공적개발원조(ODA)를 늘림으로써 이룰 수 있다. 한국은 세계 12~13위권의 경제력과 올림픽 7위를 달성한 큰 나라로서, 그에 걸맞게 세계공동체에 기여를 해야 한다. 2006년 OECD 국가들의 국민총소득(GNI) 대비 공적개발원조 총액 비율의 평균이 0.31퍼센트인 데 비해 한국은 0.05퍼센트로 6분의 1 수준이었다. 총 29개국 중 최하위다. 1인당 공적개발원조 지출도 국제사회 평균인 118달러의 13분의 1인 9달러에 불과하다. 그렇다고 국가 브랜드 또는 국익을 위해 공적개발원조를 늘려야 한다는 생각은 근시안적이다. 공적

개발원조의 이념은 개도국이 발전의 길을 가도록 돕는 것이다. 반세기라는 짧은 기간에 원조를 바탕으로 경제 · 정치 발전을 이룬 나라는 우리밖에 없다. 세계에서 유일무이한 이 성공 경험은 다른 어떤 선진국의 기여보다 후발 개도국의 발전 목표에 실질적 지침을 줄 수 있다. 이를 통해 우리는 세계로부터 받은 원조라는 빚을 갚는 것이다. 세계공동체에 대한 의무이자 우리가 자부심을 가져야 할 능력이고 자격이다. 개도국의 발전을 돕고 세계평화에 기여한다는 정신으로 공적개발원조를 집행할 때 개도국을 포함한 세계는 신뢰와 존중을 보일 것이다. 이것이 바로 대한민국의 국격과 국가 브랜드 가치의 향상이다. 단기적 이익을 좇는 것이 아니라 장기적이고, 공여국과 수원국이 공히 혜택을 누리는 호혜적 이익을 추구하는 것이다."[25]

『중앙일보』 2008년 9월 2일자는 "한국은 세계 13위라는 경제 규모에 맞지 않게 국가 브랜드 가치가 최하위권이다. 국가 브랜드 평가기관인 안홀트GMI에 따르면 한국 국가 브랜드는 조사 대상 38개국 중 32위(2007년 4분기)다. 현대경제연구원이 2006년 국가 브랜드 자산가치를 평가한 결과도 별로 좋지 않다. 한국은 5043억 달러로 일본(3조 2259억 달러)과 미국(13조 95억 달러)에 비해 각각 6분의 1, 26분의 1에 불과하다"며 다음과 같이 말했다.

"세계 각국은 현재 '국가브랜드전쟁'이 한창이다. 덴마크는 국가 이미지를 높이기 위한 해외 텔레비전 광고를 만들기 위해 펀드까지 만들었다. 미국은 『월스트리트 저널』, 『포천』에 주기적으로 국가 홍보 광고를 싣는다. 한국의 국가 브랜드를 높이기 위해선 ①국가마케팅 통합센터를 만들어 체계적으로 관리하고 ② '어글리 코리안' 이미지를 줄이고 ③한식 · 한옥 · 한복 · 한글 등 '한(韓) 스타일' 사업을 한류 대표상품으로 키워야 한다는 게 전문가들의 조언이다. 무엇보다 개발도상국의 빈곤을 해결해주기 위한 공적개발원조액을 늘려야 한다는 지적이 높다."[26]

2008년 9월 한국시각정보디자인협회 회장 정병규는 "국가 브랜드는 브랜드인 이상 디자인이라는 필터를 거치지 않을 수 없다. 브랜드는 실체가 아니다. 오히려 느낌이다. 이 느낌을 바탕으로 해서 브랜드는 이야기를 만들고 사람을 움직인다. 디자인은 느낌을 만들어내는 최종적 단계를 떠맡는다. 한마디로 구슬이 서 말이라도 꿰어야 보배다. 디자인은 바로 이 꿰는 역할을 한다. 디자인의 언어는 느낌의 언어, 감성의 코드를 바탕으로 국가 이미지라는 구슬을 꿴다"며 다음과 같이 말했다.

"지금까지 우리 정부가 국가 브랜드를 위해 퍽 많은 노력을 기울인 건 사실이다. 그러나 구슬을 서 말 마련하는 데에만 치중한 인상을 지울 수가 없다. 구슬을 잘 꿰지는 못했다는 말이다. 따라서 디자인이 국가 이미지를 높이는 데 큰 몫을, 제 몫을 하지 못했다는 말이다. 이제 국가 브랜드의 디자인 전략은 문화적 코드를 바탕으로 해야 한다. 문화의 같음과 다름의 가치와 코드를 기반으로 해서 디자인이 설계돼야 한다."[27]

"한국 하면 생각나는 것은? 분단국, 김치, 삼성 순"

2008년 10월 한국화이자 대외협력부 전무 이진은 "우리나라가 하고 있는 '브랜딩' 슬로건들을 보자. 정부가 내놓은 다이내믹 코리아라는 말은 외국인들의 입장에서는 왜 다이내믹한 것인지 한번 더 생각해봐야 하는 개념이다. 서울시가 내놓은 대로 '하이, 서울(Hi, Seoul)' 이라고 하면 '그래서?' 라는 물음이 나온다. 브랜드 네임에 구체성이 없다. 만약 '클린 코리아(Clean Korea)' 라고 했다면 길이 깨끗하든 경제 환경이 투명하든 깨끗하다는 이미지가 느껴질 것이고, 서울을 '시티 오브 아키텍처(City of Architecture)' 같은 것으로 했다면 건물들이 볼거리겠구나, 하고 상상을 할 텐데 '하이' 로는 그런 상상을 할 수가 없다" 며 다음과 같이 말했다.

"국가 경쟁력 면에서 현재 우리나라는 세계 20위권 수준이다. 정부는 경쟁력 향상을 위해 각종 규제 완화, 노동 시장 유연화, 민영화와 감세 정책을 펼치고 있다. 문화 콘텐츠 강화도 주요 과제로 등장했다. 국가 브랜딩은 그런 모든 것들을 포괄하여 홍보하는, 국가 경쟁력 제고 활동에 영향을 미치는 가장 큰 '조력자' 다. 구슬이 서 말이어도 꿰어야 보배라고 하지 않는가. 우리에겐 글로벌 비즈니스맨들에게 한국을 알릴 수 있는 하나의 키워드가 필요하다. 이 키워드, 이 브랜드 네임은 우리나라의 현재와 미래의 경제 환경과 연관돼 있어 가치를 창출해낼 수 있는 것이어야 한다. 사람인가, 경제인가, 문화인가, 기술인가? 글로벌 비즈니스맨들의 '일과 돈' 을 유혹할 하나의 대한민국 브랜드를 서둘러 찾아내야 할 때다."[28]

2008년 10월 세계적 마케팅 전문가인 잭 트라우트(Jack Trout)는 서울에 와서 "한국은 (국가 브랜드에 대한) 명확한 포지셔닝이 없다" 고 꼬집었다. 한국관광공사가 내세운 '코리아 스파클링(Korea Sparkling)' 이라는 슬로건은 무슨 뜻인지 알기 어렵고 이웃한 일본 · 중국과의 차별화에 실패했다는 평가였다.

이와 관련, 『동아일보』 2008년 11월 15일자 사설은 "실제로 '스파클링' 이란 단어 때문에 한국을 '광천수의 나라' 로 상상하는 외국인도 있을 정도다. 이에 앞서 정부가 내걸었던 '다이내믹 코리아' 도 외국인에게 '흔들림, 불안정' 같은 이미지를 심었다. 거액을 주고 발굴했다는 대체 슬로건이 '코리아 스파클링' 이지만 이 또한 실패작 같다" 며 다음과 같이 말했다.

"공급자 위주의 해외 홍보 전략에 대한 철저한 반성과 근본적 해법이 필요한 대목이다. 이명박 대통령은 광복절 경축사에서 '임기 중 국가 브랜드 가치를 선진국 수준으로 올려놓겠다' 고 다짐했다. 이를 위해 일할 국가브랜드위원회도 2009년 1월 출범을 앞두고 있다. 그런 위원회가 있어야만 국가 브랜드 가치를 높일 수 있느냐는 논란은 접어두더라도, 좀 더 세련된 전략을 보고 싶다. 조잡한 해외 홍보물부터 손볼 필요가 있다." [29]

2008년 11월 미국 워싱턴에 있는 국가 브랜드 평가 자문 회사인 '이스트웨스트 커뮤니케이션스' 의 토머스 크롬웰(Thomas Cromwell) 사장은 "지구상 모든 나라는 사람들의 마음속에 어떤 정체성을 갖고 있는 하나의 브랜드라 할 수 있습니다. 한 나라의 브랜드 이미지는 특이한 여러 요소의 결합으로 이루어집니다. 역사 · 문화 · 제품 · 서비스 · 대내외 정책 · 행사 · 법의 지배 · 부패 정도 등 모든 것이 국가의 이미지에 영향을 미칩니다" 라면서 다음과 같이 말했다.

"국가 이미지를 적극적으로 관리하는 과정으로 '국가 브랜드 키우기' 는 비교적 새로운 업무 영역입니다. 전통적으로 국가들은 좋은 국제적 이미지를 형성하기 위해 올림픽 경기를 유치하는 등 여러 정책을 써왔습니다. 그러나 이것은 충분하지 않습니다. 모든 국가는 국제적 무대에서 매우 긍정적이며 인상 깊은 이미지를 수립하고 해외 투자자와 관광객을 유치하며 대외 수출을 늘리려는 목표를 갖고 있습니다. 대다수 국가는 관광, 투자, 무역 촉진 등의 부문에 노력을 기울여왔습니다. 하지만 국가 브랜드 구축 사업이란 모든 주요 영역을 아우르는 '메타브랜드(Metabrand, Umbrella brand)' 를 창조하는 것입니다. 메타브랜드란 다양한 영역이 서로 독립적으로 움직이는 것이 아니라 나라의 전체적인 움직임 속에서 국가 이미지를 세우자는 것입니다. 훌륭한 국가 브랜드 전략이란 정부, 기업, 국제비정부기구(NGO) 등 한 나라의 모든 핵심적 분야가 힘을 합쳐 브랜드를 형성하고 촉진하는 것을 의미합니다."[30]

2008년 11월 한국이미지커뮤니케이션연구원(이사장 최정화)에 따르면 한국에 체류 중이거나 방문한 경험이 있는 외국인 오피니언 리더 117명을 대상으로 조사한 결과 "한국 하면 제일 먼저 떠오르는 것은 무엇인가"라는 질문에 가장 많은 46명(39.3%)이 '분단국(a divided country)' 이라고 응답했다. 분단국 다음으로는 김치(18.0%), 삼성(12.0%), 북핵(6.0%) 등이 뒤를 이었다. "한국을 가장 잘 알리고 있는 기관 · 단체 · 사람 · 사물은 무엇인가"라는 질문에는 응답자의 48.4퍼센트가 "삼성 · LG · 현대와 같은 기업"이라고 대답했다. "국가 브랜드 제고에 시너지 효과를 내기 위해 활용하면 효과적인 것은 무엇인가"라는 질문에 대해서도 "기업 브랜드를 활용해야 한다"는 대답이 53.9퍼센트로 가장 많았다. 외국인들이 꼽은 가장 선호하는 한국 제품은 텔레비전(41.9%), 휴대전화(18.0%), 음식(12.8%), 자동차(7.7%) 순으로 나타났다.[31]

국가브랜드위원회의 출범

2009년 1월 19일에 출범한 국가브랜드위원회 초대 위원장인 전 고려대 총장 어윤대는 "우리 위원회 역할 중 하나가 쉽게 말해 한국을 홍보하는 건데, 홍보에서 핵심은 실체가 있어야 효과가 있다는 겁니다. 1950년대 독일의 슬로건이 '엔지니어링 저먼(Engineering German)' 이었는데 아직도 독일 제품은 품질이 좋다는 인식이 강합니다. 우리도 휴대전화, 초박형 텔레비전 등 '테크놀로지' 를 내세울 수 있습니다. 개인적으로 이런 실체를 슬로건화할 수 있으면 도움이 되지 않을까 생각합니다" 라고 말했다.[32]

2009년 3월 17일 국가브랜드위원회는 이명박 대통령이 참석한 가운데 열린 1차 보고대회에서 한국의 경제 규모는 세계 13위지만 국가 브랜드 순위는 조사 대상 50개국 중 33위에 머물러 있다고 밝히면서 2013년 세계 15위권 진입을 목표로 제시했다. 이를 위해 '배려하고 사랑받는 대한민국' 이라는 비전 아래 국제사회 기여 확대, 매력적인 문화관광, 글로벌 시민의식 함양 등 5개 역점 분야와 10대 우선추진 과제를 선정했다.[33] 국가브랜드위원회는 국가 브랜드의 저평가 원인으로 ①북한과의 대치상황 ②국제사회 기여도 미흡 ③글로벌 시민의식 부족 ④거주 · 관광지 매력 부족 ⑤다문화 포용 및 외국인 배려 부족 ⑥국가의 낮은 대외 인지도 등을 꼽았다.

이 보고대회에서 이명박 대통령은 '국격 상승' 이란 특명을 내렸다. 이 대통령은 "경제적 위치에 걸맞은 국가 브랜드 가치를 갖고 있지 못해 문제" 라며 "1인당 국내총생산이 3만~4만 달러가 되더라도 다른 나라로부터 존경받지 못하는 국민 · 국가가 되지 않을까 두렵다" 고 말했다. 이 대통령은 "얼마나 브랜드 가치가 문제되면 이런 위원회까지 만들겠느냐" 면서 "그것이 금융위기를 극복하는 데도 도움이 된다" 고 했다.

이에 대해 『한국일보』는 "이른바 '코리아 디스카운트' 를 빨리 극복해야 한다는 것" 이라며 다음과 같이 말했다. "실제 한국 제품은 코리아 디스카운트 때문에 선진국의 비슷한 제품에 비해 30퍼센트 정도 싸게 팔리고 있다. 2009년 초 코트라(KOTRA) 조사에 따르면 한국산이 100달러일 때 미국산은 135.6달러, 독일산은 149.4달러, 일본산은 139.1달러인 것으로 나타났다. 낮은 국가 이미지에 따른 억울한 손실이 발생하는 것이다."[34]

『경향신문』은 "2008년 연말에 있었던 명분도, 실익도 없는 한나라당의 한미자유무역협정 비준동의안 날치기 상정은 '해머 국회' 라는 국제적 웃음거리를 만들었고 'MB식 법치주의' 는 우리 사회를 1960~1970년대의 공안통치 시절로 되돌려놓았다. 외국인들에게 우리가 어떻게 비쳐졌을지 짐작이 간다" 며 "이 대통령의 일방통행식 국정 운영이 계속되는 한 얼마나 실효를 거둘지는 의문이다. 올바른 처방은 제대로 된 진단에서 나온다. 이 대통령이 남의 얘기하듯 저평가 운운할 처지가 아닌 것 같다" 고 말했다.[35]

박태균 서울대 교수는 " '저평가' 라는 것 자체가 바로 한국의 국가 브랜드 그 자체를 보여주는 것은 아닐까? 실제로 '지나치게 저평가' 돼 있는 원인을 보면 그것이 '지나친' 것도 아니고 '저평가' 도 아닌, 한국을 있는 그대로 평가하고 있는 것임을 잘 보여준다. 조사 결과에 따르면 '북한과의 대치상황', '국제사회 기여 미흡', '정치 · 사회적 불안', '이민 · 관광지로서 매력 부족', 그리고 '해외 여행 시 낮은 글로벌 시민의식' 등이 그 요인으로 제시됐다. 모두 한국 사회의 조건을 객관적으로 보여주는 것으로 '저평가' 와는 관계가 없다" 며 다음과 같이 말했다.

"경제 순위를 국가 브랜드 순위와 비교한다면 저평가라고 결론을 내릴 수 있겠지만 국가 브랜드는 경제 순위만으로 결정되는 것이 아니다. 오히려 경제 규모에 비교하여 국가 브랜드 순위가 떨어진다는 사실이 한국 국가 브랜드의 현주소를 보여주는 것이다. 그렇다면 국가 브랜드 순위를 올리기 위해 제시한 과제들은 어떠한가? 첫째로 국제사회 기여도를 높여야 한다고 했는데, 이를 위해서는 우리 사회의 구성원들로 하여금 다른 나라를 도와주어야 한다는 필요성을 느끼게 해야 한다. 그런데 사회 안전망이 점점 더 후퇴하는 상황에서 어떻게 그러한 공감대가 형성되겠는가? 이 문제는 외국인에 대한 배려나 글로벌 시민의식의 함양과도 연결되는 문제다. 항산(恒産)이 있어야 항심(恒心)이 생기지 않겠는가?" [36]

서대원 현대로템 상임고문(전 헝가리 대사)은 "일부 해외 언론의 한국 경제에 대한 불신, 왜곡 보도 등으로 '코리아 디스카운트' 현상이 재연되는 것을 볼 때 이제 정부 차원에서 우리 경제력에 걸맞은 국가 브랜드 가치 확보를 위해 '국가마케팅' 에 본격 나서는 것은 시의적절하다고 본다" 면서도 기본 방향과 원칙을 확고히 하는 것이 중요하다고 역설했다.

"특히 정부가 책임지고 앞장서야 할 부분은 대한민국이 경제발전과 민주화를 달성한 모범 성공사례 국가로서 '국제사회에의 기여' 를 확대하는 부분이다.…… 우리는 '베푼다는 생각' 보다는 세계 10위권의 경제대국으로서, 또 국제사회의 책임 있는 구성원으로서 밀린 숙제를 한다는 겸손한 마음을 가져야 한다. 앞으로 10년 내지 20년 동안 꾸준히 정열을 쏟되, 조용히 봉사하는 자세로 하는 것이 중요하다는 것이다.…… 우리의 제도 · 관행 · 사고 면에서 '글로벌 스탠더드'를 확립하는 것이다. 우리의 시각과 사고를 개방하고 넓혀서 우리의 것을 소중히 여기되 남의 것도 마찬가지로 소중히 여기고, 우리 것만 홍보하고 보급하려 할 것이 아니라 동시에 남의 것도 받아들이고 인정해야 한다.…… 목표를 설정하고 성과를 점검하는 것은 필요하나 계량적이고 가시적인 성과에 치중하다 보면 본말이 전도될 우려가 있다. 결국 국가 브랜드라는 것이 나 스스로가 '좋아졌다, 올라갔다' 하고 주장할 수 있는 것이 아니라 남이, 그것도 외국 및 외국인이 스스로 인정할 때 자명해지지 않겠는가."[37]

"안에서 새는 쪽박은 밖에서도 샌다"

2009년 7월 2일 『국가 브랜딩(Nation Branding)』(2008)의 저자이며 미국 템플대 일본 캠퍼스 교수인 키스 디니(Keith Dinnie)는 『경향신문』 인터뷰에서 국가 브랜드 개선에 관한 외국 사례들을 다음과 같이 소개했다.

"영국의 경우 한동안 축구 관객들의 훌리거니즘(hooliganism)이 국가 이미지를 훼손시켰습니다. 외국 미디어가 이것을 크게 보도했기 때문에 국가 이미지가 나빠졌습니다. 그러나 영국은 해외 문화원을 통해 영어와 영국문화를 확산시키는 데 성공하고 있습니다. 중국의 경우 일본의 몇몇 대학에 '공자 연구원'을 설치했으나 별로 눈에 띄지 않습니다. 그러나 국가 이미지 개선 활동은 강화될 것입니다. 프랑스는 수년 전부터 '새로운 프랑스(The New France)'라는 기치를 내걸고 『파이낸셜 타임스』, 『닛케이』, 『한델스블라트』 등 다양한 외국 미디어에 광고를 싣고 있습니다. 옥외 광고판, 포털 사이트(www.thenewfrance.com) 등을 통해 '프랑스는 진지하다(France means business)' 라는 이미지를 전파하고 있습니다. 스페인의 경우 민간인이 정부·외교관들에 앞서 '브랜드 스페인(Brand Spain)' 을 확산시키고 있습니다."

디니는 한국의 국가 브랜드 향상을 위한 방법을 이렇게 제시했다. "번역된 책 해외에 보내기(book diplomacy), 음식이나 음악 등 알리기 같은 여러 방법이 있습니다. 특히 음식이나 음악은 사람이 즐기는 것이기 때문에 특이한 강점을 갖습니다. 태국은 여러 해 전부터 자국 음식을 인증하는 제도를 운영하고 있습니다. 말레이시아도 런던과 도쿄에 자국의 음식점을 운영하고 있습니다."[38]

2009년 7월 6일 『동아일보』가 60개 외국계 기업에 '한국이라고 들었을 때 5초 이내에 떠오르는 국가 이미지' 를 주관식으로 물어본 결과에 따르면 '분단현실과 불안한 정치' 라는 응답이 21퍼센트로 가장 많았고 '시위' 가 14퍼센트로 뒤를 이었다. 또 'IT강국' 과 '다혈질 국가' 가 각각 10퍼센트, '단결', '친절', '김치' 가 각각 7퍼센트였다. 'LED(발광다이오드)', '반도체', '휴대전화', '교육열', '일본을 지나치게 의식한다' 등의 대답도 1건씩 있었다. 박재항 제일기획 커뮤니케이션연구소장은 "정치와 시위는 미디어를 통한, IT강국과 다혈질 국가는 실제 비즈니스를 통해 체감한 국가 이미지"라며 "시위, 다혈질 국가 등 일부 부정적 이미지도 역동성을 강조하면 긍정적인 국가 이미지로 만들 수 있다"고 말했다.[39]

2009년 7월 15일 국가브랜드위원회 어윤대 위원장은 "'다이내믹 코리아' 가 데모를 연상하게 해 국가를 상징하는 구호가 필요하다"는 지적에 대해 "다이내믹 자체는 긍정적인 뜻인데 IT강국, 기술 이런 것을 담는 방안을 생각해야 할 것 같다”고 답했다. 그는 대안으로 ‘미러큘러스 코리아(Miraculous Korea)’를 제시했다. 그는 “한국관광공사가 ‘코리아 스파클링’이라고 해서 광고를 하는데 광천수를 떠올리게 하는 등 반응이 나쁘다”며 바뀌어야 한다는 입장을 밝혔다. 그는 이어 “외국에서 삼성 제품을 살 때 한국산으로 알고 사는 게 아니라 소니보다 비싼 일본 제품으로 알고 사는 경우가 많다”며 “코리아 디스카운트가 30퍼센트 정도 되는데 3퍼센트만 줄여도 삼성전자, LG전자, 포스코 등 3대 기업의 영업 이익과 같다”고 덧붙였다.[40]

2010년 1월 성영신 교수는 “국가 브랜드를 키우고 싶은가? 그렇다면 먼저 정치의 도덕성을 회복해 국가에 대한 국민의 신뢰부터 쌓아라”라고 주장했다.[41] 옳은 말이다. 결국 국가 홍보 전략으로서의 문화전쟁은 무엇보다도 신뢰를 회복하기 위한 자기 자신과의 싸움이 돼야 한다. ‘안에서 새는 쪽박은 밖에서도 샌다’는 말이 있다. 이게 국가 브랜드에도 적용될 수 있는 게 아닐까? 국내적으로 ‘소프트 파워’가 존중받지도 못하거니와 먹혀들지 않는 가운데 노골적인 ‘하드 파워’가 힘을 쓰는 사회에서 밖을 향한 ‘소프트 파워’ 전략이 제대로 작동할 리 만무하다. 역설 같지만, 한국의 국가 브랜드 전략은 밖이 아닌 안에서부터 시작해야 한다.

문화 다양성은 가능한가

11장

유네스코 문화다양성 협약의 정치학

유네스코 다양성 갈등의 역사

1946년 유엔의 산하기구로 탄생한 유네스코의 헌장 서문에 미국 대표이자 시인인 아치볼드 매클리시(Archibald MacLeish)는 "전쟁은 사람의 마음속에서부터 시작되기 때문에 평화를 위한 방어선이 구축돼야 할 곳은 바로 사람의 마음이다"라는 명문을 헌정했다.[1]

유네스코는 주로 사람의 마음과 관련된 문제들을 다루고자 했다. 1946년 7월 파리에서 44개국 대표가 참가한 가운데 제1차 유네스코 총회는 유네스코의 4대 긴급목표로 ①파괴된 문화 및 교육시설의 복구, ②문맹률 감소, ③교과서 개정, ④국가 간 정보유통 자유의 장애물 제거와 매스미디어 이용의 확장 등을 결의했다.[2]

그러나 미국이 유네스코 내에서 늘 매스미디어를 강조하는 것은 영국으로부터 반발을 불러일으켰다. 영국은 유네스코 사업 가운데 매스미디어가 교육을 희생으로 하여 지나치게 강조되고 있다고 비난했다.

영국의 시사평론지 『뉴 스테이츠먼 앤드 네이션(New Statesman and Nation)』 1946년 12월 28일자는 미국에 대한 불만을 이렇게 토로했다.

"파리 총회에 모인 대표들은 숭고한 이상과 박애적 목표에 가득 찬 사람들로 구성돼 있다. 이 세상의 어떠한 사람들도 이들보다 그 동기에 있어서 더 진지하거나 성실할 수는 없을 것이다. 그런데 왜 작은 나라들과 소위 저개발국가들은 미국이, 미국 국민이 향유하고 있는 문명의 혜택인 매스미디어를 전 세계에 확산시키겠다는 데 대해 불편하게 생각하는 것일까? 사상의 교통을 방해하는 모든 장벽을 무너뜨리고 상호이해를 돈독히 해야 할 이 시점에서 왜 그러는 것일까? 그건 바로 '사람의 마음 위에 건설되는 제국'을 두려워해서다. 물론 미국의 대표단은 제국 건설자들은 아니다. 그러나 그들의 뒤에는 수백만 피트에 이르는 깡통문화를 배급하는 할리우드의 영화사들과 '미국의 소리'라고 하는 특이한 음색으로 이야기하는 라디오와 '미국식 생활방식'에 관해 무진장 찍어내는 신문들이 버티고 있지 아니한가. 다른 작은 나라들은 미국의 그러한 문화공세에 그들 자신의 문화가 짓눌려 압사당하는 것을 목격해왔던 것이다."

미국은 유네스코가 2억 5000만 달러를 투자해 전 세계적 커뮤니케이션 시스템을 세워야 한다는 제안을 내놓았지만 이는 "미국이 유네스코를 이용하여 미국적 사상으로 전 세계를 공략하려고 한다"는 영국의 강력한 반발에 부딪혀 실행되지 못했다.[3] 그러나 유네스코 내에 매스커뮤니케이션 부서가 설치되고 이 부서 내에 국가 간 정보 자유유통을 담당하는 소부서가 또 설치돼 미국으로서는 소기의 성과를 충분히 거두었다.

이처럼 유네스코는 탄생 초기부터 미국의 주도권을 놓고 미국과 유럽이 다투는 날카로운 신경전의 무대가 됐다. 유네스코에 제3세계 가입국가가 늘면서 주요 갈등은 미국과 제3세계 사이에서 벌어졌다. 1960년대 말, 제3세계 국가들은 미국의 세계적인 정보 및 문화 지배에 대해 심각한 우려를 갖고 문제를 제기하기 시작했다.

1969년 캐나다 몬트리올에서 열린 한 유네스코심포지엄은 최초로 '문화적 프라이버시(cultural privacy)' 라는 개념을 내세워 "한 나라는 외부로부터의 문화적 침식을 방지하기 위해 그 고유문화를 보호하는 것이 필요하다"는 결의문을 채택했다. 제3세계 국가들의 뜻을 적잖이 반영한 이 심포지엄은 또한 국제적 모임으로서는 최초로 '뉴스의 쌍방유통' 과 '뉴스의 균형된 유통' 이라는 개념을 제시하고 그간 미국이 부르짖어온 '정보의 자유유통(free flow of information)' 은 실제로는 '일방유통(one-way flow)' 에 지나지 않는다는 견해를 밝혔다.[4] 국가 간 정보 · 문화 유통에 관한 논쟁은 1970년대 내내 유네스코를 중심으로 해서 이루어졌다.

1982년 7~8월 멕시코시티에서 126개국 대표들이 참석한 가운데 열린 유네스코의 '문화정책에 관한 세계회의(World Conference on Culture Policies)' 에선 '문화적 정체성(cultural identity)' 의 문제가 집중 논의됐다.[5] 이 회의는 "자기갱생(self-renewal)을 위해 문화적 정체성과 개인적 역량이 절대적으로 중요하다"는 것을 인정하는 동시에 "모든 문화는 그 나름대로의 정체성을 가져야 한다"는 것을 강조했다.[6]

미국은 문화적 정체성, 즉 다양성을 주장하는 제3세계의 목소리가 지배하는 유네스코에 대해 불만을 가졌으며 이러한 불만은 1983년 12월 28일 레이건 행정부가 1985년 1월 1일부로 유네스코를 탈퇴하겠다고 선언하는 것으로 나타났다.(유네스코 규칙은 회원국 탈퇴 시 1년 전에 통고할 것을 요구하고 있다.) 미 국무부는 "유네스코가 정치화됐고 자유 사회의 기본제도인 자유 시장과 자유 언론의 원칙에 적대감을 보여왔으며 지나친 예산 팽창을 하고 있다"며 유네스코 탈퇴에 대한 3가지 공식 이유를 들었다.[7]

2000년대의 문화다양성 보호 시도

미국은 20년 후인 2003년에야 유네스코에 복귀했다. 예전에 비해 많이 약화되긴 했지만 그렇다고 해서 문화적 다양성에 대한 유네스코의 집념이 완전히 죽은 것은 아니었다. 유네스코는 2001년 문화다양성 진흥을 표명한 '유네스코 문화다양성 선언문'을 채택했으며 그 선언의 실천적 규약을 담은 '문화 콘텐츠와 예술적 표현의 다양성 보호 협약(The Protection of Cultural Contents and Artistic Expressions)' 마련을 위해 활동하기 시작했다. 이는 1995년 세계무역기구(WTO)의 출범 이후 다자 간 투자협정이 문화와 같은 비무역적인 문제를 해결할 수 없다는 인식에서 출발했다.

2004년 3월 협약 초안 마련에 이어 같은 해 9월엔 초안 심의를 위한 1차 정부 간 전문가회의를 열었으며 2005년 2월 초 2차 정부 간 회의를 연 데 이어 5월엔 3차 정부 간 전문가회의를 개최했다. 이 협약은 이르면 2005년 10월에 열리는 제33차 유네스코 총회에서 채택될 예정이었지만 6조, 8조, 19조 등 일부 조항들을 놓고 국가들 간 대립이 나타났다.

당사국의 국내적 권리를 내용으로 하는 6조에 대해서는 EU와 캐나다 등의 국가군이 문화다양성 보호를 위한 규제 및 재정적 조치, 보조금 지급 등 당사국의 권리를 강화한 원안을 지지했으나 미국, 호주 등의 국가들은 이에 대한 수정 및 삭제를 내용으로 한 의견을 제기했다. 8조에선 대부분의 개도국들이 정부 간 위원회 제소 등 취약한 문화적 표현에 대한 당사국의 보호조치를 규정한 원안을 주장했으나 미국, 일본 등은 이 조항을 삭제하자고 주장했다.

가장 치열한 대립은 다양성 협약과 타 국제규범과의 관계를 규정하고 있어 협약 전체의 실효성 여부를 가릴 수 있는 핵심조항이라 할 만한 19조를 중심으로 이루어졌다. 약소국들이 지지하는 A안은 기존의 타 국제협약이 문화적 다양성을 심각하게 위협하는 경우에 한해 문화다양성협약이 기존 협약에서 파생되는 당사국 권리와 의무에 영향을 미칠 수 있음을 명시했다. 반면 강대국들이 지지하는 B안은 문화다양성협약의 어떤 조항도 기존의 국제협약에 따른 당사국의 권리나 의무에 영향을 미칠 수 없다고 규정했다. 선진국 대열에 있기는 하나 미국문화에 종속 위협을 느껴온 캐나다와 EU는 A안을 지지했다.

한국에서도 유네스코의 '문화다양성협약(Cultural Diversity Convention)'이 주목의 대상이 됐다.(이제 공식명칭은 '문화적 표현의 다양성 보호 및 증진에 관한 협약'이 되었다.) 언론은 이 협약이 채택되면 회원국(191개)들은 각종 다자 간, 양국 간 통상협정에서 문화상품을 예외로 할 수 있는 국제법적 근거를 얻게 되며, 특히 스크린쿼터와 같이 자국의 문화적 주체성을 지키기 위한 각종 문화지원제도들도 보장받을 수 있게 된다는 기대감을 나타냈다.[8]

그러나 한국에선 19조에 대해 산업별 이해관계가 엇갈렸다. 스크린쿼터제를 원하는 영화계는 A안을 지지했지만 수출 비중이 높은 게임업계는 B안을 지지했다. 2005년 2월 18일 열린 국회상임위원회(문광위)

에서 민주노동당 의원 천영세는 “우리 정부가 미국의 눈치를 살피며 A안 채택을 주저하고 있다”며 “세계 문화계의 폭넓은 지지를 받고 있는 A안을 채택해 문화다양성을 지켜내는 데 일조해야 한다”고 주장했다.

유네스코 한국위원회 사무총장 이삼열은 『서울신문』 2005년 3월 22일자 인터뷰에서 “생태적 다양성이 자연에 필수적이라면 인류에겐 문화다양성이 꼭 필요합니다. 문화란 한 사회와 집단의 성격을 나타내는 정신적 · 물질적 · 지적 · 감성적 특징의 총체니까요. 결국 문화다양성은 한 집단의 차원을 넘어 인류 공동의 유산이라고 할 수 있습니다”라고 말했다. 그는 “미국은 협약의 채택을 반대 또는 약화하려는 의견을 강력히 표명하고 있다”며 “2003년 유네스코에 재가입한 이유도 이 협약과 관련됐다고 보는 시각이 있다”고 말했다.[9]

2005년 4월 7일 영화배우 안성기는 문화다양성협약에 관한 국회 세미나에 참석한 뒤에 가진 인터뷰에서 A안의 채택을 역설했다. 그는 “미국은 전 세계 영화 시장의 85퍼센트, 방송 프로그램 수출 시장의 75퍼센트를 차지하고 있어요. 그럼에도 B안을 주장, 문화다양성협약을 무력화시켜 세계 시장을 통째로 장악하려고 해요. 우리 정부는 프랑스 · 캐나다와 뜻을 같이해야 합니다”라고 말했다. 그는 또 “한국의 스크린쿼터제도는 유네스코가 채택하려는 ‘문화다양성협약’과 관련해 모범 사례로 인정받고 있다”며 “독도는 일본, 스크린쿼터제도는 미국이 빼앗으려 하는데 독도와 달리 스크린쿼터제도는 줘도 된다고 생각하는 건 있을 수 없는 일”이라고 강조했다.[10]

한국은 '문화다양성협약'이 싫다?

한국 정부가 한류를 이유로 문화다양성협약에 대해 엉거주춤한 자세를 보인 게 흥미롭다. 다른 강대국의 문화 유입을 우려하던 과거와는 처지가 달라졌다는 것일까? 아니면 미국의 눈치를 본 것인가? 일부 문화단체들은 한국 정부가 유네스코의 문화다양성협약에 대한 분명한 태도를 밝히지 못하고 있는 것에 대해 '미국의 눈치 보기'라고 비판했다.

2005년 4월 한겨레 문화부장 임범은 "노무현 대통령은 지난 16일 '미국 사람보다 더 친미적인 사고방식 갖고 얘기하는 (한국) 사람이 내게는 제일 힘들다'고 말했다. 이 말은 동북아균형자론을 문제 삼는 이들을 두고 한 것이겠지만 문화단체가 외교통상부를 두고 하는 말과 크게 다르지 않다. 스크린쿼터를 두고 미국과 직접 다툴 때 '스크린쿼터를 내주고 다른 걸 받자'고 말하는 것은 친미적인 태도가 아닐 수도 있었다. 그러나 미국과 스크린쿼터를 두고 다툴 필요조차 없게 국제법을 만들자는 게 프랑스 쪽 주장인데 이걸 지지한다는 말조차 못하는 건 친미적이다"라고 말했다.[11]

2005년 9월 말 문화다양성협약을 제33차 정기총회(10월 3일 시작) 안건으로 상정하기 위해 열린 58개국 집행부 이사회 투표에서 55개국이 안건 상정에 찬성표를 던진 반면 미국만이 반대표를 던졌다. 호주와 코스타리카는 유보 입장을 보였다.

2005년 10월 4일 미국 국무장관 콘돌리자 라이스(Condoleezza Rice)는 유네스코 회원국 통상장관들에게 서한을 보내 협약에 반대하는 미국 입장에 동참해주도록 촉구했다. 라이스는 이 서한에서 "협약 초안이 통과되면 현존하는 무역협정상의 권리들이 훼손되고 세계무역기구 체제 아래서의 무역자유화 진전이 궤도를 벗어날 것"이라며 "이 협약은 자유무역과 표현의 자유에 반하는 세력에게 남용될 수 있고, 협약 채택을 서두르면 유네스코의 이미지가 훼손될 뿐 아니라 상호협조보다는 혼란과 갈등을 낳을 것"이라고 주장했다.[12]

2005년 10월 21일 문화다양성협약이 찬성 148표, 반대 2표, 기권 4표로 유네스코에서 통과됐다. 반대 2표는 미국과 이스라엘이었다. 이 협약은 자국의 특수한 상황과 필요성에 따라 문화적 표현의 다양성 보호와 증진을 목적으로 한 조치를 채택할 수 있도록 규정했다. 협약 20조는 "이 협약을 다른 어떤 조약에도 종속시키지 않으며 다른 조약의 해석·적용 시 이 협약의 관련 규정들을 고려한다"고 명시했다.

문화·음악·애니메이션·미술 등 문화예술계를 대표하는 29개 단체로 구성된 '세계문화를 위한 연대회의'는 이 협약이 "각국의 문화정책 수립의 자주권을 국제법"으로 보장하고 "문화상품과 서비스의 독특한 성격을 인정한 것"이며 "문화교류 과정에서 나타날 수 있는 분쟁의 해결 절차를 명시"하고 있다는 점에서 인류문화사의 신기원을 이룬 것이라고 환영 성명을 발표했다.

그러나 한국 정부는 투표에서는 찬성표를 던졌지만 투표 직후 투표에 대한 의견을 발표하는 자리에서 미국이 반대했던 20조가 "기타 국제협정의 권리와 의무에 영향을 주거나 변경·손상하는 식으로 해석돼서는 안 된다"는 성명서를 발표해 미국의 견해를 지지하는 어정쩡한 태도를 보였다.[13] 이런 어정쩡한 태도를 보인 나라는 한국 외에 일본, 뉴질랜드, 멕시코 등이었다.

이에 대해 주프랑스 대사 겸 유네스코 상주 대표 주철기는 "한류 열풍에서 입증되듯 한국은 영화, 드라마 등 문화상품을 성공적으로 개발해 수출하는 나라의 대열에 들어섰습니다. 문화다양성협약은 말 그대로 각국의 다양한 문화를 촉진하려는 국제질서지만, 혹 이 협약으로 각국이 문화 보호주의 성향을 나타내면서 우리나라의 한류 문화상품 수출에 제동을 걸 수도 있어 투표 후 발언으로 우리 입장을 분명히 밝힌 것입니다"라고 주장했다.[14]

한류를 수출산업의 연장선상에서 보는 건 비단 정부만은 아니었다. 공연예술 〈점프〉가 해외에서 맹활약을 하고 있는 것과 관련, 허승호는 2007년 2월 "한국 경제의 성장 모멘텀은 고부가 서비스 쪽으로 이동하고 있다. 하지만 2006년 문화오락서비스수지는 3억 1000만 달러 적자다"라고 말했다.[15] 이런 사회 분위기에 호응하듯 2007년 5월 CJ그룹의 엔터테인먼트 계열사인 엠넷미디어가 CJ뮤직과 합병을 결의함으로써 음악 및 연예 콘텐츠 생산부터 온·오프라인과 방송 채널까지 통합한 복합 엔터테인먼트 기업이 등장하게 됐다. 엠넷미디어 관계자는 "콘텐츠 생산부터 유통까지의 모든 단계를 통합해 시너지 효과를 극대화하기 위한 결정"이라며 "엔터테인먼트 시장의 개방에 대비하고 한류를 산업적으로 육성하기 위해서는 콘텐츠 생산부터 유통까지 가능한 대기업이 필요하다"고 주장했다.[16]

한겨레도 문화다양성협약을 지지하는 자세를 보이긴 했지만 동시에 문화 국가·민족주의 성향도 드러냈다. 예컨대 『한겨레』 2005년 4월 18일자 사설 「닥쳐온 '문화전쟁', 정부 전략이 아쉽다」는 유네스코의 '문화다양성협약'과 관련, "문제는 코앞에 다가온 전 지구적 문화전쟁을 앞두고 우리 정부는 아무런 전략도 세우지 못하고 있다는 점이다"라고 주장했다.

비준을 거부한 한국 정부

문화다양성협약은 2006년 3월 30개국이 비준을 마침으로써 발효됐다. 2007년 3월 캐나다, 멕시코, 프랑스, 독일, 스웨덴, 인도는 물론 한국과 가까운 중국 등 54개국의 의회가 이 협약을 비준했다. 그러나 한국 정부는 협약 채택을 지지해놓고도 국회 비준 절차를 밟지 않아 비판을 받았다. 2007년 3월 18일 '세계문화를 위한 연대회의'는 한국 정부의 협약 비준을 촉구하는 결의문을 발표했다.

세계문화를 위한 연대회의는 결의문에서 "협약의 발효는 전 세계에 몰아치고 있는 신자유주의의 광풍이 문화를 일반상품과 동일한 기준으로 취급하거나 경제의 종속물로 만들려는 폭거에 맞서 문화다양성을 지키기 위한 노력의 결실"이며 "스크린쿼터를 원상회복하기 위해 투쟁하는 한국의 영화인들과 방송 시장 개방에 맞서 투쟁하는 언론방송인들, 기초예술을 지키기 위해 투쟁하는 예술인들에게 커다란 응원군"이라고 주장했다.[17]

2007년 9월 스페인에서는 문화다양성협약에 따라 각국의 문화다양성 단체들이 모여 '국제문화다양성연맹(IFCCD)'을 결성했지만 한국은 여전히 비준 절차를 밟지 않았다. 이에 한신대 이해영 교수는 "항간에 들리는 말로는 혹여 한미자유무역협정에 누가 될까 하는 우려, 곧 문화다양성협약이 만에 하나 한미자유무역협정과 상충하면 어쩌나 하는 그런 기우 때문이라는 것이다. 입만 열면 한류요, 문화 콘텐츠를 외쳐대지만 실제로 중요한 문화 인프라이자 동시에 문화 분야에 있어 국제적 약속이기도 한 문화다양성협약에 이다지도 무심한 정부, 다시 한번 조속한 협약 비준을 촉구한다"고 했다.

2007년 10월 세계문화를 위한 연대회의 집행위원장 양기환은 정부가 일부 조항을 유보하려는 것에 대해 "이미 비준을 완료한 69개국 중 2개 이상의 조항을 유보한 유일한 국가로서 국제사회의 조롱의 대상이 될 것이다"라고 했고, 국회 비준 없이 대통령 비준만으로 처리하려는 움직임을 보이는 것에 대해선 "'내가 옳으니 국민은 따라오라'는 노무현 정권 특유의 독선과 오만방자함이 그대로 묻어난다"고 비판했다.[18]

문화다양성협약 조항 중 '국가적 차원의 당사국 권리'에 관한 6조, '문화적 표현 보호를 위한 조치'에 관한 8조, '시민사회의 참여'를 확언하는 11조, '다른 협약과의 관계 상호 지원성 · 보완성 · 비종속성'을 지키는 20조, 당사국 사이의 분쟁 해결에 관한 절차를 정리한 25조가 논란이 됐다. 이 중에서도 특히 20조와 25조는 당시 진행 중이던 한미자유무역협정에 정면으로 배치될 수 있는 소지가 있었다. 즉, 한미자유무역협정을 포함한 통상조약을 체결할 때 자국의 문화를 보호하려는 목적의 문화다양성협약을 고려해야 하기 때문이다. 당시 노무현 정부는 20조를 유보하고 25조를 승인하지 않겠다고 입장을 밝혔으며, 심지어 2007년 17대 국회에서 외교통상부 주도로 20조와 25조를 유보한 채 국회 비준이 아닌 대통령 의결로 처리하려 했다. 하지만 문화예술계의 강력한 반발로 결국 유보됐다.[19]

세계화의 '다양성 죽이기'

문화다양성은 유럽 내부에서도 뜨거운 논란의 대상이 됐다. 2008년 5월 유럽의회(EP)에선 세계화의 결과 유럽에 불어닥치고 있는 미디어 환경의 변화가 민주주의를 해칠 수 있다는 우려가 제기됐다. 유럽 미디어는 1980년대 등록제가 폐지되면서 상업 방송 등 새로운 미디어가 우후죽순처럼 생겼다. 그러나 수익 극대화 등을 이유로 인수·합병(M&A)이 이루어지며 소수의 언론 재벌을 중심으로 재편됐다. 소수 재벌이 다수의 미디어를 지배하면서 획일적인 시각을 제공하고 감원은 물론 공통의 소스를 사용하는 등 질의 하락을 불렀다. 의회는 오락 중심의 상업 방송과 획일화된 언론이 민주주의의 다원성을 해치는 만큼 관련 입법이 시급하다고 지적했다.

유럽의회 문화위원회에서 표결에 부쳐질 「미디어 다원화를 보호하기 위한 보고서」의 초안을 만든 문화위원회 마리안 미코(Marianne Mikko) 의원은 "오늘날 수많은 거대 미디어들이 있지만 이것들이 퀄리티의 향상을 가져오는 것이 아니라 민주주의에 매우 위험하다"고 말했다. 미코 의원은 "미디어 산업의 첫 번째 관심사는 재정적 이익이지만 미디어는 이데올로기적이나 정치적으로 상당한 영향력을 가진 도구"라며 "경제적 관점과는 다르게 다루어져야 한다"고 강조했다. 그는 보고서에서 "언론 소유의 집중이 이탈리아, 독일, 네덜란드, 스웨덴 등에서 심해지고 있는데 이런 경향은 규제의 문제가 아니라 다원주의와 문화적 다양성을 위협하는 것"이라고 밝혔다. 다른 한 의원은 "다원주의 미디어 시스템은 민주주의의 지속적인 존재를 위한 필수불가결한 요소"라고 말했다.[20]

2008년 7월 22일 서울 프라자호텔에서 한국국제교류재단(이사장 임성준)이 주최한 '문화의 다양성과 유네스코' 포럼에 참석한 마쓰우라 고이치로(松浦晃一郎) 유네스코 사무총장은 "국제사회에서 문화적 다양성을 확대해 세계화로 인한 문제를 해결해야 합니다"라고 말했다. 그는

"세계는 빈부격차 확대, 종교 분쟁 등 문화다양성을 위협하는 도전에 직면하고 있다"며 "문화적 다양성을 위해 노력하지 않으면 문화 발전이 정체할 위험이 있다"고 경고했다. 그러면서 문화적으로 세계화를 관리할 필요가 있다고 주문했다. "세계화 혜택이 국가별로 불균등하지만 자체는 인류 역사의 진보"라며 "세계화의 문제점을 관리하면서 국가 간 대화와 교류로 인류가 공존할 수 있는 길을 모색해야 한다"는 것이다. 그는 "1978년 보고타 문화회담에서 문화교류의 개념이 확장됐다"며 "문화교류를 위해 국가뿐 아니라 비정부기구의 역할도 중요하다"고 말했다.

이와 함께 마쓰우라 사무총장은 "2001년 유네스코의 노력으로 유엔총회가 '문명 간 대화'를 선언했지만 같은 해에 9·11 사태가 일어나 아쉽다"며 "문명권 간 대립과 갈등이 심각한 보스니아·헤르체고비나에 끊어진 고대 다리를 건설하는 등 유네스코는 문명권 간 화해에 계속 주력하고 있다"고 소개했다. 그러면서 그는 "전 세계적으로 교육을 통한 상호이해를 도모하는 게 중요하다"고 강조했다.[21]

2008년 11월 16일 문화다양성협약의 세부 실행계획과 지침을 마련하는 회의(12월 15일)를 앞두고 프랑스 아비뇽에서 포럼이 개최됐다. 이 아비뇽 포럼에 참석한 양기환 스크린쿼터문화연대 사무처장은, 가장 주목해야 할 지점은 전자상거래 부분이라고 지적했다. 그는 "전 세계적인 망을 통해 일국의 문화만이 배급되고 유통됨으로써 문화가 표준화될 수 있다는 부작용"을 전제하면서 현재 미국 쪽에서 추진 중인 전자상거래의 개념을 그 핵심으로 들었다.

이와 관련, 김용언은 "전자상거래를 '인터넷 쇼핑몰에서 물건을 구입하는 것' 정도로 생각하면 오산이다. 인터넷은 장차 10년 내에 엄청나게 큰 규모의 새로운 시장으로 전면 개편될 것이다.…… 가장 먼저 선두를 치고 나온 미국의 경우 '전자적 수단에 의해 유통되고 저장되며 소비되는 모든 것들을 전부 전자상거래에 포함시켜야 한다' 고 주장하는 중이다. 최근 미국은 많은 나라와 자유무역협정을 체결하면서 전자상거래를 별도의 장으로 다루고 있다. 디지털 상품 등 전자 수단을 이용한 서비스의 공급과 관련하여 타국에게 관세장벽 철폐 등이 포함된 '내국민 대우, 최혜국 대우' 를 요구하려는 것이다"라며 다음과 같이 말했다.

"미국의 이 같은 속셈이 특히 한국 영화계에 두려운 까닭은 장차 닥쳐올 극장 환경의 변화를 상상해볼 때 명백해진다. 관계자들은 10년 내로, 할리우드의 개봉작 디지털 버전을 위성으로 쏘아올리면 전 세계에 퍼진 다른 극장이 그것을 받아 시차 없이 바로 상영하는 시스템이 자리 잡을 것이라 예측한다. 어떤 규제도 없이 이 시스템이 정착된다면 스크린쿼터는 더 이상 문제가 아닐지도 모른다. 전 세계적으로 자국의 영화산업은 할리우드 영화의 직격탄을 실시간으로 맞는 상황에 봉착하기 때문이다. '영화나 방송, 음악 등 시청각 서비스는 미국의 독점에 완전히 넘어가게 될지도 모른다. 우리는 아주 중요한 기로에 서 있다' 고 양기환 사무처장은 말했다."[22]

"생각은 세계적으로, 행동은 국지적으로"

2009년 11월에서야 한국 정부는 국회에 문화다양성협약 비준 동의안을 제출했고, 이는 2010년 2월 25일 국회 본회의에서 통과됐다. 2010년

3월 19일 외교통상부 관계자는 "다음 주에 문화다양성협약 비준서를 유네스코 본부 사무국에 보낼 예정"이라며 "이에 따라 이르면 6월부터 협약은 법적인 효력을 가지게 된다"고 밝혔다.

정부의 태도가 변한 것은 2009년 EU와 자유무역협정 협상을 진행하면서부터였다. EU 쪽에서 자유무역협정의 전제 조건으로 문화다양성 협약의 비준을 요구했던 것이다. 국회는 2010년 2월에 내놓은 「문화다양성협약 검토 보고서」를 통해 "협약의 국내 발효가 EU와의 자유무역 추진에 기여하는 점을 고려할 때, (협약에) 가입할 필요성이 인정된다"고 밝혔다.

문화다양성협약은 스크린쿼터를 낮추는 내용을 담은 한미자유무역협정안과 상충한다는 점이 관심을 모았지만 박덕영 연세대 교수는 "협약이 발효되면 스크린쿼터를 높이는 것이 기술적으로는 가능하지만 미국과의 재협상이 필요한 문제라 실현 가능성은 없다"고 말했다. 이해영 교수는 "문화다양성협약이 발효된다고 바로 영향을 미칠 것으로 보지는 않지만 앞으로 한국 영화나 방송상품이 시장에서 현저하게 위태로운 처지에 몰릴 때 협약이 이를 보호할 수 있는 근거가 될 것으로 본다"고 평가했다.[23]

2010년 4월 1일 프랑스 파리에 있는 주유네스코 한국대표부는 문화다양성협약 비준서를 이리나 보코바(Irina G. Bokova) 유네스코 사무총장 앞으로 기탁했다. 이에 따라 한국은 이 협약의 110번째 비준국으로 국내에서는 기탁일로부터 3개월 후인 7월 1일부터 발효되었다. 외교부 관계자는 "이번 비준이 국내 문화다양성 보호 및 증진에 관한 인지도를 높이고 정보 공유를 활성화해 장기적으로는 국내 소수문화 및 다문화 보호에도 기여할 것으로 기대된다"고 말했다.[24]

다양성은 늘 아름다운 말이지만 그 실천이 쉬운 것은 아니며 그늘이 없는 것도 아니다. 유네스코의 다양성 강조가 지나친 '문화 상대주의'로 흐를까 봐 염려하는 시각도 있다. 예컨대 이탈리아의 지식인 움베르토 에코(Umberto Eco)는 이미 1990년대에 "내 생각에 유네스코와 같은 기구는 해당 문화들이 서로 더 이상 이해할 수 없을 정도로까지 문화의 다양성을 조장해서도 안 되며, 마찬가지로 전 세계에 걸쳐 유효한 보편적 가치들을 역설하도록 주장해서도 안 된다. 중요한 것은 문화들을 서로 접촉하게 하는 것이다"라고 주장했다.[25] 그러나 상호접촉도 중요하지만 더욱 중요한 것은 균형된 접촉을 어떻게 할 수 있는가 하는 점일 것이다.

다양성의 내용도 문제다. 획일성과 다양성 문제에 대해 김영명은 "동양에는 서양과 동양이 공존하지만 서양에는 서양밖에 없지 않은가? 그런데 왜 사람들은 서양이 동양보다, 미국이 한국보다 더 다양하다고 할까?"라는 물음을 던졌다. 그의 답은 한국은 '문명 차원' 에선 다양하지만 '일상 차원' 에선 획일적이라는 것이다.[26]

문화다양성을 확보하기 위한 노력은 각 나라별로 처한 상황에 따라 대응할 수 있을 뿐 전 세계나 특정 지역을 하나의 단일체로 간주하는 일반론을 끌어내는 건 불가능하다고 보아야 할 것이다. 뉴욕의 리버데일에 있는 국제환경연구소의 표어인 "생각은 세계적으로, 행동은 국지적으로(Thinking globally, but acting locally)"라는 구호가 제3세계권에서 널리 제창됐던 것도 그런 맥락에서 이해할 수 있을 것이다.

어떤 종류의 대응을 하든 중요한 건 발전에 대한 정의를 다시 생각해보는 일일 것이다. 인도의 마하트마 간디(Mahatma Gandhi)는 "자기통제가 없는 한, 인간의 탐욕과 소유욕을 제한할 능력이 없는 한, 자유·

독립 · 자존은 있을 수 없다"고 주장했다. 같은 맥락에서 '발전 대안을 위한 국제 재단(IFDA, International Foundation for Development Alternatives)'은 1980년 "발전은 존재양식이지 소유양식이 아니다(To develop is to be, or to become, not to have)"라고 선언한 바 있다.

그러나 문제는 발전을 존재양식으로 재정립하고 자기통제를 미덕으로 삼기엔 이미 세계적으로 획일화된 소비문화의 유혹이 너무 강하다는 점일 게다. 또 미디어가 이 같은 소비문화의 통로로 사용되고 있으며, 이런 사용에 대한 수요가 폭발적인 만큼 '위에서 아래로' 인위적으로 통제하긴 어렵게 됐다. 그래서 지금 이 순간에도 전 세계의 수많은 나라에서 미디어와 문화를 둘러싼 치열한 갈등과 전쟁이 벌어지고 있는 것이다.

한류를 어떻게 볼 것인가

12장

한류 14년의 전개 과정 일지

WORLD CULTURE WARS

중국에서부터 시작된 한류

한류는 대중문화 종사자들뿐만 아니라 학자들도 바쁘게 만들었다. 2009년까지 총 250여 편의 학술논문이 발표될 정도로 학자들, 특히 신문방송학자들은 한류에 깊은 관심을 보였다.[1] 한류를 둘러싸고 지난 10여 년간 이루어진 토론과 논쟁은 꽤 복잡한 것처럼 보이지만 크게 보자면 거시적 시각, 중시적 시각, 미시적 시각 등 3가지로 구분할 수 있다. 대체적으로 보아 거시적 시각을 선호하는 진보주의자들은 한류를 자본주의와 그에 따른 소비대중문화의 발전 단계라고 하는 틀로 설명한다. 이는 타당하지만 거시적으로만 그럴 뿐이다. 한국 내부의 이모저모를 살펴보는 중시·미시적 시각에 의해 보완될 필요가 있다. 그간 한류에 관한 많은 논문과 저서가 출간됐지만 그 발전 단계를 역사적으로 살펴보는 연구는 거의 없었다. '역사적으로' 라는 표현이 너무 거창한 느낌이 든다면 '시간의 흐름 순서대로' 라고 해도 좋겠다. 시간의 흐름 순서대로 한류의 전개 과정과 한류에 관한 담론들을 살펴보면 한류의 전모를 이해하는 데에 큰 도움이 될 것이다.

한국 대중문화가 1997년부터 중국에 진출해 성공을 거두기 시작하면서 중국 언론은 '한류'라는 말을 쓰기 시작했다. 중국 월간 『당대』 편집부국장 홍칭보(洪淸波)에 따르면 "그때 〈사랑이 뭐길래〉라는 한국 텔레비전 드라마가 중국에서 선풍적 인기를 끌었다. 그 전까지 중국 시청자들은 유럽이나 미국, 홍콩이나 대만의 드라마를 많이 봤다. 〈사랑이 뭐길래〉가 대박을 터뜨리자 중국 시청자들은 마치 신대륙을 발견한 듯 한국 드라마에 빠져들었다. 1998년 한국 그룹 HOT가 중국 청소년들의 머리를 노랗게 물들였다. 1999년엔 베이징 도심 상업지구에 한국 상품을 전문적으로 파는 대형 쇼핑센터가 문을 열었다. 2003년엔 현대자동차 베이징 합작공장이 생산을 시작해 단숨에 유럽과 미국, 일본의 자동차 열강들과 어깨를 나란히 했다."[2]

가요에 국한하긴 했지만 신현준은 한류의 태동이 1997년 말에 한국을 강타한 이른바 'IMF 환란' 직후라는 것은 우연이 아니라고 주장한다. 경제위기로 구조적 침체에 빠진 한국 음악산업은 '디지털화'와 '아시아화'라는 전략을 취함으로써 한류를 생존의 자구책으로 삼았다는 것이다.[3] 드라마 등 다른 분야의 경우 'IMF 환란'이 미친 영향은 무엇인지 검토해볼 필요가 있겠다. 1997년부터 한류의 획기적 전환점이 된 2004년까지 일어났던 주요 한류 일지를 살펴보면 다음과 같다. ①1997년 중국 CCTV, MBC 〈사랑이 뭐길래〉 방영 ②1998년 중국 TV 방송, KBS 2TV 〈목욕탕집 남자들〉 방영 ③1998년 5월 5인조 그룹 HOT 앨범 중국에서 히트 ④1998년 5월 베트남 호치민TV, MBC 〈의가형제〉 방영, 7월에 재방영(장동건 신드롬) ⑤1999년 중국 TV방송, MBC

〈별은 내 가슴에〉 방영 ⑥1999년 3월 2인조 그룹 클론 한국과 타이완에서 앨범 동시 발매 ⑦1999년 4월 영화 〈쉬리〉 일본에서 125만 명 관람 ⑧2000년 2월 HOT 중국 베이징 공연 대성공 ⑨2001년 2월 타이완 TV방송, KBS 2TV 〈가을동화〉 방영 대성공 ⑩2001년 8월 탤런트 겸 가수 안재욱 타이완 공연 성공 ⑪2002년 1월 가수 보아 일본 가요계 데뷔 성공 ⑫2002년 중국 TV방송, KBS 2TV 〈겨울연가〉 방영 ⑬2003년 일본 NHK 지상파, 〈겨울연가〉 방영, 2004년 4월 〈겨울연가〉 재방영, 소설 『겨울연가』 일본에서 100만 부 판매 돌파 등이다.

'한류 뒤집어 보기'

"일본 미디어산업은 일본의 문화적 영향력이 역사적 · 정치적 · 경제적인 맥락이나 문화 상황에 따라 또 지역마다 크게 달라짐을 알게 됐다. 그리고 이를 통해 일본 미디어산업은 다른 아시아 나라나 지역이 능동적인 주체성을 가지고 일본과는 다른 방식으로 전 지구적 문화 왕래와 교섭하고 있음을 알게 되었다."[4]

일본 학자 이와부치 고이치(岩淵功一)가 1995년에서 1998년에 걸친 연구 끝에 2001년 2월에 출간한 『아시아를 잇는 대중문화』에서 내린 결론이다. 의미심장하다. 1972년에 설립된 일본재단(Japan Foundation)이라는 일본문화 수출 사령탑을 앞세워 아시아 지역에서 문화적으로 미국 행세를 하려 했던 일본의 전략에 근본적인 차질이 생겼다는 게 말이다. 일본은 한동안 아시아 지역에서 USA(US of Asia)라는 별명을 얻을 정도로 문화 수출에서 성공을 거두었지만 1990년대 후반부터 다른 양상이 나타나기 시작한 것이다. 이는 한국이 할 역할이 있다는 걸 말해주는 건 아니었을까?

민간 부문에서 먼저 시작된 한국의 문화 수출, 즉 한류에 대해 정부가 주목하기 시작한 것은 2000년대 들어서였다. 물론 김대중 정부는 1998년 출범부터 문화의 산업적 가치에 주목하여 문화산업 정책들을 활발히 추진해왔지만 한류를 '지속적이고 안정적인 경향을 보여주는 어떤 실체' 로 보기까진 시간이 좀 더 필요했다.[5]

당시 문화관광부 장관 김한길은 『대한매일신문』(2001년 7월 21일자) 인터뷰에서 한류는 "한국문화의 저력이 세계를 무대로 활발히 뻗어나갈 수 있는 가능성을 보여주는 것" 이며 "한류 열풍을 수출과 직결시키도록 지혜를 모아야 할 때" 라며 "우리 문화의 해외 진출을 적극 지원하겠다" 고 밝혔다. 또 그는 "이는 아시아 지역에서 일본과 미국의 문화가 차지하던 독점적 지위를 우리 문화가 서서히 무너뜨리면서 아시아인들의 문화적 유사성과 우리 문화에 대한 친근감을 바탕으로 반만년 역사 속에 농축된 한국문화의 저력이 세계를 무대로 활발히 뻗어나갈 수 있는 가능성을 보여주는 것이다" 라고 말했다.

김한길의 이런 발언에 대해 조한혜정은 "경제 이윤을 남길 수 있는 호기를 최대한 활용하자는 수출제일주의, 미국문화의 독점적 영역을 이제 우리가 점거하기 시작했다는 식의 제국주의적 근대화주의, 그리고 '반만년 역사' 를 거론하는 본질적 민족주의를 읽어낸다면 지나친 비약일까?" 라고 논평했다.[6] 결코 비약은 아니었다. 다만 일부 비판적 지식인들을 제외하곤 제국주의적 근대화주의와 본질적 민족주의는 한국인 대다수가 적극 포용한 것으로 이후 한류 담론의 주된 흐름이 됐다는 것은 분명한 사실이다.

홍사종은 『문화일보』 2001년 8월 31일자에 기고한 「한류 열풍 실체 있나」라는 제목의 글에서 "대중문화예술 시장에 관한 한 한국이 문화 주변부가 아닌 그야말로 동아시아권에서만은 중심부에 서 있다는 자긍심을 일깨워준다" 고 말했다.

반면 이동연은 『문화일보』 2001년 9월 8일자에 기고한 「한류, 정말 문화 맞니?」라는 제목의 칼럼에서 "작가들의 평균 월수입이 40만 원도 안되고 인구 12만 명당 도서관이 하나인 나라에서 한류를 '문화 국책' 으로 삼을 만큼 지금 문화관광부는 여유로울 수 있는가?" 라는 의문을 제기했다.

"한국의 대중음악 시스템이 개혁되지 않는 한, 문화민주주의를 실현하는 문화 행복지수가 높아지지 않는 한, 한류는 불행한 우리의 자화상으로 기억될 것이다. 한류는 지배적 문화 유행 형식이 생산해낸 또 하나의 오리엔탈리즘이고, 천박한 B급 문화자본의 파생물이며, 문화를 정치외교상의 교두보로 환원하고 문화적 콘텐츠를 화폐의 총량으로 환산하려는 산업적 국가주의의 산물이다. 오, 한류, 너 정말 문화 맞니?"

이런 견해에 대해 조한혜정은 " '한류 열풍' 현상은 우수한 문화의 저급한 문화로의 전파 현상으로 보기보다는 국경을 넘나드는 초국적 자본과 미디어의 이동, 그리고 사람의 이동으로 일어나는 복합적이고 역동적인 '초문화화' 현상의 일부이자 '권력 재편' 의 고정으로 파악될 현상이다" 라고 진단하면서 이렇게 말했다.

"그런 면에서 한류의 주인공인 문화상품이 B급의 천박한 상업주의 문화임을 그렇게 가슴 아파할 필요는 없을 것이다. 이런 우려를 하기 전에 우리는 현재 세계 시장을 제패하고 있는 미국식 상업주의 문화상품 역시 대부분 B급의 천박한 문화라는 점을 인식할 수 있는 여유를 가져야 한다. 자국의 상품에 대해서 지나치게 허용적이거나 지나치게 비판적인 '결벽성' 의 자를 들이대는 태도를 뒤집어 볼 수 있어야 한다는 말이다. 그러면서 문화상품의 생산과정과 유통망에 대해 생각하는 사유의 훈련이 필요하다."[7]

원용진은 『한겨레』 2001년 9월 26일자에 「한류 뒤집어 보기」라는 제목의 칼럼을 기고했다. 조한혜정의 해설에 따르면 "원용진은 20년 전에 서양 가수들이 오면 흥분하던 10대 팬클럽 청소년들을 매우 못마땅해하던 어른들이 이제 가수를 수출하는 입장에서는 '한류' 상품들이 어떤 내용들인지 뻔히 알면서도 팔아야 한다는 일념만 보이는 '아류 문화제국주의자' 가 되고 있다면서 한국 사회의 성찰성 부재 현상을 지적한다. 그러면서 그는 이 기회를 아시아권에서 서구나 미국의 문화를 막을 수 있는 문화적 블록 형성의 기회로 활용하고 싶어 한다."[8]

김현미는 『한겨레 21』(2001년 10월 30일)에 기고한 칼럼에서 한류 현상을 아시아 지역의 '욕망의 동시성' 이란 개념으로 분석했다. 한류는 한국 대중문화의 질적인 우수성이나 문화적 고유성 때문에 생겨난 것이라기보다는 급격한 산업자본주의적 발전을 겪은 아시아 사회 내부의 다양한 갈등들—성별 정체성이나 세대 간 의사소통의 불능성 등—을 가장 세속적인 자본주의적 물적 욕망으로 포장해내는 한국 대중문화의 '능력' 덕분에 생긴 것이라고 해석한 것이다.

조한혜정의 선구적 연구

한류에 대한 대중매체의 열띤 논의는 2001년 가을부터 서서히 사그라지기 시작했다. 이즈음 연세대 교수 조한혜정은 한류 연구를 위해 2001년 2월부터 10월까지 활자 매체에 발표된 글과 텔레비전에서 보도된 기사들을 모아 분석하는 작업에 착수했는데, 그는 당시의 심경에 대해 이렇게 말했다.

"IMF 통화 위기와 마찬가지로 급작스럽게 불어닥친 '한류 열풍' 소식을 접했을 때 한국의 문화 변동에 계속 관심을 가져온 나로서는 나 자신의 무지에 대해 상당히 당혹스러운 감정이 앞섰다. 그러고는 곧 연구에 들어갔다. 나는 한류 열풍 현상을 통해 서구 중심의 글로벌리즘만은 아닌 다른 글로벌리즘의 가능성을 찾아보고 싶었다. 아시아 지역에서 일고 있는 '탈경계적' 문화 생산과 유통 상황이 서구중심적 전지구화 국면에 새로운 대안을 내놓을 수 있을지 알고 싶었던 것이다."

"왜 한국문화가 인기를 끄는가?" 조한혜정은 초기 칼럼니스트들이 내놓은 답은 ①아시아 주민이 가진 공통적 감수성을 강조하는 것 ②미국이나 일본 선진국 대중문화의 폭력성과 선정성을 거론하는 논리 ③아시아 지역에 팽배한 반일 감정과 관련된 것 등이었다고 분류했다.[9]

한 달간 한류의 현장 탐사를 하고 온 프로듀서 서현철은 2002년 5월 31일 제34회 한국문화인류학회 전국대회에서 "우리의 댄스음악은 여전히 미국과 일본을 모방하지만 그런 과정에서 필연적으로 한국의 정서가 묻어날 수밖에 없다"면서 "우리 대중을 염두에 두고 국내 시장을 겨냥해서 만든 음악, 즉 한국 정서가 녹아 있는 한국어로 돼 있는 음악을 저들이 그렇게 좋아하는 것이다.…… 한류 열풍은 우리가 모르고 있었던 한국 대중문화의 힘을 확인시켜주었으며 자신감을 찾도록 해주었다"고 말했다.

이런 유형의 주장에 대해 조한혜정은 "한류가 뜬 것은 한국적 정서

때문이 아니라 '터보 자본주의화' 과정에서 화끈하게 몸을 맡김으로써, 다시 말해 '전통'이나 '한국적인 것'을 버림으로써 획득한 결과로 볼 수 있다"며 다음과 같이 말했다.

"오로지 경제 성장을 위해 과거는 없고 미래만 보고 달려가는 대중들을 위해, 대중들의 동의 아래 만들어진 내수용 상품이기에 그렇게 소비자가 많은 것이며 현재 중국이 역시 그렇게 '막 나가고' 있기에 중국의 젊은이들이 열광하는 것이라는 말이다.…… 댄스음악을 앞으로도 계속 경쟁력 있는 상품이 될 수 있게 하려면 그것이 춤과 리듬에 강한 한국인의 독특한 정서와 창의력이 만들어낸 것이라는 결론을 내리기보다 한국인이 춤과 리듬에 강하게 된 배경에 대해 좀 더 생각해보는 것이 도움이 될 것이다. 곧 현재 중국 청소년들을 열광케 하는 댄스음악은 한국의 압축적 근대화가 만들어낸, 열정적 춤으로 일상을 망각하고 싶은 욕망을 가진 대중들이 만든, 더욱 정확하게 말하면 그들로 하여금 망각의 대중이 되기를 '욕망'케 한 거대한 시스템의 작품이라는 점을 인식해야 할 것이다."

조한혜정은 연구의 결론 삼아 "전 지구의 총체적 위기 상황에서 대안적인 전 지구화 문화 국면은 어떻게 찾아낼 수 있을까? '종속적 모방'이 아닌 '전복적 모방'의 전략은 없는가?"라는 질문을 던지면서 다음과 같은 답을 제시했다.

"다행히 이 질문은 내(우리)가 처음으로 묻는 질문이 아니다. 데리다는 이 복합적인 전환기를 두고 '국가적 주권이 초국가적 자본주의 권력 집중에 저항할 수 있다는 점을 잊지 않으면서 국가적 주권 개념을 해체할 것'을 제안했다. '변방'에서 새 기류가 일고 있고 우리는 자본의 흐름, 과학기술의 흐름, 미디어의 흐름, 이미지의 흐름 속에 부유하고 있는 자신을 발견한다. 이 흐름을 사람과 사람의 흐름으로 파악할 수 있는 연구들이 나와야 할 때가 오지 않았는가?"[10]

일본의 '욘사마 신드롬'

이전의 한류가 주로 중국 중심이었다면 2004년부터의 한류는 적어도 언론보도상으론 일본에서의 '욘사마 신드롬'으로 수렴되는 것처럼 보였다. '욘사마'는 드라마 〈겨울연가〉의 주인공인 배용준을 가리키는 일본어의 극존칭이다. 일본 기자들은 '욘사마 신드롬', '욘사마 사회현상', '욘사마 종교', '욘사마 교주', '욘사마 병' 등 다양한 이름을 붙였다. 배용준에 대한 취재를 하기 위해 한국에 와 있는 일본 기자만 50여 명이었으며, 일본 스포츠신문이나 주간지들은 배용준의 기사 게재 여부에 따라서 최소 5~10만 부 이상의 판매부수 차이가 났다.[11]

2004년 4월 배용준의 방일은 일본 하네다 공항을 마비시켰다. 5월 일본 총리 고이즈미 준이치로의 2차 방북 날이 〈겨울연가〉 방영 날과 겹쳐 방북 특집 때문에 〈겨울연가〉 한 회를 결방한 NHK엔 3000건이 넘는 항의 전화가 쏟아졌다. 6월 19일 총리 고이즈미는 오카야마 시에서 열린 참의원 선거유세에서 배용준을 언급하면서 "욘사마를 본받아 준사마로 불릴 수 있도록 노력하겠다"고 말했다.

일본 시즈오카대 교수 고하리 스스무(小針進)는 "심지어 '한국에 이민 가고 싶다'는 50대 주부들이 나오고 있는 정도인데, 이것을 한국인들은 믿어주지 않는다"고 말한 적이 있는데 이젠 그걸 믿는 한국인들도 크게 늘게 됐다. 일본 연예지들은 '욘사마 신드롬'과 관련, "한국의 남성 배우들은 일본인에게 없는 러브파워를 갖고 있다"며 구체적으로 예의 바르면서도 여성을 즐겁게 하는 테크닉이 뛰어나다고 분석했다.[12]

2004년 9월 24일 드라마 〈겨울연가〉의 감독 윤석호는 관광의 날 기념식장에서 정부로부터 대통령상을 받았다. 〈겨울연가〉의 주 촬영 무대인 남이섬, 춘천, 용평 등에 해외 관광객 30여만 명을 유치해 4290여 억 원에 이르는 외화를 벌어들이게 한 공로를 인정받았기 때문이다.[13]

'현실 감각'과 '판타지'의 조화

2004년 가을 약 1억 명의 중국인들이 매일 밤 한국 드라마를 시청했으며, 한류 열풍은 아시아를 넘어 동유럽과 중동으로까지 확산됐다. 드라마 〈올인〉이 동유럽에, 〈겨울연가〉와 〈가을동화〉가 중동 지역에서 방영됐으며 〈겨울연가〉는 아프리카에도 수출됐다.[14]

2004년 9월 22일 무역협회 산하 무역연구소가 수출 기업을 대상으로 한 조사에선 응답자의 76퍼센트가 한류로부터 도움을 받았다고 대답했다. "직접적인 수출 증가에 도움이 됐다"가 10퍼센트, "국가 이미지 상승으로 간접적으로 도움이 됐다"가 66퍼센트였다. 그러나 중국에 진출한 한국 대기업들은 브랜드 중심의 마케팅 활동을 하고 있기 때문에 한류를 활용하지 않는다고 했다.[15] 그래도 한류의 덕을 보는 게 있지 왜 없겠는가. 서울대 교수 이준웅이 2003년 3월 베이징과 상하이에서 실시한 설문조사에 따르면 "전반적으로 한국 드라마 시청은 한국에 대한 태도, 한국 상품 이용, 그리고 한·중 간의 호감 형성에 긍정적인 영향을 미치는 것으로 확인되었다."[16]

국내에선 한류의 원인 분석이 활발하게 이루어졌다. 삼성경제연구소 수석연구원 고정민은 "중국은 저개발의 상태에 있고, 일본은 정적인 문화다. 한국은 역동성과 창의성이 있다. 문화산업에 적합한 민족성이다. 게다가 인터넷과 모바일 보급률 등 인프라도 뛰어나다"고 진단했다. SM엔터테인먼트 대표 김경욱은 외모자본의 경쟁력까지 꼽았다. "베이징과 도쿄보다 서울 거리에서 잘생긴 사람을 발견하기가 더 쉽다"는 것이다. 일본문화 전문가 김지룡도 "일본에서 성공한 연예인은 꼭 한국계라는 소문이 돈다. 실제 한국계인 스타가 많은 것도 사실이다. 재일교포들이 주류 사회에 편입하기 어렵기 때문이기도 하지만 한국인의 외모가 상대적으로 뛰어나기 때문이기도 하다"고 진단했다. 『한겨레 21』 기자 신윤동욱은 "일본의 소비자들은 보아가 한국 출신이라는 것과 아무로 나미에가 오키나와 출신이라는 것을 그다지 다르게 받아들이지 않는다. 애국주의적 관점을 벗어나 국제화할수록, 문화적 종다양성을 이루어나갈수록 한류의 지속 가능성은 커질 수 있다는 분석이다"라는 총평을 내렸다.[17]

윤석진은 상호 이질적인 '현실 감각'과 '판타지'가 조화를 이루게 하는 것이 한국산 드라마가 아시아 시장을 석권할 수 있는 이유라고 주장했다. 한류 열풍의 진정한 주역은 배우 자신이 아니라 그 배우가 연기한 등장인물의 '이미지'라는 것이다. 그는 한국산 드라마의 아시아 시장 장악력을 지속시키고 싶다면 동시대 정서를 반영한 현실 감각과 판타지로 무장한 등장인물, 그리고 그들이 엮어내는 이야기를 만들어야 한다고 말했다. 스타 마케팅이 아니라 현실 감각이 어우러진 판타지를 충족시켜줄 수 있는 캐릭터와 이야기를 고민해야 하는 이유가 바로 여기에 있다는 것이다.[18]

문화사회연구소장 이동연은 "공중파의 막강한 자본 능력이 경쟁력을 뒷받침하고 있고, SBS의 개국 이후 시청률 경쟁이 치열해져 한국 드라마의 수준이 높아졌다"고 진단했다. 수원대 교수 이문행은 실증적 연구를 통해 "아이러니하게도 그동안 부정적으로 지적돼왔던 지상파 방송사의 수직 통합 구조가 오히려 높은 제작비와 고급 인력을 필요로 하는 드라마 제작 환경 조성에 긍정적으로 작용해왔다"는 결론을 내렸다.[19] 사실 한류 이전 한국 신문들은 수시로 '지상파 독과점'의 문제와 과도한 오락중심주의를 지적하면서 '드라마 망국론'을 제기하곤 했는데, 한류는 오히려 그 덕을 보았던 셈이다.

백원담의 세계체제론적 분석

반면 성공회대 교수 백원담은 세계 체제 차원의 거시적인 분석과 평가를 시도했다. 백원담은 "중국과 베트남의 경우 사회주의 해체 이후 급속한 자본화 과정 속에서 문화적 정체성을 구성해가는 과도기적 대행을 한류가 수행하는 것이라면, 동남아의 경우는 할리우드의 스타 시스템이 한류라는 문화적 근접성에 의해 지분을 양보한 상황"이라고 주장했다.

"한류란 우리가 식민지, 분단, 파행적 자본의 세월을 견뎌 주변부에서 반주변부로 가까스로 수직이동, 중심부의 배제와 착취의 논리를 피눈물로 익히며 자본의 세계화라는 각축 속에서 겨우 따낸 상가입주권, 세계문화 시장이라는 쇼핑몰에 어렵사리 연 작은 점포, 혹은 방금 찍은 명함 한 장과 다름없는 것을 알 수 있다. 처음 점포를 열었으니 미숙하기 짝이 없는데다 한 푼이 아쉬워 행상 수준으로 들고 뛸 수밖에 없는 수준, 안타깝지만 그것이 우리 한류의 현주소다."

이어 백원담은 "최근 한류는 필리핀까지 확산되는 한편으로, 중국과 대만에서는 한류 스타들이 인기와 돈벌이에만 연연한다는 비판 속에 그 파고가 잦아들고 있는 추세"라면서 이렇게 말했다.

"한국과 동아시아의 21세기 문화적 관계망은 철저히 자본의 논리가 주도하고 있다. 한류란 이들 거대 문화자본이 기획·조직하는 문화산업 버전인 것이다. 그러나 거기에는 주변부적 비판성이 나름의 문화적 해석력과 창신력으로 생동, 그것이 문화의 세계화에 대한 강력한 방어기제로 현상하고 있음을 눈여겨보아야 한다. 식민지와 분단의 아픔이 한 세기를 넘는 그 억압과 긴장의 세월, 그것을 파행적 자본화의 그늘로 겪어내면서 우리는 어느새 현상 타파의 의지를 삶의 진작 방식으로 체화하게 됐고, 역사의 갈림길을 정면 돌파와 '기우뚱한 균형'의 관계성으로 열어가는 변방적 삶의 방법론을 획득하게 됐다. 그렇다면 작금에 동아시아를 관류하는 한류 또한 그 역동적 삶의 형질을 어떤 형태로든 내재하고 있을 것이다."[20]

'일본은 한국에 미쳤다'

2004년 11월 20일자 『조선일보』 칼럼 「지갑 열지 않는 한류 관광객」에서 조선일보 사회부 차장 김창우는 일본 관광객이 몰려드는 춘천의 열악한 관광 환경을 지적하면서 "인기 연예인들의 훤칠한 외모와 연기력, 그리고 잘 쓰고 잘 찍은 드라마 덕분에 그저 가만히 앉아서 맞이한

'황금의 찬스' 아닌가. 그런데 아이디어 부족과 바가지 상혼, 그리고 관광 환경 미비로 이를 제대로 살리지 못하는 것 같아 안타깝다"고 말했다.

대구 가톨릭대 교수 이정옥은 2004년 11월 22일자 『서울신문』에 기고한 「강한 자만이 남을 칭찬할 수 있다」는 제목의 칼럼에서 "일본이 올해의 언어로 '욘사마'를 정했다고 한다. 이 소식을 접하면서 기쁨보다 놀라움이 앞섰다.…… 일본 사회의 내적 자신감과 국경을 뛰어넘는 열린 마음에 대한 놀라움 때문이다"라고 말했다.

경향신문 논설위원 송충식은 『경향신문』 2004년 11월 23일자 「우리 안의 한류」라는 제목의 칼럼에서 "한류가 한국인의 무한한 가능성과 잠재력을 보여준 것은 분명하다. 그러나 이를 근거로 '문화선진국'에 대한 우월감에 젖는다거나 문화를 외화벌이나 국위선양 수단 정도로 인식하는 저급한 수준의 '한류'라면 문화제국주의라고 비판받는 할리우드류의 문화를 한류가 대신한 것과 다를 바 없을 것이다. 한류가 정체성 있는 문화 현상으로서 의미를 가지려면 우리 문화의 내적 성숙이 전제돼야 한다"고 말했다.

한림대 교수 김영명은 2004년 11월 23일자 『한국일보』에 기고한 「욘사마와 로바다야키」라는 제목의 칼럼에서 "분명한 것은 요란한 한류 열풍에 비해 조용하게 진행되는 일본풍의 침투가 더 장기적이고 효과적이라는 사실이다. 이는 떠들썩한 한국인과 조용히 잇속을 챙기는 일본인의 기질 차이를 반영하는지도 모른다. 정작 걱정이 되는 것은 한류 열풍이 단기간의 열정으로 끝날 수 있는 대중문화 '상품'에 대한 미혹인 반면, 일본문화의 침투는 우리의 일상생활에 깊숙이 침투하는 더 '문화'적인 현상이라는 점이다"라고 말했다.

2004년 11월 23일 미국 AP통신은 「일본은 한국에 미쳤다」는 제목의 기사에서 "현재 일본의 분위기는 한마디로 한국에 대한 찬미(adulation)"라면서 "일본인의 한국인에 대한 '감정적, 폭력적이고 믿을 수 없다'는 고정관념과 차별 행위에 비춰보면 깜짝 놀랄 만한 일"이라고 보도했다.[21]

2004년 11월 25일 일본 나리타 공항엔 7개월 만에 일본을 찾은 배용준을 반기느라 6000여 명의 여성 팬이 몰려들었다. 일본 민방은 나리타 공항 개항 이래 최대 인파가 몰린 이 진기한 장면을 생중계했다. 영국의 『더 타임스』 2004년 11월 26일자는 「일본인들이 오랜 적대국의 스타를 환영했다」라는 제목의 기사에서 "영국의 축구 스타 데이비드 베컴이나 미국의 영화배우 톰 크루즈가 왔을 때도 이 정도는 아니었다. 일본인들의 스타 사랑이 유별나지만 이런 히스테리 증상은 일찍이 없었으며 더욱이 그 주인공이 한국이란 사실은 놀랄 만하다"라고 보도했다.[22]

2004년 11월 26일 배용준의 화보집 사진전 기자회견에 앞서 밀려드는 인파로 인해 팬들의 안전사고가 발생했다. 10여 명이 넘어지고 깔리는 사고가 발생해 병원으로 실려 갔다. 27일 배용준의 사진전엔 7000여 명의 팬들이 몰려들었다.

"한국적 정, 일본인에 크게 어필"

2004년 11월 29일자 『경향신문』 칼럼 「일본 한류 붐 감상법」에서 도쿄특파원 박용채는 "(일본) 산업계에서는 욘사마에게 '순애(純愛) 시장'

을 선점당했다는 볼멘소리가 나온다. 일본 여성들이 욘사마에 환호하는 것은 〈겨울연가〉의 지고지순한 사랑, 부드러운 미소 때문인데 이런 틈새시장을 보지 못했다는 자아비판이다"라고 말했다. 박용채는 여기까지는 욘사마에 압도당하고 있는 일본의 엄살로 치부할 수 있지만 정작 궁금한 대목은 최근의 한류 붐으로 일본인이 그동안 갖고 있던 대한 감정이 변했느냐의 여부라며 이렇게 말했다.

"대답은 아직 '아니올시다' 쪽에 가깝다. 한국을 잘 아는 일본의 한 저널리스트는 '한류 붐으로 일본이 한국을 껴안고 있는 것처럼 여기지만 일본의 대한 인식이 바뀌었다고 보기는 어렵다' 고 말했다. 재일교포 영화감독인 최양일은 현재의 한류 붐을 한순간의 환상이라고 표현한다. 그는 '일본인의 기질을 감안하면 언제 어느 순간 갑자기 한류 배척운동이 일어난다 해도 전혀 이상하지 않다' 고 지적했다."

2004년 11월 29일자 『경향신문』 인터뷰에서 일본 여배우 구로다 후쿠미(黑田福美)는 "일본인들을 가장 사로잡는 한국적 가치는 정(情)이며 바로 일본도 '정을 그리워하는 사회' 에 접어들었기 때문에 '한류 열풍' 이 일어났다"고 분석했다. 일본인들도 자녀나 부부 간의 속정은 깊지만 겉으로 표현하지 않는 문화적 전통을 이어온데다 자녀들이 20세가 되면 대부분 부모와 따로 살기 때문에 직접적인 애정 표현이 듬뿍 녹아 있는 한국 드라마를 보고 충격을 받았다는 것이다. 구로다는 그러나 '개방 세대' 인 10~20대에게 〈겨울연가〉류의 드라마는 통하지 않고 있다고 말했다. 극의 진행 속도가 느린데다 빈부격차나 학력 차이로 부모가 결혼을 반대하는 내용이 많아 이해를 하지 못한다는 것이다.[23]

영화평론가 심영섭은 2004년 12월 6일자 『국민일보』에 기고한 「한류, 동아시아 문화의 활력」이라는 제목의 칼럼에서 "배용준은 유난히

'흔적 마케팅' 이 잘 먹힌다고 한다. 그가 거쳐간 장소 · 의자 · 벤치, 그가 닦았던 손수건 등등 그의 체취가 담긴 것이면 어떤 것이든지 불티나게 인기를 끈다는 것이다. 그의 흔적조차에라도 의미를 부여하는 일본 팬들의 모습에서 아폴론의 그림자라도 잡겠다고 신탁을 찾았던 고대인들의 심성이 어른거리는 것을 본다. 배용준은 일본의 중년 여성들에게 잃어버렸던 '순애보' 의 판타지를 대표하는 일종의 신, 사랑의 신인 셈이다" 라고 말했다.

이어 심영섭은 한류에 대한 국내의 담론은 크게 3가지로 정리할 수 있다며 ①한류 열풍을 이어받아 국가를 살리는 길은 시작도 끝도 자본이라는 경제적 논리, ② "한국적인 것이 세계적인 것이다" 라는 우익적 담론, ③한국 대중문화는 일종의 미국문화의 변종으로, 식민지적인 수출산업의 연장선상에서 한류 열풍을 파악해야 한다는 주장 등을 들었다. 그는 "지금 우리에게 진정 필요한 것은 진정한 한류 열풍의 실체에 접근하기 위한 객관적이고도 실증적인 고민" 이라고 말했다.

'한 · 일 아줌마의 취향' 차이

중앙일보 디지털 담당 부국장 김일은 2004년 12월 7일자 『중앙일보』의 「감성공화국, 코리아」라는 제목의 칼럼에서 " '욘플루엔자' (욘사마+인플루엔자)라고 불리는 일본 중년 주부들의 배용준에 대한 매료는 우리도 모르고 있던 감성 경쟁력이 우리 안에 있음을 깨닫게 한다" 며 다음과 같이 말했다.

"일본 여성들의 배용준 몰입은 그가 부드럽고 섬세한데다 애정 표현을 듬뿍 쏟아내는 로맨틱한 남성상이라는 데 있다고 한다. 그러면서도 일본 남성보다 강인해 보이는 한국의 신세대 남성에게 끌린다는 것이다. '나도 저런 사랑을 받고 싶다'는 열병이다. 우리 생각과 달리 일본은 한국 이상으로 가부장제가 강하다. 그리고 속정을 겉으로 표현하지 않는 전통도 있어 퇴근한 남편들은 대개 무표정하다. 일본인들의 표현은 한국인처럼 직설적이지도 않고 우회적이다. 특히 중년 일본 주부들은 고도 성장기에 직장 일에만 묻혀 산 남편과 무미건조한 가정생활을 해왔다고 한다.(이 점은 한국 중년 남성도 마찬가지!) 그 스트레스가 배용준과 〈겨울연가〉가 듬뿍듬뿍 쏟아내는 '감성'을 만나자 열광으로 나타난 것이다."

여성학자 민가영은 『조선일보』 2004년 12월 7일자에 기고한 「한국 남자는 정말 일본과 다른가」라는 제목의 칼럼에서 "요즘 일본 언론들은 일본 남성들이 욘사마 열풍 앞에서 충격과 분노, 일종의 '나라 망신살'을 동시에 감내하고 있다고 전한다. 동시에 '귀공자풍 미소를 남발하는' 배용준의 태도와 성형 의혹을 부추긴다. 자기 집 청소를 하고 있어야 할 여자들이 남의 나라까지 날아가 〈겨울연가〉의 무대인 남이섬에서 담배꽁초를 줍는다고 하니 열이 날 만도 하다"며 다음과 같이 말했다.

"분명한 건 권위와 무뚝뚝함의 '남성문화'를 걷어치우려는 여성들이 자신의 욕망을 공개적으로 표현하기 시작했다는 점이다. 이 대목에서 한국 남성에게 시집와 농사일과 집안일 등 이중삼중고에 시달리는 외국인 여성들이 떠오르는 건 왜일까. 그들의 '매매혼적' 결혼 이야기를 '미담'으로 다루는 한국의 국제결혼 담론은 어처구니없다. 욘사마 열풍에 불안해하는 일본 남성들과 다른 점이 있다면 한국 남성들은 그

불안을 '수입' 해온 외국인 여성들에게 투사한다는 것뿐이다."

일본 유학생 윤선해는 2004년 12월 8일자 『한겨레』에 기고한 「배용준이라는 커다란 '계기'」라는 제목의 칼럼에서 "그들에게 '뭐가 그렇게 좋으냐' 고 물으면 '배우가 멋지다, 드라마가 너무 재밌다' 고 하면서 그 밖의 이유를 설명하지 못한다. 그냥 좋단다. 한국 드라마 소재의 특징이라고 할 수 있는 인간의 기본적인 감정을 건드리는 부분이 많아서, 서로에게 피해를 끼치지 않으려고 주의하면서 '친절하게(?)' 살아가는 여기 일본인들의 잠자고 있던 감성을 자극하고 있는 것은 아닐까"라고 말했다.

명지대 사회교육원 교수 최송희는 2004년 12월 9일자 『스포츠조선』에 기고한 「한 · 일 아줌마의 취향」이라는 제목의 칼럼에서 '욘사마 신드롬' 이 도무지 이해가 안 된다고 말하는 건 "일본 남자들의 이기적인 행태와 무관심을 모르고 하는 소리"라고 주장했다. 자기밖에 모르는 남편과 살다 보니 일본 아줌마들의 눈에는 여자를 끔찍이 위하는 배용준이 정말 멋있어 보일 수밖에 없다는 것이다. 이어 최송희는 이렇게 말했다.

"이제 우리나라 사람들은 일본의 그 누군가가 한국에서 선풍을 일으켜도 곱지 않은 시선으로 보지는 않게 될 것이다. 배용준도 그랬으니까 말이다. 그런데 일본문화 수출 전략을 짜고 있는 그쪽 남자들은 우리 여성들이 왜 〈겨울연가〉의 배용준보다 〈파리의 연인〉의 박신양에 더 열광했는가를 알아야 할 것이다. 우리 여성들도 순수남을 좋아한다. 다만 무능한 순수남은 싫어한다. 박신양처럼 돈도 있고 갖출 거 다 갖추면서 나만을 사랑해주는 남자가 좋은 것이다. 이걸 모르고 일본 꽃미남들이 아무리 덤벼봤자 우리 여자들은 끄떡도 않는다."

소설가 권리는 2004년 12월 9일자 『한겨레』에 기고한 「'아줌마의 여자 선언' 욘사마 신드롬」이라는 제목의 칼럼에서 '오바타리언'(아주머니와 외계인의 합성어)이라는 호칭을 써가며 배용준의 팬들을 폄하하는 일부 일본인들의 눈엔 "욘사마를 보게 됐으니 죽어도 여한이 없어요!"라고 외치는 여성 팬들의 행동은 '광기'나 다름없지만, 그 누구도 욘사마 팬클럽 여성들을 욕할 자격은 없다고 말했다.

"앞서 죽어도 좋다고 말했던 여성의 외침은 '나는 어머니이고 할머니이기 전에 한 명의 여자다!'란 여자들의 절규에 가까운 것이었다. 이들은 한국 드라마의 지리멸렬한 기억상실과 혈연관계 집착증에 빠져 헐떡대는 단순한 고객이 아니다. 이미 드라마를 넘어, 가부장적 일본 가정에서 소외된 여성들 간의 연대를 만들어내지 않았는가. 그들은 욘사마 팬이 됐다는 사실을 핑계 삼아 이제 막 극적인 해방감을 느껴본 것뿐이다. 다행스럽게 앞치마를 입은 어머니들도 가정을 뛰쳐나와 저렇게 소리 지를 수 있다는 것은 이제 상식이 됐다. 그들의 상식에 귀 기울일 때가 온 것이다. 배용준 역시 광고에서 줄기차게 말하고 있지 않던가. '고객의 상식에서 배우겠습니다'라고."

'욘사마 경영학'

반면 경제학자와 경제 저널리스트들은 한류에 대해 경제적 실속의 관점에서 접근했다. 고려대 교수 이필상은 2004년 12월 8일자 『문화일보』에 기고한 「숨은 금맥, 문화산업을 캐자」라는 제목의 칼럼에서 '욘사마' 경제 효과가 3조 원 이상으로 추산된다며 "앞으로 한류를 더욱 확산시키고 문화상품을 유리한 조건으로 거래할 수 있는 유통구조 현대화 및 국제전문가 양성이 시급하다. 더불어 수익구조 투명성을 높이기 위한 유통문화의 혁신이 요구된다"고 말했다.

2004년 12월 8일자 『매일경제』에서 황형규 기자는 「'욘사마' 뒤엔 눈덩이 대일(對日) 적자」라는 기사를 통해 "'욘사마와 렉서스.' 최근 일본은 욘사마(배용준)에 열광하고, 한국은 렉서스에 열광한다.…… 일본 기술력의 상징처럼 여겨지는 도요타 자동차의 렉서스는 지난달 국내 수입차 시장 1위를 차지했다. 최근 진출한 혼다 역시 단숨에 3위에 오르는 기염을 토했다. 일본상품과 투자에 대한 막연한 거부감은 더 이상 찾아보기 어렵다.…… 지난달까지 연간 대일 무역 적자는 이미 220억 달러를 넘어선 것으로 추정된다. 2003년 190억 달러를 넘어 최대치다. 그러나 '대일 무역적자 사상 최대치'는 더 이상 뉴스조차 되지 못한다. 최근 몇 년째 반복되는 현상이기 때문이다"라고 보도했다.

『매일경제』는 2주 후에도 비슷한 우려를 내놓는다. 『매일경제』 2004년 12월 21일자 1면 기사 「욘사마 경영학: 실속은 일본이 더 챙겨」는 일본 "NHK는 지난 20일부터 아예 더빙을 하지 않은 무삭제판 〈겨울연가〉를 또다시 방영하고 있다. 같은 드라마를, 그것도 공영방송에서 4차례나 내보내는 것은 일본에서도 파격적인 마케팅이다"라고 지적하면서, 일본에선 수많은 파생상품이 쏟아지는 등 전방위적인 '욘사마 마케팅'이 엄청난 경제적 파급효과를 낳고 있다고 보도했다. 반면 한국은 NHK에 판권을 넘겨버려 수백억 원을 벌 기회를 날려버렸고 관광객이 늘어도 변변한 상품이 없어 오히려 일본 관광업계만 재미를 보고 있다며 "10년에 한 번 올까 말까 한 천재일우의 기회를 그냥 날려버리고 있다는 지적이 많다"는 것이다.

그러나 이 주장에 대해선 나중에 이런 반론이 나온다. 『시사저널』(2005년 1월 6일)에서 고재열 기자는 「'한류의 미래' 그것이 알고 싶다」라는 기사를 통해 한류로 돈을 번 쪽은 일본이라는 지적은 일면 맞는 부분이 있지만 간과하고 있는 측면이 있다며 다음과 같이 말했다.

"바로 최종 수혜자가 한국이 된다는 사실이다. 일단 일본이 돈을 벌었기 때문에 한류에 대한 역풍이 적었다. 특히 NHK를 비롯한 방송사와 스포츠신문 등 주류 미디어들이 한류를 통해 돈을 벌면서 역풍을 잠재웠다. 〈겨울연가〉와 욘사마의 성공 모형이 생기자 제2의 〈겨울연가〉, 제2의 욘사마를 발굴하기 위해 다른 한국 드라마와 한국 스타에도 관심을 많이 보이게 된 점이 의미가 크다."

이 기사는 일본 대중문화산업 종사자들이 〈겨울연가〉를 높이 평가하는 이유는 40~50대 틈새시장을 키워낸 건 물론 이 시장을 10~20대 주류 시장 못지않게 키웠다는 점이라고 말했다. 일본 음악산업문화진흥재단 전무이사 마사키 세키는 "일본 내에서 2005년의 한류 시장 규모는 지난해의 10배가 될 것이다. 40~50대 아줌마는 경제력을 가지고 있는 사람들이다. 10대 아이들의 코 묻은 돈과는 다르다"고 분석했다는 것이다.

대진대 교수 이상훈은 2004년 12월 13일자 『한겨레』에 쓴 「'한류'는 21세기 아방가르드」라는 제목의 글에서 "한류의 모태인 우리 대중문화는 사실 한국 전통에 기반하기보다 서구 현대문화의 한국판 시뮬레이션이라고 말하는 것이 더 적합하다"며 다음과 같이 말했다.

"이런 이유로 할리우드나 일본 대중문화의 아류라는 혹평을 받기도 하지만 한류에는 이런 아날로그문화의 한계를 뛰어넘는 주목할 만한 특징도 있다. 곧, 한류는 현대 대중예술의 여러 장르를 우리 식으로 시뮬레이션하여 21세기 사회 특징과 결합시키는 새로운 아방가르드 정신을 지니고 있는 것이다.…… 21세기를 맞아 유희적 멀티미디어문화의 반란 한가운데 한류가 자리 잡고 있다. 지리상의 발견이 근세를 열었다면 새천년을 맞아 여흥을 동반한 채 서서히 문화의 신대륙이 열리고 있고, 이를 향해 한류가 첫 뱃길을 열고 있는 것이다."

도쿄특파원 박중언은 2004년 12월 14일자 『한겨레』 칼럼 「'욘사마' 바보 같은 광란?」에서 일본의 남성 잡지는 배용준에 대한 일본 중년 여성들의 열광을 "바보 같은 광란"으로 묘사했지만 그 열광의 이면에는 그들이 맘껏 소리칠 수 있는 마당이 거의 없다는 현실이 눈에 띈다고 말했다. 그들은 고도성장에서 가장 소외된 계층으로 봐도 무방하다는 것이다.

"회사형 인간인 남성들이 직장 중심의 놀이문화를 즐기는 사이 이들은 가사와 육아를 전담해야 했다. 성장의 덕으로 젊은 층은 넘쳐나는 공연, 영화, 게임을 누리는 반면 문화소비층으로 인정받지 못한 이들은 눈높이에 맞는 텔레비전 드라마조차 찾기 어렵다.…… 이들이 받는 눈총의 상당 부분은 사실 매스컴에 돌려야 한다. 광고와 시청률을 노려 배 씨의 일본행을 밀착 생중계하는 등의 과잉 보도가 이들의 행동을 광란처럼 비치게 해 거부감을 자극하는 것이다. 배 씨 팬이나 이들에게 냉담한 사람들의 공통적인 불만은 엔간히 보도하라는 것이다. 여기에는 기자를 포함해 한국 언론도 예외가 아닐 성싶다."

50대의 한 일본 여성은 "욘사마는 일본의 대중문화를 지배하고 있는 미소년류가 모방할 수 없는 고전적인 신사다. 배용준에 필적할 수 있는 유일한 미국인은 로버트 레드퍼드지만 그는 한물갔다"고 말했다. 가톨릭대 교수 이명호는 『시사저널』(2004년 12월 23일)에 기고한 「욘사마 신드롬과 아줌마의 힘」이라는 제목의 칼럼에서 이 발언을 소개하면서 "일본 중년 여성들이 배용준에게서 발견하는 것은 여성을 배려할 줄 아는 신사다움이다. 그녀들은 여성의 욕구를 이해하고 그것을 존중할 줄 아는 남성상에 대한 갈증을 욘사마를 통해 풀고 있다"고 말했다.

김지하의 한류 예찬론

1970년대에 한국의 김지하 구명활동을 했던 일본 철학자 쓰루미 슌스케(鶴見俊輔)는 5년 전 일본을 방문한 김지하에게 "일본은 경제적으로 망해야 정신적으로 살아납니다. 그 전환의 열쇠가 한반도로부터 도래하는 새로운 문화와 사상일 것인데 이미 음식과 음악에서는 한국의 힘이 널리 퍼지고 있으며 문학에서도 재일한국인의 에너지에 결정적으로 의지하고 있습니다"라고 말했다. 김지하는 『조선일보』 2004년 12월 16일자에 기고한 「한류!」라는 제목의 칼럼에서 쓰루미의 말을 소개하면서 다음과 같이 주장했다.

"한류! '욘사마 열풍'은 결코 일회적인 것도 아니고 '이제 엔간히 해둬야 한다'는 따위의 비판을 가할 수 있는 들뜬 유행도 아닌 것이다. 한반도가 사상과 문화에서 참으로 제 목소리를 내기 시작할 때, 바로 그때가 도리어 일본 열도의 거대한 변혁의 시작이기 때문이다."

김지하는 『고대대학원신문』(2005년 4월 5일) 인터뷰에서도 "오늘 제가 류승범 주연의 〈주먹이 운다〉를 보면서 5번이나 울었습니다. 한이 많은 우리 민족이 흥을 발휘할 때 그것이 한류를 일으킨다고 봐요. 인간 깊숙이 자리한 한을 흥으로 끌어올려 눈물 나게 하는 우리의 문화적

역량, 바로 이 점이 한류로서 일본의 시민사회에 호소할 수 있는 역량이라고 봐요"라고 말했다.[24]

김지하가 긍정한 한국인의 감정 발산 기질이야말로 한류의 성공 요인 중 하나였을까? 차길진은 감정을 억제하지 않는 한국의 문화풍토에 주목하면서 장례문화만 하더라도 한일 간엔 큰 차이가 있다고 했다. 그는 일본의 한 장례식장에 갔다가 깜짝 놀랐다고 말했다.

"한국의 장례식장 분위기를 상상했는데 일본은 마치 중역 회의장에 온 것처럼 사방이 정숙하다 못해 고요했다. 누구 하나 소리 내서 우는 사람도 없었고 한국 장례식장처럼 떠들며 술을 마시거나 고스톱을 치는 일은 더욱더 없었다. 분명 망자의 죽음이 슬펐을 텐데 심하다 싶을 정도로 자신의 슬픔을 죽이며 문상객을 맞는 모습이 충격에 가까웠다. 극도로 감정을 억제하는 힘, 이것이 일본의 파워인 동시에 가장 큰 단점이었다."[25]

정해승도 "놀기를 즐기는 것으로만 친다면야 남미나 남부 유럽 등 우리보다 몇 배 선수인 나라들도 많다"며 '발산의 문화'에 무게를 두었다. 그 역시 한국의 장례식 풍경에 주목했다. 그는 "그동안 대형 사고가 많았던 우리나라는 본의 아니게 CNN 등 외국 언론을 자주 탔는데, 그때마다 어떤 한 장면이 전 세계 사람들을 의아하게 만들었다고 한다"며 "그것은 바로 희생자 가족들이 '통곡'하는 모습이다"라고 했다.

"외국인, 특히 서양 사람들은 절규하듯 땅을 치며 통곡하는 모습을 잘 이해하지 못한다. 서양인들의 장례식 풍경은 대개 검은 상복을 입고 흐느껴 우는 정도다. 우리와 같은 동양이면서 거리상으로도 가까운 일본이나 중국에서도 우리나라와 같은 통곡 장면은 찾아보기 쉽지 않다.…… 혹자는 그 이유를 한국인 특유의 '한' 문화에서 찾지만 내 생각은 좀 다르다. 필자는 그것을 자신의 감정을 그대로 발산하는 한국인 특유의 기질 때문이라고 생각한다.…… 한국의 노래방문화는 '발산의 문화' 를 대표적으로 보여주는 모습이다."[26]

한류 덕분에 '일본 열도의 거대한 변혁의 시작' 이 가능한 건지는 몰라도 일본인들의 한국관이 바뀐 것은 분명했다. 2004년 12월 18일 일본 내각부가 발표한 '외교에 관한 여론조사' (10월 조사)에 따르면 한국에 "친근감을 느낀다"는 비율이 56.7퍼센트로 사상 최고를 기록했다. 중국에 대한 친근감은 37.6퍼센트로 사상 최저를 기록했다. 내각부는 "욘사마 열풍 등 한류 붐으로 한국에 대한 일본인의 관심이 커진 것이 원인"이라고 분석했다.[27]

또 일본 『아사히신문』 2005년 1월 9일자 보도에 따르면, 2004년 5월 전국 공·사립고등학교를 대상으로 외국어 수업 도입 상황을 분석한 결과 영어를 제외하고 한국어(247개교)가 중국어(481개교)에 이어 두 번째로 많이 채택된 것으로 나타났다. 이어 프랑스어(231개교), 독일어(99개교), 러시아어, 스페인어 순서였다. 아사히는 "지난 한 해 한류 붐이 일본을 휘몰아치면서 한국에 대한 관심이 크게 증가한 것 같다"고 배경을 설명했다.[28]

'근대화 중간 단계'의 힘인가?

『한겨레 21』(2004년 12월 30일)은 한류의 핵심이라 할 드라마 붐에 대해 "문화인류학계에선 일본과 중국, 동남아 사이에서 근대화의 중간 단계를 겪고 있는 한국의 상황이 드라마에 반영돼 각각 다른 차원에서 반향을 불러일으키고 있다는 풀이를 내놓기도 한다. 일본에선 일본 드라마가 놓치고 있는 가족과 순정을 재발견하는 복고 열기의 대상으로, 중국과 동남아에선 휘황한 배경과 개방적인 연애담 등이 대리만족과 동일시의 대상으로 비치고 있다는 것이다. 지난달 방한한 가와이 하야오 일본 문화청 장관도 '〈겨울연가〉 같은 한국 드라마들이 경제적 성장으로 잃어버린 감정의 흐름, 마음의 여유를 그린 것이 일본에서의 히트 배경'이라고 설명한 바 있다"고 보도했다.

이 기사에 따르면 전 MBC 드라마국장 김승수는 "비사실적이고 비자연스러운 문학성과 영상 음향, 지고지순한 사랑을 담은 멜로가 한국 드라마의 특성이자 강점"이라고 말했다. 〈겨울연가〉를 연출한 프로듀서 윤석호는 자신은 "기본적으로 사랑의 순수, 사랑의 아름다움과 같은 판타지를 좋아하는 감독"이라며 "일본인 중에 누가 〈겨울연가〉를 두고 일본 중년 여성에게 소녀를 다시 찾아줬다는 표현을 썼는데, 은유적이지만 포인트를 제대로 잡은 것 같다"고 말했다. 그런가 하면 포이보스 대표 김광수는 "일본에선 욘사마나 송승헌 등의 매력을 소비하기 위해 드라마를 본다"고 말했다. 반면 윤석호는 "〈겨울연가〉는 우리 사회가 만들어낸 문화의 산물"이라며 "그걸 배용준 혼자 독점하는 표현에는 당연히 반감이 든다"고 말했다.[29]

서경대 교수 이즈미 지하루(泉千春)는 『주간동아』(2004년 12월 30일)에 기고한 글에서 일본의 평범한 아줌마들이 한류에 빠져드는 주요 이유로 ①1991년 버블 경제 붕괴로 인해 생겨난 마음의 공허감 ②일본 텔레비전 드라마가 젊은 여성들만을 상대로 하고 있다는 점 ③일본 아줌마들의 시간과 경제력 ④열광에 대한 남편의 이해 또는 무관심 등을 들었다.

이즈미는 "현재 일본문화의 특징은 나약하고 음울하면서도 '쿨' 하다는 것이다. 한국문화는 과거 일본의 활력을 추억처럼 떠올리게 한다"고 말했다. "풋, 이런 세상 따위……" 같은 말을 뇌까리는 일본의 청춘들과는 달리 드라마 속의 한국 청년들은 사랑 때문에 울고불고 쟁취하며 복수한다는 것이다.

이즈미는 한국 드라마의 매력으로 ①뚜렷한 캐릭터와 명확한 줄거리 전개 ②순정만화 세계와 같은 로맨틱한 설정 ③복고적인 순애보 ④드라마틱한 대사와 아름다운 말 ⑤효과적인 음악 ⑥복잡하지만 가족 간의 끈끈한 애정 ⑦끊임없이 어려움에 맞서는 주인공의 노력 ⑧남자가 우는 장면과 같은 신선함 등을 들었다.[30]

연세대 사회학과 박사과정에서 한류를 연구하고 있던 히라타 유키에(平田紀江)는 한류 이전 일본인들이 갖고 있던 한국에 대한 이미지에 주목했다. "한류 현상을 가능케 한 것은 지금까지 일본이 가졌던 한국에 대한 무지와 이미지의 부재, 또는 좋지 않은 이미지들이었다. 아이러니하게도 그것이 한류가 이렇게까지 일본에서 주목을 받고 있는 이유 중 하나다. 몰랐던 것에 대한 앎의 욕구와 오해와 편견 속에서 만들어진 것에 대한 태도의 변화가 한류를 일본에서 더욱 확대시킨 요인이 되었다."[31]

『월간조선』 2005년 1월호에서 이근미 객원기자는 「'욘사마' 열풍의 진원지: 배용준의 한국 팬들」이라는 기사를 통해 4만~5만 명 되는 한국 팬들도 배용준을 향한 열정에 있어서 일본 팬들 못지않다고 썼다. 이 기사에 따르면 "배용준 팬들은 요즘 언론의 보도 태도가 못마땅하다고 했다. 동남아에서도 배용준 씨가 엄청난 환영을 받았는데, 부자나라 일본에서 환영을 받자 그제야 언론이 떠드는 게 못마땅하다는 것이다." 배용준 팬들은 "만약 〈겨울연가〉가 끝난 뒤 인터넷이라는 공간이 없었다면 그냥 혼자서 좋아하다 말았을 거"라고 말했으며, 팬 홈페이지 '시티오브용준' 운영자 정윤희는 "일본 사람들이 저렇게 한꺼번에 공항에 모일 수 있는 것은 인터넷을 통해 혼자가 아니라는 것을 알기 때문에 가능했다고 본다"고 말했다.

미국 『뉴욕타임스』 2004년 12월 23일자 인터넷판은 「한국인이 어째서 진짜 남자인가, 일본 여성에게 물어봐라」라는 제목의 기사에서 배용준은 한국과 일본 사이에 무려 23억 달러의 경제적 효과를 창출한 '23억 달러의 사나이'가 됐다고 보도했다. 이 기사는 불확실성과 비관론으로 가득 찬 일본 사회에서 '욘사마'는 일본 여성들이 마음속에 그리는 과거의 향수와 일본에서는 찾을 수 없는 감정적 유대감에 대한 동경을 자극한다고 분석했다.

계간 『황해문화』 주간 김명인은 『경향신문』 2004년 12월 31일자에 기고한 「'욘사마'라는 화두」라는 제목의 칼럼에서 "지금의 한류 열풍의 근저에는 우리가 지난 30~40년 사이에 이루어낸 고도의 압축 성장과 드라마틱한 민주화 과정에서 배태된 어떤 근원적 활력이 가로놓여 있는 것은 아닐까. 그 역동적 활력이 이제 비로소 나름의 독특한 문화로 전형되기에 이른 것은 아닐까.…… 그것이 무엇인가를 밝히고 거기서 이 대한민국의 근대적 정체성을 재구성해내는 일, 그것이 여태 혼돈에서 못 벗어나고 있는 우리 인문학이 '욘사마'를 화두 삼아 추구해야 할 최우선의 과제가 아닐까 생각해본다"고 말했다.

"한류, 이대로 가면 5년 안에 끝난다"

2005년 1월 10일 열린우리당 의원 민병두는 10일 동안 한류중심국을 순방한 뒤 국회 문화관광위원회에 제출한 보고서에서 "한류, 이대로 가면 5년 안에 끝난다"는 결론을 내렸다. 그는 '한류 위기'의 가장 큰 원인을 "10년 전 일본의 오만을 그대로 반복하는 한탕주의 가격 정책"으로 꼽았다. "한국 방송사들이 장기 전략 없이 단기전에 돈을 벌려고 드라마 공급 가격을 터무니없이 올렸다"는 것이다. 대만의 경우 드라마 1회당 2000달러 하던 것이 2만 달러를 상회한다는 것이다.[32]

대만 일간 『연합보』 2005년 1월 10일자는 최근 불어닥친 한류 열풍을 타고 대만 성매매 브로커들이 한국 여성을 집중 공급하고 있다고 보도했다. 특히 방학을 이용해 원정 성매매에 나서는 여대생들의 경우 단기간 머물기 때문에 일부 고객들은 대기표까지 받아야 한다고 현지 경찰의 말을 인용해 보도했다. 『세계일보』에 따르면 국내 한 외사계 경찰은 "한류 열풍으로 한국 여성들의 인기가 높아지면서 일본뿐만 아니라 중국과 동남아 전역으로 성매매 송출이 확대되고 있다"며 "한류 스타들과 닮으면 돈이 2배로 뛰어 성형수술을 하고 나간다는 정보도 나돌 정도"라고 말했다.[33]

『동아일보』 논설위원 이재호는 2005년 1월 27일자에 쓴 「X파일과 한류」라는 제목의 칼럼에서 "한류를 '국제자본과 강대국의 패권주의가 결합해 만들어낸 신자유주의의 산물'로 보는 학자도 있다. 심지어 '일본이 신대동아공영 전략에 따라 해당국의 10대 우상들을 (의도적으로) 양산하는 것'이라는 견해도 있지만 모두 자학(自虐)이다. 그보다는 우리의 문화적 역동성을 믿고 한류가 아시아를 하나로 이어주는 소통의 첨병이 될 수 있도록 귀히 여기고 도와주는 것이 바른 자세다"라고 말했다.

정부는 한류 열풍을 지속적으로 발전시키기 위해 문화 콘텐츠 고급 인력을 양성할 CT(Culture Technology) 대학원 설치 등의 지원 방안을 발표했으며, 경기도지사 손학규는 일산 신도시 인근에 30만 평 규모의 '한류우드(Hallyuwood)'를 조성, 차세대 엔터테인먼트 메카로 만들겠다고 밝혔다.

이에 대해 『한국일보』 2005년 2월 3일자 사설 「즉흥적 '한류' 대책으론 안 된다」는 "이들 대책을 보면 충분한 분석과 전망에 바탕을 두지 않는 졸속이라는 우려를 갖게 된다"고 평했다. 『경향신문』 2월 4일자 사설 「한류, 할리우드, 한류우드?」는 한류우드 구상에 대해 "우선 명칭부터 치졸하기 짝이 없다. 할리우드에서 따온 듯하지만 언어의 유희가 지나치다. 그렇지 않아도 요즘 아파트 단지나 대형 건축물마다 국적 불명의 영어식 이름을 붙여 언어 오염이 전국적으로 확산되는 상황이다. 민간 기업이 하는 사업도 아닌데 말장난하는 듯한 이름을 붙이는 게 적절한지 의문이다. 이 사업은 건설비만 2조 원이 되는 대역사다. 그럼에도 사전에 관련기관 간에 심도 있는 논의가 있었다는 흔적은 찾기 어렵다"고 말했다.

"한국 사람들이 좀 다르잖아요"

광운대 교수 문상현은 『방송문화』 2005년 3월호에 기고한 「문화 생산과 수용, 그리고 한류의 의미」라는 제목의 글에서 "현재의 한류 현상은 크게 지구화(globalization), 문화의 혼성화(cultural hybridity) 또는 세역화(glocalization), 문화 생산과 수용의 권역화(regionalization), 문화적 근접성(cultural proximity) 그리고 문화 수용의 능동성(active reception)이라는 5가지의 서로 관련 혹은 대립하는 힘들의 중층적 영향 결정이라는 관점에서 이해돼야 한다"며 다음과 같이 말했다.

"(동아시아) 지역에서 한국 대중문화의 수용은 때로는 자신들이 지나온 과거에 대한 향수를 자극하기도 하고, 혹은 자신들이 지향하는 미래의 모습을 보여주는 계기를 제공해준다. 또한 한국 대중문화 속에 존재하는 동아시아 지역의 전통적 문화 요소들은 드라마나 대중음악 내용에 내면화돼 있는 보편적 세계문화의 가치를 서구 문화산업이 생산한 대중문화 형식보다 훨씬 거부감 없이 받아들이도록 하는 역할을 했다. 이렇게 볼 때 한류 현상은 한국 대중문화 텍스트에 내재돼 있는 문화적 친밀성의 요소들과 유사한 문화적 경험과 배경을 가진 동아시아 지역 수용자들에 의한 적극적인 해석의 상호작용의 결과라고 할 수 있다."

2005년 4월 26일에 출간된 『한류의 비밀』은 한류의 주요한 성공 원인을 무엇으로 꼽든 간에 한류에 대해 한마디씩 던질 수 있는 위치에 있는 사람들은 모두 "한국 사람들이 좀 다르잖아요"라는 말을 은연중에 꺼냈다고 말했다. "다시 말해 이 예기치 못한 성공에는 우리도 미처 몰랐던 한국인 특유의 기질, 이른바 '한류 DNA'가 작용했다는 것이다. 전문가들의 말을 모아보면 이야기를 좋아하고 남의 일에 사사건건 참견하며 '빨리빨리'를 외치는 성질 급한 한국인의 민족성이 소프트산업이 화두로 떠오른 21세기에 단점 아닌 장점으로 통했다는 것이다."[34]

중국 런민대 교수 마샹우(馬相武)도 "한국인들이 부끄러워했고 한때 세계적 웃음거리였던 빨리빨리문화도 한류의 기세에 한몫하지 않나 싶다. 사실 음악이나 드라마, 영화 등의 빠른 전개는 한류에 빠진 중국인들을 매료시키는 요인이기도 하다. 빨리빨리 습성에서 기인하는 부지런함과 과감한 투자도 거론하지 않으면 섭섭하다" 고 말했다.[35]

'빨리빨리' 는 좋은데, 문제는 그것이 철저히 '원웨이(one way) 빨리빨리' 라는 데에 있다. 국내에선 동아시아 국가의 드라마가 거의 수용되지 않고 있었다. 드라마 교류의 이런 불균형을 최소화하기 위해 정부는 일본, 중국 등과의 드라마 공동제작을 장려하고 나섰다.[36] 현지 진출도 이루어졌다. 『조선일보』 2005년 5월 10일자에 따르면, "한국 제작사가 직접 중국으로 진출, '중국제(made in China)' 한류 드라마 상품을 내놓는 시대가 열리고 있다. 개별 드라마를 수출하는 '보따리 장사' 에서 탈피, 국내 시스템으로 중국에서 직접 드라마를 생산하는 '현지 생산 판매' 방식이 등장하고 있는 것이다. 일종의 '플랜트 수출' 방식이다."[37]

2005년 5월 말 경희대 교수 이기형은 그간의 한류 관련 담론에 대해 이런 평가를 내렸다. "한국 사회 내에서 한류 현상을 분석하는 대다수의 담론들은 이른바 '문화전쟁' 의 시대에 한류를 경제중심적 시각에서 새로운 방식으로 상업적 이익과 고양된 국가 이미지를 담보해주는 절호의 기회로 등치시키거나, 한국 대중문화와 스타 시스템의 우수성과 능력을 과대평가하는 자기만족적 미디어 담론이나 성급한 저널리즘에 의해 과대포장되거나 '포섭' 되기도 한다. 다시 말해서 한류를 둘러싼 주류 담론 속에는 한국 대중문화물의 약진을 바라보는 소아적 문화우월주의의 냄새가 진하게 풍기며, 동남아와 중국을 포함한 문화적 타자들은 우리와의 대화 상대라기보다는 소비 대상이자 시장으로서만 고려된다."[38]

백원담은 2005년 9월에 출간한 『동아시아의 문화 선택 한류』에서 이런 진단을 내렸다. "일본에서의 한류는 세련된 향수(노스탤지어)의 소비다. 홍콩과 대만을 제외한 중국과 동남아시아에서의 한류는 가까운 미래에 대한 선험(先驗)이다. 개발도상국에 있어서 한국과 한류는 미국이나 일본처럼 요원한 미래가 아니라 손에 잡힐 듯 다가갈 수 있고 이룰 수 있는 희망으로 부유한다. 그러나 일본에서의 한류는 문화적 주변으로 밀려난 사람들이 일본 사회라는 폐쇄회로 속에서 뒤돌아보고 싶은 과거의 재현 욕망을 충족하는 기제다."[39]

한미자유무역협정과 한류의 실속

2006년 2월 2일 한미 양국이 미국 워싱턴 의회의사당에서 공동기자회견을 열고 한미자유무역협정 협상 개시를 공식 발표함으로써 한류 담론은 새로운 국면을 맞이했다. 한국에선 노무현 정권이 스크린쿼터 철폐, 미국산 쇠고기 수입 재개, 의약품 가격 재조정, 배기가스 규제 완화 등 이른바 '4대 선결조건'을 수용하는 등 저자세를 보여 '세상에서 가장 황당한 자유무역협정이'라는 비판이 쏟아지면서 엄청난 사회적 갈등을 불러일으켰다.[40] (한미자유무역협정은 협상 14개월 만인 2007년 4월 2일 타결되지만 양국에서의 비준이 미루어지면서 아직도 현재진행형인 사안이다.)

한류로 인해 부풀 대로 부풀었던 '문화강국' 담론은 미국의 '문화제국주의'를 우려하는 담론의 그늘에 가리는 것처럼 보였다. 예컨대 문화연대 사무총장이면서 한미자유무역협정 저지 범국민운동본부 문화예술공동대책위원회 집행위원장인 지금종은 2006년 가을 다음과 같이 주장했다.

"한미자유무역협정은 문화제국주의적 이데올로기 침탈은 물론이고 우리의 감정과 욕망, 공동체문화, 정체성, 생태적 조건 등 전체적인 '삶의 방식' 을 크게 바꿔놓을 것이 분명해지고 있다. 더욱이 미국은 이데올로기의 '현실 효과' 를 만드는 세계 최대의 미디어 제국이다. 이런 미국에게 한미자유무역협정을 통해 스크린쿼터 축소와 시청각·미디어 분야, 지적재산권 등을 내주는 것은 우리의 밥줄만이 아니라 혼까지 상납하는 결과를 가져올 것이다. 이는 노란 얼굴을 한 미국인을 양산하는 길이다."[41]

이미 충분히 미국화된 한국에서 '노란 얼굴을 한 미국인을 양산' 한다는 주장엔 수긍하기 어렵지만 한미자유무역협정 반대운동이 워낙 거세 사회적 분위기도 그쪽으로 흘러가는 것처럼 보였다. 이런 분위기 때문인지 한류의 실속이 없다는 이미 익숙한 불만도 다시 제기되었다.

한류 스타 배용준은 2006년 100억 원 가까운 세금을 납부해 '걸어다니는 1인 기업' 의 면모를 과시했지만[42] "배우는 남고 돈은 안 남았다"는 푸념이 나오기 시작했다. 한국방송산업영상진흥원 조사로는 2006년 일본의 한국 프로그램 수입이 2005년에 견주어 1700만 달러(약 160억 원) 어치나 줄었다. 한국 드라마 판권 사업을 하는 월드제이의 박태규 대표는 "일본 방송사에서 배용준 출연작 정도를 제외하면 시청률 감을 잡지 못하고 스폰서도 붙지 않아 꺼린다"고 말했다.[43]

일본 이외의 지역은 저작권이 문제였다. 문화관광부의 '문화산업통계(2006)' 에 따르면 한국 문화산업의 대외 수출은 12억 3600만 달러, 수입은 29억 8600만 달러로 각각 나타났다. 이에 대해 노태섭 저작권위원회 위원장은 "한류로 대표되는 우리 문화산업이 지난 몇 년 해외 시장에서 성과를 거두고 있기는 하지만 여전히 문화 수입국의 처지를 벗어나지 못하고 있음을 단적으로 보여주는 수치다"라며 다음과 같이 말했다.

"이 같은 현상은 우리 문화 콘텐츠가 아직 국제 경쟁력을 확보하지 못했기 때문이기도 하지만 중국, 동남아 등 주요 한류 확산 지역에서 벌어지는 콘텐츠 불법 사용에 따른 이유도 있을 것이다. 실제로 관련 업계는 중국 · 동남아 지역에서 유통되는 우리 문화 콘텐츠의 80퍼센트 이상이 불법물일 것으로 추정하고 있다. 2006년 미국사무용소프트웨어연합(BSA) 조사 결과 중국의 불법복제율이 82퍼센트였던 점에 비추어봐도 이러한 추측이 타당해 보인다.…… 저작권 보호의식이 낮고 제도 운용 역사가 짧은 국가에서 우리 문화 콘텐츠를 보호하는 일은 간단치 않은 일이다. 그렇다고 우리 문화 콘텐츠의 세계 진출 자신감을 심어준 한류 확산 중심 지역에서 보호가 힘들다는 이유로 손을 놓고 있을 수는 없다. 문제를 풀어가려는 관련 업계의 의지와 노력, 정부와 관련 기관의 지원과 국제공조, 그리고 모든 주체의 긴밀한 협력이 이루어진다면 한류를 둘러싼 저작권 보호 문제는 해결점을 찾을 수 있을 것이다."[44]

'이영애가 이란에 못 가는 이유'

경제적으론 실속이 약했을망정 한류는 이미 중동에까지 진출했으며 특히 이란에서 〈대장금〉이 큰 인기를 누렸다. 〈대장금〉은 이미 2005년 1억 8000만 중국 시청자들의 눈길을 사로잡으면서 중국에서 다시 한국 드라마 열기를 불러일으켰다. 중국 월간 『당대』 편집부국장 홍칭보에 따르면 "한국 음식에 대한 관심도 덩달아 뜨거워졌다. 이런 현상은 음식대국임을 자부하는 중국에선 가히 기적이라고 할 수 있다."[45]

이런 '기적'이 이란에서도 일어났다. 2006년 10월 27일부터 이란 국영TV 채널2에서 방영된 〈대장금〉은 전국 최고 86퍼센트, 테헤란에서 90퍼센트 이상의 시청률을 기록했다. 방영 제목은 〈왕궁의 보석(Jewelry in the palace)〉이었으며 이란인들은 '장금'을 '양곰'이라고 불렀다.

『조선일보』 2007년 5월 24일자에 따르면 "테헤란 거리를 걷다 보면 이 믿기지 않는 시청률 통계에 조금씩 신뢰가 간다. 이란인들은 갑자기 다가와 악수를 청하거나 바짝 다가와 차량 경적을 울려대며 '코레아? 양곰, 카일리 쿠베(Kaili Khube, 아주 좋다)!'를 연발했다. 곳곳의 키오스크 점포엔 배우 이영애와 지진희의 얼굴이 커버 전체를 장식한 다양한 파르시어 잡지들이 놓여 있다. 극성 주부들이 인터넷에서 미방영분을 이미 다운로드해서 현지 신문도 아예 결말까지 공개했다."[46]

2007년 11월 9일 종영되기까지, 그리고 종영 후에도 '〈대장금〉 열풍'은 전 이란을 휩쓸었다. 2007년 11월 20일 테헤란의 주이란 한국대사관에서 열린 〈대장금〉 종방 기념 리셉션엔 이란의 외교부, 석유부, 국영방송 등 정부 고위 인사 100여 명이 대거 참석했다. 김영목 대사는 "이렇게 많은 고위 인사가 참석하기는 처음"이라고 말했다. 〈대장금〉의 인기에 힘입어 〈해신〉도 2007년 8월부터 방영됐으며 〈상도〉, 〈주몽〉, 〈하얀거탑〉도 방영 대열에 섰다.

『동아일보』 2007년 11월 29일자에 따르면 "이란 수도 테헤란. 이곳 젊은이들은 길거리에서 한국인과 비슷한 외모를 가진 이들을 만나면 어김없이 '양곰!'을 외친다. 다짜고짜 악수를 청하는 사람도 많다.…… 페르시아 문명의 결정체 페르세폴리스 유적이 있는 시라즈에서도, 화려한 이슬람 유적이 가득해 '세계의 절반' 이란 별명을 가진 에스파한에서도 '양곰' 의 인기는 식을 줄 몰랐다.…… 페르세폴리스 유적에 수학여행을 온 여중생 수십 명도 히잡을 단정히 두른 채 모여 〈대장금〉의 주제가 '오나라' 를 함께 듣고 있었다.…… 테헤란에 있는 이란국립박물관에서 만난 한 관객은 '여성인 장금이가 강직하면서도 파란만장한 삶을 성공으로 이끄는 이야기에 감동했다' 며 '올곧은 심성으로 정직한 삶을 산 장금이가 이란인의 심금을 울렸다' 고 말했다."[47]

〈대장금〉 종영이 가까웠던 2007년 8월, 테헤란에서 남쪽으로 약 140킬로미터에 위치한 '곰' 시의 성직자 회의에서 한 성직자는 이란 사람들이 시아파 무슬림의 정신적 지주인 '파티마(Fatemeh)' 보다 '양곰' 을 더 신성시하고, 양곰의 인기가 높아 이를 더 이상 좌시할 수 없다면서 당장 정부에 〈대장금〉 방영 중단을 건의해야 한다고 주장했다.[48] 이렇듯 양곰이와 관련된 별의별 이야기가 다 나오면서 유언비어까지 떠돌았다.

이기환에 따르면 "한국 붐을 고조시키려 '살아 있는 인형' 이라는 배우 이영애를 초청하고 싶었다는 것. 하지만 이슬람 성직자 회의에서 '이영애 초청 불가' 결정을 내렸다는 것. 그 이유로 든 것이 마치 사실 같다. 바로 이영애가 이란에서 대중신앙으로 존경받아온 파티마의 인기를 능가할까 봐 두렵다는 것이다. 파티마는 예언자 마호메트의 고명딸로 이란 역사상 가장 존경받는 여성으로 추앙받고 있다. 이런 상황에서 가뜩이나 이란인들의 우상이 된 이영애가 이란을 방문할 경우 그 인기를 감당하기 어렵다는 이유로 방문이 거부됐다는 것이다. 이희수 한양대 교수는 '사실이 아닌 설들이 사실처럼 떠돌고 있는 것은 이영애의 인기가 파티마에 버금간다는 걸 방증한다' 고 말한다."[49]

'외국문화 원형에 빨대 꽂고 버틸 수 있나'

2007년 5월 30일 미래상상연구소는 서울 중구 충무아트홀에서 '한류, 외국문화 원형에 빨대 꽂고 버틸 수 있나' 라는 주제로 토론회를 열었다. 참가자들은 "빨대 꽂고 버틸 수 없다" 와 "더 많은 빨대를 꽂아야 한다" 는 주장으로 나뉘어 열띤 토론을 벌였다.

발제자로 참가한 김택근 경향신문 논설위원은 "비나 보아 같은 스타로만 한류 붐을 이어갈 순 없다. 우리만의 원작과 콘텐트가 필요하다" 며 "외국문화 원형에 빨대를 꽂고 버티다 보면 우리 문화의 허약한 허리가 더 빨리 드러나게 된다" 고 주장했다. 김택근은 "소설, 영화, 드라마 등 수많은 일류(日流) 콘텐츠들이 한국인의 정서에 가랑비처럼 스며들고 있다. 우리가 드라마 〈하얀거탑〉을 아무리 잘 만들어 일본에 역수출한다 해도 그것은 결국 일본 것일 뿐이다" 라며 "일본문화 '주워먹기' 에 맛을 들였다가는 일류는 가랑비가 아닌 장대비로 바뀔 것" 이라고 주장했다. 그는 또 "한류에는 외국인들이 지니지 않은 빛과 향기와 무늬가 있어야 한다" 며 "국내에서 원초적 콘텐츠를 생산하지 못하고 계속 외국문화에 빨대를 꽂고 문화 가공업에만 몰두한다면 한류는 머지않아 소멸할 것" 이라고 역설했다.

강맑실 사계절출판사 대표와 한성봉 동아시아출판사 대표도 "일본이나 다른 나라의 것을 가져다가 살짝 재가공하는 건 돈이 될지 몰라도 장기적으로 볼 때 한류를 저해하는 요소가 될 것" 이라고 말했다. 한

성봉은 "한류를 산업 논리로 바라보는 것은 조급증" 이고 "산업적 부가 가치보다 정서나 문화 등 무형의 가치가 중요하다" 며 김택근의 주장에 힘을 실었다.

그러나 홍사종 미래상상연구소 대표는 "미국 할리우드는 세계 여러 나라의 문화 콘텐트에 빨대를 꽂고 이를 열심히 빨아들여 지금의 명성을 이룩했다" 며 "세계의 '이야기 자원' 을 적극 활용해야 한다" 고 말했다. 홍사종은 "미국문화의 상징인 디즈니의 〈백설공주〉와 〈인어공주〉가 독일류 혹은 덴마크류가 될 수 없듯, 일본 만화를 바탕으로 잘 만든 우리 영화 〈올드 보이〉, 〈미녀는 괴로워〉는 분명 한국 영화이지 일본 문화의 아류가 아니다" 라며 "베끼는 것이 아닌 재창조는 우리 원형 콘텐츠 못잖게 또 다른 창조적 산물로 봐야 한다" 고 말했다. 홍사종은 이어 21세기의 새로운 성장 동력으로 자리 잡을 '이야기산업' 의 중요성을 강조하며 "(그 속에서) 살아남으려면 문화민족주의에서 세계주의로 발돋움해야 한다" 고 주장했다.

조희문 인하대 교수와 박인하 청강문화산업대 교수도 "다른 나라의 이야기를 재가공하는 것 자체가 창의력" 이라며 "문화의 혈통에 집착하는 것보다 기존의 이야기도 새롭게 만드는 아이디어와 방식을 고민하는 것이 더 중요하다" 고 밝혔다.[50]

2007년 7월 류웅재 호남대 교수는 "아시아권 수용자가 한류 콘텐츠의 어떤 점에 열광하는지를 살펴보아야 한다. 이는 미국이나 유럽의 대중문화가 적절하게 포착하기 어려운 이질적인 근대화의 추억과 그로 인한 독특한 근대성 혹은 (후기) 식민지의 공통된 경험으로 이루어진 상상된 공동체(Imagined Community) 의식의 발현을 통해 친밀하고 알아볼 수 있는 것에 관한 즐거움이 충족된 결과이기도 하다" 며 다음과 같이 말했다.

"동시에 한류는 온전히 한국적인 콘텐츠로만 채워진 것은 아니며 지역과 수용자의 취향에 맞게 글로벌하고 동시에 지역적인, 즉 글로컬한 요소를 배합하고 뒤섞은 이종교배(Hybridization), 음식으로 비유하자면 짬뽕 혹은 가든 샐러드적인 요소를 가지고 있기에 가능한 것이었음을 이해해야 한다. 글로컬한 문화의 시대에 문화의 순수성을 강조하는 문화민족주의 혹은 문화전쟁 등의 수사는 시대착오적이며, 타 문화에 대한 이해와 정서의 공유 등을 가능케 하는 소통 행위의 시공간적 요구는 더욱 점증하고 있다." [51]

한류(韓流)가 한류(寒流)로?

2007년 7월 베트남 하노이에 있는 한국문화원의 김상욱 원장은 "베트남의 한류 열풍이요? 여전하죠. 하지만 계속 새로운 한국문화 콘텐트를 찾는 현지인들에게 우리가 줄 수 있는 게 이젠 한계에 달해 애를 먹고 있습니다"라고 말했다. 김상욱은 "인터넷 발달로 문화소비의 시차가 점점 좁아져 베트남에서도 과거 인기 한류 콘텐트를 재탕하는 방식은 통하지 않는다"고 했다. "텔레비전 드라마 〈겨울연가〉나 〈대장금〉은 베트남에서도 '흘러간 드라마'가 된 지 오래예요. 이제 이영애는 베트남에서 인기순위 10위권에도 들지 못합니다. 요새 설문조사를 해보면 연기자는 이준기, 가수는 슈퍼주니어가 1위로 나와요. 그만큼 베트남 사람들도 우리와 거의 동시에 한국문화를 소비하고 있다는 뜻이죠."

김상욱은 한류 열풍을 지속시키기 위해선 무엇보다 '쌍방향 교류'가 절실하다고 강조했다. "실은 '한류' 라는 말은 너무 일방적이어서 이곳에선 거부감을 나타내는 분들이 많습니다. 한류를 베트남에 전파하려고만 하지 말고 우리는 베트류(Viet-流)를 얼마나 알고 있느냐도 고민해봐야 진정한 교류의 태도죠. 장기적으로는 한류를 통해서 베트남을 한국에 알릴 수 있다는 믿음을 심어줘야 계속적인 교류가 가능하다고 봅니다. 하루빨리 '한류' 에 대한 '향수' 에서 벗어나야 해요."[52]

중국에서도 한류 열풍이 퇴조해 한류가 점차 '한류(寒流)' 가 돼간다는 말이 나왔다. 무엇보다 한류의 선봉에 섰던 한국 드라마의 인기가 식어가고 있었다. 〈대장금〉이 방송된 2005년 중국에 들어온 한국 드라마는 64편이었으나 2006년엔 36편, 2007년엔 30편으로 줄었다. 이에 대해 중국 월간 『당대』 편집부국장 홍칭보는 "한류가 들어온 1997년 당시 중국은 이미 경제발전의 기초를 다진 상태였다. 한류는 중국과 중국인이 따라 배워야 할 그 무엇이 아니었다. 다만 화려한 볼거리로서, 재미있는 오락으로서 날로 까다로워지는 중국 소비자들의 입맛에 맞았을 뿐이다. 더욱이 한류는 중국의 지식인 계층에 거의 영향을 주지 못했다. 한류는 애초부터 엽기적인 유행의 색채를 띠었다" 며 다음과 같이 말했다.

"한류가 중국에서 식어가는 데 어떤 실수나 착오가 있었던 것은 아니다. 어느 나라든 개방 초기엔 다른 나라의 문화와 경제를 받아들이는 과정에서 과열을 빚곤 한다. 그러다 나라가 이성을 되찾고 성숙하면서 그 거품은 파열한다. 더욱이 모든 정부는 자국의 문화를 보호하기 위해 공격을 최선의 수비로 삼는다. 자국의 문화산업을 지원하며 문화제품 수출을 격려한다. 외국의 조류는 형성되자마자 저항을 받을 수밖에 없다. 한류의 퇴조를 부정적으로만 봐서는 안 된다. 어떤 점에선 중국에서 한류의 퇴조는 두 나라의 전면적인 교류에 장기적으로 도움이 된다. 한류는 중국으로 하여금 한국을 알게 했다. 한국의 정신적 자산과 문화적 우수함, 제품의 다양성 등 가치 있고 배워야 할 점들을 보게 했다. 이런 것들은 한류가 퇴조했다고 해서 결코 사라지지 않을 것이다."[53]

한류는 과연 퇴조하고 말 것인가? 언젠가는 퇴조할 수도 있겠지만 그렇게 말하기엔 아직 이른 시점이었다.

'한류에서 신(新)한류로'

2007년 7월 27일 경희대와 미국 펜실베이니아대가 경희대 크라운관에서 '한류의 날 심포지엄: 한류에서 신(新)한류로' 라는 심포지엄을 열었다. 이동연 한국예술종합학교 교수는 심포지엄 발표문 「한류의 정체성과 세계 속의 한류」에서 '아시아 팬덤' 의 새로운 단계를 설명하면서 한류 스타 공연에 아시아 여러 국가 팬들이 결집하는 현상은 이전에 거의 없었다고 말했다. 예로 2005년 10월 홍콩에서 열린 비의 아시아 투어 공연 '잇츠 레이니 데이(It' s rainy day)' 를 들었다. 운집한 2만여 관객은 홍콩 팬들만이 아니었다. 대만과 타이, 일본, 중국과 한국 등 10여 개국이 넘는 팬들이 각각 자신들 국적의 피켓을 들고 비의 공연에 환호했다. 이와 비교해 X-Japan이나 '일본 팝의 여왕' 인 아무로 나미에(安室奈美惠) 등은 1980년대 이래 아시아에서 큰 인기를 끌었음에도 여러 나라 팬들이 집단으로 공연 투어의 동반자 구실을 한 적이 없었다.

류더화(劉德華), 리밍(黎明) 등 홍콩 '4대 천왕'의 활약도 대부분 대만, 홍콩 등 중화권 국가에서 이루어졌다. 한국이나 일본 팬들도 많았지만 물리적 국경을 넘어 열광하지는 않았다.

이동연은 새로운 아시아 팬덤 현상의 특성을 3가지로 요약했다. 첫째는 과거와는 달리 이제 아시아 팬들은 더 이상 서양의 팝스타에만 매혹되지 않고 아시아 안에서 자신들의 스타를 찾게 됐다는 것이다. 이는 아시아 대중문화 안에 공통의 감각이 존재하고 있음을 입증하는 양상이라고 그는 지적했다. 서양화된 라이프스타일을 지니면서도 동양적 감수성과 문화 정서를 발산하는 비에게 많은 아시아인들이 끌리는 것은 "아시아 팬들의 '문화소비' 안에 서양화됐지만 완전히 동일하지 않은, 새로운 욕구가 생성됐음을 보여준다." 아시아 팬덤 양상의 변화에 아시아 권역을 관통하는 새로운 매체 환경과 일상 환경의 변화가 큰 영향을 미치고 있으며 이런 현상을 이끌고 있는 주체가 한류 스타라는 점도 또 다른 특성이라는 것이다.

이동연은 한류의 미래에는 소리 소문 없이 사라진 홍콩의 예와, 아시아문화의 일상 속에 자연스럽게 스며들어 현지문화 안으로 산화하는 일본(만화, 애니메이션 등)의 예가 놓여 있다면서 일본의 길을 따르기 위해서는 '한류' 담론보다는 한국의 문화, 한국적 문화에 대한 국제적 소통과 감각이 필요하다고 강조했다. 대중문화나 엔터테인먼트 시장 안의 다양한 문화적 자원들을 아시아 등에 소개·소통하는 기회를 적극 마련하고 우리의 전통적 문화예술 자원들을 매개로 글로벌문화 안으로 가로질러가는 새로운 선택들도 시도해야 한다고 덧붙였다. 즉, 한류의 미래는 동시대와 전통의 한국적 문화들을 세계인과 함께 공감하는 과정 속에서 장기 지속할 수 있다는 것이다.[54]

소설가 공지영은 「문학 한류에 대한 단상」에서 '한류'의 '류(流)'란 "막히면 멈추고, 다시 차면 흐르고, 텅 비면 스며들고, 넘치면 부서뜨릴 듯 흐르지만 언제나 있는 그대로의 것들을 인정하면서 가장 낮은 곳으로 돌아가는 지혜"라고 말했다. 이데올로기 대립과 빈부격차, 경제발전과 민주주의, 인종차별과 IT처럼 복잡하고 모순된 문제들로부터 바로 문학과 예술의 힘, 강력한 에너지와 콘텐트의 원천이 나온다는 것이다.

반면 마크 러셀(Mark Russell) 『할리우드 리포트』 기자는 「좀비 웨이브: 이미 죽은 걸 죽일 수 없다」라는 제목의 발표에서 한류 열풍을 '좀비(zombie)'라고 주장했다. 좀비는 원래 서아프리카 어느 족속이 신봉하는 뱀신[蛇神]인데, 보통 '산송장'이나 '주체성을 지니지 못한 채 로봇처럼 행동하는 사람'을 뜻한다. 그는 "한류라는 것은 존재한 적이 없다"고 했는데, 한국에 특별한 무엇이 있었던 게 아니라 대중문화에서의 세계화 개념을 제일 먼저 받아들인 아시아의 국가였을 뿐이라는 것이다.[55]

"한류는 미국문화의 대항담론 될 수 있다"

2007년 8월 14~15일 일본 도쿄돔에서 열린 '2007 페이스 인 재팬 프리미엄 이벤트'엔 2만 5000명의 유료 관객이 몰려 일본 내 한류 열기가 식지 않았음을 보여줬다. 일본 최대 명절 연휴인 '오봉 야스미'로 도쿄 거리는 한산했지만 도쿄돔은 한국 스타를 보러온 일본 여성들로 붐볐다. 일본 여성 팬들은 조현재, 빅마마, 엄태웅, 하지원, 강타, 이동건, 동방신기 등 한류 스타들이 무대에 오를 때마다 "아이시데루(사랑해)! 한류"를 외쳤다. 강타와 동방신기가 등장할 때는 모두 일어나 환호성을 질렀다. 이에 대해 『한겨레』 2007년 8월 16일자는 다음과 같이 말했다.

"이번 공연은 이달 1일부터 20일까지 도쿄에서 열리는 '2007 한류엑스포 페이스 인 재팬' 행사의 일환이다. 이 공연은 '엑스포'라는 이름처럼 한국을 대표하는 문화 콘텐츠와 스타를 한자리에 모은 박람회란 점에서 기존 행사와 다르다. 지금까지 한류 행사들이 배용준 등 개별 스타에 의존한 팬미팅과 이벤트 행사였다면, 한류엑스포는 스타 종합선물세트식으로 한류의 다양한 매력을 모아 외국 팬을 공략한다는 점에서 한류마케팅이 진화하고 있음을 보여주는 행사다. 차세대 한류 스타들을 한꺼번에 일본 팬들에 선보이면서 드라마와 영화 등 한국의 각종 대중문화 콘텐츠도 한자리에서 동시에 소개하는 방식이다. 그래서 도쿄돔 공연 외에도 도쿄돔 시티 프리즘홀에서 한류 스타 애장품과 〈겨울연가〉, 〈대장금〉 등 드라마 세트 등을 모은 전시회를 함께 여는 등 최대한 행사를 다양화·집적화했다. 한국 문화산업계는 올해 들어 여러 장르의 이벤트를 박람회, 페스티벌 등의 형식으로 묶는 새로운 방식으로 외국 시장을 두드리기 시작했다. 한류 위기의 타개책이라 할 수 있다."[56]

김상배 서울대 교수는 서울대 국제문제연구소가 펴낸 『문화와 국제정치』(논형, 2007)에 실린 「한류의 매력과 동아시아 문화네트워크」라는 글에서 한류가 "동아시아 신세대들이 공유하는 디지털 문화코드의 보편성"을 지녔다는 점에서 홍콩류나 일류와는 다르며, 동아시아인 수요와 정서에 맞는 탈국가·탈집중 문화 콘텐츠 네트워크에 성공할 경우 미국이 주도해온 글로벌 네트워크에 대한 대항담론 역할을 할 수 있다며 그 가능성에 기대를 걸었다.

김상배는 한류의 성공은 "문화와 IT가 복합된 CT(문화기술) 분야에서 한국이 보유한 지식역량이 바탕이 됐다"고 봤다. 그는 한류를 디지털 현상으로 이해해야 하는 더 근본적인 이유를 소비자 측면의 변화에서 찾으면서 "실제로 한류 열풍의 이면에는 인터넷상에서 동아시아 신세대들을 중심으로 활발히 이루어지는 디지털 문화 콘텐츠의 교류가 있고, 이를 매개로 한 지식의 공개와 공유 관념이 존재한다"고 지적했다. 말하자면 한류의 성공 요인을 바로 한국이 선두에 선 온라인게임 등의 사이버문화가 막 생성기에 접어든 동아시아 청소년 디지털 코드와 맞아떨어졌다는 데서 찾았다.

김상배에 따르면 미국 주도의 문화패권 모델이 중심집중적인 단허브(mono-hub) 네트워크라면 1990년대 일류와 아날로그 한류는 다허브(multi-hub) 네트워크인데, 디지털 한류는 중심이 없는 탈계몽주의적 수평적 쌍방향적 탈허브(hub-bypass) 네트워크다. 이는 기존 글로벌 문화질서의 틀 안에서 틈새시장을 노리는 아날로그 한류와는 달리 기존 질서에 대한 대항담론 성격을 지닌다. 그런 맥락에서 "미국 주도하의 글로벌 문화네트워크에 대항하는 새로운 문화네트워크의 맹아가 사이버 공간을 중심으로 출현하고 있다"는 것이다.[57]

그러나 겉보기와는 달리 한류는 극소수의 스타에 의존하는 반면 일류는 다양한 콘텐츠로 무장해 한·일 양국만 놓고 보더라도 일류가 더 실속이 있는 게 아니냐는 주장들도 제기되었다. 2007년 11월 4일 오전 김포 공항 입국장의 장면을 보자. 수천 명의 사람들이 발 디딜 틈 없이 진을 치고 있었다. 영화 〈히어로〉 홍보차 방한한 일본 배우 기무라 타쿠야(木村拓哉)를 보려고 새벽부터 팬들이 몰려온 것이다. 한쪽에서는 기무라 타쿠야의 한국어 애칭 '김탁구'를 외쳤고 다른 쪽에선 'I love 기무라 타쿠야'라고 적힌 플래카드를 흔들었다. 이에 대해 『조선일보』 2007년 12월 10일자는 다음과 같이 말했다.

"일본에서 '욘사마 열풍'이 식어가는 사이, 한국에서 일류 열기가 서서히 달아오르고 있다. 몇몇 스타에 의해 후끈 불이 붙었다가 꺼지곤 하는 한류와 달리 한국 내 일류는 10년이란 긴 세월 동안 드라마, 소설, 음반 등 폭넓은 장르에서 서서히 가열돼오다 꽃을 피우고 있다는 점에서 주목받고 있다. 밤을 새워 일드(일본 드라마)를 보는 '일드 폐인'이 생겨나는가 하면 한국 소설을 앞지르는 일본 소설이 등장했다.…… 일본 영화와 드라마가 한국에 개방된 2004년 1월 이후 한국에서 개봉한 일본 영화는 매년 꾸준히 늘어났다. 2004년 29편, 2005년 34편, 2006년 51편이 개봉됐다. 올해는 11월까지 81편의 일본 영화가 한국 팬을 찾았다. 영화에 등장하는 일류 스타들도 계속 얼굴이 바뀌면서 맥을 이어왔다. 세대교체에 성공한 것이다."[58]

〈대장금〉이 '최악의 드라마' 1위?

중국 내에선 한류에 대한 반감이 점점 더 커지고 있었다. 공산주의 청년단(공청단) 기관지인 『중국청년보(中國青年報)』는 2008년 1월 1일부터 중국의 대표적 포털 사이트인 시나닷컴, 넷이즈닷컴, 야후닷컴차이나와 공동으로 '가장 싫어하는 드라마'를 투표로 뽑는 이벤트를 벌였는데 2008년 1월 10일 〈대장금〉이 4만여 표로 1위에 올랐다. 드라마 품질을 개선해보자는 의도로 시작된 이벤트였지만 문제는 외국 드라마로는 유일하게 〈대장금〉을 조사 대상에 포함시켰다는 점이다. 이에 대해 『중앙일보』 2008년 1월 13일자는 다음과 같이 말했다.

"많은 중국 전문가는 '대표적 한류 드라마인 〈대장금〉을 의도적으로 흠집 내려고 한 것' 이란 의혹을 제기한다.…… 중국에서 한류가 확산되면서 중국의 일부 무책임한 대중문화계 인사들이 근거 없이 한류에 대한 혐오감을 퍼뜨리는 일이 있었다. 〈대장금〉과 〈허준〉 등 한국 드라마로 인해 중국의 전통의학인 중의(中醫)의 원조가 마치 한의(韓醫)인 것으로 왜곡되고 있다는 억지 주장을 폈다. 이런 배경 때문에 『중국청년보』가 흥분하기 쉬운 네티즌을 동원해 한류에 대한 견제심리를 노골적으로 드러낸 것이라는 분석도 나온다." [59]

『중앙일보』 2008년 1월 31일자에 따르면 "최근 『중국청년보』가 〈대장금〉을 조사 대상에서 뺀 것으로 확인됐다. 늦었지만 다행스러운 일이다. 그러나 비중 있는 언론사가 양 국민의 우호 관계에 금이 갈 만한 엉뚱한 행동을 하고도 독자에게 아무런 해명도 없이 슬그머니 꼬리를 내려 뒷맛이 개운찮다. 잘못된 점이 있다면 솔직하게 반성하고 바로잡는 것이 올바른 언론의 길이 아닐까." [60]

일본의 한류 열풍도 썰렁해졌다. 『한겨레』 2008년 1월 28일자에 따르면 "일본 지상파에서 현재 한류 드라마를 방영하는 데는 아무 곳도 없다. 2004~2005년 거센 한류 드라마 거품은 거의 빠졌다. 판에 박은 이야기구조로 공장에서 상품처럼 찍어내고 촬영 당일 허겁지겁 '쪽대본' 이 배우들에게 전달되는 날림제작으로는 시청자들의 마음을 빼앗을 수 없다. 국경을 떠나 드라마는 생생한 인간 탐구가 전제되지 않으면 재미가 없다." [61]

한류에 대한 반감은 한국 내에서도 제기됐다. 대중음악평론가 성기완은 "2007년 한 해를 돌아보니 한류가 뜸해졌다. 한류가 아시아를 어떻게 한다느니 떠드는 말이 지겹고 한심했는데, 참 잘됐다. 경기 고양시 일산의 허허벌판에는 '한류우드' 라는 단지까지 있다. 그 자체로 코미디다. 한류 생산 업체가 입주하는 공단쯤 되나" 라면서 다음과 같이 말했다.

"한류 드라마의 스타일을 한마디로 표현하라면 유치하다는 거다. 미끈한 주인공이 목도리 두르고 기억상실에 사랑 쇼하는 드라마. 그런 드라마들이 일본 아줌마들을 휘어잡았다는 게 어이없는 거지 뭐 그리 대단한가. 호소력의 포인트는 뻔하다. 대놓고 유치해주니까 짜릿한 거다. 노래도 그렇다. 한류랍시고 중국이나 베트남 같은 곳을 돌아다니는 음악들은 공장에서 찍어낸 것처럼 반반하기만 하고 아무 매력도 없다. 미소년 미소녀들 뽑아다 합숙시켜서 제작자가 원하는 그대로 뽑아내는 표준생산 시스템 아이돌 밴드의 판에 박힌 음악들이 한류의 라벨을 붙이고 팔린다는 게 인디 밴드를 하는 사람 처지에서 늘 창피했다. 한국에는 그런 인형 같은 가짜 음악만 있다고 외국 사람들이 생각할 것 같아서다. 근본적인 발상의 전환이 필요하다. 중요한 것은 파는 게 아니라 소통하는 것이다. 남의 나라에서 내 나라 문화상품이 잘 팔리는 거야 좋지만 그 땅에 원래 존재하던 문화를 몰아내고 그 자리에 한류가 난입하기를 원하는 건 제국주의적 발상이다. 무엇보다도 소통과 공감의 장으로 한류를 설정해야 한다."[62]

물론 위와 같은 주장은 아름답긴 하지만 소수파의 의견이었다. 한국인의 절대 다수는 '소통과 공감' 보다는 한류를 산업으로 보는 것이 당연하다는 입장이었다. 2008년 4월 11일 한국국제경영학회(회장 이동기 서울대 교수)는 서울 명동 은행회관에서 21세기 문화의 시대를 맞아 문화 콘텐트 산업의 글로벌라이제이션에 대해 논의해보는 심포지엄을 열었다. 이 심포지엄에서는 2007년 무역의 날에 문화공연 업계로는 최초로 100만 달러 수출탑상을 수상한 코믹 넌버벌 퍼포먼스 〈점프〉, 2007년 미국 극장가에 개봉돼 1000만 달러를 벌어들인 영화 〈디워〉, 2007년 10월까지 DVD, 출판 등 부가상품 판매만으로 350억 원의 수입을 올린 드라마 〈태왕사신기〉의 사례를 집중분석했다. '맞춤 한류상품' 이 해외 시장서 통했다는 결론이 내려졌다.[63]

2008년 6월 한국방송영상산업진흥원이 국제문화산업교류재단(이사장 신현택)의 의뢰를 받아 발표한 「한류의 지속적 발전을 위한 종합조사연구」 보고서는 "한류도 나라별로 차별화를 하자" 는 처방을 내렸다.[64]

왜 중국 여자는 장동건, 일본 여자는 배용준에 죽나?

2008년 7월 중국 전문 채널인 중화TV가 베이징, 상하이 등 중국 8개 도시 20대 대학생 및 대학원생 800명을 대상으로 조사한 결과 중국 20대가 좋아하는 남자 배우는 장동건(24.4%), 원빈(15%), 이준기(12.5%), 송승헌(9.9%), 배용준(9.4%) 순으로 나타났다. 이 조사 결과와 관련, 파티마의원장이자 성형미학칼럼니스트인 남궁설민은 "왜 중국 여자는 장동건에 죽고 일본 여자는 배용준에 죽는가" 라는 의문을 제기하면서 다음과 같이 설명했다.

"요즘 젊은 세대들은 다르지만, 시커먼 숯덩이 눈썹에 눈을 부릅뜨며 배를 내밀고 힘주어 툭툭 던지듯 말하는 것이 사나이답다고 여기며 여자를 우습게 여겨온 일본 남자들이다. 그래서 그녀들은 부드럽고 상냥한 남자, 여자를 위할 줄 아는 배려심 많은 남자에 녹아버리고 만다. 배용준이 바로 이런 이미지이기에 그는 일본 여성의 마음을 사로잡을 수 있었다. 얼음도 녹일 것 같은 미소, 한없이 따뜻해 상대의 모든 것을 받아줄 것 같은 시선을 그녀들은 여성을 존중하고 배려하는 이상적인 남성의 모습으로 받아들인다. 차분하면서도 차갑지 않고 고상함 속에 열정을 드러내는 그의 외유내강은 열정이 부족하고 사랑의 감성이 부족한 일본 남자들에 비해 훨씬 매력적일 수밖에 없다. 또한 요란하고 화려한 것을 그다지 좋아하지 않는 일본인들에게 배용준의 모노톤 이미지는 튀지 않으면서도 세련된 아름다움으로 다가갔다."

반면 중국은 어떤가? "담담한 것을 좋아하는 일본인과 달리 중국인들은 화려하고 스케일 큰 것을 좋아한다. 중국 여성들은 이런 대륙적인 취향이 있는데다 남자에게 눌려 산 한이 없어 차분하고 기품 있는 미남보다 멋지고 선이 굵은 남자를 선호한다. 여자에게 쩔쩔매는 남자를 많이 봐온 탓인지 '나 잘났소' 하고 어깨에 힘주는 영웅적 미남이 그녀들에겐 더 어필한다. 그래서 서구적인 미남형의 대명사인 장동건 같은 스타가 먹히는 것이다. 이목구비가 뚜렷한 조각 같은 마스크에 약간 오만한 표정이 깃든 그의 이미지는 결코 평범하지 않다. 때문에 오종종하게 좁은 무대보다는 대형 무대가 더 어울리는 배우다. 다들 장동건을 미남이라고 인정하지만 한국인들에게 그는 약간 부담스러운 외모의 남자인 것이 사실이다. 하지만 중국인들에게 류더화를 닮은 그의 선 굵은 얼굴은 전혀 부담스럽지 않다. 그는 자신에게 맞는 넓이의 땅을 만난 셈이다. 그의 부리부리한 눈매와 높은 콧날이 주는 호방한 인상은 과장된 정서로 포장한 화려한 이야기에 감흥을 느끼는 중국인들의 취향에 맞는 것 같다. 일본인들이 좋아하는 예민한 얼굴은 중국에서는 먹히지 않고 대륙풍의 무신경한 얼굴은 일본인들이 좋아하지 않는다."[65]

바로 이런 이유 때문에 2007년 국내에서 방송돼 시청률 35.7퍼센트까지 기록한 MBC 판타지 사극 〈태왕사신기〉가 일본에서 재미를 보지 못한 걸까? 이 드라마는 일본을 뒤흔드는 한류 스타 배용준이 주인공 광개토왕 역을 맡았고 〈모래시계〉의 콤비 김종학 프로듀서와 송지나 작가가 힘을 합쳤다는 점에서 국내에서의 성공 못지않게 일본에서도 대단한 성과를 얻을 것으로 기대됐지만 결과는 딴판이었다. 일본 NHK 지상파를 통해 매주 토요일 밤 11시에 방영된 〈태왕사신기〉의 2008년 9월 27일 종영을 앞둔 시점의 시청률은 7퍼센트 안팎이었다. 배용준 신드롬의 근간인 〈겨울연가〉가 20퍼센트 이상 시청률을 기록했다는 점을 감안하면 성공했다고 보기 어려운 수치였다.

일본인들이 〈태왕사신기〉에 대해 가장 먼저 언급하는 아쉬움은 "너무 어렵고 복잡하다"는 점이었지만 배용준의 이미지 변신도 부정적으로 작용했다. 일본 연예기획사 호리 프로의 노무라 다이스케는 "배용준이 안경을 벗고 말을 탄 채 적들과 싸우는 영웅으로 변신하니까 좀 어색하다"며 "많은 일본 주부들은 배용준에게서 여전히 순수한 사랑의 이미지를 기대하고 있다"고 말했다. 대중문화평론가 후루사 마사유키도 "일본에서 소비되는 배용준의 이미지는 여전히 〈겨울연가〉의 준상"이라며 "영화 〈스캔들〉, 〈외출〉도 그래서 예상보다는 부족한 흥행 성적을 올렸던 것"이라고 말했다. 그러나 배용준에 대한 일본 내 팬덤은 여전해 2008년 6월 일본 오사카 교세라돔에서 열린 '태왕사신기 프리미엄 이벤트'엔 배용준을 보기 위해 3만 5000여 명의 팬들이 몰렸다.[66]

'원 소스 멀티 유스' 전략

한국방송영상산업진흥원의 「2008년 방송프로그램 수출입 현황」 보고서에 따르면 2008년 국내 방송프로그램 수출액은 총 1억 8016만 8000달러로 2007년의 1억 6258만 4000달러에 비해 10.82퍼센트 증가하는 데 그쳤다. 1998년 이후 프로그램 수출이 매년 평균 27.8퍼센트 수준으로 증가해온 것에 비하면 상대적으로 낮은 수준이었다. 방송프로그램 수출액 증가율은 2005년 72.8퍼센트를 기록하는 등 호황을 누렸지만 2006년 증가율 19.6퍼센트, 2007년은 10.05퍼센트에 머물렀다. 수출 대상국은 일본이 7911만 3000달러(68.4%)로 가장 비중이 높았고 대만 776만 9000달러(6.7%), 미국 602만 5000달러(5.2%) 순으로 나타났다. 반면 방송프로그램 수입액은 2007년보다 32.3퍼센트 감소한 2184만 7000달러로 나타났다. 미국 드라마가 전체 수입량의 44.5퍼센트를 차지했고 영화의 점유율(16.85%)은 급격히 줄었다.[67]

한국콘텐츠진흥원(KOCCA)의 「드라마 제작 · 유통의 현재와 진흥 방향」 보고서에 따르면 2008년 해외프로그램 수출에서 드라마가 차지하는 비중은 금액으로 1억 500만 달러(91%), 편수로는 3만 3000편(80%)으로 다른 분야를 압도했다. 보고서는 그러나 드라마 외주제작사는 파행적인 제작비 조달구조와 만성적인 적자 제작으로, 방송사는 자체 제작 기회 축소로 각각 제작 시스템의 붕괴 위기에 직면해 있다고 지적했다.[68]

2008년 11월 24일 문화체육관광부는 '100년 감동의 킬러콘텐트 육성 전략'을 발표했다. 앞으로 5년간 만화, 애니메이션, 캐릭터, 문화 콘텐트 인력 양성에 4100억 원을 투입하기로 했다. 유인촌 장관은 "앞으로 5년 안에 세계 5대 콘텐트강국에 드는 것이 목표"라며 원 소스 멀티 유스(one source multi use) 제작 지원 강화에 힘을 쏟겠다고 강조했다. 이에 『중앙일보』는 「'100년 감동의 문화강국' 을 위하여」라는 제목의 기획 기사(3회 연재)에서 다음과 같은 사례를 들어 원 소스 멀티 유스의 중요성을 강조했다.

"드라마 〈겨울연가〉를 일본에 팔아 KBS가 번 돈은 270억 원. 적지 않은 돈이다. 그런데 〈겨울연가〉로 일본도 돈을 벌었다. 그것도 그 40배가 넘는 1조 2000억 원이다. 드라마가 인기를 끌기 시작하자 DVD, 사진집, 액세서리 등 관련 상품이 계속 쏟아져나오며 원 소스 멀티 유스의 힘이 제대로 발휘된 것이다. 하지만 당시 KBS는 일본 NHK에 부가 판권까지 함께 파는 바람에 추가 수입을 얻지 못했다."[69]

잘 만들어진 하나의 문화 콘텐트를 다양하게 활용한다는 뜻의 원 소스 멀티 유스는 수년 전부터 '콘텐트 강화 전략' 에 반드시 등장하는 말이 됐다. 일명 창구 효과(window effect)라고도 한다. 미디어산업은 생산물의 배포에 있어서도 '규모의 경제' 가 존재하는데, 이것을 '범위의 경제(economies of scope)' 라고 한다. 범위의 경제는 창구 효과를 통해 실현된다. 창구 효과란 하나의 프로그램을 서로 다른 시점에서 서로 다른 채널을 통해 공급하여 프로그램의 부가가치를 높이는 전략적인 배포 방식을 의미한다. 예컨대 한 번 방송된 지상파 방송프로그램은 이후 케이블티브이 · 위성 방송 · 지역민방 · 인터넷 · 비디오 · DVD · 해외 수출에 이르기까지 지속적으로 활용될 수 있다. 또 게임 · 음반 · 캐릭터 등과 같은 부가산업이나 드라마 촬영지의 관광상품화까지도 활성화시킨다. 바로 이런 창구 효과를 통해 프로그램은 각 미디어의 성격에 맞게 변형되고 계속 재활용돼 하나의 프로그램을 효율적으로 이용할 수 있게 되는 원 소스 멀티 유스의 구조를 갖게 되는 것이다.[70]

'B급달궁' 이라는 인터넷 만화작가의 『다세포 소녀』는 원 소스 멀티 유스의 전형적 예를 제공한다. 가상공간에서 발표된 『다세포 소녀』는 현실 공간에서 단행본으로 출간됐고 소설로도 다시 만들어졌다. 이재용 감독에 의해 뮤지컬 스타일로 새롭게 영화화됐고 영화음악 앨범도 출시됐다. 또 케이블티브이로도 제작되고 만화 속의 여주인공이 늘 갖고 다닌 '가난 인형' 은 캐릭터 상품으로 만들어졌다. MBC 드라마 〈대장금〉이 뮤지컬과 애니메이션으로 제작되고 허영만 원작 만화 『식객』, 『타짜』가 드라마와 영화로 만들어진 것도 좋은 예다. 이와 관련, 하재봉은 "정보화 사회의 문화 생존법인 원 소스 멀티 유스의 전략은 필연적으로 퓨전문화를 잉태시킨다. 하나의 소스를 각각 다른 모습으로 탈바꿈시키면서 뒤섞임이 발생하는 것이다"라고 말했다.[71]

'스타의, 스타에 의한, 스타를 위한' 한류

'원 소스 멀티 유스' 전략도 좋지만 그 이전에 문제가 된 것은 하늘 높은 줄 모르고 치솟는 스타의 몸값이었다. 특A급 연기자의 회당 출연료는 2002년만 해도 500만 원 정도에 불과했지만 송승헌이 회당 7000만 원, 이정재 5000만 원, 최지우 4800만 원 등으로 5년 만에 10배 이상 뛰었다. 급기야 한국드라마제작사협회는 2008년 12월 11일 드라마 〈쩐의 전쟁〉 4회 연장분 출연료로 회당 1억 7050만 원을 요구한 배우 박신양에 대해 무기한 출연정지를 결의했다.

스타 개런티의 문제는 이미 2005년 6월 영화계에서도 큰 논란이 된 사안이었다. 당시 잘나가는 어느 스타를 향해 "돈 너무 밝히지 마세요"

라고 면전에서 충고했다는 어느 젊은이의 행태가 말해주듯 이른바 '스타 권력' 에 대한 문제 제기는 포퓰리즘 성향이 농후했다. 정작 문제 삼아야 할 극장 체인을 가진 대기업 자본의 '스타 선호' 와 부율(수익분배 비율) 문제 등 핵심은 비켜간 채 스타의 '인간성' 문제가 부각되는 어이없는 일이 벌어진 것이다.

스타가 한류의 원천이었음을 어찌 부인할 수 있으랴. 수원대 교수 이문행의 2005년 실증적 연구 결과에 따르면 "해외 창구에서 최다 판매되거나 높은 수익을 창출한 드라마는 주로 남녀 간의 애정을 주제로 다루고 한류 스타를 내세운다는 공통점을 지니고 있다는 것을 알 수 있다. 실제로 해외 판매를 담당하는 담당자들은 이러한 한류 현상을 지속시키기 위해서 기존의 한류 스타를 통한 스타마케팅 강화와 함께 새로운 한류 스타 발굴의 필요성을 지적하고 있다."[72]

문제의 핵심은 스타의 '탐욕' 이 아니라 투기 바람까지 몰아친 시장 상황과 그에 따른 변태적 시장 논리였다. 이와 관련, 김진웅 선문대 교수는 "히트 상품은 〈겨울연가〉와 〈대장금〉밖에 없었는데 드라마만 만들면 해외에 나가 '대박' 을 낼 수 있다는 전제를 깔고 투기하듯 몸값 경쟁을 벌였다" 며 "이들 때문에 제작비가 오르다 보니 각종 간접광고와 협찬까지 끌어와 자본을 투자해놓고 적자를 내는 일이 반복됐다" 고 말했다.[73]

한류 바람이 약해지자 스타의 개런티에 이어 새삼 드라마의 스토리 구성까지 비판의 도마 위에 올랐다. 이마저 스타 탓으로 돌려졌다. 드라마 제작사들의 소위 '주연 배우 올인' 이 드라마의 질적 경쟁력을 떨어뜨렸다는 것이다.

『조선일보』 2008년 12월 22일자에 따르면 "한류가 붐을 이루는 동안 국내의 연관산업인 조명이나 소도구, 미술, 조연 등에 대한 투자는 오히려 후퇴했다. 일선 제작 현장에서는 스타급 출연자의 출연료를 대기 위해 조연급 배우의 비중과 출연 횟수를 줄여야 했다. 제작사 스태프로 활동한 뒤 임금을 받지 못하는 사례도 속출했다. 이는 결국 드라마 전반의 질적 저하로 이어졌다. 외국 바이어들은 이미 오래전부터 '한국 드라마는 불륜과 배신, 출생의 비밀 등 동일 패턴에 따른 식상한 구성뿐이고 스토리텔링 기능이 현저히 떨어진다'는 불만을 표시해왔다. 하지만 이런 기형적 제작 시스템은 개선되지 않았다."[74]

지상파 방송사들까지 대형 스타에 쩔쩔매는 모습을 보였다. 강명석은 "송승헌은 한류 스타다. 그가 군대에서 제대할 당시 수많은 일본 팬들이 그의 제대를 지켜봤고 MBC 〈에덴의 동쪽〉은 그로 인해 일본 수출 협상이 진행되고 있다. 이것은 요즘 그의 이름이면 무엇이든 가능하다는 뜻이다"라며 다음과 같이 말했다.

"〈에덴의 동쪽〉에서 이다해는 원래 송승헌과 사랑에 빠지기로 했던 자신의 캐릭터가 크게 달라지자 스토리 수정을 요구하다 도중하차했다. 반면 송승헌은 원래 시놉시스와 달리 한 여자만을 사랑하는 남자로 남고 싶다는 의사를 제작진에게 전달, 이를 관철시켰다. 또한 MBC는 공동수상이라는 무리수를 두면서까지 김명민과 송승헌에게 2008 연기대상을 수여했다. 송승헌이 대상을 원한다고 했을 리는 없지만 MBC 입장에서 높은 시청률을 기록할 뿐만 아니라 해외 수익을 기대케 하는 한류 스타를 챙기지 않을 수 없었을 것이다."

이어 강명석은 "MBC 〈궁〉의 황인뢰 프로듀서가 '내수만으로는 드라마로 수익을 내기 어렵다'고 할 만큼 국내 경기는 침체되고 해외 수출 비중은 늘어날 대로 늘어난 한국 대중문화산업에서 한류 스타는 무엇이든 할 수 있는 '절대반지' 다. SBS 〈스타의 연인〉에 최지우가 출연한다는 이유만으로 일본에서 투자가 들어오듯, 한류 스타가 움직이면 못할 것이 없다" 며 다음과 같이 말했다.

"하지만 문제는 이 절대반지의 힘 때문에 시장의 룰이 왜곡될 때다. 어떤 드라마는 한류 스타의 출연으로 인해 일본의 한류 팬에게만 통할 구시대적인 작품이 됐고, 어떤 한류 스타는 국내 활동 없이 한류 스타라는 타이틀만으로 스타 행세를 한다. 한류 스타로 돈은 벌되 오히려 한국인이 즐길 콘텐츠는 줄어드는 상황이 될 수도 있는 것이다. 불황은 깊어지고 돈을 벌게 만들어줄 스타의 숫자는 줄어들었다. 그리고 모두가 한류 스타를 쳐다본다. 이런 상황에서 그들의 선택은 무엇일까. 마음껏 업계를 휘저을까, 아니면 산업에 도움이 될까. '절대반지'를 가진 그들의 선택이 궁금하다."[75]

기획사 · 여행사의 '악덕 상혼'?

2008년 12월 일본을 찾아 한류 퇴조 원인을 분석한 이태희에 따르면, 우선 '악덕 상혼' 이 꼽혔다. 일본인 관광객 가이드 생활을 8년째 해온 이재은은 "기획사와 여행사가 일부 한류 스타들의 뻔한 스토리의 팬미팅을 1만 5000~2만 엔(22~30만 원)씩 받고 계속 판매하고 있다" 며 "부실한 내용에 질린 이들의 마음이 떠나는 것은 당연하다" 고 말했다. 열혈 한류 팬이었던 가에코의 이야기. "팬미팅이라고 가보면 이벤트로 노래 몇 곡과 춤 솜씨를 보여주고 그간 일본과 한국에서의 활동을 동영상으로 보여준다. 그리고 꼭 자신의 어머니 이야기를 하면서 눈물짓는다. 그때 팬미팅에 참석한 40~50대 여성들은 모두 같이 울기 마련이다. 그리고 당첨된 몇몇 팬들이 앞에 나가 포옹을 하거나 사진을 찍는다. 이게 끝이다. 딱 1시간 30분 정도다. 이런 내용이 해마다 똑같이 반복되니까 1만 5000엔이나 주고 참석할 이유를 못 느낀다."

그래도 희망은 있다는 분석도 나왔다. 문화 콘텐츠 에이전시인 브레인즈 네트워크의 안성민 사장은 "노래나 드라마 등 대중문화 측면에서만 보면 한류는 분명히 마니아 시장으로 위축됐지만, 음식이나 패션 등 생활 속에서는 한류가 더 깊고 풍부해지고 있다"고 지적했다. 일본인들의 한국 여행 덕분이었다. 안성민 사장은 이런 전망을 내놓았다. "일본의 문화구조를 이해하면 한류를 지속시킬 방법을 알 수 있다. 일본 방송은 10대와 20대만을 위한 방송, 특히 드라마를 주로 만들기 때문에 30대 이상의 성인들이 볼 드라마가 없다. 이들이 한국 드라마에 열광하는 것은 이런 이유 때문이다. 일본을 제대로 이해한다면 일본에서 제2의 거센 한류 바람이 부는 건 시간문제일 것이다."[76]

한류 바람이 일본에선 약해지고 있는 반면 중동, 인도, 동남아시아에선 거세지고 있었다. 방송통신위원회의 이용석 국제협력기획과장은 "술을 마시지 않아 특별한 밤 문화가 따로 없는 중동 사람들은 대체로 밤에 가족들끼리 텔레비전을 많이 보는 편"이라며 "할리우드·터키 드라마 등과 함께 한국 드라마를 주로 보는데, 제작 기술이 뛰어나고 이야기 전개가 극적이라 인기가 많다"고 말했다.[77]

2008년 12월 인도 동북부의 나가랜드에서 열린 '코리아-인디아 뮤직페스티벌'의 한 장면을 보자. "이날 행사의 '히어로'는 한국인 가수. 톱가수는 아니지만 '일락'이 무대에 오르자 관객들은 '한국 연예인이 왔다'는 사실에 고무된 듯 '일락', '일락'을 목청껏 외쳤다. 일락이 빠른 템포의 율동을 선보이자 '꺄아악' 자지러지는 소리가 일제히 터져 나왔고 일부 10대들은 일락의 땀방울까지 보려는 듯 무대 앞에 쳐놓은 1미터의 철책을 넘었다. 졸지에 '월드 스타' 로 등극한 일락이 노래 4곡을 부르고 행사장을 빠져나가자 소녀 팬들은 '폰넘버(전화번호)', '폰 넘버' 를 외치며 승용차를 따라갔다."[78]

2009년 2월 태국의 '까올리 피버' 를 보자. '까올리' 는 한국을 뜻하는 타이어, 여기에 열병이라는 뜻의 영어 '피버' 를 더하니 타이판 한류 '한국 열풍' 이다. 방콕 중심가 시암의 쇼핑센터 MBK 센터에서 아시아 영화 · 드라마 DVD와 음반을 파는 가게 MBK 무비에 진열된 대부분의 음반과 DVD는 한국산이었다. 가게 주인인 완다는 "우리는 아시아 전문 가게인데 팔리는 물건 가운데 한국 영화 · 드라마 · 노래가 70퍼센트에 이른다" 고 말했다. 그 밖에 일본산이 20퍼센트, 중국산이 10퍼센트를 차지한다고 했다. 까올리 열풍은 문화상품뿐만이 아니라 화장품 같은 뷰티 · 패션상품의 인기로 이어져 한국 하면 '아름다움' 을 떠올리는 현상까지 벌어졌다.[79]

'일류' 에 사로잡힌 한국의 젊은이

그렇지만 전 세계를 놓고 보자면 한류 위에 일류가 있는 것처럼 보였다. 미국 일간 『크리스천 사이언스 모니터』 2008년 12월 15일자는 일본 대중문화가 세계 곳곳으로 퍼지면서 미국 중심의 문화적 헤게모니 지형이 바뀌고 있다고 보도했다. 20년 전만 해도 일본은 첨단기기 수출을 내세운 '경제동물' 의 이미지가 강했지만 이젠 일본의 만화, 패션,

음식 등 다양한 문화 콘텐츠가 세계 시장을 사로잡는 등 '소프트 파워'로 무장한 문화강국으로 부상했다는 것이다. 2007년 프랑스에서 발간된 외국 만화책 중 64퍼센트는 일본 작품이었고, 미국의 일본 만화 매출액은 같은 기간 2억 1000만 달러를 넘어섰다. 또 각국에서 일본어를 공부하는 사람은 2006년 약 300만 명으로 1990년에 비해 3배가량 늘었다. 일본 정부는 해외 주재 대사관 홈페이지나 안내 책자에 만화 형식을 도입하는 등 대중문화의 인기를 국가 홍보에도 적극 활용하고 있으며 2008년 7월엔 국가 브랜드를 높이는 동시에 수익도 창출하겠다는 계획을 세우고 만화, 패션 등 일본 문화 콘텐츠를 뜻하는 '쿨 재팬(매력적 일본)'의 산업화 지원 방안을 발표하기도 했다.[80]

한국도 소리 소문 없이 '일류'의 강력한 영향권 안에 놓여 있었다. 2009년 2월 현재 음식업중앙회에 등록된 일식집은 1만 2645곳으로, 어느덧 양식집(1만 4810곳)을 얼추 따라잡았다. 먹을거리뿐만 아니라 입을 거리와 놀 거리 등 삶의 모든 영역에서 일본문화를 향유하는, 이른바 '니폰필(Nippon Feel)'에 열광하는 이들이 폭발적으로 늘었다. 한때 부정적 의미로 통용되던 '오타쿠(광적 마니아를 뜻하는 일본어)'는 어느새 전문가 뺨치는 식견을 갖춘 아마추어를 지칭하는 용어로 바뀌었다. 이와 관련, 『시사 IN』(2009년 3월 16일)은 다음과 같이 말했다.

"한때 '한류의 식민지'처럼 여겼던 일본 연예계의 공세도 위협적이다. 일본 연예계를 이해하려면 먼저 '자니스'라는 세 글자를 기억해야 한다. 자니스란 뮤지션이나 영화배우의 이름이 아니다. 1965년 설립된 일본 최대 연예기획사다. 우리로 따지자면 'SM엔터테인먼트' 같은 연예기획사인 셈인데, 남성 연예인만 양성하는 게 특징이다. SM 역시 자니스를 롤모델로 삼아 출발했다. '소년대', '히카루겐지', 'SMAP',

'V6', '아라시' 등 시대를 풍미한 일본 아이돌 그룹이 모두 자니스 소속이다. 2008년 11월 서울 올림픽공원에서 열린 아라시 내한 공연 때는 예매 30분 만에 좌석 2만 개가 매진돼 행사 관계자들을 깜짝 놀라게 했다. 국내 자니스 팬층의 실체를 확인한 순간이었다. 자니스 팬들은 일본 마니아 중에서도 가장 충성도가 높다. 이들은 매년 일본으로 정기 여행을 떠난다.…… 일본정부관광국(JNTO) 통계에 따르면 2008년 일본을 찾은 한국인은 총 238만 3000명이다. 전체 외국인 여행자 중 28.5퍼센트로 단연 1위다. 타이완(139만 명 · 16.6%), 중국(100만 명 · 12.0%)과 비교해도 큰 차이다."[81]

왜 한국인들, 특히 젊은이들은 일본을 찾는 걸까? '일빠'를 자처하는 한 젊은이는 "어떤 이는 음악 · 영화 · 책으로만 접하다 일본에 직접 가보면 실망할 거라고 했다. 다 환상이라고 했다. 그러나 2박 3일 짧은 일본 여행을 하는 동안 나는 해독된 기분이었다. 다른 이와 얽히고설켜 사는 것을 미덕으로 삼는 정의 문화에서 벗어났기 때문이다"라며 다음과 같이 말했다.

"온천에서 본 일본 할머니는 어떤 한국 사람이 별 미안함 없이 로션을 빌려 쓰자 언짢은 표정을 지었다. '그런 게 좋아 보이느냐'라고 반문할 수도 있지만 적어도 그 할머니는 남에게 언짢은 일을 하지 않는 예민함을 지녔다. 1990년대 후반에는 일본 가수를 좋아한다고 말하면 더 이상 대화가 진행되지 않았다. 그야말로 '마니아'의 전유물이었기 때문이다. 요즘은 그다지 문화적 소양이 없는 사람과도 일본문화에 대해 대화가 가능한 걸 보며 일본문화의 양적 · 질적 성장을 체감한다. 한국에서도 온전한 '나'를 원하는 사람이 그만큼 많아졌다는 증거다. 일본 여행까지는 못 가도 잡지나 사진집이라도 맘껏 사 보기 위해 나는 오늘도 환율이 내리기만 기다린다."[82]

2009년 5월 16일 오후 5시 30분 서울 광장동의 공연장 '멜론 악스' 앞에 20대 여성이 일본어로 된 하트 모양 피켓을 들고 있었다. 내용은 '엔도 씨 결혼합시다.' 이 여성은 이날 이곳에서 공연하는 일본 밴드 'JAM Project' 의 팬이고 엔도 마사아키는 이 밴드의 멤버다. 이날 이 록 밴드의 내한 공연장을 찾은 관객은 절대다수가 20대(70%)와 30대(18%)였으며 40대 이상이 7퍼센트, 10대는 5퍼센트였다. 공연 내내 관객들은 형광봉을 흔들며 노래에 호응했다. 리듬에 맞춰 몸을 날리는가 하면 쉬지 않고 노래 가사를 일어로 따라 불렀다. 밴드 멤버 오쿠이 마사미는 "일본 공연 때 일본 팬들이 후렴구를 따라 부르는 경우는 봤어도, 모든 노래를 처음부터 끝까지 다 부르는 건 한국 팬들뿐"이라고 했다.[83]

'21세기 동아시아의 대중문화 형성'

2009년 2월 한국동남아학회와 아세안대학네트워크(AUN, ASEAN University Network)가 태국 왕립 부라파대에서 공동개최한 '21세기 동아시아의 대중문화 형성: 혼종화(hybridization) 또는 아시안화(Asianization)' 국제 세미나에선 한류의 긍정적·부정적 영향과 전망 등을 다룬 6편의 논문이 발표됐다.

베트남 호치민사회과학인문대의 응오티프엉티엔 교수는 「한국 드라마(영화)가 베트남 시청자(관객)에게 미친 영향」이라는 논문에서 "10여 년 전 베트남 텔레비전에서 방영되기 시작한 한국 드라마는 단순한 엔터테인먼트가 아니라 '정신적인 식단(spiritual menu)' 이 됐다" 고 밝혔다. 그는 한국 드라마의 영향은 최근 베트남 제작자들이 표절 논란이 일 만큼 유사한 드라마를 만들 정도라고 했다. 베트남 소녀들이 한국 남성과의 결혼을 선망하게 되면서 2001년 134건에 불과했던 베트남 여성과 한국 남성의 결혼은 2008년 초 모두 2만 5000여 건으로 늘었다.

런던대 골드스미스칼리지의 켈리 푸쑤인(Kelly Fu Su Yin, 박사과정)은 싱가포르의 한류를 분석한 논문 「정치 · 이념적 영역이 배제된 미디어 이미지 영역: 싱가포르의 한류」에서 "싱가포르의 한류는 '한국적인 것' 이라기보다 큰 틀의 중국문화로서 소비되는 경향이 강하다" 고 말했다. 한국 드라마와 영화 등이 언어 장벽 때문에 홍콩과 대만에서 중국어로 더빙되거나 자막이 입혀져 들어오는 경우가 많아 중국문화의 일부로 인식된다는 것이다. 그는 한국 정부 등에서 한류와 함께 해외에 한국어를 알리는 데 관심을 기울여야 한다고 강조했다. 2000년 드라마 〈가을동화〉가 방영되면서 한류가 본격화됐는데도 8년 뒤에야 싱가포르국립대에 한국어 교육프로그램이 마련된 것은 한국이 한국어를 알릴 기회를 살리지 못한 경우라고 지적했다.

해외 학자들 중에는 한류가 아시아문화 시장을 장악하기 위한 방편의 하나가 아니냐는 우려도 나왔다. 우본랏 시리유와삭 태국 쭐랄롱꼰대 커뮤니케이션학부 교수는 「문화산업과 아시아화: 새로운 '상상된' 아시아 경제」에서 "한국 대중문화의 특징 중 하나는 아시아적인 것으로 포장하는 것인데 이는 아시아 지역 간 문화산업 교류에서 더 많은 몫을 차지하기 위한 현지화 작업" 이라고 밝혔다. 그는 "한류가 표방하는 '아시아의 얼굴(Asian Face)' 에는 한국의 민족주의와 역사적인 거만함이 숨어 있다" 며 "특히 〈주몽〉 같은 역사 드라마는 중국 등 다른 나라들과의 역사를 한국적인 입맛에 맞게 포장해 한국의 영웅 신화를 수출하고 있다" 고 했다.

심두보 성신여대 교수는 「포스트 한류 시대를 대비하며」라는 논문에서 "한류는 품질이 높아진 한국 문화상품에 대해 국제 시장이 호의적으로 반응한 데 따른 것인데도 정부의 정책적인 육성을 공개리에 강조함에 따라 외국의 반발을 키워온 측면이 있다" 며 정부 지원 방식에 대한 재검토를 주문했다. 그는 또 " '민족' 과 '우리' 중심으로만 한류를 볼 것이 아니라 다른 문화를 포용하고 어울리는 유연함이 중요하다" 며 "한류를 위해서도 문화적 다양성에 대한 교육이 필요하다" 고 했다.[84]

'핵심 문화 콘텐츠 집중육성' 논쟁

2009년 4월에 출간된 『한류포에버』(고정민 · 김영덕 · 노중석 · 심상민 · 유승호 · 윤경우 지음, 국제문화산업교류재단)는 "한류가 한국에 열광하는 아시아인을 만든 유일한 현상" 이라며 한류가 지속되기 위해서는 콘텐츠 문제와 외국의 혐한류 감정을 극복해야 한다고 진단했다. 이를 위해 외국의 소비자를 사로잡는 스토리를 개발하고 게임이나 모바일 콘텐츠 등 비교적 문화적 장벽이 낮은 디지털 콘텐츠에 주력해야 한다고 제안했다. 또 한류 현상을 문화적 우월감이나 경제적 기회보다 문화 교류로 인식하고 현지 문화예술계와 공동 제작 및 공동 마케팅을 펼치는 것도 한류 지속 가능성을 높이는 길이라고 했다.[85]

2009년 6월 한국무역협회 국제무역연구원은 「문화 콘텐츠 산업 수출 현황과 활성화 방안」 보고서에서 2003년 60.9퍼센트에 이르던 문화 콘텐츠 산업 수출액 증가율이 2007년 13.1퍼센트까지 떨어졌다고 밝히면서, 그 이유로 '킬러 콘텐츠' 가 없는 점을 꼽았다. 과거 '욘사마' 배용준 등 인물에 국한됐던 한류가 핵심 콘텐츠 위주로 바뀌어야 시장 확대가 가능한데 그렇지 못했다는 것이다. 국제무역연구원은 정부 등 수출 정책 관련기관에 " '선택과 집중' 에 입각한 수출 전략" 을 주문했다.[86]

그러나 '핵심 문화 콘텐츠 집중육성' 에 대한 비판의 목소리도 나왔다. 2009년 7월 22일 국회를 통과한 미디어법은 국내 미디어의 글로벌 경쟁력을 내세웠지만 야당과 시민단체들이 미디어법을 재벌과 거대 신문사들의 미디어 장악을 초래케 할 '정치적 악법' 으로 규정하면서 뜨거운 논란이 벌어졌고, 이에 따라 '핵심 문화 콘텐츠 집중육성' 도 정치적 이슈가 돼버린 것이다.

2009년 8월 백원담 성공회대 교수는 "현 정부는 집권 당시 '소프트 파워가 강한 창조문화 국가' 를 표방했다. 그러나 192개 국정 과제 중 문화 관련 항목은 '핵심 문화 콘텐츠 집중육성 및 투자확대' 1개뿐이다. 문화 정책 비전이라는 것도 '문화예술로 삶의 질 선진화' 를 '콘텐츠 산업의 전략적 육성' 과 '체육의 생활화 · 산업화 · 세계화' 다음 항목으로 밀어놓았다. 선진화도 비루하지만 문화를 '국익(경제 회복을 통한 선진 일류국가 형성)' 을 위한 경제 가치로만 산정하는 것이다. 여기서 미디어 악법의 강행은 예정된 수순이었다" 며 다음과 같이 주장했다.

"방송법, 멀티미디어법, 신문방송겸업법으로 대기업과 신문사는 방송 운영에 전면 참여할 수 있고 자기 논리를 무한방출할 수 있다. 핵심 문화 콘텐츠 집중육성은 바로 조중동의 콘텐츠로 국민문화를 일색화하는 정책임이 차제에 확인된 것이다. 게다가 세계금융자본의 투자를 허용했으니 금융자본의 논리대로 신문방송을 이익 창출 구조로 상정한다면 문화경제는 쉽게 실현된다. 새 문화 콘텐츠들을 애써 만들 필요 없이 완성도 높은 미국과 일본의 문화상품들을 가져다 그대로 내보내면 될 터, 문화(수입)강국 대열에 올라서는 것도 시간문제인 것이다. 신문방송의 공익성 운운하는 불순 세력은 잡아넣으면 그만이고. 한류 10년, 포스트 한류는 감사의 기도 소리 일색으로 세계만방에 울려퍼질 것이다. '오늘도 이 지위와 재산을 지켜주시고 증식까지 해주시니 감사합니다, 하느님. 할렐루야 아멘!'"[87]

반면 황호택 동아일보 논설실장은 "민주당의 새 미디어법 반대투쟁은 미디어 산업의 미래를 내다보지 못한 근시안에서 비롯됐다. 관련 기술의 발전으로 매체 간 칸막이는 사라지고 텔레비전, 신문, 통신, 인터넷 케이블이 하나로 융합하고 있다"며 미디어법을 다음과 같이 옹호했다.

"새 미디어법은 방송 시장에 자유경쟁 체제가 도래함을 의미한다. 권력의 강제가 아니라 시장의 힘으로 일부 지상파 방송의 방만한 경영을 구조조정할 수 있다. 정부 여당이 종합편성 채널 선정을 신문에 시혜를 베푸는 것처럼 생각한다면 잘못이다. SBS가 출범하던 때와는 시장 상황이 판이하다. 새 미디어는 풍랑이 거친 '레드 오션'으로 뛰어드는 일대 모험이다.…… 종편 선정 절차에서는 정략(政略)을 배제하고 글로벌 미디어 산업 육성이라는 입법 취지에 충실해야만 한다.…… MB가 글로벌 경쟁력을 갖춘 미디어 산업을 키운 대통령으로 역사에 남을 수 있을 것인가. 그것은 새 채널의 탄생 과정에서 어떻게 문화산업의 틀을 짜주느냐에 달려 있다."[88]

"한류는 2.0 시대로 접어들고 있다"

2009년 9월 27일 일본에서 발매된 배용준의 수필집 『한국의 아름다움을 찾아 떠난 여행』이 사흘 만에 초판 5만 부가 매진됐다. 이 책의 소비자 가격은 2835엔(약 3만 7000원)이지만 인터넷 옥션 등에선 3~4배를 호가했다. 배용준은 출간 전 일본에서 6750만 엔(약 8억 원)의 저작권료를 받아 화제를 모았다.[89] 이에 고무된 『중앙일보』는 "〈겨울연가〉의 스타 배용준의 최근 행보는 새롭게 진화하는 한류의 가능성을 엿보게 한다"며 다음과 같이 말했다.

"아쉽게도 지난 몇 년간 한류 열풍은 주춤했던 게 사실이다. 2003년에 전년 대비 60퍼센트를 웃돌았던 드라마, 게임 등 문화 콘텐트 수출 증가율이 2006년과 2007년에 각각 11퍼센트, 13퍼센트에 그친 것만 봐도 알 수 있다. 애당초 한류가 해외에서 예기치 못한 채 시작되다 보니 우리 정부와 업계가 체계적으로 관리 육성하지 못한 탓이 크다. 한류가 돈이 될 뿐 아니라 국제사회에서 한국의 소프트 파워(매력)를 키우는 데에도 강력한 무기임을 확인한 만큼 이제라도 효율적인 발전 방안을 모색해야 한다. 몇몇 스타에게 기댈 게 아니라 경쟁력 있는 킬러 콘텐트를 지속 생산하는 시스템을 갖출 수 있도록 민관이 머리를 맞대야 한다."[90]

2009년 10월 12일 방송개혁시민연대 주최로 서울 세종로 세종문화회관에서 열린 '신한류 기반조성과 발전을 위한 전문가 토론회'에 참석한 송병준 그룹에이트 대표는 "불합리한 저작권 소유 구조가 한류의 발목을 잡고 있다"고 주장했다. '혐한류', '한류(寒流)'란 말이 생기는 등 드라마 한류가 역풍을 맞는 원인에 대해 송병준은 "지상파 3사가 장악한 경직된 유통구조가 문제"라고 지적했다. 그는 "방송사가 수출을 주도하다 보니 인기 드라마에 10년 전 드라마를 끼워 파는 일이 종종 일어난다"며 "해외 시청자가 이런 콘텐츠로 한국 드라마를 처음 접하면 식상하고 고루하다는 생각을 갖게 된다"고 했다.

드라마 저작권을 지상파 방송이 일방적으로 갖고 있으면서도 부가상품으로 활용하지 못하는 구조적 문제도 지적됐다. 송병준은 "한 드라마를 제작하며 주인공이 나오는 화보집용 현장 사진도 미리 촬영해 놓았다. 그러나 콘텐츠 저작권을 가지고 있던 방송사로부터 '원치 않는다'는 통보를 받았다"며 "이후 일본에서 화보집을 내자는 요청을 받자 방송사가 로열티를 주겠다며 비로소 콘텐츠를 요청해왔다"고 밝혔다. 이 프로젝트는 결국 무산됐다.

김진철 방송개혁시민연대 정책기획위원장은 해외 수출 시 외주제작사에 간접광고 편집권을 주자고 제안했다. 미국, 일본 등에선 간접광고 규제가 비교적 느슨한 편이므로 해외 판매 드라마의 경우 한국 드라마에서 노출하지 못한 광고를 끼워 넣는 것이다. 김진철은 "간접광고를 보다 적극적으로 넣을 수 있도록 정부에 정책 건의서를 제출한 상태"라며 "기업은 해외 홍보, 제작사는 제작비를 충당하는 '윈-윈' 방식"이라고 설명했다.[91]

2009년 11월 신승일 한류전략연구소장은 "이제 한류는 2.0 시대로 접어들고 있다"고 주장했다. "한류 2.0 시대엔 대중문화보다는 전반적인 한국문화가 콘텐츠가 되고 한류의 주체는 스타 위주에서 다양한 문화산업 종사자로 무게중심이 이동한다. 한류 스타와 콘텐츠, 한류 종사자와 현지 유통망을 아우르는 한류문화산업이 각광을 받고 한류 관광은 더욱 활성화할 것이다. 우리 문화를 체험하고 먹고 사고 아름다운 우리 강산을 보고자 하는 외국인이 늘수록 한류문화산업에 종사하는 저변 인구는 급격히 늘어날 것이다. 이런 때를 대비하고 준비하는 것이 한류 2.0 시대의 과제다."[92]

반면 육상효 인하대 교수는 한류에 대한 근본적인 질문들을 제기했다. "혹시 일본에서의 한류 열풍이 그들의 무의식 속에 깊이 내재된 식민지에 대한 향수로부터 기인한다면 어쩌겠는가? 그래서 일본 한류 팬의 대부분이 중년 이상의 어른들이고 한류의 시작이 된 드라마들이 〈겨울연가〉 같은 노스탤지어를 기본 정서로 하는 드라마들이었던 것은 아닌가? 아니면 혹시 중국, 베트남 등 아시아 각국의 한류 열풍의 정체가 우리가 재빨리 복사하고 습득한 서구식, 아니 더 정확히는 미국식 생활 방식과 문화의 대리 전달이라면 어쩌겠는가? 그래서 그들의 한류는 한국의 아이돌 가수들이나 도시적 감수성이 과도하게 치장된 드라마들에 대한 열광인 것은 아닌가? 한류가 아시아를 넘어서 미국이나 서구로 진출하지 못하는 것도 그쪽 나라들에서는 자신들의 복제품을 굳이 다시 볼 이유가 없어서인 것은 아닌가?"

이어 육상효는 "혹시 한류는 지금 아시아 각국에서 생겨난 하드웨어적 인프라와 그 하드웨어를 채울 소프트웨어적인 인프라 사이의 간극을 채우는 일시적인 문화 현상이 아닌가? 다시 말하면 방송국 설비와 송출의 시스템은 있으나 그 안을 채울 자국의 콘텐츠가 없을 때 일시적으로 그 빈자리를 채워주는 역할은 아닌가? 과거 우리 텔레비전의 황금시간대를 채우던 〈타잔〉, 〈600만 불의 사나이〉 등의 미국 드라마와 우리의 극장들을 채우던 홍콩 영화들이 지금은 흔적도 없이 사라지고 우리의 콘텐츠로 대체된 것처럼 한류도 어느 날 그렇게 사라지는 것은 아닌가?"라고 물었다.

"그러면 지금은 한류의 대중문화 작품들 속에 무엇을 담아야 할 것인가를 고민해야 할 때는 아닌가? 일방적 산업 논리에서 벗어나서 한류 드라마와 노래와 영화들 속에 과연 우리는 무엇을 담아야 할 것인가를 고민해야 할 때는 아닌가?…… 한국도 아니고, 보편이라는 이름 속에 음험하게 도사린 서구도 아닌, 아시아적 감수성으로 아시아적인 휴머니티를 담아내는 것이 한류의 몫이 아닐까? 그것만이 이데올로기와 정치가 빠르게 해체되고 다시 생성되는 21세기의 아시아에서 한류라는 피상적인 문화적 현상이 진정하게 내면화하는 길이 아닐까?"[93]

한류의 다변화와 성숙인가?

한류의 다변화인가? 2010년 들어 일본에서의 한식(韓食)의 인기가 본격적인 화제가 됐다. 마이니치신문 사와다 가쓰미(澤田克己) 기자는 "한국 음식은 붐의 단계를 지나 정착의 단계"라면서 "대중성으로 보자면 중국 식당과 비슷한 수준이 된 것 같다"고 말했다. 그는 "'오늘은 한국 식당 갈까' 라고 말하는 친구들이 점점 많아지고 있고 바쁠 때 한식 도시락을 시켜 먹는 일도 자주 있다"고 했다.

2003년 〈겨울연가〉 방영 이후 시작된 한국어 학습 붐은 이제 통계로 확인됐다. 한국어 검정시험 응시자는 2004년 4000명대, 2006년 8000명대에서 2009년 1만 900여 명에 이르렀다. 1993년 이 시험이 시작된 이래 1~5급까지 18만 7899명이 응시, 10만 8857명이 합격했다. 일본 문부과학성이 추산한 일본 전국의 한국어 학습자는 200만 명가량이었으며, 1990년대까지 한 달에 수천 부밖에 팔리지 않던 NHK 한국어 강좌 교재가 2009년엔 20만 부 안팎 나가고 있었고, 사설 학원도 도쿄 시내에만 107개나 됐다. 한국어를 제2외국어로 선택하고 있는 고등학교가 1999년 131개교였으나 2008년에는 426개교로 급증했다.[94]

한류의 다변화에 힘입어 시너지 효과가 작동한 걸까? 도쿄 신주쿠에 위치한 대형 음반매장 HMV에서도 변화가 나타났다. 2009년 동방신기의 일본 내 음반·DVD 판매액은 900억 원이 넘을 정도로 폭발적인 인기를 누리면서 2009년까지만 해도 3층 월드뮤직 코너에 속해 있던 'K-POP'이 1층 베스트셀러 단독 코너로 내려왔다. 옆에는 동방신기 관련 상품 판매대도 마련됐다.

한류의 핵인 한국 드라마의 방송 편수도 꾸준히 늘어 2008년 11월 총 27편에서 2009년 6월 42편이 됐다. 이 중 지상파 방영도 2편에서 6편으로 늘었다. DVD 대여에서도 총 매출의 8~10퍼센트를 차지했으며 대여 회전율을 통한 수익률도 최고 수준을 기록했다. 일본 최대 DVD·CD 대여 업체 '쓰타야(TSUTAYA)' 수익의 30퍼센트가 한국 드라마에서 나왔다. 한국콘텐츠진흥원 일본사무소가 2009년 8월 일본인을 대상으로 조사한 결과 '한류가 축소됐다'는 의견은 6퍼센트에 그쳤다. 90퍼센트는 한류 팬이 증가했거나 고정 팬 위주로 안정화됐다고 답했다. 홍정용 콘텐츠진흥원 일본사무소장은 "동방신기 등 아이돌 가수들의 인기로 '한류 오바상(한류 아줌마 팬)'을 넘어 한류가 다변화됐다"고 말했다.[95]

일본 중·장년 여성의 전유물이던 한국 드라마에 매료되는 일본 남성들도 갈수록 늘어났다. 쓰타야가 2008년 말 내놓은 자사의 DVD 대여 통계 자료에 따르면 한류 붐의 선구자인 〈겨울연가〉는 2004년 NHK 지상파 방송 때 대여 비율이 여성 73.3퍼센트로 압도적이었지만, 2년 뒤 〈대장금〉은 남성 비율이 33.9퍼센트로 크게 높아졌다. 다시 2년 뒤인 2008년 NHK 방송 이후 인기를 누린 〈태왕사신기〉의 경우 남성 비율이 39.8퍼센트로 늘었다. 이윽고 〈주몽〉에서는 남성이 44.7퍼센트로 더 높아졌다가 마침내 〈대조영〉에서는 52.9퍼센트로 여성을 앞질렀다. 쓰타야는 "최근 일본 내 한국 텔레비전 드라마의 호조는 〈주몽〉이나 〈대조영〉 등 한류 사극의 인기에 따라 한류의 기본 지지층인 50세 전후 여성에 중·장년 남성이 더해진 결과"라며 "일본 남성의 한류 붐 시대가 올 것"이라고 전망했다.[96]

2010년 5월 일본 아사히신문 계열의 시사주간지 『아에라(AERA)』(2010년 5월 3일)는 일본 내 한국 드라마 붐과 이에 따른 현상들을 5페이지에 걸쳐 분석하면서 "한국 드라마가 일본에 정착한 것은 드라마 자체의 재미 때문이기도 하지만 일본이라는 나라가 정체돼 있다는 증거인지도 모른다"면서 "한국 드라마는 점점 일본인에게 없어서는 안 될 약이 될지도 모른다"고 했다.[97]

한국은 '오락 공화국'

백원담은 "서구가 우리 몸속을 통과해서 형성된 문화, 그것이 파행적인 자본주의라고 할지라도 결과적으로 형성된 최첨단 대중문화가 한류로 부상하게 된 거죠"라고 말한 바 있다. 이는 기존의 문화제국주의론에 대한 수정을 요구하는 새로운 사태의 진전으로 볼 수 있을 것이다. 이런 거시적 시각을 전제로 하여 "한국 사람들이 좀 다르잖아요"라는 말로 대변되는 한국의 문화적 특수성을 보완하는 게 좋을 것 같다. '보완' 이라 함은 이른바 '경제결정론' 과 '문화결정론' 사이의 균형을 취하자는 뜻이다. 진보주의자는 '경제결정론' 성향이 강하고 보수주의자는 '문화결정론' 성향이 강하다는 속설이 있지만 그런 2분법을 넘어서 둘을 동시에 보자는 것이다. "한국 사람들이 좀 다르잖아요"라는 말은 '문화결정론' 의 혐의를 받을 만하다.

권숙인은 "문화결정론은 현상에 대한 궁극적 설명으로 '문화' 를 말하는데, 이때 문화는 맥락과 역사성이 제거된 채 주어진 것으로 제시된다. 문화적 '원형', '진수', '심층', '코드' 등의 표현이 자주 쓰이는 것도 이런 탈맥락성에서 오는 것이다"라며 이렇게 말한다.

"그러나 이렇게 본질화된(essentialized) 문화에 의한 설명은 닫힌 논리구조 속에서 원점을 도는 것으로('한국문화의 특질은 이러이러하다. 왜냐하면 한국문화가 그렇기 때문이다'), 결국 아무것도 설명하지 않은 것이 되고 만다. 나아가 역사적이고 정치경제적으로 설명되어야 할 부분을 탈역사화된 문화로 환원시켜버리는 오류를 가져오기도 한다. 문화결정론적 설명을 가장 잘 보여주는 사례 중의 하나가 이규태의 한국문화론이 될 것이다. 예를 들어 『한국인의 의식구조』의 서두에서 저자는 한국인의 의식구조에 대해 '외국인과 다른 한국인의 모든 행동과 특성을 지배하고 좌우하는 사고방식' 이라고 정의함으로써 그의 '문화결정론' 과 '관념론적 문화론' 의 입장을 암시하고 있다."[98]

물론 권숙인은 이규태가 한 선구적이고 독보적인 작업의 가치를 인정하면서 그 한계를 지적한 것이다. 아닌 게 아니라 늘 이규태의 글을 읽을 때마다 그의 박학다식함에 감탄을 하면서도 마음 한구석 불편한 게 있었는데 바로 그것이었다. 분명히 어떤 역사적 상황에서의 정치경제적인 이유와 조건 때문에 생겼음 직한 문화적 현상에 대해서도 이규태는 그게 바로 한국의 문화요 한국인의 특성이라고 해버리니까 답답하다는 생각을 갖지 않을 수 없었던 것이다. 그게 혹 자료 수집에 대한 지나친 열정 때문에 생긴 일은 아니었을까? 수집에 몰두하다 보면 아무래도 생각에 등한하기 쉽다. 물론 이런 문제가 이규태의 선구적 · 독보적인 작업의 가치를 훼손하는 건 아니다. 역할 분담이라는 것이 있기 때문이다.

그런데 『한국인 코드』[99]라는 제목의 책까지 냈던 나로서는 권숙인의 지적에 동의하면서도, 한국 학계를 전반적으로 살펴볼 때엔 '보편성의 폭력' 또는 '거대담론의 폭력' 이라고 해도 좋을 정도로 과도하게 서구적 시각과 잣대가 분명히 존재하는 한국적 특수성마저 '죽여버리는' 게 아닌가 하는 생각을 하고 있다. 내가 주장하는 건 시종일관 균형이다. 이 점을 전제로 해서 이른바 '오락 공화국' 테제를 제시하고 싶다.

한국의 40대 남성 사망률은 세계 최고다. 한국인의 스트레스 지수는 세계 최고 수준이다. 한국인의 자살률도 세계 최고 수준이다. 특히 대학 입시 경쟁은 전쟁을 방불케 해 매년 200여 명의 어린 학생들이 성적 문제로 자살을 한다. 한국인의 행복도는 세계 중하위권 수준이다. 이런 기록만 살펴보자면 한국은 지옥에 근접한 나라로 보이겠지만 자세히 살펴보면 지옥과 천국을 수시로 왔다 갔다 할 정도로 나름대로의 대비책이 있다는 걸 알 수 있다. 한국은 세계 50대 교회 중 제1위를 포함하여 23개를 갖고 있다. 신앙이 없는 사람들에겐 음주, 섹스, 도박, 스포츠가 있다. 음주, 섹스, 도박은 세계 최고 수준을 자랑한다. 스포츠는 세계 최고 수준은 아니지만 스포츠 국가주의에 열광하는 건 세계 최고 수준이다.

여기에 더하여 세계 최고 수준의 오락이 있다. 영화는 히트만 쳤다

하면 1000만 명의 관객을 끌어들인다. 텔레비전 드라마를 비롯한 오락 프로그램은 세계에서 가장 재미있다. 한국은 인터넷강국이되 인터넷이 주로 오락용으로 소비된다는 점에선 타의 추종을 불허하는 1등이다. 한국은 게임강국이며, 비보이 문화의 새로운 종주국으로 떠올랐다. 오락 기능이 강한 각종 방(房) 문화의 발달도 세계 1위다.

무슨 말을 하려는 건가? 한국은 '오락 공화국' 이다! 냉소적으로 하는 이야기가 아니다. 우리 자신을 정확히 이해하자는 뜻이다. 한류 열풍은 오락 공화국의 역량을 보여준 사건이다. 나라를 빼앗긴 일제 치하에서도, 민주주의를 박탈당한 군사독재 정권 치하에서도, 오락문화는 전혀 주눅 들지 않았으며 내내 번성했다. 한국인이야말로 이른바 '호모 루덴스(놀이하는 인간)' 의 전형이다.

오락 공화국은 한국인의 기질만으로 이루어진 건 아니다. 그럴 만한 역사적 배경이 있었다. 땅 좁고 자원 없는 나라가 살길은 근면과 경쟁뿐이다. 한국은 그냥 생존하는 것만으론 만족하지 못하고 선진국 되는 걸 국가 종교로 삼고 있는 나라가 아닌가. 그래서 택한 게 바로 '삶의 전쟁화' 였다. 전쟁하듯이 산다는 것이다. 그런 전쟁을 지속할 수 있게 만든 조건 중의 하나가 바로 오락이었다.

한국인들은 정치를 욕하지만 정치야말로 고급 오락이라는 사실을 잊고 있다. 욕하면서 즐기는 오락, 이건 오락의 최고봉이다. 특정 정치인을 열광적으로 지지하고 따르는 이른바 '빠' 문화도 세계 최고 수준이다. 한국 정치에 대해 말이 많지만 매우 재미있는 범국민 오락을 제공한다는 점에선 높은 평가를 받아 마땅하다.

오락 공화국에선 삶의 속도가 빠르다. 오락은 유행이기 때문이다. 사람을 싫증 나게 만드는 건 죄악이기 때문이다. 한국이 이런 속도전에서 세계적인 경쟁력을 갖고 있다는 건 이미 입증된 사실이다. 그러나 동시에 그 속도의 폭력에 치이는 분야가 생겨났다. 인문학도 그런 분야 중 하나다. 인문학자들은 인문학의 위기를 선언하고 나섰지만 인문학만 위기인 건 아니다. 오락적 가치가 사회의 전 국면을 지배하는 상황에서 오락적 효용이 떨어지는 건 모두 다 위기다.

문화관광부가 이름을 문화체육관광부로 바꾸면서 내세운 이유가 재미있다. "세계 10대 레저스포츠 선진국 진입을 달성하기 위한 조치"라나. 한국은 이미 세계 1위의 오락 공화국인데, '세계 10위'를 목표로 삼다니 우리 자신을 몰라도 너무 모르는 것 같다. 오락 공화국은 한국적 삶의 지속 가능성을 위해 택한 대안이었겠지만, 이를 계속 밀어붙일 것인지 본격적인 공론화가 필요한 시점이다. 물론 한류라는 애국적 쾌거의 그늘 때문에 쉽지는 않은 일이겠지만 말이다. 세계문화전쟁의 현실이 안타깝기는 하지만 전체의 판도를 바꿀 힘이 없는 한국으로선 일단 이기고 봐야 한다는 데에 누가 돌을 던질 수 있으랴. 다만 돌을 던지는 사람들도 한국의 품격, 즉 국격을 위해 소중한 사람들이라는 걸 명심하면서 세계문화전쟁에서 열심히 싸우는 게 좋겠다.

● 머리말

1) 윤재근, 『문화전쟁: 한국문화 현실, 이대로는 미래가 없다』, 둥지, 1996.
2) 이재현, 「한류와 인터: 아시아」, 『황해문화』, 제46호(2005년 봄), 285~296쪽.
3) 송혜진, 「외국문화 원형에 빨대 꽂은 한류…」, 『조선일보』, 2007년 6월 1일자.
4) 류웅재, 「한류에 대한 오해」, 『경향신문』, 2007년 7월 6일자.
5) 조지프 S. 나이(Joseph S. Nye), 홍수원 옮김, 『소프트 파워』, 세종연구원, 2004.
6) CSIS(국제전략문제연구소) 스마트파워위원회, 홍순식 옮김, 『스마트 파워』, 삼인, 2009.
7) 홍호표 · 정연욱 · 공종식, 『대중예술과 문화전쟁: 세계문화산업의 현장』, 나남출판, 1995, 9쪽.
8) 중앙일보 특별취재팀, 「['新제국' 미국은 어디로] 1. 고독한 거인의 마이 웨이」, 『중앙일보』, 2003년 9월 22일자 ; 니알 퍼거슨(Niall Ferguson), 김일영 · 강규형 옮김, 『콜로서스: 아메리카 제국 흥망사』, 21세기북스, 2010.
9) 이어령, 『문화코드』, 문학사상사, 2006, 257쪽.
10) 홍성욱, 『네트워크 혁명, 그 열림과 닫힘: 지식기반사회의 비판과 대안』, 들녘, 2002.

● 1장

1) 케빈 필립스(Kevin P. Phillips), 오삼교 · 정하용 옮김, 『부와 민주주의: 미국의 금권정치와 거대 부호들의 정치사』, 중심, 2004 ; 이찬근, 『투기자본과 미국의 패권』, 연구사, 1998.
2) 조지프 나이(Joseph S. Nye), 홍수원 옮김, 『제국의 패러독스』, 세종연구원, 2002.
3) Bruce Russet, 「The Mysterious Case of Vanishing Hegemony: or, Is Mark Twain Really Dead?」,

『International Organization』, 39:2(Spring 1985), p.231.

4) 폴 케네디(Paul Kennedy), 이일수 외 옮김, 『강대국의 흥망』, 한국경제신문사, 1996.

5) 리처드 에번스(Richard Evans), 이영석 옮김, 『역사학을 위한 변론』, 소나무, 1999, 92~93쪽.

6) 조지프 나이(Joseph S. Nye), 홍수원 옮김, 『제국의 패러독스』, 세종연구원, 2002.

7) 홍규덕, 「[미국을 다시 본다] 6. 소프트 파워 전략」, 『한국일보』, 2002년 4월 23일자, 9면.

8) 김철, 「[특별 인터뷰] 토플러가 보는 오늘의 세계」, 『조선일보』, 1992년 5월 26일자, 3면.

9) 즈비그뉴 브레진스키(Zbigniew Brzezinski), 김명섭 옮김, 『거대한 체스판: 21세기 미국의 세계전략과 유라시아』, 삼인, 2000.

10) 에밀리 로젠버그(Emily S. Rosenberg), 양홍석 옮김, 『미국의 팽창: 미국 자유주의 정책의 역사적인 전개』, 동과서, 2003.

11) 김지운 편저, 『국제정보유통과 문화지배』, 나남, 1991, 143쪽.

12) 이용관 · 김지석, 『할리우드: 할리우드 영화의 산업과 이데올로기』, 제3문학사, 1992, 72쪽.

13) Robert Sklar, 『Movie-Made America: A Cultural History of American Movies』, New York: Vintage Books, 1975, p.216.

14) Robert Sklar, 『Movie-Made America: A Cultural History of American Movies』, New York: Vintage Books, 1975, p.217.

15) 불프 C. 슈바르츠벨러(Wulf C. Schwarzwäller), 이미옥 옮김, 『히틀러와 돈: 권력자는 어떻게 부를 쌓고 관리하는가』, 참솔, 2002.

16) Robert Sklar, 『Movie-Made America: A Cultural History of American Movies』, New York: Vintage Books, 1975, p.217.

17) 일리아 에렌부르크(Ilya Ehrenbourg), 김혜련 옮김, 『꿈의 공장: 할리우드 영화산업 선구자들의 시련과 야망』, 눈빛, 2000, 62쪽에서 재인용.

18) 김지연, 「할리우드, 전 세계 극장서 25조 원 벌었다」, 『연합뉴스』, 2008년 3월 6일자.

19) 양성희, 「〈아바타〉가 쏘아올린 3D 영상 혁명」, 『중앙일보』, 2010년 1월 5일자.

20) 한현우, 「1위 예약한 〈아바타〉, "우린 잔치 안 해요"」, 『조선일보』, 2010년 2월 25일자.

21) 소진덕 편저, 『최신경영학대사전』, 보문각, 1978, 260쪽.

22) 노순동, 「할리우드를 어찌하랴」, 『시사저널』, 1999년 5월 27일, 109면.

23) 허문영, 「[씨네인터뷰] "할리우드의 세계지배욕, 나치즘식 발상"」, 『씨네 21』, 1999년 6월 29일, 41면.

24) 노순동, 「할리우드를 어찌하랴」, 『시사저널』, 1999년 5월 27일, 109면.

25) 김영수, 「영화 1편 평균 제작비 900억 원」, 『매일신문』, 1998년 12월 24일자, 14면.

26) 데이비드 몰리(David Morley) · 케빈 로빈스(Kevin Robins), 마동훈 · 남궁협 옮김, 『방송의

세계화와 문화정체성』, 한울아카데미, 1999, 95~96쪽.

27) 강한섭, 「문화에 경쟁력은 해당 없다」, 『에머지 새천년』, 2000년 12월, 43~46쪽.

28) John S. Knight, 「World Freedom of Information: Press Associations Must Not Be Adjuncts of Diplomacy of National Policy」, 『Vital Speeches of the Day』, 12:15(15 May 1946), p.476.

29) Byron Dexter, 「UNESCO Faces Two Worlds」, 『Foreign Affairs』, 25(April 1947), pp.402~403.

30) Kirk H. Porter Donald Bruce Johnson, 『National Party Platforms, 1840~1964』, Urbana: University of Illinois Press, 1966, pp.404~413 ; Herbert I. Schiller, 『Communication and Cultural Domination』, White Plains, N.Y.: M.E. Sharpe, 1976, p.31.

31) Osmo A. Wiio, 「Open and Closed Mass Media Systems and Problems of International Communication Policy」, 『Studies of Broadcasting』, 1977, p.69 ; Donald P. Kommers and Gilburt D. Loescher, eds., 『Human Rights and American Foreign Policy』, Notre Dame, Indiana: University of Notre Dame Press, 1979, pp.316~319.

32) 이홍환, 「미국 전쟁 영화의 내막: 펜타곤과 할리우드의 유착을 아십니까」, 『신동아』, 1999년 11월, 545~546쪽.

33) 김세원, 「"미 세계적 베스트셀러 할리우드 영화 덕분"」, 『동아일보』, 1999년 4월 16일자, A17면.

34) 에밀리 로젠버그(Emily S. Rosenberg), 양홍석 옮김, 『미국의 팽창: 미국 자유주의 정책의 역사적인 전개』, 동과서, 2003, 45쪽.

35) 권용립, 『미국의 정치 문명』, 삼인, 2003, 311~312쪽.

36) John Skow, "Tales of Imperial Hollywood", 『Time』, 5 January 1987, p.74.

37) 기 소르망(Guy Sorman), 박선 옮김, 『열린 세계와 문명창조』, 한국경제신문사, 1998.

38) 데이비드 몰리(David Morley) · 케빈 로빈스(Kevin Robins), 마동훈 · 남궁협 옮김, 『방송의 세계화와 문화정체성』, 한울아카데미, 1999, 239~240쪽.

39) 이영완, 「"소비자 뇌를 읽어라": 감성본능 자극하는 '뉴로마케팅'」, 『조선일보』, 2006년 9월 22일자, B1면.

40) 조지 윌(George Will), 「'디즈니월드' 에서 느낀 애증」, 『세계일보』, 1992년 1월 28일자.

41) 태혜숙, 『한국의 탈식민 페미니즘과 지식생산』, 문화과학사, 2004.

42) 김영명, 『나는 고발한다: 김영명 교수의 영어 사대주의 뛰어넘기』, 한겨레신문사, 2000.

43) 박민희, 「"10년 안 30억 명 영어 사용"」, 『한겨레』, 2004년 12월 10일자, 11면.

44) 이선민, 「'잉글리시 디바이드'」, 『조선일보』, 2008년 1월 31일자.

45) 이혜운, 「미 카네기연(硏) "영어가 미국의 몰락 막을 것"」, 『조선일보』, 2009년 6월 11일자.

46) 이택광, 「유럽을 공습한 '아메리칸 드림'」, 『한겨레 21』, 제785호(2009년 11월 13일).

47) 벤자민 R. 바버(Benjamin R. Barber), 박의경 · 이진우 옮김, 『지하드 대 맥월드』, 문화디자인, 2003.

● 2장

1) 마크 텅게이트(Mark Tungate), 강형심 옮김, 『세계를 지배하는 미디어 브랜드』, 프리윌, 2007, 79쪽.
2) 강준만, 「포스트모더니즘」, 『나의 정치학 사전』, 인물과사상사, 2005, 233~245쪽.
3) Current Biography, 「McGrath, Judy」, 『Current Biography』, 66:2(February 2005), p.39.
4) 섬너 레드스톤(Sumner Redstone) · 피터 노블러(Peter Knobler), 안진환 옮김, 『승리의 열정: 최고의 CEO 섬너 레드스톤의 삶과 도전』, 동방미디어, 2002.
5) 수전 린(Susan Linn), 김승욱 옮김, 『TV 광고 아이들: 우리 아이들을 위협하는 키즈마케팅』, 들녘, 2006.
6) 앤 카플란(E. Ann Kaplan), 채규진 · 성기완 옮김, 『뮤직 비디오, 어떻게 읽을 것인가: 포스트모던 영상과 소비문화』, 한나래, 1996.
7) 더글러스 러시코프(Douglas Rushkoff), 방재희 옮김, 『미디어 바이러스』, 황금가지, 2002.
8) 벤자민 R. 바버(Benjamin R. Barber), 박의경 · 이진우 옮김, 『지하드 대 맥월드』, 문화디자인, 2003 ; 제러미 리프킨(Jeremy Rifkin), 이희재 옮김, 『소유의 종말』, 민음사, 2001.
9) Todd Gitlin, 『Inside Prime Time』, New York: Pantheon Books, 1983 ; Todd Gitlin, 「Postmodernism: Roots and Politics」, Ian Angus and Sut Jhally, eds., 『Cultural Politics in Contemporary America』, New York: Routledge, 1989, pp.347~360.
10) 정정호 · 이소영 편, 『이합 핫산 포스트모더니즘 개론: 현대문화와 문학이론』, 한신문화사, 1991, 424쪽.
11) 이동연, 「펑크의 죽음과 MTV의 탄생」, 정희준 · 서현석 외, 『미국 신보수주의와 대중문화 읽기: 람보에서 마이클 조던까지』, 책세상, 2007, 156쪽.
12) 셧 잘리(Sut Jhally), 윤선희 옮김, 『광고문화: 소비의 정치경제학』, 한나래, 1996 ; 더글라스 켈너(Douglas Kellner), 김수정 · 정종희 옮김, 『미디어문화: 영화, 랩, MTV, 광고, 마돈나, 패션, 사이버펑크』, 새물결, 1997 ; 서동진, 『록 젊음의 반란』, 새길, 1993.
13) 마크 텅게이트(Mark Tungate), 강형심 옮김, 『세계를 지배하는 미디어 브랜드』, 프리윌, 2007, 84~85쪽 ; 「Freston, Tom」, 『Current Biography』, 64:8(August 2003), p.38.
14) 「Pittman, Robert」, 『Current Biography』, 61:7(July 2000), p.62.

15) Lawrence Grossberg, 「MTV: Swinging on the (Postmodern) Star」, Ian Angus & Sut Jhally eds., 『Cultural Politics in Contemporary America』, New York: Routledge, 1989, p.262.

16) 윌리엄 D. 로마노프스키(William D. Romanowski), 신국원 옮김, 『대중문화전쟁: 미국문화 속의 종교와 연예의 역할』, 예영커뮤니케이션, 2001.

17) Christopher Ogden, 「Going Where the Voters Are」, 『Time』, 29 June 1992, p.25.

18) 정연주, 「'TV 선거' 높은 투표율 예상」, 『한겨레신문』, 1992년 11월 3일자.

19) Current Biography, 「McGrath, Judy」, 『Current Biography』, 2005.

20) 섬너 레드스톤(Sumner Redstone)·피터 노블러(Peter Knobler), 안진환 옮김, 『승리의 열정: 최고의 CEO 섬너 레드스톤의 삶과 도전』, 동방미디어, 2002 ; 더글러스 러시코프(Douglas Rushkoff), 방재희 옮김, 『미디어 바이러스』, 황금가지, 2002 ; Current Biography, 「McGrath, Judy」, 『Current Biography』, 2005 ; 강경희, 「미 유선 MTV 대선 참여 캠페인」, 『조선일보』, 1992년 10월 28일자, 19면.

21) 더글러스 러시코프(Douglas Rushkoff), 방재희 옮김, 『미디어 바이러스』, 황금가지, 2002.

22) 『경향신문』, 1990년 12월 15일자 ; MBC, 『세계방송정보』, 제167호(1990년 2월 5일), 15쪽.

23) Current Biography, 「McGrath, Judy」, 『Current Biography』, 66:2(February 2005), p.41.

24) 김형진, 「미국의 방송프로그램 선정성 규제 제도」, 『미디어경제와 문화』, 제3-3호(2005년 여름), 12~15쪽.

25) 수전 린(Susan Linn), 김승욱 옮김, 『TV 광고 아이들: 우리 아이들을 위협하는 키즈마케팅』, 들녘, 2006.

26) 마크 턴게이트(Mark Tungate), 강형심 옮김, 『세계를 지배하는 미디어 브랜드』, 프리윌, 2007, 96쪽.

27) 신윤동욱·김미영, 「미국, 그래 너희가 이겼다」, 『한겨레 21』, 제785호(2009년 11월 13일).

28) 지아우딘 사다르(Ziauddin Sardar)·메릴 윈 데이비스(Merryl Win Davies), 장석봉 옮김, 『증오 바이러스, 미국의 나르시시즘』, 이제이북스, 2003.

29) 박현숙, 「자오쯔양과 MTV 세대」, 『고대대학원신문』, 2005년 3월 2일, 3면.

30) 김민아, 「세계를 울린 '황제' 부활… 식지 않는 마이클 잭슨 추모열기」, 『경향신문』, 2009년 7월 4일자 ; 임진모, 「마이클 잭슨의 '문 워크' 따라해 보지 않은 청춘 있을까」, 『중앙일보』, 2009년 6월 27일자 ; 최승현, 「마이클 잭슨 1958~2009: 팝으로… 스캔들로… 세계 대중문화 들썩인 '아이콘'」, 『조선일보』, 2009년 6월 27일자.

31) 아이언 앤거스(Ian H. Angus)·수트 잴리, 엄광현 옮김, 「현대 미국의 문화정치학」, 이영철 엮음, 백한울 외 옮김, 『21세기 문화 미리 보기』, 시각과언어, 1996, 376~377쪽에서 재인용.

32) 섯 잘리(Sut Jhally), 윤선희 옮김, 『광고문화: 소비의 정치경제학』, 한나래, 1996, 129~130쪽.

33) 토드 기틀린(Todd Gitlin), 남재일 옮김, 『무한 미디어: 미디어 독재와 일상의 종말』, Human&Books, 2006, 132쪽.

● 3장

1) 고재학, 「'미드' 열풍」, 『한국일보』, 2010년 5월 4일자.
2) 윤민용, 「'외화 보기' 동호회 열풍: '미국 사람들 이럴 때 웃는다'」, 『경향신문』, 2001년 9월 4일자, 30면.
3) 이나리, 「케이블 시청률 부러웠나… 지상파도 '미드' 열풍」, 『중앙일보』, 2007년 8월 26일자.
4) 송혜진, 「한국인이 편애하는 '미드'는 따로 있다」, 『조선일보』, 2007년 6월 27일자.
5) 양홍주 · 허정헌, 「[미드에 푹 빠진 사회] (上)일상으로 들어온 미국 드라마」, 『한국일보』, 2007년 10월 31일자.
6) 김진, 「'미드'에서 본 개성만점 아이템, 이곳에 다 있네」, 『조선일보』, 2009년 6월 30일자.
7) 문주영, 「[허영의 키워드] 2. 브런치: 만찬이 된 '아점'」, 『경향신문』, 2006년 11월 30일자, K3면.
8) 김홍탁, 「'남이 보는 나' 욕망 부채질: '허영'을 자극하는 광고들」, 『경향신문』, 2006년 11월 30일자, K2면.
9) 구둘래, 「칙릿이 세계 대세?: 20대 여성 타깃 마케팅의 절정, 인도 · 동유럽 넘어 국내에도 상륙」, 『한겨레 21』, 제624호(2006년 8월 29일), 50면.
10) 백승찬 · 장은교, 「'일+사랑'이 힘든 직장녀에 '위문 공연': '칙릿'의 공식」, 『경향신문』, 2006년 10월 19일자, K13면.
11) 백승찬 · 장은교, 「'일+사랑'이 힘든 직장녀에 '위문 공연': '칙릿'의 공식」, 『경향신문』, 2006년 10월 19일자, K13면.
12) 이정호, 「배설과 소비의 문학을 부추기는 신문」, 『미디어오늘』, 2006년 11월 22일, 6면.
13) 한애란 · 권호, 「'된장녀' 사회학」, 『중앙일보』, 2006년 8월 16일자, 11면.
14) 백승찬, 「'된장녀'가 어쨌다고…」, 『경향신문』, 2006년 8월 7일자, 22면.
15) 박현동, 「된장녀와 마초」, 『국민일보』, 2006년 8월 18일자, 19면.
16) 구둘래, 「정의구현 사전: 된장녀」, 『한겨레 21』, 제623호(2006년 8월 22일), 12면.
17) 한애란 · 권호, 「'된장녀' 사회학」, 『중앙일보』, 2006년 8월 16일자, 11면.
18) 엄주엽, 「나도 된장녀: 여성 직장인 절반가량 "형편 안 맞게 명품 선호"」, 『AM7』, 2006년 8월 22일자, 1면.
19) 장병욱, 「"문학 · 출판계 칙릿을 노려라": 25~35세 여성이 문학 시장 움직인다」, 『한국일보』,

2007년 2월 27일자, 25면.

20) 박선영, 「'문단의 신데렐라' 백영옥: "명품도 사고 싶고… 자유롭고도 싶고… 21세기적 욕망이란 그런 거죠"」, 『한국일보』, 2008년 5월 30일자.

21) 정현목, 「대중음악 콘서트 '칙릿 파워' 가 살리네: 자기표현, 적극적 소비 특징」, 『중앙일보』, 2008년 10월 28일자.

22) 이택광, 「칙릿, 소비주의 시대 여성 노동자를 위한 판타지」, 『연세대학원신문』, 제164호(2008년 10월), 7면.

23) 이정연 · 이기형, 「'칙릿' 소설, 포스트페미니즘, 그리고 소비자본주의 사회의 초상」, 『언론과 사회』, 제17권 2호(2009년 여름), 132쪽에서 재인용.

24) 줄리아 우드(Julia T. Wood), 한희정 옮김, 『젠더에 갇힌 삶: 젠더, 문화 그리고 커뮤니케이션』, 커뮤니케이션북스, 2006, 110~112쪽.

25) 이영경, 「88만원 세대 '무한 소비욕망' 에 갇히다」, 『경향신문』, 2008년 11월 21일자.

26) 구둘래, 「칙릿이 세계 대세?: 20대 여성 타깃 마케팅의 절정, 인도 · 동유럽 넘어 국내에도 상륙」, 『한겨레 21』, 제624호(2006년 8월 29일), 50면.

27) 박선이, 「[전문기자 칼럼] 태국의 한류 소비자들」, 『조선일보』, 2008년 2월 15일자.

28) 김예림, 「문화번역 장소로서의 칙릿: 노동과 소비 혹은 현실과 판타지의 역학」, 『언론과 사회』, 제17권 4호(2009년 겨울), 63~64쪽에서 재인용.

29) 탁선호, 『너 자신의 뉴욕을 소유하라: 시크한 신자유주의 도시 뉴욕에 관한 편파적 보고서』, 인물과사상사, 2010.

30) 박찬일, 「숨 막히는 교양, 불편한 오버」, 『중앙일보』, 2007년 11월 31일자.

31) 이대혁, 「미드에 푹 빠진 사회… 국산 드라마 입지 점점 축소」, 『한국일보』, 2007년 11월 1일자.

32) 김고은, 「방송 · 엔터테인먼트 산업의 현주소와 미래⑦: 영화자본 TV로 눈 돌려 '드라마 부흥기' 맞이」, 『PD저널』, 2008년 2월 18일.

33) 최승현, 「[리뷰] 연애의 추억을 버리고 인간의 추함을 벗기다: 시즌2 기대되는 드라마 〈신의 저울〉」, 『조선일보』, 2008년 10월 29일자.

34) 신윤동욱 · 김미영, 「미국, 그래 너희가 이겼다」, 『한겨레 21』, 제785호(2009년 11월 13일).

35) 강인식 · 박유미, 「미드족, 미국 대선에 빠지다」, 『중앙일보』, 2008년 1월 15일자.

36) 이성희, 「뉴요커 스타일, 산업이 되다 〈섹스 앤드 더 시티〉의 경제학」, 『한국일보』, 2008년 5월 30일자.

37) 홍정은 · 윤태진, 「전 지구적 TV 드라마의 수용 담론: 〈Sex and the City〉의 한국 여성 수용자를 중심으로」, 『프로그램/텍스트』, 제14호(2006), 163~190쪽.

38) 기선민, 「우리 목소리 때문에 '미드' 본대요」, 『중앙일보』, 2008년 11월 24일자.

39) 정양환, 「"넌 미드 보니? 난 영드 본다"」, 『동아일보』, 2009년 1월 28일자.

40) 최승현, 「불황에 대처하는 '미드'의 자세 80년대로 돌아가라」, 『조선일보』, 2009년 4월 10일자.

41) 유인경, 「'막 나갈수록 막 본다' 대한민국 막장 드라마 전성시대」, 『경향신문』, 2009년 1월 22일자.

42) 고재학, 「'미드' 열풍」, 『한국일보』, 2010년 5월 4일자.

43) 신윤동욱 · 김미영, 「소수자들의 이유 있는 '미드' 선호」, 『한겨레 21』, 제785호(2009년 11월 13일).

44) 조영신, 「'미드 열풍'의 이면」, 『미디어오늘』, 2007년 6월 12일.

45) 고재열, 「부자의 커밍아웃, "나도 강남 좌파!"」, 『시사IN』, 제56호(2008년 10월 11일), 10면.

● 4장

1) 하야시 노부유키(林信行), 정선우 옮김, 『스티브 잡스의 위대한 선택: 애플은 10년 후의 미래를 생각한다』, 아이콘북스, 2010.

2) 김정운, 「왜 빌 게이츠보다 스티브 잡스에 더 열광하나」, 『조선일보』, 2010년 6월 5일자.

3) 최성진, 「기회의 땅 개척자는 기독교와 성: ③아이폰 사용기」, 『한겨레 21』, 제797호(2010년 2월 5일).

4) 최성진, 「선구자와 배척자, '빠'의 두 종류: ④아이폰 사용기(마지막회)」, 『한겨레 21』, 제798호(2010년 2월 19일).

5) 김정운, 「왜 빌 게이츠보다 스티브 잡스에 더 열광하나」, 『조선일보』, 2010년 6월 5일자.

6) 이선기, 『밀레니엄 리더』, 청림출판, 1999.

7) 제프리 영(Jeffrey S. Young) · 윌리엄 사이먼(William L. Simon), 임재서 옮김, 『iCon 스티브 잡스』, 민음사, 2005, 126~127쪽.

8) 제프리 영(Jeffrey S. Young) · 윌리엄 사이먼(William L. Simon), 임재서 옮김, 『iCon 스티브 잡스』, 민음사, 2005, 133쪽.

9) 김현기, 「'누드 PC 만루홈런' 제2애플 신화 창조」, 『중앙일보』, 1999년 3월 12일자, 32면.

10) 스티븐 레비(Steven Levy), 「애플社 옛 영광 되찾기 안간힘」, 『뉴스위크』(한국판), 1998년 6월 3일, 61면.

11) 김순덕, 「예술-기술의 핵심은 번득이는 창조력」, 『동아일보』, 1998년 10월 31일자, 15면.

12) Michael Krantz, 「Steve's Two Jobs」, 『Time』, 18 October 1999, p.40.

13) 제프리 영(Jeffrey S. Young) · 윌리엄 사이먼(William L. Simon), 임재서 옮김, 『iCon 스티브

잡스』, 민음사, 2005, 12~13쪽.

14) 하야시 노부유키(林信行), 정선우 옮김, 『스티브 잡스의 위대한 선택: 애플은 10년 후의 미래를 생각한다』, 아이콘북스, 2010.

15) 남궁유, 「카리스마 프레젠테이션… 세계는 왜 잡스에게 열광하나」, 『중앙일보』, 2010년 2월 5일자.

16) 하야시 노부유키(林信行), 정선우 옮김, 『스티브 잡스의 위대한 선택: 애플은 10년 후의 미래를 생각한다』, 아이콘북스, 2010 ; 조형래, 「아이폰 870만 대 팔아 4조 원 이익… 놀라운 애플」, 『조선일보』, 2010년 1월 28일자.

17) 신효섭, 「청바지 스티브 잡스」, 『조선일보』, 2010년 1월 30일자.

18) 남궁유, 「카리스마 프레젠테이션… 세계는 왜 잡스에게 열광하나」, 『중앙일보』, 2010년 2월 5일자.

19) 정경민, 「오바마 "정보가 오락 · 유희로 전락" 아이팟 세대에 경고」, 『중앙일보』, 2010년 5월 11일자.

20) 이나리, 「스티브 잡스의 힘!」, 『중앙일보』, 2010년 6월 9일자.

21) 김신영, 「애플神話 잡스의 '6가지 거짓말'」, 『조선일보』, 2010년 2월 19일자.

22) 장상진, 「헌것도 첨단으로 둔갑시키는 놀라운 '잡스의 화술'」, 『조선일보』, 2010년 6월 12일자.

23) 문병주, 「"아이폰4 수신불량 문제… 잡스, 진작 알고 있었다"」, 『중앙일보』, 2010년 7월 17일자.

24) 조민근, 「잡스 "애플이 한국 기업이면 좋겠나"」, 『중앙일보』, 2010년 7월 19일자.

25) 설성인, 「삼성 '잡스 물귀신 작전' 반박」, 『조선일보』, 2010년 7월 21일자.

26) 조민근, 「잡스 "애플이 한국 기업이면 좋겠나"」, 『중앙일보』, 2010년 7월 19일자.

27) 조민근, 「잡스의 서투른 대응, 애플을 코너로…」, 『중앙일보』, 2010년 7월 19일자.

28) 박종세, 「스티브 잡스 "우리는 완벽하지 않다" 고백」, 『조선일보』, 2010년 7월 19일자.

29) 고대훈, 「안테나게이트」, 『중앙일보』, 2010년 7월 20일자.

30) 조형래, 「잡스의 話法」, 『조선일보』, 2010년 7월 26일자.

31) 다니엘 그로스(Daniel Gross), 이원기 옮김, 「미국 경제의 저력(The Comeback Country)」, 『뉴스위크』(한국판), 제926호(2010년 4월 21일).

32) 최성우, 「스마트폰족 43% "통화 기능만 사용"」, 『한겨레』, 2010년 7월 20일자.

● 5장

1) 전병국, 「추천사: 검색혁명의 서막을 올린 구글에서 배워야 한다」, 존 바텔(John Battelle), 이

진원 · 신윤조 옮김, 『검색으로 세상을 바꾼 구글 스토리』, 랜덤하우스중앙, 2005, 9쪽.

2) 김희경 · 김윤종, 「'창조적 지식인' 검색 현대생활 혁명하다」, 『동아일보』, 2006년 12월 16일자.

3) 이나리, 「볼만한 공연 뭐 있지? 말만 해도 검색 쫙~: 구글 10돌… 인터넷 검색엔진이 바꿀 10년 뒤 세상은」, 『중앙일보』, 2008년 10월 30일자.

4) 제프 자비스(Jeff Jarvis), 이진원 옮김, 『구글노믹스: 미래경제는 구글 방식이 지배한다』, 21세기북스, 2010, 205쪽.

5) 존 바텔(John Battelle), 이진원 · 신윤조 옮김, 『검색으로 세상을 바꾼 구글 스토리』, 랜덤하우스중앙, 2005.

6) 김남중, 「"공짜표 배포, 사재기는 마케팅의 일부": 'Top 10' 순위표 왜 문제인가」, 『국민일보』, 2006년 1월 31일자, 3면 ; 김윤종, 「광(狂)클: 못 믿을 포털 인기 검색어 여론조작 '장난'에 속았네」, 『동아일보』, 2007년 1월 31일자, A13면.

7) 구본권, 「검색엔진 기술경쟁 '불꽃' … 점유율 공방도 '후끈'」, 『한겨레』, 2010년 7월 26일자.

8) 백재현, 「[넷카페] '인기 검색어' 가 여론?」, 『중앙일보』, 2008년 2월 15일자.

9) 양성희, 「인기 검색어」, 『중앙일보』, 2006년 9월 23일자, 35면.

10) 존 바텔(John Battelle), 이진원 · 신윤조 옮김, 『검색으로 세상을 바꾼 구글 스토리』, 랜덤하우스중앙, 2005, 301~305쪽.

11) 토머스 L. 프리드먼(Thomas L. Friedman), 김상철 · 이윤섭 옮김, 『세계는 평평하다』, 창해, 2005, 209쪽.

12) 김기성, 「'여대생 실종' 검색만 해도 압수수색?: 경찰 "통신수사와 다름없는 기법"… 과잉수사 · 인권 침해 논란」, 『한겨레』, 2009년 1월 20일자.

13) 경태영, 「"검색했다고 용의자냐" 성난 네티즌 '와글와글'」, 『경향신문』, 2009년 1월 20일자.

14) 박현정, 「[신바람 일터 만들기] 2. 미국 구글」, 『한겨레』, 2008년 5월 7일자.

15) 제프 자비스(Jeff Jarvis), 이진원 옮김, 『구글노믹스: 미래경제는 구글 방식이 지배한다』, 21세기북스, 2010, 178~179쪽.

16) 성민규, 「디지털문화의 '구글리제이션' 과 2006년 저작권현대화법」, 『방송동향과 분석』, 통권 242호(2006년 10월 31일), 39~47쪽.

17) 이건호, 「"Google 이젠 실리콘밸리의 새 악당"」, 『조선일보』, 2005년 8월 25일자, A18면 ; 정미경, 「실리콘밸리 "Google 해도 너무해"」, 『동아일보』, 2005년 8월 26일자, A16면.

18) 전병근, 「구글이 사람을 바보로 만든다?: 읽기와 사유를 바꾼 검색 왕국」, 『조선일보』, 2008년 6월 19일자.

19) 제프 자비스(Jeff Jarvis), 이진원 옮김, 『구글노믹스: 미래경제는 구글 방식이 지배한다』, 21세기북스, 2010, 388~389쪽.

20) 홀름 프리베(Holm Friebe) · 사샤 로보(Sascha Lobo), 두행숙 옮김, 『디지털 보헤미안: 창조의 시대를 여는 자』, 크리에디트, 2007, 272~273쪽.

21) 정용인, 「1인 미디어시대 블로거기자단 3만 5000명 군웅할거」, 『뉴스메이커』, 2007년 9월 11일.

22) 이승훈, 「당신의 블로그 '브랜드 가치' 부터 올리세요」, 『중앙일보』, 2008년 5월 16일자.

23) 정유경, 「광고성 낚시질 '스팸 블로그' : 유명 콘텐츠 마구잡이 복사해 돈벌이 이용 극성」, 『한겨레』, 2009년 1월 3일자.

24) 모리 켄(Mori Ken), 하연수 옮김, 『구글 · 아마존화하는 사회』, 작가정신, 2008, 117~118쪽.

25) 존 바텔(John Battelle), 이진원 · 신윤조 옮김, 『검색으로 세상을 바꾼 구글 스토리』, 랜덤하우스중앙, 2005, 306~308쪽.

26) 모리 켄(Mori Ken), 하연수 옮김, 『구글 · 아마존화하는 사회』, 작가정신, 2008, 130~131쪽.

27) 김평호, 「인터넷 검색과 지식권력: 포털의 정치경제학」, 김상배 엮음, 『인터넷권력의 해부』, 한울, 2008, 60쪽.

28) 백승찬, 「가장 강력한 '홍보 무기' : 입소문 · 넷소문의 역사와 효과」, 『경향신문』, 2007년 2월 22일자, K2면.

29) 최연진, 「구글 이메일 도착!」, 『한국일보』, 2007년 2월 21일자, 17면.

30) 최연진, 「무한 이메일… 야후 22일부터 '무제한 용량' 서비스」, 『한국일보』, 2007년 5월 22일자.

31) 부형권 · 임우선, 「이메일 100통 중 95통이 스팸… "업무 메일 못 받는 경우도"」, 『동아일보』, 2008년 5월 19일자.

32) 차예지, 「구글, 보내놓고 후회할 이메일 '차단' : "취중 전송 등 방지" 사전에 수학 문제 풀게」, 『한국일보』, 2008년 10월 9일자.

33) 「구글이 바꾸는 세상」(사설), 『중앙일보』, 2008년 9월 10일자.

34) 권오성, 「구글, 인터넷 정보제국 '전 지구 확장'」, 『한겨레』, 2008년 9월 10일자.

35) 권오성, 「구글, 인터넷 정보제국 '전 지구 확장'」, 『한겨레』, 2008년 9월 10일자.

36) 정진영, 「구글엔 주민번호가 '우글' : 검색어 넣자 휴대폰, 체중까지 6900개 쏟아져…」, 『조선일보』, 2008년 9월 22일자.

37) 정진영, 「[뉴스 블로그]돈이 뭐기에… '사악한 손' 과 손잡은 구글」, 『조선일보』, 2008년 12월 30일자.

38) 한승동, 「세상을 홀린 '구글' … 미래를 홀릴 '힌트'」, 『한겨레』, 2010년 2월 21일자.

39) 이태훈, 「"구글은 신문의 피 빨아먹는 흡혈귀"」, 『조선일보』, 2009년 6월 27일자.

40) 백승재, 「말하면 검색 결과 좌르르, 몇 초 전 트위터 글까지 실시간으로 찾아…」, 『조선일보』, 2010년 7월 22일자.

41) 켄 올레타(Ken Auletta), 김우열 옮김, 『구글드: 우리가 알던 세상의 종말』, 타임비즈, 2010.

42) 정철환, 「세계는 지금 '구글' 당하고 있다」, 『조선일보』, 2010년 5월 29일자.

43) 구본권, 「구글, 사회관계망까지 검색… 사생활 '실시간 노출'」, 『한겨레』, 2010년 1월 6일자.

44) 송진식·백인성, 「구글코리아, 개인정보 불법 수집·보관」, 『경향신문』, 2010년 8월 11일, 11면 ; 「무차별 사생활 정보 수집, 구글만의 문제 아니다」(사설), 『조선일보』, 2010년 8월 12일, A35면.

45) 박종권, 「분수대/ '스트리트 뷰'」, 『중앙일보』, 2010년 8월 12일, 35면.

● 6장

1) 공종식, 「지식의 바다 '위키피디아'」, 『동아일보』, 2005년 6월 2일자, A15면 ; 오애리, 「못 믿을 '위키피디아'」, 『문화일보』, 2005년 12월 6일자, 29면 ; 임인택, 「"사용자 모임도 '위키적 방식'으로 해야죠"」, 『한겨레 21』, 제672호(2007년 8월 9일) ; 구둘래·임지선, 「오라, 위키백과의 세상으로」, 『한겨레 21』, 제672호(2007년 8월 9일) ; 임지선, 「웹 2.0도 모르겠는데 웹 3.0?」, 『한겨레 21』, 제672호(2007년 8월 9일) ; 함석진, 「[유레카]위키피디아」, 『한겨레』, 2007년 9월 14일자.

2) 리처드 오글(Richard Ogle), 손정숙 옮김, 『스마트월드: 세상을 놀라게 한 창조성의 9가지 법칙』, 리더스북, 2008, 436~437쪽.

3) 돈 탭스코트(Don Tapscott)·앤서니 윌리엄스(Anthony D. Williams), 윤미나 옮김, 『위키노믹스』, 21세기북스, 2007.

4) 박종세, 「"무수한 개인과 협업하라, 안 망하려면…" '위키노믹스' 창시자 탭스코트 뉴 패러다임 CEO」, 『조선일보』, 2007년 10월 20일자.

5) 조범구, 「사공이 많으면 배가 산으로 간다? 천만의 말씀!」, 『조선일보』, 2007년 4월 28일자, D2면 ; 이정재, 「새우가 고래 등을 터트리는 법은」, 『중앙일보』, 2007년 4월 28일자, 23면 ; 구둘래, 「기업이여, 집단지성을 이용하라」, 『한겨레 21』, 제658호(2007년 5월 3일), 56면.

6) 김주현, 「'우리'는 '나'보다 똑똑하다」, 『경향신문』, 2007년 4월 28일자, K4면.

7) 남원상, 「英 유력지들 확인 않고 기사화 망신: 대학생이 온라인에 거짓 정보 실험」, 『동아일보』, 2009년 5월 13일자.

8) 원세일, 「지식 축적의 한계?… 위키피디아(참여형 온라인 백과사전) 기고자 수 2년째 제자리」, 『조선일보』, 2009년 9월 22일자.

9) 호경업, 「"경기 둔화기가 바로 창업할 때": 온라인 백과사전 '위키피디아' 창립자 지미 웨일스」, 『조선일보』, 2008년 11월 4일자.

10) 김민구, 「위키피디아 '쿠데타' … 창립자 권한 상실」, 『조선일보』, 2010년 5월 17일자.

11) 데니스 하트(Dennis Hart), 「그들만의 '객관적 지식'」, 『한겨레 21』, 제672호(2007년 8월 9일).

12) 이희은, 「위키피디아 정보의 기술문화적 함의: 집단지성과 지식권력」, 『언론과학연구』, 제9권 2호(2009년 6월), 481~484쪽.

13) 안토니오 네그리(Antonio Negri) · 마이클 하트(Michael Hardt), 윤수종 옮김, 『제국』, 이학사, 2001.

14) 고명섭, 「대중지성과 촛불민주주의」, 『한겨레』, 2008년 5월 14일자.

15) 이진경, 「촛불은 '근대의 벽'을 넘는 과정」, 『한겨레』, 2008년 8월 9일자.

16) 이설, 「네티즌 여론: 대중의 지혜? 난폭한 포퓰리즘?」, 『신동아』, 2008년 8월, 171쪽.

17) 박구용, 「우리 내면의 조작된 욕망을 넘어서」, 『교수신문』, 2008년 7월 7일.

18) 안수찬, 「진화하는 '집단지성' 국가 권력에 '맞장'」, 『한겨레』, 2008년 6월 20일자.

19) 권혁범, 「촛불시위 깊숙이 보기②… 미국소는 나쁘고 한국소는 좋다?」, 『한겨레 21』, 제711호(2008년 5월 23일).

20) 제임스 서로위키(James Surowiecki), 홍대운 · 이창근 옮김, 『대중의 지혜: 시장과 사회를 움직이는 힘』, 랜덤하우스중앙, 2005, 13~14쪽에서 재인용.

21) 정진홍, 「'다시 탄핵이 와도 나는 의사봉을 잡겠다'」, 『중앙일보』, 2005년 3월 9일자, 39면.

22) 모리 켄(Mori Ken), 하연수 옮김, 『구글 · 아마존화하는 사회』, 작가정신, 2008, 157쪽 ; 제임스 서로위키(James Surowiecki), 홍대운 · 이창근 옮김, 『대중의 지혜: 시장과 사회를 움직이는 힘』, 랜덤하우스중앙, 2005, 82쪽.

23) 시오노 나나미(鹽野七生), 오정환 옮김, 『마키아벨리 어록』, 한길사, 1996, 246~247쪽.

24) 제임스 서로위키(James Surowiecki), 홍대운 · 이창근 옮김, 『대중의 지혜: 시장과 사회를 움직이는 힘』, 랜덤하우스중앙, 2005, 64쪽.

25) 제임스 서로위키(James Surowiecki), 홍대운 · 이창근 옮김, 『대중의 지혜: 시장과 사회를 움직이는 힘』, 랜덤하우스중앙, 2005, 79~80쪽.

26) Martin N. Marger, 『Elites and Masses: An Introduction to Political Sociology』, New York: D. Van Nostrand, 1981, p.75.

27) 딕 모리스(Dick Morris), 홍대운 옮김, 『신 군주론』, 아르케, 2002, 107쪽.

28) 딕 모리스(Dick Morris), 홍대운 옮김, 『신 군주론』, 아르케, 2002, 110쪽.

29) 김필동 · 김병조, 「조직사회로의 이행과 그 사회적 의미」, 한국사회사학회 엮음, 『한국 현대사와 사회변동』, 문학과지성사, 1997, 262~263쪽.

● 7장

1) 구가인, 「잘 사귄 'net脈' 열 친척 안 부러워!」, 『주간동아』, 2008년 4월 2일.

2) 다니엘 솔로브(Daniel J. Solove), 이승훈 옮김, 『인터넷 세상과 평판의 미래』, 비즈니스맵, 2008, 48쪽.

3) 다니엘 솔로브(Daniel J. Solove), 이승훈 옮김, 『인터넷 세상과 평판의 미래』, 비즈니스맵, 2008, 51쪽.

4) 유찬윤, 「'문화 현상'으로 자리한 광고 수익의 새 원천」, 『LG Ad』, 2007년 9 · 10월, 62~66쪽.

5) 박현정, 「'싸이월드'의 후예들 뜬다: 온라인 인맥 쌓기 'SNS' 잇따라」, 『한겨레』, 2007년 10월 22일자.

6) 최연진, 「사이버 가상세계 "한국을 잡아라": 세컨드라이프 이어 마이스페이스닷컴, 엔트로피아 등 해외 SNS社들 속속 상륙」, 『한국일보』, 2007년 11월 2일자.

7) 구가인, 「잘 사귄 'net脈' 열 친척 안 부러워!」, 『주간동아』, 2008년 4월 2일.

8) 김윤현, 「SNS, 세상 모든 사람과 '접속'을 꿈꾼다」, 『한국일보』, 2008년 4월 9일자.

9) 이상록, 「美 대형사이트 '개인정보 공유' 동맹」, 『동아일보』, 2008년 6월 4일자.

10) 우병현, 「추락한 '인터넷 한국': '트렌드 선구자'에서 모방국으로… '웹 2.0' 한국만 비껴갔다」, 『조선일보』, 2008년 6월 21일자.

11) 천지우, 「[비즈카페]네이버와 싸이월드의 위기론」, 『국민일보』, 2008년 5월 27일자.

12) 이주영, 「돌아와요 '싸이 폐인'… 3D 미니홈피 변신 "성장한계 돌파"」, 『경향신문』, 2008년 5월 27일자.

13) 임우선, 「[이코노 카페]싸이월드의 포털 변신… '방문객' 다시 붐빌까」, 『동아일보』, 2008년 5월 30일자.

14) 우병현, 「추락한 '인터넷 한국': '트렌드 선구자'에서 모방국으로… '웹 2.0' 한국만 비껴갔다」, 『조선일보』, 2008년 6월 21일자.

15) 황상민, 『디지털 괴짜가 미래 소비를 결정한다』, 미래의창, 2008, 255~257쪽.

16) 김동섭, 「[만물상] '청산가리 쇠고기버거'」, 『조선일보』, 2008년 7월 3일자.

17) 백승재, 「마이스페이스 VS. 페이스북 온라인마케팅 시장 정면승부: 프로파일 활용한 입소문광고 '페이스북 애즈'」, 『조선일보』, 2007년 11월 16일자.

18) 홍성태, 「온라인, 블로그, 입소문… 마케팅, 기본에 충실하자 화장품 온라인 마케팅… 방문판매 실적 2.5배 늘어」, 『조선일보』, 2009년 1월 3일자.

19) 이원재, 「악플이 매출을 키운다?」, 『한겨레 21』, 제638호(2006년 12월 19일), 69면.

20) 전병역, 「'입소문' 퍼져야 상품이 잘 팔린다」, 『경향신문』, 2007년 10월 24일자.

21) 전병역, 「'입소문' 퍼져야 상품이 잘 팔린다」, 『경향신문』, 2007년 10월 24일자.

22) 안형영, 「입소문 한 번 잘 탔더니 열 광고 안 부럽네」, 『한국일보』, 2008년 3월 21일자.

23) 기선민, 「반짝과 대박 '두 번째 주 입소문' 에 달렸다: 달라진 영화 흥행 공식」, 『중앙일보』, 2009년 1월 17일자.

24) 전종휘 · 한광덕, 「소문은 영혼을 좀먹는다」, 『한겨레 21』, 제731호(2008년 10월 17일).

25) 송경재, 「소셜네트워크서비스(SNS)와 정보인권」, 『PD 저널』, 2010년 7월 7일.

26) 박종세, 「페이스북(안부교환사이트)의 위력!… 구글 제쳤다」, 『조선일보』, 2010년 1월 8일자.

27) 이청솔, 「"검색보단 사교가 좋아" : 웹사이트 방문 횟수 페이스북이 구글 앞서」, 『경향신문』, 2010년 3월 18일자.

28) 권경복, 「'페이스북(소셜네트워킹사이트)' 으로 40억 달러 자산 주커버그, 청년 억만장자 '1위' 」, 『조선일보』, 2010년 3월 19일자.

29) 정병선 외, 「5억 명 돌파 페이스북(세계 최대 소셜네트워크서비스), 지구촌 소통 이끈다」, 『조선일보』, 2010년 7월 23일자.

30) 김상만, 「[기획: 언론트렌드 바꾸는 소셜 미디어]해외 언론 적극 활용, 새 취재 방식 속속 등장… 한국은?」, 『미디어오늘』, 2010년 1월 21일 ; 김기태, 「[문화비평]스마트폰이 주는 교훈」, 『교수신문』, 2010년 7월 12일 ; 이인숙, 「너도나도 트위터, 지방선거 새바람 불까」, 『경향신문』, 2010년 2월 16일자.

31) 황예랑, 「입소문보다 빨리… '실시간 마케팅' 뜬다: 트위터 등 사회관계망 활용 기업 확산」, 『한겨레』, 2010년 1월 21일자.

32) 백강녕, 「트위터 · 페이스북, 위치정보에 e북까지… 그 다음엔?」, 『조선일보』, 2010년 5월 14일자.

33) 송경재, 「인터넷 소셜 미디어 기반 서비스 고민해야」, 『PD 저널』, 2010년 6월 2일.

34) 김광현, 「아이티 지진과 소셜 미디어의 위력」, 『미디어오늘』, 2010년 1월 20일.

35) 문병주 · 변선구, 「[스페셜 리포트]아이패드 돌풍이 미디어 혁명으로」, 『중앙일보』, 2010년 7월 22일자.

36) 고찬유, 「인터넷 검색과 트위터가 경찰서 돌기를 대체: 2010 사건 기자와 뉴미디어」, 『신문과 방송』, 제476호(2010년 8월), 39~43쪽.

37) 김사승, 「취재보도 시스템과 저널리즘의 변화」, 『신문과 방송』, 제471호(2010년 3월), 13쪽.

38) 김상만, 「[기획: 언론트렌드 바꾸는 소셜 미디어]해외 언론 적극 활용, 새 취재 방식 속속 등장… 한국은?」, 『미디어오늘』, 2010년 1월 21일.

39) 오승주, 「조선일보의 트위터 폐쇄, 왜일까?」, 『미디어오늘』, 2010년 6월 16일.

40) 송경재, 「소셜네트워크서비스(SNS)와 정보인권」, 『PD 저널』, 2010년 7월 7일.

41) 송경재, 「소셜네트워크서비스(SNS)와 정보인권」, 『PD 저널』, 2010년 7월 7일.

42) 장상진, 「[트위터의 명암 下]"휴가 중" 글 올렸다가… 빈집털이 당할 수도」, 『조선일보』, 2010년 4월 18일자.

43) 박종세, 「페이스북(안부교환사이트)의 위력!… 구글 제쳤다」, 『조선일보』, 2010년 1월 8일자.

44) 정병선 외, 「5억 명 돌파 페이스북(세계 최대 소셜네트워크서비스), 지구촌 소통 이끈다」, 『조선일보』, 2010년 7월 23일자.

45) 구정은, 「페이스북 사용자 5억 돌파 "세상은 더 열리고 연결될 것"」, 『경향신문』, 2010년 7월 23일자.

46) 채지은, 「"트위터에 휴가 계획 올리면 큰일 나요": 英범죄자 12% "빈집털이 정보 수집 위해 SNS 이용"」, 『한국일보』, 2010년 7월 22일자.

47) 정철환, 「['TGiF 시대' 를 해부한다] 1. 트위터」, 『조선일보』, 2010년 5월 22일자.

48) 김기태, 「[문화비평]스마트폰이 주는 교훈」, 『교수신문』, 2010년 7월 12일.

49) 조기원, 「 '일촌' 이 수천 명? 뇌가 아는 친구 150명뿐: 옥스퍼드대 교수, 인간이 유지 가능한 최대 친구 수 분석」, 『한겨레』, 2010년 1월 26일자.

● 8장

1) Hank Whittemore, 『CNN: The Inside Story』, Boston, Mass.: Little, Brown and Company, 1990, p.54.

2) 루시 퀑-쉔클만, 박인규 옮김, 『BBC와 CNN: 미디어 조직의 경영』, 커뮤니케이션북스, 2001, 199~200쪽에서 재인용.

3) 마크 턴게이트(Mark Tungate), 강형심 옮김, 『세계를 지배하는 미디어 브랜드』, 프리윌, 2007, 25쪽.

4) 마크 턴게이트(Mark Tungate), 강형심 옮김, 『세계를 지배하는 미디어 브랜드』, 프리윌, 2007, 32~33쪽.

5) 이철민, 「CNN, 우울한 25주년」, 『조선일보』, 2005년 6월 1일자, A19면.

6) 국기연, 「"기자 반, 유권자 반" 칼럼니스트도 현장에 분산 배치: 미국 대선 취재 현장을 가다」, 『신문과 방송』, 제447호(2008년 3월), 32쪽.

7) 이철민, 「CNN, 우울한 25주년」, 『조선일보』, 2005년 6월 1일자, A19면.

8) 이호갑, 「telesur: 차베스-카스트로 '합작품' 중남미의 '알자지라' 될까」, 『동아일보』, 2005년 5월 28일자, A14면.

9) 김보은, 「반(反)부시 연합 방송 출범?」, 『세계일보』, 2006년 2월 2일자, 12면.

10) 「차베스 "할리우드 영화 거부" 베네수엘라 영화제작소 설립하기로」, 『세계일보』, 2006년 6월 6일자, 25면.

11) 고성호, 「"이미지전쟁 미(美)에 질 수 없다"」, 『한국일보』, 2005년 12월 2일자, A14면.

12) 윤성노, 「아프리카 "우리도 알자지라처럼", 阿뉴스 24시간 공급 독립 방송 내년 설립」, 『경향신문』, 2006년 1월 20일자, 12면.

13) 이태규, 「뉴스 전문채널은 세계大戰 중」, 『한국일보』, 2006년 5월 3일자, 14면.

14) 강경희, 「'뉴스 이데올로기' 전쟁 불붙었다: 채널 '프랑스 24' 전 세계에 불(佛) 시각 전파 시작」, 『조선일보』, 2006년 12월 5일자, A18면.

15) 설원태, 「'프랑스 24'와 글로벌 뉴스 경쟁」, 『경향신문』, 2007년 1월 1일자, 34면.

16) 구정은, 「이란, CNN 방송 취재 활동 금지」, 『문화일보』, 2006년 1월 17일자, 28면.

17) 윤성노, 「아프리카 "우리도 알자지라처럼", 阿뉴스 24시간 공급 독립 방송 내년 설립」, 『경향신문』, 2006년 1월 20일자, 12면.

18) 조중식, 「'한류(漢流)' 유럽으로 흐른다」, 『조선일보』, 2006년 8월 30일자, A19면.

19) 이태규, 「뉴스 전문채널은 세계大戰 중」, 『한국일보』, 2006년 5월 3일자, 14면.

20) 「'제2 알자지라' 출범: 사우디 위성 TV 뉴스 서비스」, 『한국일보』, 2003년 2월 20일자, 14면.

21) 김동문, 「중동 언론 새 강자 '알아라비아'」, 『미디어오늘』, 2006년 11월 8일, 15면.

22) 박종세, 「우리가 알아온 '알자지라'는 틀렸다… '중동의 CNN' 알자지라방송국을 가다」, 『조선일보』, 2007년 11월 17일자.

23) 박종세, 「[인터뷰]알자지라 영어 방송 편집인 스티브 클라크」, 『조선일보』, 2007년 11월 17일자.

24) 설원태, 「아시아 뉴스 경시하는 아시아 언론」, 『경향신문』, 2007년 12월 3일자.

25) 정인환, 「그 눈빛에 번뜩이던 허망한 민족주의」, 『한겨레 21』, 제709호(2008년 5월 8일).

26) 박현숙, 「앗 뜨거, 애국전투의 성화」, 『한겨레 21』, 제709호(2008년 5월 8일).

27) 전병근, 「미(美) 야심 찬 '아랍어 방송' 맥 못 추네: 3500억 원 들인 '알후라' … 시청률 2% 그쳐」, 『조선일보』, 2008년 6월 24일자.

28) 모하메드 엘나와위(Mohammed El-Nawawy) · 아델 이스칸다르(Adel Iskandar), 김용현 옮김, 『알자지라』, 홍익출판사, 2002, 269쪽.

29) 이용수, 「CNN의 반란: "더 싼 값에 뉴스 공급" 통신 시장 뛰어들어」, 『조선일보』, 2008년 12월 3일자.

30) 유강문, 「중, 관영 매체 글로벌화 '시동': 신화통신 등에 거액 투입 … '알자지라' 모델」, 『한겨레』, 2009년 1월 14일자.

31) 조운찬, 「중국판 CNN, 日 NHK 월드 등 24시간 국제 뉴스 시장 '후끈'」, 『경향신문』, 2009년

2월 7일자.

32) 조운찬, 「중국판 CNN, 日 NHK 월드 등 24시간 국제 뉴스 시장 '후끈'」, 『경향신문』, 2009년 2월 7일자.

33) 강경희, 「불(佛) 사르코지 "강력한 언론의 출현 돕겠다": '신문 재정 위기 타개' 합동토론회 제안」, 『조선일보』, 2008년 8월 7일자.

34) 서정보, 「프랑스는 지금 '두 토끼 몰이' 개혁 중」, 『동아일보』, 2009년 1월 13일자.

35) 신정록 · 이명진, 「글로벌 시청자 잡기 전쟁: 日 NHK, 中 CCTV, 佛 영어 뉴스 등 국제 방송 강화」, 『조선일보』, 2009년 1월 30일자.

36) 장정훈, 「알자지라, 뉴스 영상 무료 선언」, 『PD 저널』, 2009년 2월 25일.

37) 민동용, 「'反美 방송의 첨병' 알자지라 워싱턴 진출 24시간 뉴스 방송」, 『동아일보』, 2009년 7월 17일자.

38) 최지향, 「"알려라", "막아라" 이란 미디어전쟁」, 『한국일보』, 2009년 6월 18일자.

39) 조기원, 「중남미의 알자지라 '텔레수르' 상종가」, 『한겨레』, 2009년 7월 16일자.

40) 홍인표, 「정연주 "KBS, 中 전역 송출 한류 확산 새 기반"」, 『경향신문』, 2007년 9월 1일자.

41) 하현옥, 「"방송 통해 문화외교 큰 역할": 개국 10년 아리랑TV 장명호 사장」, 『중앙일보』, 2007년 1월 27일자, 25면.

42) 문현숙, 「아리랑TV '공익 채널' 제외 논란」, 『한겨레』, 2007년 11월 12일자 ; 양홍주, 「아리랑TV 공익 채널 제외 논란」, 『한국일보』, 2007년 11월 12일자.

43) 권경성, 「아리랑 고개 이대론 못 넘는다: 공익 채널 제외 두고 방송위-아리랑TV 갈등」, 『미디어오늘』, 2007년 12월 6일 ; 김정섭, 「아리랑TV 장명호 사장 "진짜 공익 채널 탈락 문제 있다"」, 『경향신문』, 2007년 11월 13일자.

44) 윤미선, 「글로벌미디어전쟁, 총알 없이 전쟁에 나서며」, 『미디어오늘』, 2007년 11월 9일.

45) 김동문, 「아랍세계에서 한국 방송 보기」, 『미디어오늘』, 2008년 1월 9일.

46) 설원태, 「아리랑TV 통폐합이냐! 존속이냐! "해외 홍보 KBS와 역할 분담"」, 『경향신문』, 2008년 2월 4일자.

47) 김동훈, 「조 · 중 · 동 '방송 낙하산' 침묵… "이중 잣대"」, 『한겨레』, 2008년 6월 11일자.

48) 「공기업 인사, 누가 이렇게 하고 있나」(사설), 『조선일보』, 2008년 7월 24일자.

49) 『한국일보』, 2008년 8월 23일자, 23면 하단 5단 통광고.

50) 강혜란, 「'된장 앵커' 김기호 아리랑TV 메인 뉴스 정복기: "CNN 앤더슨 쿠퍼가 제 모델이죠"」, 『중앙일보』, 2009년 5월 6일자.

51) 이경원, 「아리랑TV 국내채널 다문화로 특화」, 『서울신문』, 2009년 12월 24일, 21면.

52) Bernard C. Cohen, 『The Press and Foreign Policy』, Boston, Mass.: Little, Brown, 1973, p.71.

53) AnnaBelle Sreberny-Mohammadi, 「The 'World of the News' Study: Results of International Cooperation」, 『Journal of Communication』, 34:1(Winter 1984), pp.121~132.

● 9장

1) David O. Sears · Jonathan L. Freedman · Letitia Anne Peplau, 홍대식 옮김, 『사회심리학』(개정판), 박영사, 1986, 452~453쪽.

2) 귀스타브 르 봉(Gustave Le Bon), 이상돈 옮김, 『군중심리』, 간디서원, 2005, 38~62쪽.

3) 다니엘 솔로브(Daniel J. Solove), 이승훈 옮김, 『인터넷 세상과 평판의 미래』, 비즈니스맵, 2008, 198쪽.

4) 제임스 서로위키(James Surowiecki), 홍대운 · 이창근 옮김, 『대중의 지혜: 시장과 사회를 움직이는 힘』, 랜덤하우스중앙, 2005, 242쪽.

5) 제임스 서로위키(James Surowiecki), 홍대운 · 이창근 옮김, 『대중의 지혜: 시장과 사회를 움직이는 힘』, 랜덤하우스중앙, 2005, 242쪽.

6) 모리 켄(Mori Ken), 하연수 옮김, 『구글 · 아마존화하는 사회』, 작가정신, 2008, 197~198쪽.

7) 니콜라스 카(Nicholas Carr), 임종기 옮김, 『빅스위치: Web 2.0 시대, 거대한 변환이 시작된다』, 동아시아, 2008, 228~231쪽.

8) 니콜라스 카(Nicholas Carr), 임종기 옮김, 『빅스위치: Web 2.0 시대, 거대한 변환이 시작된다』, 동아시아, 2008, 225~232쪽.

9) 백지운, 「전 지구화 시대 중국의 '인터넷 민족주의'」, 『황해문화』, 제48호(2005년 가을), 219쪽.

10) 이석우, 「"인터넷이 사회 균열 부추겨"」, 『서울신문』, 2005년 8월 18일자, 12면.

11) 곽현근, 「주민자치의 비전과 주민참여 제고 방안」, 전북대학교 사회과학연구소, 『사회과학연구』, 제32집 1호(2008), 142~143쪽.

12) 강준만, 「신민족주의」, 『세계문화사전』, 인물과사상사, 2005, 665~671쪽.

13) 최형두, 「"민족주의가 한 · 중 · 일 경제 손실 불러"」, 『문화일보』, 2005년 3월 29일자, 3면.

14) 박완규, 「신민족주의와 한국 외교」, 『세계일보』, 2005년 4월 22일자, A3면 ; 정동식, 「"한 · 중 · 일 역사 분쟁은 민족주의 충돌"」, 『경향신문』, 2005년 4월 22일자, 8면.

15) 김용윤, 「LA 한복판, 아시아계 반일 시위」, 『내일신문』, 2005년 4월 25일자, 6면.

16) 이재현, 「박육근혜론: 수구냉전 국가주의의 이단(異端)심문관」, 『인물과 사상 32』, 개마고원, 2004, 155~189쪽.

17) 남봉우 · 김형선, 「'현재의 거울'로 본 2007 변수 ①민족주의 코드: 젊은 세대 열정에 불붙

이는 '부싯돌'」, 『내일신문』, 2005년 4월 4일자, 1면.

18) 정연욱, 「국민 44% "북 핵 보유 긍정적"… 41.2%는 "동의 안 해"」, 『동아일보』, 2005년 4월 12일자, A6면.

19) 베네딕트 앤더슨(Benedict R. Anderson), 윤형숙 옮김, 『상상의 공동체: 민족주의의 기원과 전파에 대한 성찰』, 나남, 2002.

20) 권재현, 「"21세기는 돌연변이 민족주의 시대"」, 『동아일보』, 2005년 4월 27일자, A19면 ; 배영대, 「"한 · 중의 반일 표출이 되레 일본 교과서 도와줘": 민족주의 연구 대가 베네딕트 앤더슨」, 『중앙일보』, 2005년 4월 27일자, 8면.

21) Melinda Liu · Christian Caryl, 「신민족주의로 촉발된 주도권 쟁탈전」, 『뉴스위크』(한국판), 2005년 4월 27일, 14~21면.

22) 양성희, 「대중문화와 민족주의」, 『월간 인물과 사상』, 2006년 2월, 164~176쪽.

23) 다카하라 모토아키, 정호석 옮김, 『한중일 인터넷 세대가 서로 미워하는 진짜 이유: 불안형 내셔널리즘의 시대, 한중일 젊은이들의 갈등 읽기』, 삼인, 2007, 115쪽.

24) 한승동, 「인터넷 역사 싸움 '무늬만 민족주의'」, 『한겨레』, 2007년 11월 17일자.

25) 유강문, 「'한 · 중 문화전쟁' 불붙이는 중 언론」, 『한겨레』, 2007년 12월 24일자.

26) 남원상 외, 「한 · 중 일 누리꾼 넷셔널리즘 '막말 삼국지'」, 『동아일보』, 2008년 3월 23일자.

27) 서영아, 「"사회 · 경제적 불안이 내셔널리즘 불러, 소수의 인터넷 여론 너무 신뢰 말아야": 다카하라 日학술진흥회 연구원」, 『동아일보』, 2008년 3월 23일자.

28) 장세정, 「[월드프리즘]중국 민족주의, 통제 불능 되나」, 『중앙일보』, 2008년 4월 23일자.

29) 홍인표, 「중국 민족주의 확산 왜?… 小황제 '포스트 톈안먼' 세대 주도」, 『경향신문』, 2008년 4월 23일자.

30) 이철재, 「"인터넷이 내셔널리즘 증폭 전통 미디어가 바로잡아야": 한 · 중 · 일 편집간부 세미나… 발전 방안 논의」, 『중앙일보』, 2008년 5월 28일자.

31) 「'인터넷 민족주의' 창궐을 우려하며」(사설), 『국민일보』, 2008년 5월 29일자.

32) 한승주, 「[한 · 중 기자협회 베이징 세미나]인터넷 '댓글 충돌'과 양국 언론의 역할은」, 『국민일보』, 2008년 11월 27일자.

33) 변희원, 「인터넷이 세계 분열시킨다?: 집단표출 심해지며 민족 간 전쟁터로 변질」, 『조선일보』, 2008년 7월 26일자.

34) 이훈범, 「인터넷 전선 이상 있다」, 『중앙일보』, 2008년 8월 26일자.

35) 한승주, 「[한 · 중 기자협회 베이징 세미나]인터넷 '댓글 충돌'과 양국 언론의 역할은」, 『국민일보』, 2008년 11월 27일자.

36) 임성수, 「[한 · 중 · 일 20대 격정토론] (上) 팽창하는 민족주의 공존의 길은」, 『국민일보』,

2008년 12월 10일자.

37) 「한 · 중 · 일 사이버전쟁 위험 수위다」(사설), 『중앙일보』, 2008년 12월 17일자.

38) 박민희, 「'한류팬 혐오' 중 해커들, 한국 정부 사이트 공격」, 『한겨레』, 2010년 6월 12일자.

39) 정재홍, 「사이버 세계대전 터지나: 미국 "방어만으로는 한계" 적극 인터넷 공격 추진」, 『중앙일보』, 2009년 4월 29일자.

40) 정의길, 「미 · 러, 사이버전쟁 방지안 '온도 차' : "국제사법기구 협력 강화"-"악성코드 금지 등 국제협약"」, 『한겨레』, 2009년 6월 29일자.

41) 이혜운, 「포린 어페어스 "사이버테러가 미(美) 군사력 무력화"」, 『조선일보』, 2009년 7월 10일자.

42) 이인묵, 「사이버전쟁 위협, 1950년대 核공포 수준」, 『조선일보』, 2010년 2월 5일자.

43) 김신영, 「美 '사이버 전투군' 5만여 명 배치」, 『조선일보』, 2010년 5월 24일자.

44) 「한 · 중 · 일 사이버전쟁 위험 수위다」(사설), 『중앙일보』, 2008년 12월 17일자.

● 10장

1) 폴 크루그먼(Paul Krugman), 김이수 · 오승훈 옮김, 『경제학의 향연』, 부키, 1997.

2) 곽정수, 「'국가 경쟁력 순위' 사실은…」, 『한겨레』, 2004년 10월 15일자, 2면.

3) 김철웅, 「'여유 교육' 을 고민해야 한다」, 『경향신문』, 2007년 11월 7일자.

4) 권혁범, 「위험한 국가주의: "개인과 시민을 국가의 부속품으로 동원하기 때문이다"」, 『경향신문』, 2008년 8월 28일자.

5) 「"10억 원에 10년 감옥도 가겠다" 는 중고생들」(사설), 『한국일보』, 2008년 10월 24일자.

6) 강수돌, 「인센티브에 빛바랜 '진리 탐구' : 교수 사회의 경쟁, 이대로 좋은가」, 『교수신문』, 2008년 11월 17일.

7) 이필상, 「국내 기업은 외국자본 먹이인가」, 『세계일보』, 2004년 10월 30일자, 23면.

8) 장하성, 「'코리아 디스카운트' 의 실체」, 『한겨레』, 2004년 9월 22일자, 23면.

9) 라동철, 「"한국 경제 4가지 오해"」, 『국민일보』, 2004년 11월 3일자, 13면.

10) 「"한국 증시 31% 저평가돼 있다"」, 『한겨레』, 2004년 12월 30일자, 26면.

11) 변용환, 「회계법인과 신뢰지수」, 김인영 편, 『사회신뢰 불신의 표상과 대응: 거시적 평가』, 소화, 2004, 209~257쪽.

12) 이성용, 『한국을 버려라: 한국, 한국인이 살아남을 수 있는 길!』, 청림출판, 2004.

13) 이호을, 「"주가 1000p 넘는다"」, 『한겨레』, 2005년 1월 1일자, 27면.

14) 고재만, 「'족집게 도사' 명성 흠집 나면 어쩌나: 스티브 마빈 상무 한국 증시 또 비관」, 『매일경제』, 2005년 3월 15일자, A23면.

15) 박문규, 「"코리아 디스카운트는 없다"」, 『경향신문』, 2005년 3월 21일자, 17면 ; 최영해, 「한국 주식 저평가 '코리아 디스카운트' 기업 지배구조 탓이라고?」, 『동아일보』, 2005년 3월 21일자, B2면.

16) 최흡, 「"주가 올라도 국민은 행복해지지 않았다" : 증시 전문가들이 보는 '주가 따로 경제 따로'」, 『조선일보』, 2005년 8월 1일자, A5면.

17) 이지언, 「주가 상승과 경제 펀더멘털」, 『중앙일보』, 2005년 8월 1일자, 26면.

18) 변상근, 「불황 속 주가 상승의 역설」, 『중앙일보』, 2005년 8월 2일자, 27면.

19) 김광현, 「'네 자릿수 잔치' 개미들만 '물' 먹었다」, 『동아일보』, 2005년 8월 10일자, B6면.

20) 신철호, 「디스카운트 & 프리미엄: 국가 브랜드 전략 다시 짜자」, 『월간중앙』, 2005년 7월, 114~119쪽.

21) 우석훈, 『촌놈들의 제국주의: 한 · 중 · 일을 위한 평화경제학』, 개마고원, 2008, 83~84쪽.

22) 신철호, 「디스카운트 & 프리미엄: 국가 브랜드 전략 다시 짜자」, 『월간중앙』, 2005년 7월, 114~119쪽.

23) 김정훈, 「'한국 브랜드 가치' 급락 경제력에 훨씬 못 미쳐」, 『조선일보』, 2008년 4월 25일자 ; 고찬유, 「왜소한 '대한민국' 브랜드 가치: 일본 6분의 1, 미국 26분의 1」, 『한국일보』, 2008년 4월 25일자 ; 「20세기 국가 이미지로는 21세기 선진 Korea 어렵다」(사설), 『동아일보』, 2008년 4월 25일자.

24) 신승일, 「"바보야, 문제는 문화야"」, 『중앙일보』, 2008년 5월 26일자.

25) 이희진, 「국가 브랜드, 국격, ODA」, 『한국일보』, 2008년 8월 28일자.

26) 박길자, 「올림픽 순위만큼 국가 브랜드 높일 수 없을까: 해외서 평가한 '코리아 브랜드' 가치 세계 32위」, 『중앙일보』, 2008년 9월 2일자.

27) 정병규, 「'국가 브랜드' 이젠 제대로 만들어보자」, 『조선일보』, 2008년 9월 5일자.

28) 이진, 「'다이내믹 코리아'가 국가 브랜드라고?」, 『조선일보』, 2008년 10월 23일자.

29) 「'코리아 스파클링' 외쳐 국가 브랜드 높이겠다니」(사설), 『동아일보』, 2008년 11월 15일자.

30) 설원태, 「"한국 역량 비해 저평가, 저력 내세워 도약할 때": 국가 브랜드 평가 '이스트웨스트 커뮤니케이션스' 토머스 크롬웰 사장」, 『경향신문』, 2008년 11월 20일자.

31) 오현석, 「한국 하면 생각나는 것은? 분단국, 김치, 삼성 순(順): 국내 체류 · 방문 경험 있는 지도급 외국인 117명 설문」, 『조선일보』, 2008년 11월 25일자.

32) 어윤대 · 최영훈, 「[초대석]19일 출범 국가브랜드위원회 어윤대 초대 위원장: "다문화 존중해야 품위 있는 선진국 진입"」, 『동아일보』, 2009년 1월 10일자.

33) 「저평가된 국가 브랜드 이유부터 알아야」(사설), 『한국일보』, 2009년 3월 18일자.

34) 임영남, 「"KOREA 브랜드, 세계 15위로": 국가 브랜드委 1차 보고… 국제사회 기여 등 5대 분야 추진」, 『한국일보』, 2009년 3월 18일자.

35) 「국가 브랜드 저평가, 그럴 만한 이유 있다」(사설), 『경향신문』, 2009년 3월 19일자.

36) 박태균, 「[정동칼럼]대한민국 국가 브랜드」, 『경향신문』, 2009년 3월 20일자.

37) 서대원, 「[시론]밖에서 알아줘야 국가 브랜드다」, 『중앙일보』, 2009년 3월 24일자.

38) 설원태, 「[가로지르기] '한국의 통일 · 경쟁력' 조언하는 美 · 獨 전문가들」, 『경향신문』, 2009년 7월 2일자.

39) 박형준, 「'한국' 하면 5초 내 떠오르는 이미지는 분단 · 정치 불안 21%-시위 14%」, 『동아일보』, 2009년 7월 6일자.

40) 고성호, 「"관광공사 슬로건 '코리아 스파클링' 교체 바람직": 어윤대 국가브랜드위원장 "광천수 이미지 떠올리는 등 부정적 반응"」, 『한국일보』, 2009년 7월 16일자.

41) 성영신, 「국가 브랜드 키우려면 신뢰부터 회복하라」, 『중앙일보』, 2010년 1월 30일자.

● 11장

1) Margaret A. Blanchard, 『Exporting the First Amendment: The Press-Government Crusade of 1945~1952』, New York: Longman, 1986, pp.65~66.

2) Byron Dexter, 「UNESCO Faces Two Worlds」, 『Foreign Affairs』 25(April 1947), p.388.

3) Joseph A. Mehan, 「Unesco and the U. S.: Action and Reaction」, 『Journal of Communication』 31:4(Autumn 1981), p.160.

4) UNESCO, 「Meeting of the Experts on Mass Communication and Society, Montreal」, 21~30 June 1969, COM/MD/8 Paris, 29 Aug. 1969 ; UNESCO, 『Mass Media in Society: The Need of Research』, 「Reports and Papers on Mass Communication」 No.59, Paris: UNESCO, 1970 ; UNESCO, 「Records of the General Conference, Sixteenth Session」, Paris, 12 Oct.~14 Nov. 1970.

5) Makeminan Makagiansar, 「Looking Back at the World Conference on Cultural Polities」, 『Cultures』, 9:1(1983), pp.15~21 ; Philip Schlesinger, 「On National Identity: Some conceptions and Misconceptions Criticized」, 『Social Science Information』 26:2(June 1987), pp.225~227 ; Tamas Szecsko, 「Theses on the Democratization of Communication」, 『International Political Science Review』, 7:4(Oct. 1986), pp.435~442 참고.

6) UNESCO, 『Cultures』, 9:1(1983), pp.189~196.

7) 『New York Times』, 30 Dec. 1983.

8) 임범, 「치즈와 영화」, 『한겨레』, 2005년 4월 20일자.

9) 임창용, 「미 · 일 등 선진국 시장원칙 주장 '걸림돌' : 유네스코 '문화다양성협약' 무엇이 문제인가」, 『서울신문』, 2005년 3월 22일, 4면.

10) 배장수, 「"스크린쿼터는 우리 문화 수호 위한 또 하나의 영토" : '문화다양성협약' 체결 역설 안성기」, 『경향신문』, 2005년 4월 9일자, 15면.

11) 임범, 「치즈와 영화」, 『한겨레』, 2005년 4월 20일자.

12) 김은형 · 허미경, 「미, 문화다양성협약 저지 안간힘」, 『한겨레』, 2005년 10월 12일자, 6면.

13) 김은형, 「문화다양성협약 채택 의미와 전망」, 『한겨레』, 2005년 10월 22일자, 6면.

14) 강경희, 「"스크린쿼터는 지키고 한류 수출엔 장벽 없게" : 문화다양성협약 참가한 주철기 주불 대사」, 『조선일보』, 2005년 11월 7일자, A21면.

15) 허승호, 「공연예술의 점프, 한국인의 점프」, 『동아일보』, 2007년 2월 1일자, A34면.

16) 박용, 「엔터테인먼트의 '포털' 탄생: CJ그룹, 엠넷미디어-CJ뮤직 합병」, 『동아일보』, 2007년 4월 17일자, B1면.

17) 김상만, 「세문연, 문화다양성협약 국회 비준 촉구」, 『미디어오늘』, 2007년 3월 21일, 5면.

18) 이해영, 「문화다양성협약이 먼저다」, 『경향신문』, 2007년 10월 10일자 ; 양기환, 「'문화다양성협약' 졸속 비준 시도, 누구를 위한 것인가?」, 『PD 저널』, 2007년 10월 31일, 11면.

19) 김용언, 「[포커스] '전자상거래' 라는 무서운 놈」, 『씨네21』, 2008년 12월 2일.

20) 김주현, 「소수 언론 재벌이 민주주의 망친다」, 『경향신문』, 2008년 5월 5일자.

21) 김민상, 「"문화다양성 확대해 세계화 부작용 줄여야" : 서울에 온 마쓰우라 유네스코 사무총장」, 『중앙일보』, 2008년 7월 23일자.

22) 김용언, 「[포커스] '전자상거래' 라는 무서운 놈」, 『씨네21』, 2008년 12월 2일.

23) 김기태, 「스크린쿼터 '보호막' 생겼다: EU 요구 받아들여 문화다양성협약 6월 발효」, 『한겨레』, 2010년 3월 20일자.

24) 유현민, 「외교부, 문화다양성협약 비준서 기탁」, 『연합뉴스』, 2010년 4월 2일자.

25) 이동욱 옮기고 엮음, 「움베르토 에코: 상대성 · 다양성 · 관용의 설득을 위하여」, 『21세기를 여는 상상력의 창조자들』, 여성신문사, 1995.

26) 김영명, 『신한국론: 단일사회 한국, 그 빛과 그림자』, 인간사랑, 2005, 74~75쪽.

● 12장

1) 손승혜, 「학술논문의 메타분석을 통해 본 한류 10년: 연구 경향과 그 정책적 함의에 대한 탐색적 연구」, 『언론과 사회』, 제17권 4호(2009년 겨울), 122~153쪽.

2) 홍칭보, 「한류 10년」, 『한겨레』, 2007년 11월 26일자.

3) 신현준, 「K-pop의 문화정치(학): 월경(越境)하는 대중음악에 관한 하나의 사례 연구」, 『언론과 사회』, 제13권 3호(2005년 여름), 7~36쪽.

4) 이와부치 고이치(岩淵功一), 히라타 유키에 · 전오경 옮김, 『아시아를 잇는 대중문화: 일본, 그 초국가적 욕망』, 또하나의문화, 2004, 271쪽.

5) 하종원 · 양은경, 「동아시아 텔레비전의 지역화와 한류」, 『방송연구』(2002년 겨울), 68쪽.

6) 조한혜정, 「글로벌 지각 변동의 징후로 읽는 '한류 열풍'」, 조한혜정 외, 『'한류'와 아시아의 대중문화』, 연세대학교출판부, 2003, 1~42쪽.

7) 조한혜정, 「글로벌 지각 변동의 징후로 읽는 '한류 열풍'」, 조한혜정 외, 『'한류'와 아시아의 대중문화』, 연세대학교출판부, 2003, 1~42쪽.

8) 조한혜정, 「글로벌 지각 변동의 징후로 읽는 '한류 열풍'」, 조한혜정 외, 『'한류'와 아시아의 대중문화』, 연세대학교출판부, 2003, 1~42쪽.

9) 조한혜정, 「글로벌 지각 변동의 징후로 읽는 '한류 열풍'」, 조한혜정 외, 『'한류'와 아시아의 대중문화』, 연세대학교출판부, 2003, 1~42쪽.

10) 조한혜정, 「글로벌 지각 변동의 징후로 읽는 '한류 열풍'」, 조한혜정 외, 『'한류'와 아시아의 대중문화』, 연세대학교출판부, 2003, 1~42쪽.

11) 유재순, 「일본 언론들 '배용준 비즈니스'로 대박」, 『주간조선』, 2004년 10월 21일, 56~57면.

12) 박용채, 「일(日) 한류 왜? '열풍' 넘어 '광풍'」, 『경향신문』, 2004년 11월 19일자, 3면.

13) 백현락, 「떼돈 벌어들이는 한류 열풍」, 『조선일보』, 2004년 9월 30일자, A21면.

14) 김후남, 「한류 열풍 동유럽 · 중동으로 확산」, 『경향신문』, 2004년 10월 13일자, 29면.

15) 이철현, 「마케팅에 한류는 없다: 중국 진출 대기업들, '프리미엄 브랜드' 전략 따라 한류 활용 안 해」, 『시사저널』, 2004년 10월 21일, 63면.

16) 이준웅, 「한류의 커뮤니케이션 효과: 중국인의 한국 문화상품 이용이 한국에 대한 인식과 태도에 미치는 영향」, 『한국언론학보』, 제47권 5호(2003년 10월), 5~35쪽.

17) 신윤동욱, 「단기적 낙관, 장기적 비관: 전문가들이 보는 한류의 지속 가능성… 문화적 다양성을 키울수록 미래는 밝다」, 『한겨레 21』, 제530호(2004년 10월 21일), 70면.

18) 윤석진, 「'캔디렐라' 따라 울고 웃는다」, 『시사저널』, 2004년 9월 30일, 114면.

19) 이문행, 「한국 드라마의 국가 경쟁력에 대한 제작환경적 요인 분석: 다이아몬드 이론에 연

계하여 살펴본 지상파 방송사의 수직통합 사례를 중심으로」, 『언론과학연구』, 제6권 2호(2006년 6월), 189~220쪽.

20) 백원담, 「한류의 방향타를 잡아라」, 『한겨레 21』, 제527호(2004년 9월 23일), 58~59면.

21) 안준현, 「"일본은 한국에 미쳤다": AP, 한류 열풍 특집」, 『한국일보』, 2004년 11월 24일자, A2면.

22) 오병상, 「더 타임스, "욘사마로 일본 열도 떠들썩"」, 『중앙일보』, 2004년 11월 27일자, 14면.

23) 김정섭, 「"한국적 정(情) 일본인에 크게 어필: 일 배우 구로다 후쿠미 인터뷰」, 『경향신문』, 2004년 11월 29일자, 6면.

24) 김지하 · 송종호, 「동아시아 생명 · 평화의 길 "붉은 악마" 에게 달렸다: 한국예술종합학교 김지하 석좌교수」, 『고대대학원신문』, 2005년 4월 5일, 1면.

25) 차길진, 「일본의 한류 열풍과 원인」, 『스포츠조선』, 2004년 7월 27일자, 24면.

26) 정해승, 『엔터테인먼트 경제학』, 휴먼비즈니스, 2006, 89~90쪽.

27) 신윤석, 「일 "한국에 친근감" 사상 최고」, 『한국일보』, 2004년 12월 20일자, A2면.

28) 박용채, 「한류 타고 한국어 뜬다: 일(日) 고교 제2외국어 채택 급증」, 『경향신문』, 2005년 1월 10일자, 1면.

29) 손원제, 「'드라마' 가진 자, 한류를 얻는다」, 『한겨레 21』, 제540호(2004년 12월 30일), 44~46면.

30) 이즈미 지하루, 「"한류 덕분에 우리는 행복해요"」, 『주간동아』, 2004년 12월 30일, 32~34면.

31) 히라타 유키에, 『한국을 소비하는 일본: 한류, 여성, 드라마』, 책세상, 2005, 152~153쪽.

32) 공영운 · 오남석, 「이대로는 5년도 못 간다: 국회 동남아 한류 탐방 · 진단」, 『문화일보』, 2005년 1월 10일자, 6면.

33) 김희균, 「한류 열풍 타고 원정매춘」, 『세계일보』, 2005년 1월 11일자, 7면.

34) 유상철 외, 『한류의 비밀』, 생각의나무, 2005.

35) 최병준, 「IT 강국 이끈 "느린 건 못 참아"」, 『경향신문』, 2005년 5월 9일자, 5면.

36) 최영묵, 「동북아시아 지역의 텔레비전 드라마 유통과 민족주의」, 『언론과학연구』, 제6권 1호(2006년 3월), 463~497쪽.

37) 신동흔, 「한류 드라마 made in China 시대」, 『조선일보』, 2005년 5월 10일자, B1면.

38) 이기형, 「탈지역적으로 수용되는 대중문화의 부상과 '한류 현상' 을 둘러싼 문화정치」, 『언론과 사회』, 제13권 2호(2005년 봄), 203~204쪽.

39) 백원담, 『동아시아의 문화 선택 한류』, 펜타그램, 2005, 332~333쪽.

40) 우석훈, 『한미FTA 폭주를 멈춰라』, 녹색평론사, 2006.

41) 지금종, 「예고된 몰락, 한미FTA와 문화」, 『황해문화』, 2006년 가을, 110쪽.

42) 홍승일, 「[분수대] 퍼블리시티권」, 『중앙일보』, 2007년 2월 7일자, 31면.

43) 김영희, 「[기획/브랜드 한국에 새 숨결을] 2. 욘사마가 지나간 일본」, 『한겨레』, 2007년 5월 23일자.

44) 노태섭, 「韓流와 해외 저작권」, 『국민일보』, 2008년 2월 1일자.

45) 홍칭보, 「한류 10년」, 『한겨레』, 2007년 11월 26일자.

46) 이태훈, 「이란 뒤덮은 〈대장금〉 시청률 최고 86%」, 『조선일보』, 2007년 5월 24일자.

47) 윤완준, 「대장금에 푹 빠진 이란… 최고시청률 86%」, 『동아일보』, 2007년 11월 29일자.

48) 김종권, 「[이란]무슬림은 왜 대장금에 열광하는가?」, 『PD 저널』, 2007년 12월 6일자.

49) 이기환, 「[문화수첩]이영애가 이란에 못 가는 이유」, 『경향신문』, 2008년 2월 18일자.

50) 송혜진, 「외국문화 원형에 빨대 꽂은 한류…」, 『조선일보』, 2007년 6월 1일자 ; 이로사, 「'한류, 빨대 꽂고 버틸 수 있나' 세미나」, 『경향신문』, 2007년 6월 1일자.

51) 류웅재, 「한류에 대한 오해」, 『경향신문』, 2007년 7월 6일자 ; 류웅재, 「한국 문화연구의 정치경제학적 패러다임에 대한 모색: 한류의 혼종성 논의를 중심으로」, 『언론과 사회』, 제16권 4호(2008년 겨울), 2~27쪽.

52) 류정, 「"한류 열풍 여전하지만 콘텐트 고갈 위기": 동남아 '한류 전진기지' 베트남 한국문화원 김상욱 원장」, 『조선일보』, 2007년 7월 10일자.

53) 홍칭보, 「한류 10년」, 『한겨레』, 2007년 11월 26일자.

54) 강성만, 「"비 공연에 아시아 10개국서 팬 집결, 한류 넘어 '아시아 팬덤' 시작됐다": 한류 심포지엄서 이동연 교수 새로운 해석 제시」, 『한겨레』, 2007년 7월 24일자.

55) 유석재, 「요란했던 한류 신드롬, 그 이후를 말하자」, 『조선일보』, 2007년 7월 25일자.

56) 김미영, 「[도쿄돔 '한류엑스포' 현장]일본의 한류, 아직 식지 않았다」, 『한겨레』, 2007년 8월 16일자.

57) 한승동, 「김상배 교수 '한류' 희망적 진단: "한류는 동아시아 공유 사이버문화, 미국문화의 대항담론 될 수 있다"」, 『한겨레』, 2007년 8월 17일자.

58) 김연주, 「일류, 다양한 콘텐츠 무장… 한류는 1인 의존」, 『조선일보』, 2007년 12월 10일자.

59) 장세정, 「[World 에세이] 중국서 좋아라 하던 〈대장금〉 돌연 '최악 1위' 달리는 사연은」, 『중앙일보』, 2008년 1월 13일자.

60) 장세정, 「[취재일기]속 좁은 〈대장금〉 흠집 내기」, 『중앙일보』, 2008년 1월 31일자.

61) 김도형, 「일본서 꼬리 감춘 '한류 드라마'」, 『한겨레』, 2008년 1월 28일자.

62) 성기완, 「한류, 팔지 말고 소통하라」, 『동아일보』, 2007년 12월 29일자.

63) 이에스더, 「'맞춤 한류상품' 해외 시장서 통했다: 〈점프〉, 〈태왕사신기〉 등 성공작 분석해보니」, 『중앙일보』, 2008년 4월 14일자.

64) 양성희, 「"한류도 나라별로 차별화를": 방송영상산업진흥원」, 『중앙일보』, 2008년 6월 6일자.

65) 남궁설민, 「[Why]중국 여자는 장동건에 죽고 일본 여자는 배용준에 죽고」, 『조선일보』, 2008년 7월 26일자.

66) 최승현, 「한국서 '대박' 〈태왕사신기〉, 일본 시청률 7% 왜?」, 『조선일보』, 2008년 8월 27일자.

67) 양홍주, 「방송프로그램 수출도 '한파'」, 『한국일보』, 2009년 2월 19일자.

68) 김종한, 「드라마 여전히 한류 주도: 작년 프로그램 수출 비중 91% 차지」, 『한국일보』, 2009년 8월 6일자.

69) 임주리, 「KBS 만든 〈겨울연가〉 팔아 일본이 40배 더 벌었다」, 『중앙일보』, 2008년 11월 25일자.

70) 김지운 · 정회경 엮음, 『미디어 경제학: 이론과 실제』, 커뮤니케이션북스, 2005, 32~33쪽

71) 하재봉, 「퓨전문화의 전성시대」, 『세계일보』, 2006년 8월 11일, 22면.

72) 이문행, 「국내 지상파 드라마의 특성에 따른 해외 판매 성과 분석」, 『언론과학연구』, 제5권 1호(2005년 8월), 292~330쪽.

73) 신동흔 · 염강수, 「[실패연구]거품 빠진 한류산업, 스타 몸값만 띄워놓고 '휘청'」, 『조선일보』, 2008년 12월 22일자.

74) 염강수, 「불륜, 배신 등 스토리 구성 너무 단순」, 『조선일보』, 2008년 12월 22일자.

75) 강명석, 「달갑지만 않은 한류 스타 챙기기」, 『한국일보』, 2009년 1월 6일자.

76) 이태희, 「5년 만에 간 도쿄, 한류는 어디에」, 『한겨레 21』, 제742호(2009년 1월 2일).

77) 김미영, 「한류 드라마에 중독된 중동」, 『한겨레』, 2008년 11월 26일자.

78) 강훈, 「인도 오지 사람들도 "떼떼떼~ 텔미"」, 『조선일보』, 2008년 12월 15일자.

79) 신윤동욱, 「권상우 로션 바르고 노바디 불러요」, 『한겨레 21』, 제746호(2009년 2월 6일).

80) 남원상, 「'메이드 인 재팬' 세계 문화 시장 속속 장악」, 『동아일보』, 2008년 12월 16일자.

81) 이오성, 「'니폰필'에 사로잡힌 한국의 젊은이」, 『시사 IN』, 제79호(2009년 3월 16일).

82) 이해나, 「"2박 3일 일본 여행이 나를 '해독' 시켰다"」, 『시사 IN』, 제79호(2009년 3월 16일).

83) 이인묵, 「일(日) 만화영화, 음악 밴드에 열광하는 한국 팬들」, 『조선일보』, 2009년 5월 19일자.

84) 황장석, 「'한류'··· 한국문화 키워드 찬사와 비판 사이」, 『동아일보』, 2009년 1월 30일자.

85) 이새샘, 「[경제경영]식어가는 '한류' 다시 끓게 할 방법은」, 『동아일보』, 2009년 4월 11일자.

86) 임현주, 「'한류 주춤' 문화 콘텐츠 수출동력 꺼지나」, 『경향신문』, 2009년 6월 18일자.

87) 백원담, 「[경향포럼]저작권법 그리고 한류」, 『경향신문』, 2009년 8월 3일자.

88) 황호택, 「韓流 살찌울 새 미디어 모델」, 『동아일보』, 2009년 11월 2일자.

89) 박소영, 「사흘 만에 수필집 5만 부··· '욘사마' 힘은」, 『중앙일보』, 2009년 10월 2일자.

90) 「재확인한 배용준의 힘··· 한류 부활 계기로」(사설), 『중앙일보』, 2009년 10월 2일자.

91) 김신영, 「"지상파 3사 저작권 독점, 한류 역풍의 원인": '新한류' 전문가 토론회」, 『조선일보』, 2009년 10월 13일자.

92) 신승일, 「한류 2.0 시대의 과제」, 『한국일보』, 2009년 11월 3일자.

93) 육상효, 「한류에 관한 질문」, 『한국일보』, 2009년 11월 12일자.

94) 신정록, 「[한국 속의 일본, 일본 속의 한국]한식(韓食)에 반한 일본, 일(日) 방송 형식 수입 한국… '문화' 로 밀착」, 『조선일보』, 2010년 1월 2일자.

95) 양성희, 「[한 · 중 · 일 '문화콘텐트전쟁'] (下) 한류의 미래, 변신 또 변신」, 『중앙일보』, 2010년 2월 6일자.

96) 김범수, 「[도쿄리포트] "한류妻 따라 우리도…" 日 중년남 한국 사극에 열광」, 『한국일보』, 2010년 4월 21일자.

97) 김정록, 「"日人들에게 인기 있는 한국 드라마는 없어서는 안 될 약이 될지도 모른다": 시사주간지 아에라 분석」, 『조선일보』, 2010년 5월 1일자.

98) 권숙인, 「대중적 한국문화론의 생성과 소비: 1980년대 후반 이후를 중심으로」, 『정신문화연구』, 1999년 여름, 65쪽.

99) 강준만, 『한국인 코드』, 인물과사상사, 2006.